T型商业模式系列

战略定位

聚合"竞争·商业模式·品牌"定位
为企业成长导航

李庆丰

著

北京时代华文书局

图书在版编目（CIP）数据

战略定位 / 李庆丰著 . -- 北京 : 北京时代华文书局 , 2023.11（2024.3 重印）
ISBN 978-7-5699-5004-5

Ⅰ . ①战… Ⅱ . ①李… Ⅲ . ①企业管理－研究 Ⅳ .F272

中国国家版本馆 CIP 数据核字 (2023) 第 141809 号

Zhanlüe Dingwei

出 版 人：陈　涛	
策划编辑：周　磊	
责任编辑：周　磊	
责任校对：陈冬梅	
封面设计：天行健设计	
版式设计：迟　稳	
责任印制：訾　敬	

出版发行：北京时代华文书局 http://www.bjsdsj.com.cn
　　　　　北京市东城区安定门外大街 138 号皇城国际大厦 A 座 8 层
　　　　　邮编：100011　电话：010-64263661　64261528

印　　刷：河北京平诚乾印刷有限公司	
开　　本：710 mm×1000 mm　1/16	成品尺寸：170 mm×240 mm
印　　张：24.75	字　　数：360 千字
版　　次：2024 年 1 月第 1 版	印　　次：2024 年 3 月第 2 次印刷
定　　价：88.00 元	

版权所有，侵权必究
本书如有印刷、装订等质量问题，本社负责调换，电话：010-64267955。

致 谢

拓璞数控

永青仪电

宇度医学

晨光生物

众合投资

风润智能研究院

谨将本书献给经营管理者、商业理论研习者、战略创新者、创业者及企业家。

概括而言，本书有以下七个特点：

（1）阐述战略的"哥德巴赫猜想"，不再让战略定位"浪迹他乡"。

（2）让战略定位为企业发展导航，让企业找到可行的战略路径，而不是依靠一句朗朗上口的广告语进行"定位"。

（3）让企业基于企业的商业模式、发展阶段进行战略定位，而不是盲目模仿华为、IBM（International Business Machines，国际商业机器公司）等超大型集团的战略实践。

（4）先定位，再聚焦，依据核心竞争力扩张……战略定位是"起手式"战略，是指导战略的"战略"。本书重点阐述小企业成长为巨无霸的战略定位，从企业创立到企业愿景实现的战略定位，整个企业生命周期的战略定位……据此，本书可以在一定程度上解决战略应用与研究中存在的"盲人摸象"的问题。

（5）有模型、有阶梯、有案例，揭示"小企业如何成长为巨无霸"的战略定位历程……企业愿景需要三大产品愿景支撑，之后可升级为"三大进化战略"：潜优产品战略、拳头产品战略、超级产品战略。

（6）通过战略定位的"四大金刚"及"番外名媛"，为企业解决如下重大战略问题：①找到创业"赛道"，发现"风水宝地"；②创新商业模式，实现持续增长；③塑造核心竞争力，向"异质市场"成功扩张；④开拓第二曲线业务，控制转型风险；⑤避免昙花一现，打造持久的名优品牌。

（7）引入递归算法，从产品"小尺度切入"，让盈利"大尺度涌出"！

序 言

定位：哥德巴赫猜想与第三次生产力革命

有位研究定位理论的专家说过，"定位"将引发第三次生产力革命！知名企业家、经济学家争相为"定位""站台"。在企业管理领域，战略定位犹如哥德巴赫猜想，至今也没有人说得明白。"定位"与战略定位是一回事吗？本文最后将明确回答这个问题。

战略定位给企业指明发展方向、创建导航系统、规划前行路径。本书所讲的战略定位属于企业战略范畴，它长期存在诸多棘手的问题。例如什么是战略？近百年来众说纷纭……加拿大管理学家明茨伯格评论说，全球众多战略学派和战略大师一直在盲人摸象！战略这头"大象"究竟长什么样？如何构成？如何成长？详见章节7.3中的"战略大象图"。

1. 战略的第一性原理是什么？

寓言故事《狐狸与刺猬》中说：狐狸知道很多事情，但刺猬只知道一件大事。**对于企业战略来说，我们应该知道的一件大事是"战略=路径+目标"，这可以看作是战略的第一性原理。**为了方便理解，下面我们看一个超级职业个体的例子：克林顿17岁时作为学生代表应邀参观白宫。在与肯尼迪总统握手的一瞬间，克林顿有了一个看似疯狂的目标——成为美国总统。在此后25年里，克林顿都紧紧围绕这个目标展开行动。在上大学时，他先读外交，后学法律——这些都是政治家必备的知识。离开学校后，克林顿一步一个脚印，从律师到州司法部长、州长，再到民主党主席，42岁成功当选美国总统。从"战略=路径+目标"看，克林顿既有路径又有目标，那么显然他是有战略的。

格力、小米、比亚迪、可口可乐、腾讯、麦当劳、微软、亚马逊、本田、苹果等知名企业，从小企业成长为巨无霸企业集团（以下简称"巨无霸"），都遵循了"战略=路径+目标"这个第一性原理。例如小米公司历时九年于2019年成为世界500强企业，2021年实现营收3 283亿元。从"战略=路径+目标"看，小米的目标有了，战略、路径分别是什么？一图胜千言，第4章的图4-5-1及第5章的图5-4-2给出了让人"秒懂"的答案。

2. 战略教科书已经演变为"知识堆砌"？

从国外引进的战略教科书可以指导企业的战略实践吗？下面的内容摘自章节1.1："战略教科书源于第二次世界大战后欧美发达国家大型企业集团的战略实践。"时至今日，主流战略教科书在内容编排上仍然是一个知识堆砌的结构：结合之前或当下的企业案例，将那些经典的战略理论、分析模型（可被称为"战略原材料""战略零部件"），像泥瓦匠垒墙那样，分门别类、有板有眼地堆砌在一起，然后告诉广大师生及企业经营者：这就是战略！

美国的克林顿有战略，中国的卓阿姨爱学习。

有一天，笔者在河边散步，听到一位阿姨在背书："公司层战略：同心多元化、水平多元化、国际化发展……职能战略：财务战略、采购战略、数字化战略……"我走近一看，是一位面熟的街坊，大家都叫她"卓阿姨"。我问她为什么背诵这些战略名词。她说她现在退休了，有很多时间，想考一个注册会计师证书，实现多年前的梦想。卓阿姨还说，注册会计师考试一共考六门课程，其中有一门叫作"公司战略与风险管理"，涉及近百种战略，都是"考点"！

我就问卓阿姨以前在工作中有没有接触过战略。她说她跟着老板和同事一起努力，将一个小公司做大，都不知道什么是战略，没想到还有这么多战略！她还说，网上教战略的老师可牛了，从美国留学回来，导师是国际有名的战略大师。老师对他们说，大家考注册会计师所学的战略，只是皮毛而已，权威的战略教科书里的内容是他们学的内容的五倍。

一些研究战略的学者为了研究和教学等，也许会研读厚厚的不同版本的战略教科书。任正非、马云、雷军、马化腾、比尔·盖茨、扎克伯格、马斯克等知名企业家，都能把一个从零开始的小企业经营为世界知名的巨无霸，他们无疑是很懂战略的，但是他们未必都读过这些厚厚的战略教科书。

3.战略定位大餐有几轮"主菜"？

从系统整体看，战略路径还是一个六面体（详见第1章图1-3-2及上下文）。通过简单的"等量代换"，从整体视角聚焦到其中一个侧面，"战略=路径+目标"就可以变换为"战略=定位+目标"。这里的战略指企业战略，定位就是战略定位，目标是指企业目标和愿景。广大经营者对目标管理已经驾轻就熟，本书重点阐述其中的战略定位。都说战略难，战略定位更难，像哥德巴赫猜想一样难！至今尚没有战略大师或关于战略的专著系统地讨论过这个问题。

战略定位给企业指明发展方向、创建导航系统、规划前行路径。如图0-1所示，战略定位由五个部分组成，本书第2章到第6章将会分别介绍，包括由竞争定位、三端定位、分形定位、联接定位组成的"四大金刚"及附加的品牌定位（图0-1中间下侧）——可以被趣称为"番外名媛"。通过找到那条深度隐藏的"战略路径"，它们共同为小企业成长为巨无霸导航。该图的内容很丰富，包括战略路径上存在的五大陷阱。绝大部分企业被困于这些陷阱之中。本书的"战略定位"理论给出了哪些具体对策呢？由于序言篇幅有限，无法详细展开，具体对策详见书中第1章到第7章的具体内容。

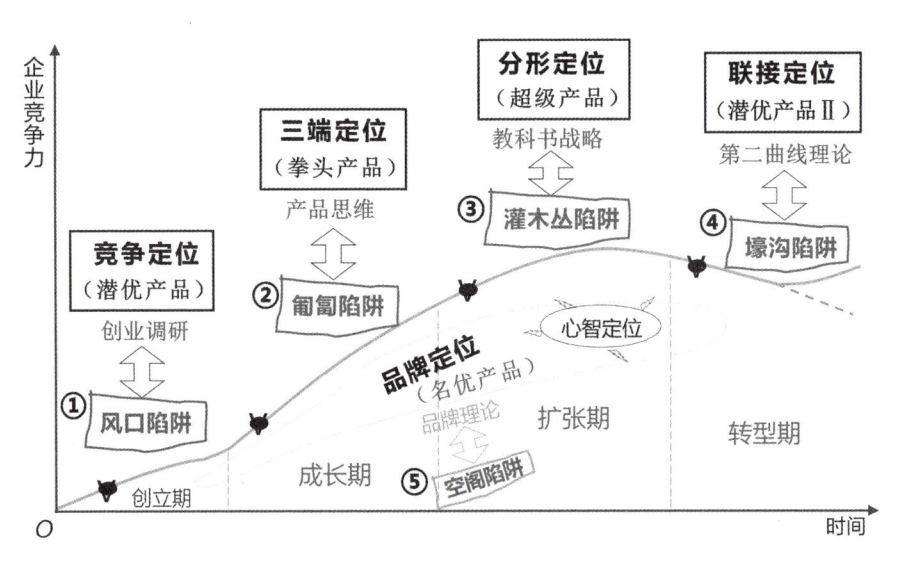

图 0-1 战略定位的核心内容
图表来源：李庆丰，"战略定位"理论

很多伟大的企业都是从零起步的，像苹果、微软、惠普、亚马逊、谷歌、哈雷、Adobe（奥多比）、YouTube（优兔）等世界知名公司，它们在创立阶段都是从简陋的车库开启成长为巨无霸之路的。中国也有很多世界知名公司，它们在创立之初的情况要稍好一些：阿里巴巴是在创始人马云的公寓成立的；雷军等七个合伙人喝了小米粥，向外界宣告小米公司正式成立；在华为创立时，任正非和员工在一间仓库里办公和吃住；腾讯创业时的办公场所是一间与别人合用的舞蹈室；百度诞生于两间宾馆房中；联想创立于一间传达室里……

见图0-1，从名不见经传的小企业长成为世界知名的巨无霸，背后那条"战略路径"需要有像多级火箭那样的五级产品——潜优产品、拳头产品、超级产品、潜优产品Ⅱ、名优产品。这五级产品全力推动企业成长与发展，而最关键的是这五级产品背后的"求解方程"：如何递归与简约、如何找到约束变量、如何建立连接关系……这才是本书阐述的战略定位的要点所在，这才是笔者将其比喻为哥德巴赫猜想的理由。

类比于法国大餐或满汉全席，如果将本书比喻为"战略定位大餐"，那么序言和第1章就是布置餐厅及报菜名，第2章至第6章分别为五轮菜品——每轮菜品都包括3～5道拿得出手的"美味佳肴"，第7章是最后的甜点，后记则展望下一次聚餐。如何证明"战略定位大餐"就是让各位"食客"回味无穷的珍馐美味呢？下面我就从战略定位大餐中拿出一道"开胃菜"和一道"必点菜"进行说明。

4.如何让"风口上的猪"远离"风口陷阱"？

第2章介绍的竞争定位模型是一道"开胃菜"，它可以用"潜优产品=客户需求+行业趋势+优选资本−竞争阻力"这样一个公式简要表示。第2章给出诸多案例，以图示化的方式说明竞争定位模型。拼多多的创立之道就是其中一个案例。腾讯曾投入几十亿元创立电商平台"拍拍网"，但最终惨淡收场。后来者拼多多有点传奇色彩，能在阿里巴巴、京东商城等"大鳄"留下的狭缝中迅速发展起来，只用了不到三年时间就在美国纳斯达克上市了。

拼多多是如何逆袭成功的？商学院或媒体文章讲解此类案例，都是洋洋洒洒数万字——包子皮儿太厚就找不到馅了！竞争定位模型只用一张图就能说清楚了。根据图0-2所示的推导图，其中前三者"客户需求、行业趋势、优选资本（关键资源与能力）"叠加起来，远大于最后的要素"竞争阻力"，就可以推导出潜优产品"拼多多"了（详见第2章图2-7-1及上下文）。从此，创业项目是否靠谱，可以用竞争定位模型图示化推导一下！除了诸多案例采用如图0-2所示的推导图形式，第2章还介绍了竞争定位的评估图、阴影面积图、论证报告等多种创业项目的论证推导方法。

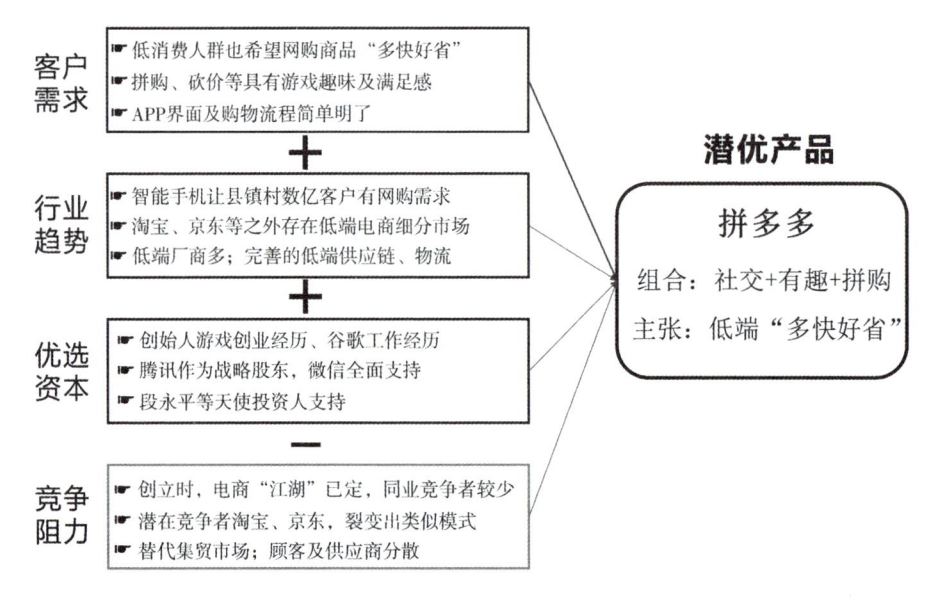

客户需求
- 低消费人群也希望网购商品"多快好省"
- 拼购、砍价等具有游戏趣味及满足感
- APP界面及购物流程简单明了

＋

行业趋势
- 智能手机让县镇村数亿客户有网购需求
- 淘宝、京东等之外存在低端电商细分市场
- 低端厂商多；完善的低端供应链、物流

＋

优选资本
- 创始人游戏创业经历、谷歌工作经历
- 腾讯作为战略股东，微信全面支持
- 段永平等天使投资人支持

－

竞争阻力
- 创立时，电商"江湖"已定，同业竞争者较少
- 潜在竞争者淘宝、京东，裂变出类似模式
- 替代集贸市场；顾客及供应商分散

潜优产品
拼多多
组合：社交+有趣+拼购
主张：低端"多快好省"

图0-2 以竞争定位模型"推导"拼多多的创立之道
图表来源：李庆丰，"战略定位"理论

与竞争定位相对立，在创立期，风口陷阱形成的原因有哪些？有些人因为"有钱有资源""有情怀有激情""抓住宏观经济机遇""争相成为'风口上的猪'"等五花八门的原因，组建一个团队就马不停蹄地启动创业项目了……最终，绝大部分创业团队被"卷入"风口陷阱。千鸟在林，不如一鸟在手。搞懂竞争定位模型这道"开胃菜"，就可以远离绝大部分风口陷阱，久而久之，我们就可以晋升为评估创业项目的专家了。

5.如何让一个拳头产品胜过一万个平庸产品？

第3章介绍的三端定位模型是一道"必点菜"。图0-3给出了亚朵集团打造拳头产品的三端定位之道（详见第3章图3-8-1及上下文）。打个比方，为了打造拳头产品，三端定位模型就要长出"三头三臂"。其中位于中央的三个头"产品组合""价值主张""赢利机制"合一，构成完整意义上的企业产品；位于三端的三个臂"目标客户""合作伙伴""企业所有者"同属交易主体，协力构建牢不可破的价值网。外围与中央之间有这样的关系：交易主体共同促成及构建企业产品，企业产品实现交易主体的利益诉求。

亚朵集团创立于2013年，当时连锁酒店行业已经非常成熟，亚朵集团进入的市场也是行业普遍认为最难做的中档酒店。但是，从2017年开始，亚朵集团已经连续五年位居国内中高端连锁酒店规模第一位，客户满意度一直排在六大主流中高端连锁酒店的第一名。当行业频现并购、关店现象时，为什么亚朵集团能够取得如此骄人的成绩？如图0-3所示，从三端定位模型探究，因为它打造了拳头产品——亚朵酒店。一个拳头产品胜过一万个平庸产品。对于产品经理、创业者、经营者来说，如果不懂如何打造拳头产品，搞再多"最小可行产品"、训练再多"产品思维"、执行再多"低风险创业"，也终将浪费人、财、物，继续被困在匍匐陷阱中不能自拔。

首个拳头产品：亚朵酒店

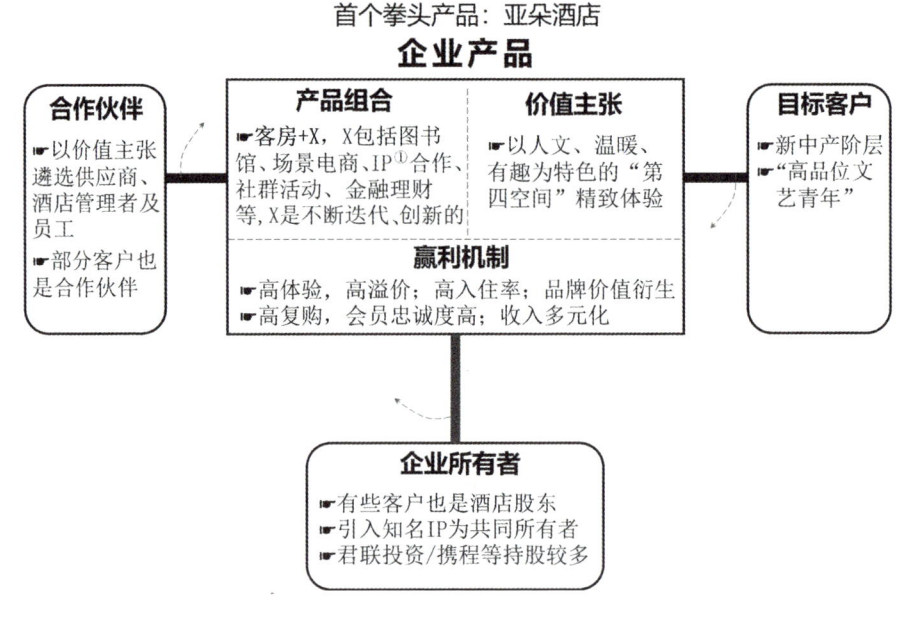

企业产品

合作伙伴
- 以价值主张遴选供应商、酒店管理者及员工
- 部分客户也是合作伙伴

产品组合
- 客房+X，X包括图书馆、场景电商、IP①合作、社群活动、金融理财等，X是不断迭代、创新的

价值主张
- 以人文、温暖、有趣为特色的"第四空间"精致体验

目标客户
- 新中产阶层
- "高品位文艺青年"

赢利机制
- 高体验，高溢价；高入住率；品牌价值衍生
- 高复购，会员忠诚度高；收入多元化

企业所有者
- 有些客户也是酒店股东
- 引入知名IP为共同所有者
- 君联投资/携程等持股较多

图0-3　亚朵集团的三端定位及打造拳头产品之道
图表来源：李庆丰，"战略定位"理论

6. 战略定位的"基础设施"、递归算法及延伸应用

序言的篇幅不宜太长，下面笔者再给出有助于全面理解战略定位的五个方面内容：

（1）战略定位的"基础设施"。战略定位的"基础设施"是企业赢利系统。企业赢利系统把企业看作一个有生命的系统，以公式化思维看：企业赢利系统=经营体系+管理体系。在非正式场合，我们将经营

---

① IP（Intellectual Property），意为知识产权，可以引申为泛娱乐行业的核心资源，包括文字、电影、电视剧集、动漫、音乐作品，以及综艺表演、体育赛事、明星等。

体系称为"水库体系",将管理体系称为"灌溉体系"。如果水库体系的众多水源常年断流,那么灌溉体系的干渠就可能干涸。巧妇难为无米之炊!公司业绩不好,现金流紧张,不应过度追责管理体系,经营体系才是幕后的"真凶"!优秀的企业一定非常重视经营体系,然后才是管理体系。

(2)现代商学"四大发明"。结合风险投资实践,笔者重点研究企业赢利系统及其经营体系三个模块:经管团队、商业模式、企业战略,对应提出"企业赢利系统""集成团队""T型商业模式""新竞争战略"四大创新理论,并将它们称为现代商学"四大发明"。这算为"路漫漫其修远兮"的前行路径树立了一个引导方向的"航标"。在这"四大发明"中,除了"集成团队"(详见章节7.1)处于雏形阶段,其余三者都已经有同名书籍出版。

在这"四大发明"中,集成团队最为重要,以T型商业模式为中心,新竞争战略决定成败,它们三者共同构成企业经营体系的核心内容。传统商学推崇的课程包括"财务管理""人力资源管理""营销管理""采购管理"……这些都归属于管理体系的后端内容,只懂这些的经营者也许已经落伍了。

(3)战略的上游、中游及下游。有位战略"大咖"说:"好战略凤毛麟角,坏战略比比皆是。"为什么呢?如图0-4所示,长期以来,战略的上游、中游及下游之间出现多处断层。如果企业战略的上游缺少战略内涵,那么中游的战略规划必然是没有实质内容的,下游的战略实施也必然低效运转,每天只好追责执行力、学习领导力。战略定位属于上述"四大发明"中新竞争战略理论的一个重要分支,属于上游战略内涵的重要内容。这将是一个良好的开端。但是,如何将战略的上游、中游及下游有机连接并让它们贯通起来呢?

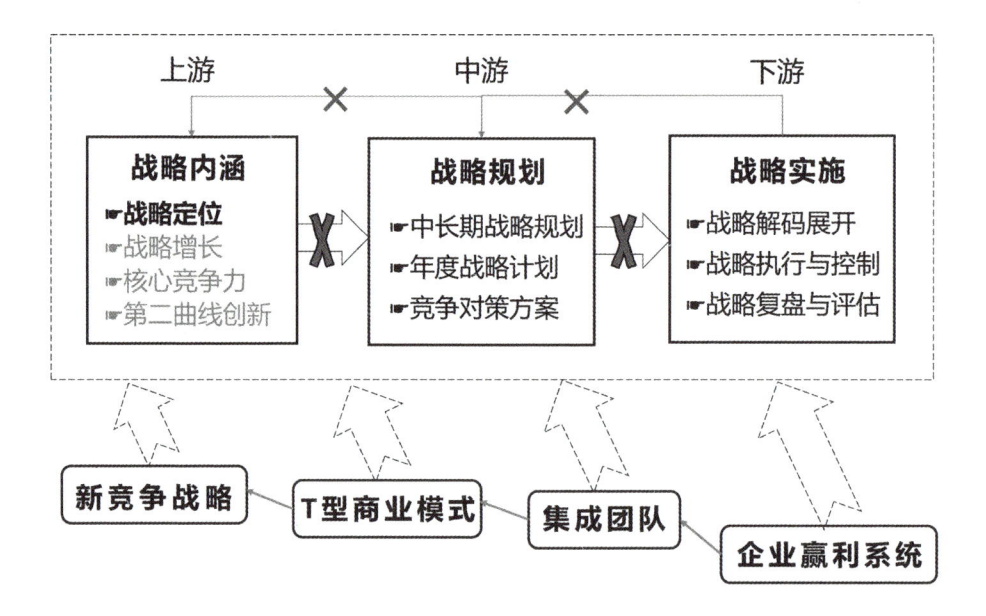

图 0-4　现实中企业战略的上游、中游、下游及其相互关系
图表来源：李庆丰，"战略定位"理论

第1章提出问题，第2章至第6章系统地讨论战略定位等战略内涵，第7章给出可视化解答。例如第7章有一个战略蓄水池图，它改变战略教科书的"知识堆砌"模式为"上游蓄水"模式，以现代商学"四大发明"为企业构筑坚若磐石的经营体系……保障战略规划"有料可写"、战略实施"有迹可循"，在一定程度上解决战略理论与应用实践之间长期存在的"两张皮"问题。

（4）战略定位中的递归算法。面对千头万绪的经营变量及影响因素，战略定位如何"透过现象看本质，穿过外围找核心"？战略定位可以借鉴计算机领域的递归算法，如图0-5所示。所谓递归算法，包括递进和回归两个子过程。这有点像从地面逐级深入地下探寻宝藏，路径正确，找到了埋在地下深处的宝藏，再从宝藏所在的位置出发，携带越来越多的宝藏逐步回到地面。战略定位如何贯彻递归算法？本书第

1章至第7章重点阐述企业产品、商业模式在战略路径上如何进行战略定位。

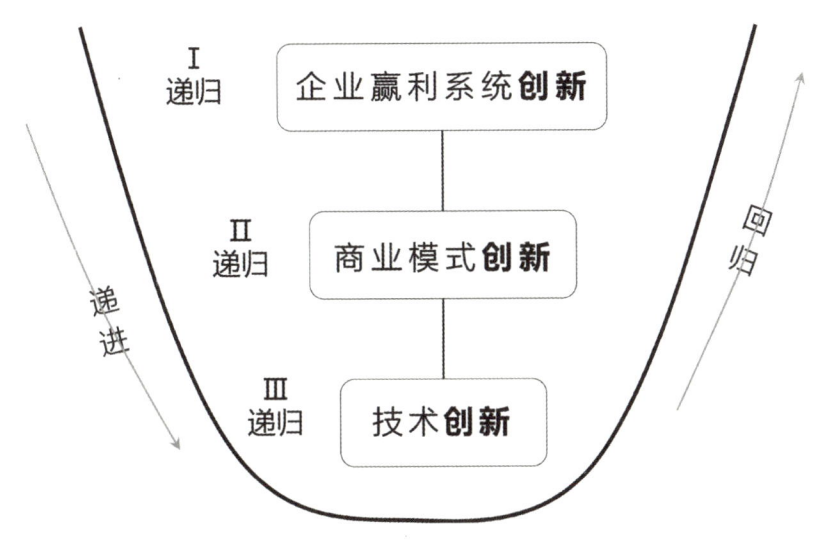

图0-5 全面提升企业创新水平的三级递归创新
图表来源：李庆丰，"战略定位"理论

战略定位追求标新立异、独树一帜，这些都离不开创新。三级递归创新就是以商业模式创新为中心，向上延伸到企业赢利系统创新，向下深入到企业产品的技术创新，三者结合上下贯通。假设技术创新的成效为"1"，商业模式创新、企业赢利系统创新就相当于在"1"后添加一些"0"。

（5）战略定位的"点线面体"。图0-6中A部分列举了五种常用的定位战略或理论，像波特定位、蓝海战略等；B部分列举了五种常用的产品组合定位工具，像波士顿矩阵、麦肯锡三层面等。从图中所处的"地理位置"上看，A、B两部分列举的定位战略或理论、工具都集中在"目标客户→企业产品（价值主张）"这条"定位母线"上（图中粗线阴影部分）。它们在本质上属于点状定位或线性定位，甚至只是一个高举定位旗号的"快捷方式"。例如特劳特/里斯定位忽视企业产品，只是在改变顾客认知上"费力"地定位。

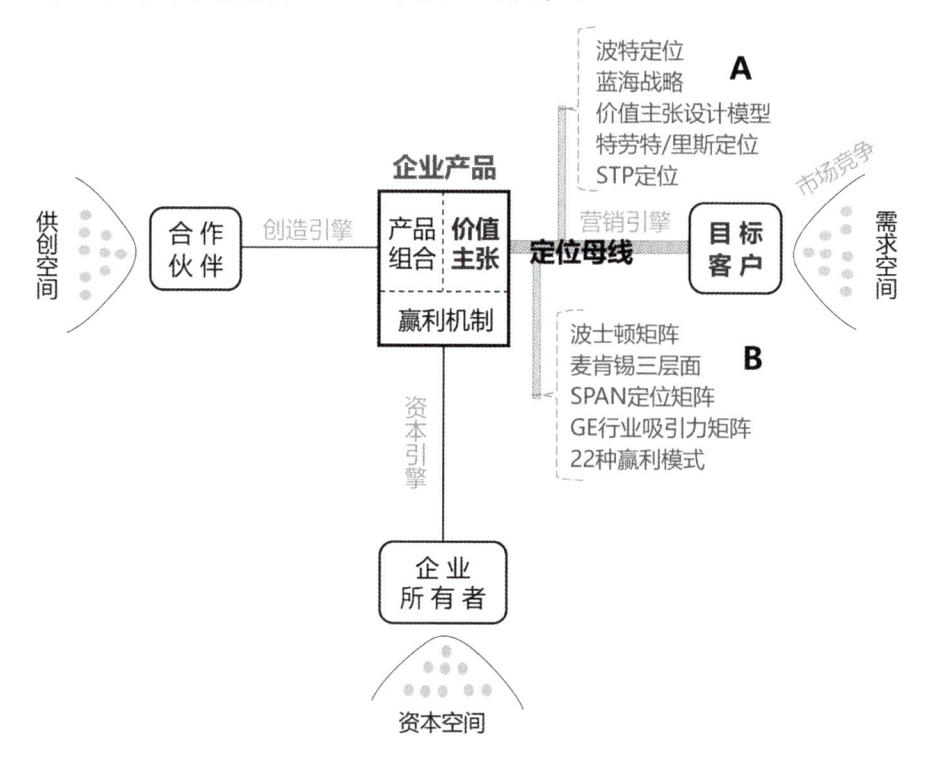

图 0-6　通过 T 型商业模式定位图"概述"战略定位
图表来源：李庆丰，"战略定位"理论

涵盖上述 A、B 两部分的"定位"内容，本书介绍的"战略定位"理论对企业整体商业模式进行包括"点线面体"的全生命周期定位。如图 0-6，"战略定位"聚焦于企业产品"三者合一"构成及目标客户、合作伙伴、企业所有者等形成的价值网，将企业外部的三大空间（需求空间、供创空间、资本空间）与企业内部的三大引擎（营销引擎、创造引擎、资本引擎）有机连接，融合为一个闭环的可持续赢利的商业模式。

像瞄准某个细分市场、发现一片蓝海、成本领先或差异化……这些点状或线性的"战略定位"不应该只是三言两语的传统"招数"罗列。从时间维度或长期主义的角度来看，本书重点阐述潜优产品→拳头产品→超级产品、企业创立→成为巨无霸→目标与愿景等涵盖企业生命周期各阶段的战略定位。

图0-6也是T型商业模式的定位图。进入21世纪，战略学家之所以还在盲人摸象，可能是因为忽视了商业模式是战略路径上的"推进物"，尚未认识到商业模式才是战略理论的活水源头、战略规划的基体构成。这也许可以归咎于历史原因或"跟班式"研究的缘由。但是稍加追溯，从原始社会的"物物交换"开始，商业模式就一直存在……

基于竞争定位界定的"风水宝地"，通过其上立足的商业模式的三端定位，为企业开辟一块生存领地，然后进行分形定位、联接定位、品牌定位……本书只能算作系统讨论战略定位的1.0版本。它有哪些不足及需要改进之处？我恳切地希望倾听广大读者的声音，我的联系邮箱为fude139@163.com。

7. 定位理论的"定位"是怎么回事？

前文提到："定位"与战略定位是一回事吗？根本不是一回事！前面的"定位"是指定位理论的定位，它属于心智定位及广告营销大家族，在图0-1中下部的品牌定位区域内有它对应的一小片位置。什么是心智定位？简单来说，就是通过"魔性"的广告词占领消费者心智，例如"今年过节不收礼，收礼只收脑白金""怕上火，喝王老吉"……

20世纪70年代，站在前人的肩膀上，美国知名广告人杰克·特劳特、艾·里斯共同提出定位理论。定位理论在实践时，通常有以

13

下三个步骤：第一步，为产品找卖点；第二步，通过"视觉锤""语言钉"将产品的卖点表现出来；第三步，通过大量广告及公关活动，由务实转变为务虚，从宣传产品转移到占领消费者心智。这就是"定位"（Positioning）。这样的"定位"真的可以引发第三次生产力革命吗？如果不能，那么在消费者主权崛起的时代，"以操控消费者心智"为专长的定位理论将何去何从？

无论是定位理论，还是战略定位，"四海一家，天涯比邻"。在书中，笔者将定位理论归为品牌定位的一个分支，而品牌定位又属于战略定位的"番外盟友"。基于战略定位的潜优产品、拳头产品、超级产品，通过品牌定位，企业才能塑造出有生命力的名优产品——这也是定位理论升级、迭代的方向（详见章节1.4及第6章）。

李庆丰

编者按

现代商学"四大发明"就要启航

李庆丰聚焦于研究企业赢利系统及其经营体系，创造出现代商学"四大发明"，包括集成团队、T型商业模式、新竞争战略、企业赢利系统四个方面的创新理论。后三者已经有同名书籍出版，"集成团队"也已具雏形（详见章节7.1）。

战略定位给企业指明发展方向、创建导航系统、规划前行路径。本书阐述的理论属于新竞争战略的一个重要分支。集成团队、T型商业模式、新竞争战略分别是企业赢利系统中与经营体系"三模块"（经管团队、商业模式、企业战略）逐一对应的创新理论。这些都是战略定位必备的"基础设施"。

企业持续成功与企业赢利系统密切相关，以公式化思维看：企业赢利系统=经营体系+管理体系。李庆丰把经营体系比作山间水库，把管理体系比作灌溉水系。如果山间水库（经营体系）的众多水源常年断流，那么灌溉水系（管理体系）的干渠就可能干涸。在VUCA[①]时代，关店潮、现金流紧张、增长乏力……这些现象说明，中外大多数企业

---

① VUCA 是 Volatility（易变性）、Uncertainty（不确定性）、Complexity（复杂性）和 Ambiguity（模糊性）的首字母组合。

的经营体系不够"优良"。巧妇难为无米之炊！经营体系出现问题，管理体系再好也没有用。

传统商学教育把教学重点放在讲授管理体系方面的课程上，像"营销管理""财务管理""人力资源管理""采购管理"……李庆丰的现代商学"四大发明"，首先将企业看成一个生命系统——企业赢利系统，然后着重构建经营体系三大创新理论：集成团队、T型商业模式、新竞争战略。这是对传统商学的一个跃迁式升级，旨在指导企业系统思考，补上经营体系的"短板"，见图0-7。

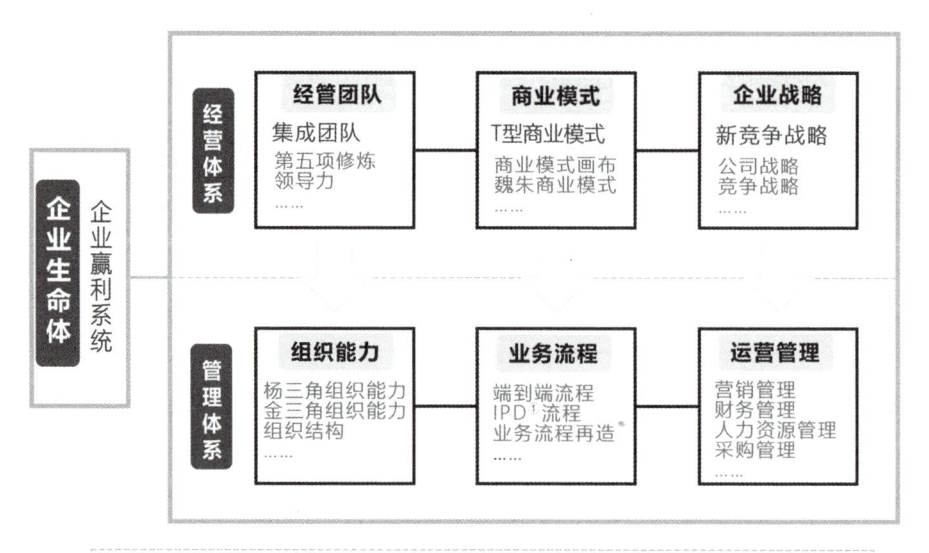

说明：
① 现代商学"四大发明"：企业赢利系统、集成团队、T型商业模式、新竞争战略。
② 企业生命体：把企业看成一个类似生命的组织，企业赢利系统是它的代表性理论。

图0-7 现代商学"四大发明"在企业生命体中的位置

从2019年开始，李庆丰平均一年多出版一本书。这些书有一条主

---

① IPD（Integrated Product Development，集成产品开发）是一套产品开发的模式、理念与方法。

线，就是"以商业模式为中心"。《T型商业模式》旨在为企业"打造"一部不断进化的赢利机器。《新竞争战略》旨在一年接续一年为这部机器持续规划出充满"宝藏"的前行路径，"保障"这部机器持续赢利。"集成团队"（同名书籍后续出版）旨在"培养"志同道合的人一起操控、革新这部赢利机器，并让它行进在拥有"宝藏"的路径上。它们三者是不可分割的有机整体，共同为企业创建卓越的经营体系提供方法论。这三者与"企业赢利系统"结合在一起，现代商学"四大发明"就启航了！

周磊

目录

第1章 战略定位并非"定位",它该讲些什么?

1.1 为什么说战略路径像哥德巴赫猜想一样难? … 3

1.2 战略定位的整体图景、"四大金刚"和"番外名媛"… 12

1.3 战略路径是一个六面体,还有上游、中游和下游 … 40

1.4 定位二选一:满足客户需求还是掌控消费者心智 …50

1.5 如何从产品时代升级到商业模式时代? … 57

内容提要

迪士尼的创始人一度穷困潦倒,在一个破旧车库里吃住与工作。天将降大任于是人也……他以这个车库里的一只老鼠为原型,创造出动画形象"米老鼠"——这就是让迪士尼走向成功的"潜优产品",然后他将迪士尼动画片打造为"拳头产品",再将迪士尼乐园塑造为"超级产品"。潜优产品→拳头产品→超级产品……像华为、苹果、阿里巴巴、微软、腾讯、亚马逊、小米、谷歌等世界知名公司,它们都坚守这条以产品愿景递进为核心的成功之道。将实践上升到理论,本书将从中发现那条深藏的"小企业成长为巨无霸"之路。

任正非说,公司要像长江水一样聚焦在主航道,(才可以)发出巨大的电(能)来。上升到战略定位理论,企业就是通过战略定位的"四大金刚"及"番外名媛"构建主航道、打造拳头产品、造就超级产品,发出巨大的电能……

第2章 竞争定位：找到"风水宝地"，定位潜优产品

2.1 永青仪电：引领创新，开辟一片新天地 … 71

2.2 面对竞争阻力，是"硬碰硬"，还是绕过去？… 78

2.3 如何抓住行业趋势的"牛鼻子"？… 85

2.4 "草根"与"学霸"创业，谁更缺智力资本？… 93

2.5 是财富险中求，还是关注客户需求？… 100

2.6 低风险创业+开发优异产品，鱼和熊掌兼得 … 109

2.7 拼多多、小罐茶、拓璞五轴、诺比侃……竞争定位如何用？… 115

内容提要

创业项目可行吗？可用竞争定位的公式"潜优产品=客户需求+行业趋势+优选资本−竞争阻力"推导及判断一下。结合拼多多、牧高笛、小罐茶、探路者、柔宇科技等诸多案例，本章给出了该公式的推导图、评估图、阴影面积图、论证报告等多种应用形式。躬行实践胜过连篇累牍的"鸡汤"、口号，用好这个公式，你也可以成为评估及论证创业项目的专家！

战略定位给企业指明发展方向、创建导航系统、规划前行路径。本章的竞争定位理论重点在于指明发展方向，为企业找到立足的"风水宝地"。在后续发展过程中，如果没有出现撼动企业生存的相关因素及"黑天鹅"，那么企业立足的"风水宝地"就会相对保持稳定。如果"风水宝地"出现了严重问题，那么在衰退期来临之前，企业就要勇于开辟"第二曲线"……

第3章 三端定位：打造威名远扬的拳头产品

- 3.1 从创立期到成长期，如何让企业"跨越阶梯"？⋯127
- 3.2 三端定位模型：小企业是如何长大的？⋯134
- 3.3 价值主张：企业产品与客户需求之间的"连接器"⋯142
- 3.4 产品组合：如何促成第一飞轮效应？⋯157
- 3.5 赢利机制：为什么说免费品并不"免费"？⋯166
- 3.6 交易主体：三个人打造一个好产品⋯172
- 3.7 真正的定位：始于客户需求，终于顾客价值链⋯182
- 3.8 亚朵集团、晨光生物、宇度医学、ofo小黄车……三端定位如何用？⋯188
- 3.9 战略增长：让第二飞轮效应"永不停歇"⋯198
- 3.10 估值7 000亿元的SHEIN的"不可能三角"是什么？⋯215

内容提要

自古以来，茶叶的炒制过程不都是"一片鲜叶变一片干叶"吗？小罐茶2018年销售额创下新高，达20亿元，一举成为行业佼佼者。为了学以致用，我们可用本章介绍的三端定位模型分析一下小罐茶是如何打造拳头产品的。

本章的重点案例是估值千亿美元的跨境电商巨头SHEIN，它的价值主张为"上新快、价格低、品类多"，被业界称为"不可能三角"！也就是说一家企业很难把"速度经济、规模经济、范围经济"集成在一起。SHEIN是怎么做到的呢？借用民间的一句谚语"众人拾柴火焰高"，就是将"目标客户""合作伙伴""企业所有者"三者的利益统一起来，形成强大的构建力量，共同打造优异的企业产品——可被趣称为"三个人打造一个好产品"。

三端定位等于商业模式定位，搂草打兔子，顺便把商业模式"如何用"搞清楚了，就可让它为企业赚得"盆满钵满"！本章内容占战略定位主体内容约50%，"创新艰难百战多"……但成果喜人，三端定位等模型为企业发展创建导航系统，难得一见的"战略重器"就在其中！

第4章 分形定位：以核心竞争力造就超级产品

4.1 如何将拳头产品转变为"企业产品宝塔"？⋯231

4.2 开疆拓土与核心竞争力有什么关系？⋯237

4.3 庆丰大树理论：从优秀到卓越的必由之路⋯244

4.4 精神分形作祟，"灌木丛"式企业形成⋯251

4.5 肯德基、小米集团、桐昆股份、罗辑思维……分形定位怎么用？⋯256

内容提要

庆丰大树理论是分形定位的重点方法论，它由五个部分构成，协同起来为企业造就超级产品。格力、腾讯、比亚迪、喜茶、阿里巴巴、可口可乐、雀巢、麦当劳、微软、亚马逊、华为、苹果……成千上万家企业拥有超级产品。超级产品对应着超级品牌、超级渠道，还能够应对超级竞争，并具有"归核化"繁衍优质"后代"的超级能力。有了庆丰大树理论，就可以避免出现大而不强、搞出一堆"横七竖八"杂乱业务的"灌木丛"式企业！

2023年1月初，一篇《马云后撤 蚂蚁向前》的报道吸引了众多眼球：马云不再拥有蚂蚁集团的实际控制权，蚂蚁集团正在为重启IPO铺路……蚂蚁集团不是本章的案例，但我们学以致用，可以用定位分形模型分析它如何成为一个估值数千亿元的巨无霸。蚂蚁集团的超级产品是支付宝，沿着主航道不断孵化、繁衍、创新、裂变……已经成为一棵长满诱人果实的"赢利大树"。

第5章 联接定位：一桥飞架时空，让转型不再难

5.1 第二曲线创新：哪些业务重要，但未被认知？… 267

5.2 联接定位三部曲：继承、差异、优生… 273

5.3 转型雷达：识别极限点，也探测机会点… 280

5.4 第四飞轮效应：要么葬身壕沟，要么一鸣惊人… 286

内容提要

像诺基亚、摩托罗拉、柯达等一度为世界级行业巨头的企业转型都失败了，以L形转型收场，葬身第二曲线壕沟。本章重点回答，如何像IBM、腾讯、苹果、美团、英特尔那样实现V形转型，多次从第二曲线壕沟中爬出来，谱写更大的辉煌。

VUCA时代变幻莫测，一批"独角兽"衰落为胃口极大的"吞金兽"！越来越多的企业陷于经营困境、转型陷阱中，它们只能求助于营销绝招、资本补贴、"网红""大咖"乃至生物进化理论吗？一些企业不断成功转型，因为它们有非同寻常的联接能力。本章的联接定位就是要找到将第二曲线与第一曲线、客户需求、行业机遇、资源能力，甚至竞争对手等联接起来的"窍门"，并给出一组解决方案：双T联接模型、公式"继承+差异+优生=联接定位"、第四飞轮效应等诸多实用理论及模型……

第6章　品牌定位：不做产品之上的空中楼阁

6.1　战略学家在盲人摸象，品牌学家勿隔山打牛… 295

6.2　塑造名优品牌，三条路径如何选？… 302

6.3　"番外飞轮效应"：是追求品牌资本，还是生意蚀本？… 309

内容提要

当新冠疫情管控严格时，可口可乐饮料"秒变"为硬通货。为什么可口可乐公司这么能打，能在疫情中业绩强势反弹，品牌价值达600多亿美元？这依托于可口可乐饮料是一个便宜、好喝、可信赖、口碑不错并具有特定功效的国际化饮品，即企业产品支撑品牌形象。只有产品和品牌共同根植于顾客需求，品牌才有持久的生命力。

互联网、大数据等正在重构消费者主权，留给那些把消费者当傻子、收"智商税"的"广告语品牌"的操作空间越来越小了。加多宝、好想你枣、全聚德、香飘飘等打算如何翻盘？依靠"操控"消费者心智的"绝活"，从美国引进的定位理论如何进化？战略定位将为定位理论、品牌定位补上底层逻辑及进化解决方案。

第7章 战略定位依存的"基础设施"是什么?

7.1 将组织看成生命体,打通经营与管理的"任督二脉"… 319

7.2 万物生长靠太阳,企业以商业模式为中心… 331

7.3 新竞争战略:企业生命体的成长之旅… 338

7.4 战略定位:为小企业成长为巨无霸导航… 350

内容提要

1834年,第一辆电动车被发明出来,但是在此后180年里,路上迟迟难见电动车的"踪影"。近10年来,随着电池材料、充电设施、电机电控等"基础设施"不断成熟,以特斯拉等为代表的一批电动车品牌迅速涌现出来。战略定位依存的"基础设施"是什么?企业赢利系统。它的经营体系层面,主要包括T型商业模式、新竞争战略、集成团队三大创新理论。打一个比方,T型商业模式如同一部赢利的机器,新竞争战略为这部机器持续规划出充满"宝藏"的路径,集成团队旨在培养志同道合的人一起操控、革新这部赢利机器,并让它行进在拥有"宝藏"的路径上。

本章对T型商业模式、新竞争战略、企业赢利系统三大创新理论进行了迭代、升级,并给出集成团队理论的雏形。这标志着现代商学"四大发明"就要启航了!

后 记 有延误,也有"早产" … 361

第1章
战略定位并非"定位",
它该讲些什么?

本章导读

在2018年的一次重要学术会议上，浙江大学管理学院魏江教授发言说："I hate SWOT（我恨优劣势分析法）！I hate Five-Force Model（我恨五力模型）！I hate Value-Chain Model（我恨价值链模型）！"他实际想表达的意思是"明明时代变了，但讲授战略相关课程的老师在上课的时候还是在教授这些范式"。

寓言故事《狐狸与刺猬》中说：狐狸知道很多事情，但刺猬只知道一件大事。对于企业战略来说，我们应该知道的一件大事是"战略=路径+目标"。作为新竞争战略的重要内容之一，战略定位的任务是为小企业成长为巨无霸导航！通过等量代换，我们可将应知道的一件大事变换为"战略=定位+目标"。

继USP（Unique Selling Proposition，独特的销售主张）理论、品牌形象论之后，美国知名广告人里斯、特劳特于20世纪70年代提出定位理论，该理论的操作要点为：设计一个特别的广告语或图像符号，通过大量广告或公关传播活动，让品牌在消费者心智中独占一个"地盘"，这就是定位（Positioning）。定位理论诞生在美国，但扎根于中国后，才不断发展壮大起来。它有两个特色原则：①操控消费者心智；②认知大于事实。

战略定位并非上述定位理论的"定位"，本章重点内容有：战略定位的整体图景，"四大金刚"和"番外名媛"，企业战略的上游、中游和下游，从产品时代升级到商业模式时代，优选资本等。

1.1 为什么说战略路径像哥德巴赫猜想一样难？

> **重点提示**
>
> ※ 在公式"战略=路径+目标"中，哪个要素最令人束手无策？
>
> ※ 在"空中楼阁"上高谈阔论公司层战略有什么后果？
>
> ※ 如何以战略定位"等量代换"战略路径？

大佬们聚会，常常要谈些大事。例如在一次饭局上，真格基金的徐小平与红杉资本的沈南鹏正好聊到AI（人工智能）四小龙之一格灵深瞳未来的市值。徐小平说，格灵深瞳未来市值可达5 000亿美元；沈南鹏说，1 000亿美元比较实际。在两人争执不下时，策源基金的冯波给出了一个折中市值3 000亿美元，约合人民币19 000亿元。

也许这是个博人一笑的段子，但在2022年3月17日格灵深瞳于科创板上市前夕，这个段子曾经广为流传。不过，格灵深瞳的股票在IPO（Initial Public Offering，首次公开募股）首日就跌破其发行价格，紧接着连续一个多月涨少跌多，到4月26日收盘价为20.7元，格灵深瞳此时的市值只有38.4亿元人民币。当然，企业实现IPO只是一个新的起点，以上投资人所期望的企业市值可以看作鞭策公司不断前进与发展的远期目标。"赠人玫瑰，手有余香"，从战略定位的角度，本节最后及后续章节将会给出一整套具有系统性的解决方案，促进格灵深瞳早日实现这个长期目标。

1. 以战略定位等量代换战略路径

如果格灵深瞳的市值能够达到上述的折中市值19 000亿元，那必然是一个巨无霸，而格灵深瞳于2013年创立，那时当然只是一家小企业。小企业成长为巨无霸，不能随便说说，总要有一个战略路径。但是，近百年来全球各个研究战略的学派对战略的认识犹如盲人摸象，至今尚不知道战略这头"大象"完整的模样！

理论源于实践，也应该用于指导实践，而不应该在象牙塔或空中楼阁中"内卷"。已出版的《新竞争战略》常用一个公式"战略=路径+目标"简要回答上述困扰各个研究战略的学派近百年的"盲人摸象"问题。为便于读者理解，这里先举一个超级职业个体的例子：克林顿17岁时作为学生代表应邀参观白宫。在与肯尼迪总统握手的一瞬间，克林顿有了一个看似疯狂的目标——成为美国总统。在此后25年里，克林顿都紧紧围绕这个目标展开行动。在上大学时，他先读外交，后学法律——这些都是政治家必须具备的知识。离开学校后，克林顿一步一个脚印，从律师到州司法部长、州长，再到民主党主席，42岁时就成功当选美国总统。从"战略=路径+目标"看，克林顿既有路径又有目标，那么显然他是有战略的。

在商言商，经营有道。在"战略=路径+目标"中，"战略"主要是指企业战略，"路径"是指战略路径，"目标"是指企业的战略目标及愿景。在2013年"中国经济年度人物"颁奖典礼上，雷军与董明珠曾有一个"10亿元的赌约"。由此可以看出，在雷军领导下，当时创立三年多的小米有很远大的战略目标。目标是要有的，万一能实现呢！从几位创始人喝小米粥开始创立，小米历时九年于2019年成为世界500强企业，2021年实现营收3 283亿元。从"战略=路径+目标"看小米的战略，企业目标有了，战略路径是什么？一图胜千言，第4章的图4-5-1及第5章的图5-4-2将给出让人"秒懂"的解答。

一般而言，根据"战略=路径+目标"，怎么求解企业战略？我们可以先将它用一般人都能看懂的代数式"$S=P+O$"表示，然后设法推导出答案，其中S代表战略（Strategy），P代表战略路径（Path），O代表目标（Objective）。"目标"不难获得或相当于已知量。1954年，德鲁克就在

《管理的实践》中提出目标管理。现在，由于OKR（Objectives and Key Results，目标与关键成果）等高效目标管理工具加持，各家企业已经把目标管理应用得炉火纯青，以至于既爱又恨，既不甘又无奈地认为战略规划、战略管理就是如何确定目标、分解目标及执行目标。描述出具体的"战略路径"是有难度的，甚至"难于上青天"，至今没有战略大师或关于战略的专著认真且系统地研究过这个问题。但是，一旦P求出来，O又是已知的，那么根据"$S=P+O$"，S代表的战略必然就迎刃而解！

如果我们将P代表的战略路径称为战略领域的"哥德巴赫猜想"，那我们就猜想一下。就像开车从甲地到乙地，路上可能遇到一些艰难险阻，为此找出一条"战略路径"，这个不难吧？对，我们可以借助导航系统！

从哪里找导航系统呢？我们可以通过一系列战略定位。**具体来说，将小企业成长为巨无霸的一般历程分解为若干个阶段，设置一些里程碑式的关键节点，再将这些关键节点像串珍珠一样串联起来，就能形成一个大致的战略路径……如此这般操作，战略定位就对战略路径实现了"等量代换"**。如本书序言所讲，从整体视角聚焦到其中一个侧面，上文中的"战略=路径+目标"就可以替换为"战略=定位+目标"，即公式"$S=P+O$"中的P还可以是战略定位（Position）。但是，各种版本的战略教科书中有与战略定位或战略路径相关的系统性内容吗？

战略教科书源于第二次世界大战后欧美发达国家大型企业集团的战略实践。那时，百废待兴，美国的大型企业具有向国际化、跨国化方向发展的多重优势及大量多元化发展的机会，它们中的一些企业甚至可以实现一定程度的"躺赢"！理论来自实践……因此，我们很难从这些战略教科书中发现"小企业成长为巨无霸"的战略路径。从国外到国内，薪火相传，叠加"师门内循环"，至今若干主流战略教科书在内容编排上仍然是一个知识堆砌结构——结合之前或当下的企业案例，将那些经典的战略理论、分析模型（可被称为"战略原材料""战略零部件"），像泥瓦匠垒墙那样，分门别类、有板有眼地堆砌在一起，然后告诉广大师

5

生及企业经营者：这就是战略！

在2018年的一次重要学术会议上，浙江大学管理学院魏江教授发言说："I hate SWOT（我恨优劣势分析法）！ I hate Five-Force Model（我恨五力模型）！ I hate Value-Chain Model（我恨价值链模型）！"他实际想表达的意思是"明明时代变了，但讲授战略相关课程的老师在上课的时候还是在教授这些范式"。

上海交通大学孟宪忠教授说，在EMBA（Executive Master of Business Administration，高级管理人员工商管理硕士）课堂上常有学生抱怨甚至尖锐地批评：现在学习的管理内容，已落后于企业实践发展的要求；现在的教学基本上是用过去的知识教育现在的学生面对未来的问题⋯⋯

一门学问一旦演化为连篇累牍的知识堆砌结构的内容，就会逐渐脱离实际，在空中楼阁中"内卷"！难怪《经济学人》杂志调侃说，"人人都在谈论战略，却没有人知道战略究竟是什么"。在管理学各学科的大家庭中，战略管理一直处于"C位"，应该担当起统领其他学科的重任。但是，现状及结果如何呢？像品牌管理、领导力、市场营销、运营管理、资本运作、企业文化、商业模式等热门领域都在"内卷"，是否与战略教科书中"知识堆砌"的现象有关联呢？

笔者有30多年工作经验，前半程在大企业多个岗位历练，还有一些创业经历，后半程主要在风险投资机构工作。在大企业工作，战略教科书中的内容还能派上一些用场，像兼并收购、国际化发展、横向一体化、纵向一体化、同心多元化等，大公司扩张、发展或多或少都会涉及这些内容。从事创业及风险投资的人，都希望将小企业打造成为巨无霸！例如在2013年格灵深瞳创立时，真格基金、策源基金只投了100万元人民币的天使轮投资。红杉资本稍微大方一些，于2014年投给格灵深瞳1 000万美元的A轮投资。也许投资机构越抠门，对回报的"胃口"就越大——真格基金、策源基金分别期望格灵深瞳未来市值达到5 000亿美元、3 000亿美元！

在知名战略咨询机构加持下，通过参照"知识堆砌"的战略教科书，某些集团公司迅速做大的法宝就是"项目堆叠、资本运作"——通过兼并收购、产投结合、横纵向一体化、国际化等战略扩张"绝招"，把一些所谓"既便宜又好"的项目聚拢起来，在资本市场上不断"圈钱"。像乐视集团、新光集团、德隆集团、海航集团、三九集团、春兰集团等，我们不能说这些集团的管理者完全不懂战略教科书中所说的战略。有人说，这些集团之所以最后在资本市场折戟沉沙，主要是因为不懂"归核化"战略——多元化集团的业务应收敛到具有竞争优势的核心业务领域。

没有从小企业到巨无霸的孕育及成长历程，哪里能有"连筋带骨"的核心业务领域？没有"核心"怎么实施"归核化"战略？这样说来，诸多大而不强的大公司、大集团，属于一直在空中楼阁上搞经营，每日每夜都处于风雨飘摇、战战兢兢之中。 如果我们习惯在空中楼阁中宏大叙事、挥斥方遒，当然就不懂，也不会再去构建稳如磐石的企业经营大厦了。这样看来，根据公式"战略=路径+目标"或"战略=定位+目标"，在战略教科书及某些大集团公司的战略实践方面，找不到让小企业成为巨无霸的战略路径或战略定位。这可怎么办？我们要先重建"基础设施"。

2. 企业产品是商业模式的核心内容

从2018年以来，笔者已经创作了《T型商业模式》《企业赢利系统》《新竞争战略》等，试图建立让小企业成为巨无霸的"基础设施"。其中有一个经营逻辑：经营管理团队（以下简称"经管团队"）、商业模式、企业战略三者构成一个"人–车–路"系统。经管团队好比是司机，商业模式好比是车辆，企业战略好比是规划好的行驶路线、外部环境及要到达的目标，本书第7章将简要阐述这些"基础设施"。为了勾勒出动态画面，这里把商业模式比喻为车辆，当然也可以比喻为赢利机器，并且是不断成长、进化的车辆或赢利机器，用以说明小企业逐渐成长为巨无霸。

基于上述经营逻辑，我们可以总结出一个让老奶奶都能听懂的浅显道理：商业模式这个"车辆"在导航系统指明的路径上"跑啊跑"，从零开始创业的小企业逐渐成长为巨无霸。再简化一下，企业产品是商业模式的核心内容，那么企业产品在导航系统指明的路径上"跑啊跑"，从零开始创业的小企业逐渐成长为巨无霸。这里的企业产品究竟指什么？

企业产品是《新竞争战略》中的一个核心概念。从原始社会的"物物交换"到现代企业的"卖东西换钱"，其中的物、东西都属于产品。企业产品是企业向市场提供的可以满足目标客户需求的价值载体。企业产品可以是实物产品、服务产品、虚拟数字产品等不同形式的产品。除此之外，企业产品还是一个统称，它可以是企业的某一具体产品，也可以是产品单元，还可以是产品组合，甚至是全部产品等构成的产品组合。

为什么说企业产品是商业模式的核心内容呢？基于20世纪末企业产品创新与组合风起云涌的局面，商业模式的概念从21世纪初开始流行起来。在历史长河中，不管有没有商业模式，企业产品必定是一直存在的，因此"商业模式"的概念只是换了种说法。**目前来看，商业模式算是企业产品的升级版，相当于在企业产品周边"镶嵌"了一些新要素，因此企业产品必定是商业模式的核心内容（详见图1-5-1及上下文）。**

到底什么是商业模式？笔者提出的T型商业模式是一个由12个要素构成的通用结构，可以解释市场经济环境下99%以上企业的经营交易活动。本书后续章节也会具体讨论T型商业模式的各种表现形式，例如图1-5-2的概要图、图3-2-1的定位图、图3-9-1的全要素图，第7章还会专门安排一节阐述商业模式中心型组织（详见章节7.2）。市面上流行的那些所谓商业模式，实际上是企业产品周边的第二层"彩虹圈"。有人就会问：第一层"彩虹圈"是什么？下一节及第6章将有确凿可信的解答。

3. 战略定位的三个构成要件

基于上述简化的经营逻辑：企业产品在导航系统指明的路径上"跑啊跑"……像1984年联想从中国科学院的传达室起步，1987年任正非借款2万元创办华为，1994年贝佐斯在简陋的车库中创办亚马逊，2004年几个稚嫩的学生在哈佛大学宿舍创建交友网站Facebook（脸书）等，不说什么故弄玄虚的商业模式，那时的联想汉卡、华为的程控交换机、亚马逊的网上书店、脸书的交友网站……实际上都是依靠"卖东西换钱"的企业产品。这些如今的行业佼佼者、世界500强企业启示我们：小企业成长为巨无霸的过程，就是企业产品从无到有、从差到好、从少到多、思变求新……从而带动企业顺利走过创立期→成长期→扩张期→转型期的成长与发展过程。

企业产品在，企业就存在；没有企业产品，企业就消亡。企业产品沿时间维度成长与更替决定了企业生命周期。依据爱迪思提出的九个阶段的企业生命周期理论，后来研究者将其简化为创立期、成长期、成熟期、衰退期四个阶段——如此简单，与人或其他动物的生命周期类似！但是，战略定位为"小企业成长为巨无霸"导航，而巨无霸都希望可持续经营，追求基业长青。因此，以"扩张期"代替"成熟期"，以"转型期"代替"衰退期"，笔者创作的系列书籍都有谈及，本书继续沿用之前"创立期、成长期、扩张期、转型期"的企业生命周期阶段划分。

按照前文战略定位等量代换战略路径的思想，将企业生命周期划分为创立期、成长期、扩张期、转型期四个阶段，以"铁路警察，各管一段"的还原论方法分别讨论各个阶段的战略定位。通过战略定位，我们为企业生命周期各阶段设置一些里程碑式的关键节点，再将这些关键节点像串珍珠一样串联起来，我们就能够获得小企业成为巨无霸的优选战略路径。

如果我们之前以"知识堆砌"方式漫无边际地讨论战略定位，就会犹如"狐狸吃刺猬——下不了口"！现在，我们将企业生命周期分解为创立期、成长期、扩张期、转型期四个阶段，由于每个阶段都有独特的经营场景、特征，再讨论战略定位，就可如"大师傅打蛋——各个击破"！知易行难，具体怎么做呢？

名正言顺，方可问鼎。根据各阶段的经营场景及理论内涵特征，创立期、成长期、扩张期、转型期的专属战略定位可以分别被称为竞争定位、三端定位、分形定位、联接定位——它们被合称为战略定位的"四大金刚"，如图1-1-1所示。企业在创立期为什么需要竞争定位呢？一个刚刚成立的孱弱无力的"小蝌蚪"，要在强手如林的行业中开拓一片属于自己的市场空间，就必须敢于且善于克服行业中波特所说的"五种竞争力量"（同业竞争者、潜在进入者、替代品竞争者、顾客及供应商）。企业在成长期为什么需要三端定位呢？一个好产品有三大构成要素，并由处于T型商业模式三端的合作伙伴、目标客户、企业所有者一起协作、合力打造。企业在扩张期为什么需要分形定位呢？企业在转型期为什么要联接定位呢？后续各章将会进行具体解释及阐述。

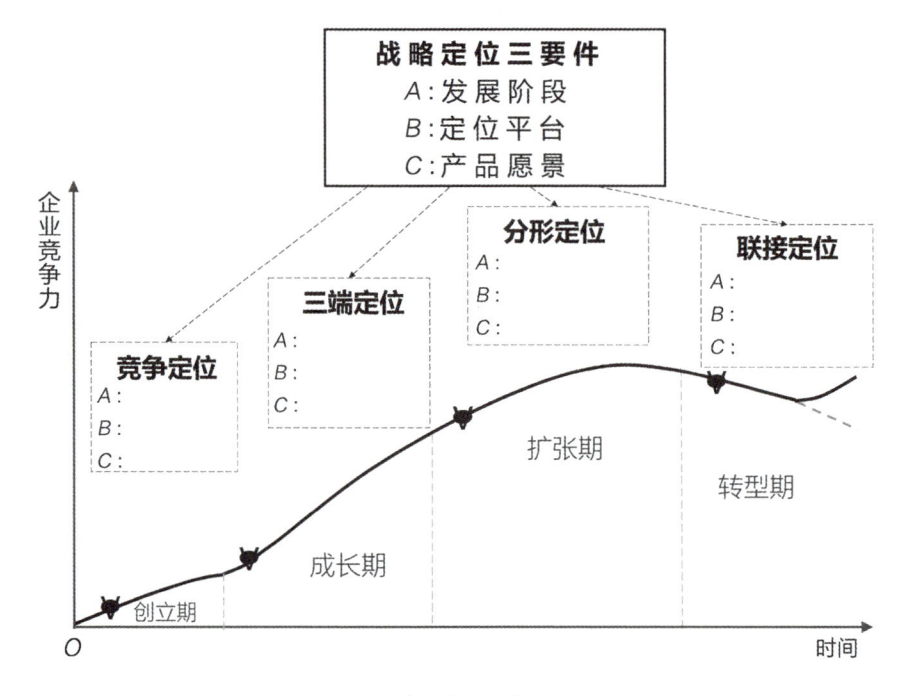

图 1-1-1　战略定位三要件及"四大金刚"
图表来源：李庆丰，"战略定位"理论

如图1-1-1所示，竞争定位、三端定位、分形定位、联接定位这"四大金刚"各自"占领"了一个虚线框，其中的"A、B、C"应该填充什么内容呢？如图中的箭头所示，虚线框内应该个性化填充战略定位三要件：发展阶段、定位平台、产品愿景。它们之间的逻辑关系以公式表示为：战略定位=发展阶段+定位平台+产品愿景。结合前文的字母P代表战略定位，现在以字母A、B、C分别代表发展阶段、定位平台、产品愿景，前述公式就可以表示为"$P=A+B+C$"。

战略定位三要件"发展阶段、定位平台、产品愿景"的具体含义是什么？它们之间为什么符合公式"$P=A+B+C$"？通过什么"变换"，才能将上述通用的战略定位三要件个性化地填充到"四大金刚"各自"占领"的虚线框内，让其中的"A、B、C"内容充实起来？这些回答需要结合图1-2-1，将在下一节进行解释及阐述。

格灵深瞳这个小企业能够成为巨无霸吗？19 000亿元市值的长期目标能够实现吗？图1-1-1只是给出了一点线索……

战略定位

1.2　战略定位的整体图景、"四大金刚"和"番外名媛"

> **重点提示**
>
> ※ 以战略定位指导实践时，如何理解"从一般到具体，从归纳到演绎"？
>
> ※ 在竞争定位模型四个要素中，哪个具有"一票否决权"？
>
> ※ 为什么说三端定位模型就是"三个人打造一个好产品"？
>
> ※ "N个"拳头产品可以抵得上一个超级产品吗？
>
> ※ 联接定位如何"联接"第二曲线与第一曲线之间的"非连续"阶梯？
>
> ※ 为什么定位理论偏爱"量子类"消费品？

很多所谓高深莫测的"战略"，其实犹如窗户纸，一捅就破，都可以深入浅出、通俗易懂地被阐述及解释。下文讲述的战略定位的整体图景、"四大金刚"和"番外名媛"，它们一点也不高深莫测。

1.战略定位的整体图景及优选战略路径

接续上一节的内容，通过战略定位三要件"发展阶段、定位平台、产品愿景"，引申出公式"战略定位=发展阶段+定位平台+产品愿景"或"$P=A+B+C$"，该公式表达的意思是：所谓战略定位，就是基于发展阶段，通过定位平台，追求实现一个产品愿景。

我们可以举个生活中的例子来理解"$P=A+B+C$"。大学生王小凯的战略定位是什么？基于大学这个特定的人生阶段（发展阶段），通过在大学（定位平台）学习深造，实现让自己成为一个有发展潜力的数学家（产品愿景）的目标。举个例子说说容易，绝大部分企业对所处"发展阶段"认识不清，不知道如何将战略模型、原理组成"定位平台"，也不知道追求实现什么样的"产品愿景"。因此，小企业能够成为巨无霸者，寥寥无几！下面，我们对战略定位三要件"发展阶段、定位平台、产品愿景"分别进行解释说明，顺便把竞争定位、三端定位、分形定位、联接定位这"四大金刚""占领"的虚线框中的"A、B、C"内容填充一下，见图1-2-1的下图。

（1）发展阶段。我们通常把发展阶段看成一个时间区间，实际上更应该把它描述为与时间区间密切关联的特定经营场景。在历史长河中，将发展阶段压缩为一个时点，它就等效于一组特定经营或生活场景。例如原始社会发展阶段持续时间达300万年，实际上呈现在我们脑海中的是刀耕火种、茹毛饮血、择水而居、集体狩猎等特定场景。同理，企业生命周期的创立期、成长期、扩张期、转型期属于四个时间区间，也分别具有各不相同的经营场景，通常被看成企业的四个发展阶段。由此，在图1-2-1中，创立期、成长期、扩张期、转型期分别填入竞争定位、三端定位、分形定位、联接定位这"四大金刚"的四个虚线框中，这样"A、B、C"中的A项内容就填充好了。针对企业的某个发展阶段，如何感知它的特定经营场景？战略教科书的内外部环境分析就是一种可供选择的方法。

当然，除了上述生命周期四个阶段外，某些企业还可能有一些特定的发展阶段（简称"特定期"），例如官僚期、巨婴期、衰退期、收缩期、打压期、复兴期等。对于这些特定期，一是可以近似看作上述生命周期四个阶段的某一个；二是当作例外情况处理，去寻找个性化的解决方案。

（2）定位平台。定位平台由若干战略模型、工具、原理构成，集成在一起为特定发展阶段实现产品愿景提供方法论。发展阶段不同，定位平台就不一样。这就像幼儿园、小学、中学及大学，基于学生不同的发展阶段，人才培养的平台大相径庭。根据本书后续章节阐述的内容，图1-2-1中四个虚线框已经填充的B项内容，竞争定位的定位平台有竞争定位模型、行业研究模型；三端定位的定位平台有三端定位模型、产品开发模型……当然，为了图示简单明晰，它们只是各自定位平台的两个代表性模型或理论。

（3）产品愿景。产品愿景是企业在商业模式进化方面追求实现的崇高目标，也是企业产品在战略定位各个发展阶段的里程碑式的关键节点。"君子生非异也，善假于物也。"产品愿景更加具体化、可落地，它是实现企业愿景的抓手和前提。企业雄起，必有重器！基于发展阶段，通过定位平台，我们应该将企业产品打造成什么样的重器？企业在创立期定位潜优产品，在成长期打造拳头产品，在扩张期造就超级产品，在转型期发现潜优产品Ⅱ。这样，图1-2-1中四个虚线框中的C项内容也填充好了。

图1-2-1下图示意的战略定位的整体图景来自对企业经营实践的归纳，代表着适用于绝大多数企业的一般战略定位方法。从归纳到演绎，从一般到具体，见图1-2-1的上图，我们以科创板上市公司统联精密为例，简单看一下战略定位的具体应用。

统联精密创立于2016年6月，历经五年半时间就在科创板成功IPO。它的创立期特别短，可以说公司成立之初就有了潜优产品——MIM（Metal Injection Molding，金属注射成形）精密零部件制造。2018年，统联精密销售收入过亿元，已经开始盈利，连续三年高速增长，可以说已经进入成长期，MIM产品已经被苹果、大疆、亚马逊等终端应用客户广泛认可，统联精密正在把潜优产品打造为拳头产品。在科创板上市后，统联精密募资8.5亿元开始建设长沙MIM产品制造基地；现在正以MIM技术及客户资本优势，向上游材料和下游数控加工、精密焊接等领域进行产品衍生。从成长期步入扩张期发展阶段，统联精密期望造就企业的超级产品。

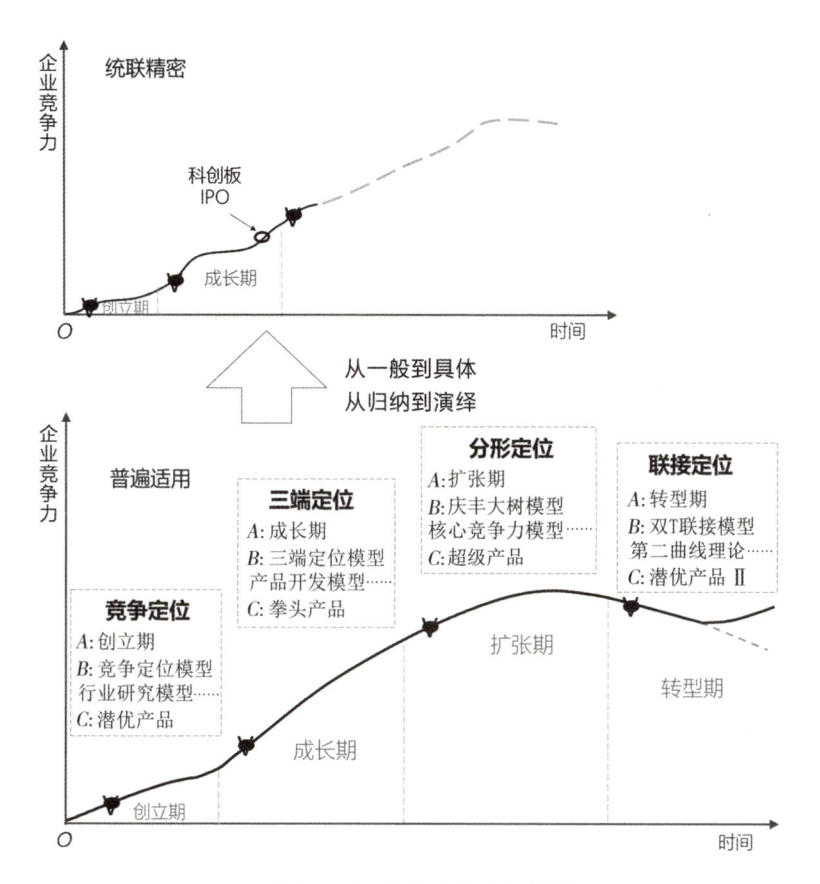

图 1-2-1 战略定位的整体图景
图表来源：李庆丰，"战略定位"理论

统联精密历经创立期、成长期，逐渐进入扩张期，对应实现的产品愿景为潜优产品、拳头产品、超级产品。统联精密"太年轻"，尚未涉及转型期。前文曾说，小米集团从几位创始人喝小米粥开始创立，仅用九年时间就成为世界500强企业。后续章节也有小米集团的相关案例，小米集团从创立期、成长期、扩张期，产品愿景分别实现潜优产品、拳头产品、超级产品。2020年，小米集团创始人雷军宣布投资500亿元，进入新能源汽车"赛道"，打造小米汽车。小米集团"官宣"造车可看作小米启动第二曲线创新，标志着企业进入转型期。与2010年的潜优产品小米手机1代有所区别，这次小米集团的战略定位于小米汽车，我们可以称之为潜优产品Ⅱ。

战略定位"四大金刚"的里程碑式成果就是形成一系列产品愿景：潜优产品、拳头产品、超级产品、潜优产品Ⅱ，见图1-2-2。与发展阶段、定位平台对应，这些产品愿景连接起来，就构成小企业成长为巨无霸的"优选战略路径"。格力、比亚迪、可口可乐、雀巢、麦当劳、微软、亚马逊、百度、阿里巴巴、腾讯、本田、京东、华为、苹果、三星、海尔等世界知名企业，以及成千上万拥有强大核心竞争力的企业，它们都历经创立期、成长期、扩张期、转型期，追求拥有潜优产品、拳头产品、超级产品、潜优产品Ⅱ，它们都是小企业成长为巨无霸的典型案例。

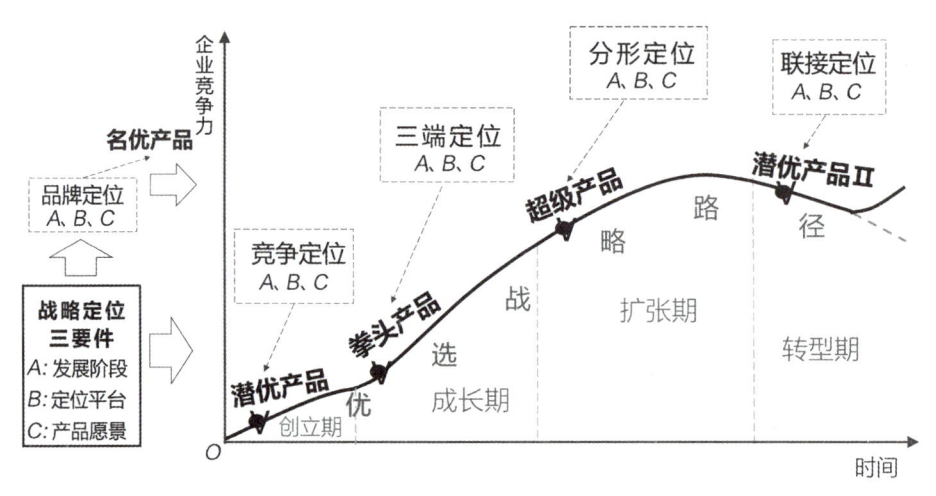

图1-2-2 优选战略路径与品牌定位
图表来源：李庆丰，"战略定位"理论

在战略定位三要件"发展阶段、定位平台、产品愿景"中，发展阶段是与时间区间关联的背景因素，定位平台实质上需要不断迭代、构建，产品愿景是追求实现里程碑式的关键结果。背景及结果可以一点就透，而迭代、构建过程则可能久攻不下。因此，战略定位的难点在定位平台，这也是本书要讨论的重点内容。

有人会问：品牌定位不属于战略定位吗？如图1-2-2所示，品牌定位可以具有以上三个构成要件，但不属于战略定位，它属于战略定位的"番外部分"——附加或补充的"番外定位"，与"四大金刚"搭配，可被趣称为"番外名媛"。品牌的应用比商业模式历史悠久，它们都会"覆盖"在企业产品表面，非常有可能让人们"重形式、轻本质"。因此，忽略产品而鼓吹品牌将形成企业产品周边的第一层"彩虹圈"，市面上流行的所谓商业模式将形成第二层"彩虹圈"。

综上，对企业进行战略定位，通过"递归"的简化方法，可以转变为对企业产品进行战略定位。对企业产品进行战略定位，主要依据战略定位三要件，沿着企业生命周期四个阶段对企业产品进行竞争定位、三端定位、分形定位、联接定位。由此，我们可从中归纳出小企业成长为巨无霸的优选战略路径，即潜优产品→拳头产品→超级产品→潜优产品Ⅱ。

对以上内容进行详细说明，可以包括以下五点：

（1）先理解上述内容的基本思想及原理，至于像"潜优产品""拳头产品""竞争定位模型""行业研究模型"这些名词、概念、模型、原理等，后面的章节都会进行具体解释和阐述。

（2）如何理解"递归"？它来自计算机领域的递归算法，就是将大问题逐级"下行"简约为更小的问题，直到最后能够被解决的小问题，然后"上行"，从小问题逐级扩展到原来的大问题，从而找到整体解决方案。章节7.4将会进一步解释企业赢利系统→T型商业模式→企业产品的"下行"路径和企业产品→T型商业模式→企业赢利系统的"上行"路径，说明递归过程。

（3）按照"80/20法则"，本书重点讨论企业产品的战略定位，它在企业战略定位中的重要性占近80%的权重，能够代表企业的战略定位。从实践应用层面看，如果把企业产品的战略定位说清楚，企业战略规划或年度计划就比较容易言之有物，能够有的放矢，甚至能够超群出众。

（4）企业产品在导航系统指明的路径上"跑啊跑"……我们可将形成的"创立期→成长期→扩张期→转型期"企业生命周期曲线视为一个分段连续函数：每个发展阶段首尾之间的曲线是连续的，而相邻两个发展阶段之间是不连续的，存在需要跨越的阶梯。因此，不同的企业生命周期发展阶段，应该具有不同的战略定位三要件，见图1-2-1和图1-2-2。

（5）战略定位给企业指明发展方向、创建导航系统、规划前行路径。排在首位的竞争定位重点在指明发展方向，选择"赛道"，为企业找到立足的"风水宝地"。如果此后企业的经营环境发生巨大变化，应该继续用竞争定位的相关模型评估，查验企业立足的"风水宝地"的根基是否已经动摇。各个阶段的定位平台和产品愿景可看作协助企业进行战略定位而创建的导航系统和规划的前行路径。

2.竞争定位简介

由于国家鼓励"大众创业，万众创新"，因此现在创业项目特别多，各地遍布创业园、科技园、创业孵化中心。创业项目的成功率是多少呢？80%以上都是失败的，实现IPO的概率不超过万分之一。像柔宇科技、每日优鲜、ofo小黄车等被知名投资机构一眼看中，"烧"了几十亿元乃至上百亿元后不了了之的创业项目也不在少数。

众多指导创业的理论陆陆续续被提出，像三大通用战略、蓝海战略、精益/低风险创业等，我们称其为指导创业的下游理论，见图1-2-3。它们如同下游岔流上的一道道小水闸，应对干流上汹涌而来、此起彼伏的创业洪流，当然无济于事。如何控制创业风险，降低创业失败率？负责任的态度就是双管齐下，在创业上游的主河道上再设置一个"总水闸"——竞争定位理论，它是指导创业的上游理论。

潜优产品=客户需求+行业趋势+优选资本-竞争阻力

上游理论

三大通用战略
蓝海战略
品类分化理论
定位理论
颠覆式创新
商业模式创新
技术创新
顾客需求理论
产品开发理论
精益/低风险创业
产品经理/思维理论

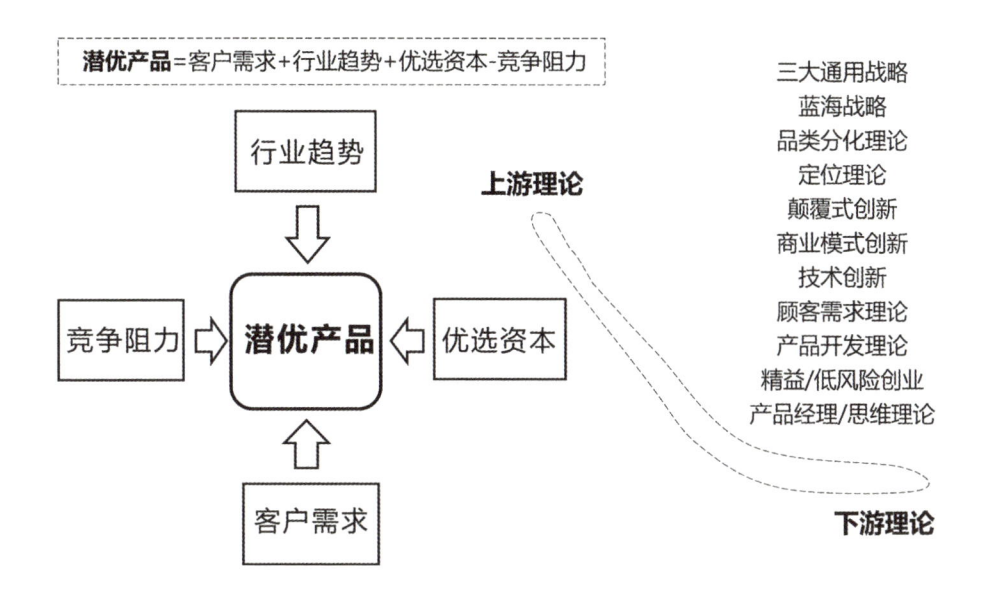

下游理论

图1-2-3　竞争定位模型（左）及相关下游理论（右）
图表来源：李庆丰，"战略定位"理论

第2章用7节内容详细介绍竞争定位。竞争定位是"四大金刚"之首，与后面的三端定位、分形定位、联接定位构成一个"串联电路"。这就好像系扣子，如果第一个扣子"竞争定位"弄错了，后面的力气就都白费了。按照战略定位的一般规则，竞争定位也有三大要件：①发展阶段适用于创立期的导入阶段，发现一块"风水宝地"，选择一个可行的"赛道"。②定位平台上的模型、理论主要包括竞争定位模型、行业研究模型等，包括上述三大通用战略、蓝海战略、精益／低风险创业、产品经理／思维理论等。③产品愿景就是发现及定位一个潜优产品。什么是潜优产品？潜伏产品就是潜在的优异产品。在企业进行竞争定位时，它通常还是一个概念性产品、假设中的好产品；未来，它能成为让客户争相购买的好产品，为企业开辟出一片新天地。

简单来说，竞争定位就是为创业项目发现一块"风水宝地"，在上面定位一个潜优产品。具体而言，重点要用到竞争定位模型（图1-2-3的左图），并遵循这样一个公式：潜优产品=客户需求+行业趋势+优选资本-竞争阻力。这个公式告诉我们，只有当前面三个要素"客户需求、优选资本、行业趋势"叠加起来远大于最后的要素"竞争阻力"时，企业才有可能发现及定位一个潜优产品。**也就是说，竞争定位模型中隐含着对立统一的矛盾双方——初创企业与竞争阻力。矛盾是推动事物成长与发展的动力，企业的成长和发展也不例外。**这里的客户需求、行业趋势、优选资本、竞争阻力等都有丰富的内涵及相关理论模型，第2章将具体阐述与说明相关内容。其中"优选资本"是笔者创作的系列书籍中常常出现的重要概念，这里可以简单理解为创业项目需要的"关键资源及能力"，本章第5节也有关于这部分内容具体、翔实的说明。

如何根据上述公式或图1-2-3左图的竞争定位模型，发现及定位一个潜优产品呢？首先，基于竞争定位三要件；其次，潜优产品是一系列连贯活动的成果，包括调研、争论、推导、创新、涌现、验证、从头再来等。

更常见的场景为，我们选择了一个创业"赛道"，有了一个创业的构想或产品原型，希望以竞争定位"验证"一下我们是否找到了一块"风水宝地"、产品原型是否可以成为一个潜优产品。依据第2章的具体阐述，如果能够将公式"潜优产品=客户需求+行业趋势+优选资本-竞争阻力"用足、用好，每个创业者、经营者都可以具备进行如上"验证"的专业能力。

都说"海底捞，你学不会"，海底捞积累了那么多年，优选资本已经非常雄厚，其他餐饮企业模仿海底捞怎么可行？通过竞争定位另辟蹊径，巴奴独创了巴奴毛肚火锅。从图1-2-4看巴奴毛肚火锅如何克服竞争阻力：海底捞走大众平价路线，而巴奴走高端精品路线；海底捞强调"体验多、服务优"，而巴奴强调"产品力、味道好"。公式"潜优产品=客户需求+行业趋势+优选资本-竞争阻力"可以转变为图1-2-4的推导图，将"巴奴毛肚火锅"这个潜优产品推导出来。除了图1-2-4的推导图，章节2.5有对巴奴毛肚火锅创立之道的具体文字说明。采用与图

1-2-4同样的推导图形式，第2章阐述的案例还有平台电商拼多多、"硬科技"产品拓璞数控的车铣复合五轴联动机床、"快消品"小罐茶、软件/算法定义产品诺比侃AI，章节3.10介绍了快时尚女装平台SHEIN（希音）。除了上述推导图形式，第2章还有评估图、阴影面积图、论证报告等多个竞争定位模型的应用形式，包括永青仪电、浙海德曼、牧高笛、探路者、柔宇科技、汉能薄膜电池等案例。

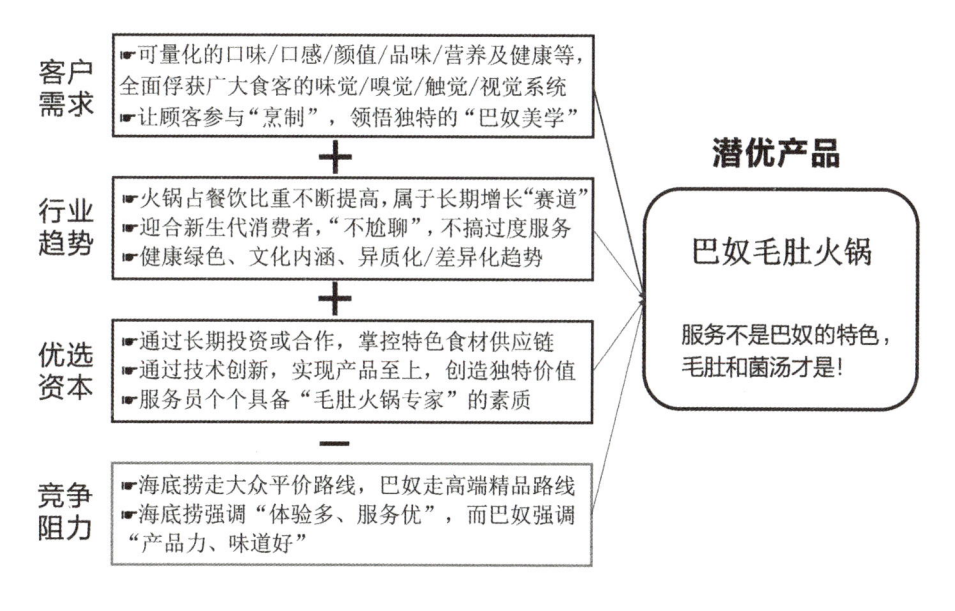

客户需求	☞ 可量化的口味/口感/颜值/品味/营养及健康等，全面俘获广大食客的味觉/嗅觉/触觉/视觉系统 ☞ 让顾客参与"烹制"，领悟独特的"巴奴美学"	
	+	潜优产品
行业趋势	☞ 火锅占餐饮比重不断提高，属于长期增长"赛道" ☞ 迎合新生代消费者，"不尬聊"，不搞过度服务 ☞ 健康绿色、文化内涵、异质化/差异化趋势	巴奴毛肚火锅
	+	服务不是巴奴的特色，毛肚和菌汤才是！
优选资本	☞ 通过长期投资或合作，掌控特色食材供应链 ☞ 通过技术创新，实现产品至上，创造独特价值 ☞ 服务员个个具备"毛肚火锅专家"的素质	
	−	
竞争阻力	☞ 海底捞走大众平价路线，巴奴走高端精品路线 ☞ 海底捞强调"体验多、服务优"，而巴奴强调"产品力、味道好"	

图1-2-4 以竞争定位模型评价分析巴奴毛肚火锅的创立及定位之道
图表来源：李庆丰，"战略定位"理论

从竞争定位模型的公式"潜优产品=客户需求+行业趋势+优选资本－竞争阻力"来看，客户需求、优选资本、竞争阻力分别来自目标客户、企业自身、竞争者，可视为空间维度上的三种力量；行业趋势属于外部环境影响因素，可视为时间维度上的力量——能够"成为时间的朋友"，企业就会在时间维度上领先，并建立防御壁垒。从战略定位的角度看，潜优产品代表着上述三种空间力量及一种时间力量动态矛盾运动的起始"浓缩物"，在未来的企业生命周期阶段，潜优产品将会逐步释放它蕴含的"效益能量"。追溯起来，几乎所有优秀的公司，在起步阶段都有一个潜优产品。这个潜优产品对目标客户一定要具有卓越价值，才能被打造成为优异的拳头产品，形成超级产品，促进企业持续成长与发展。

根据第2章的阐述，由点到面展开，竞争定位模型可以应用于以下七个领域或场景：①创业（包括初创企业、企业转型、大型企业拓展新业务）时，作为创业调研的重点内容，发现及定位一个潜优产品；②撰写一份商业计划书；③风险投资机构评估被投资企业的投资价值；④产品经理开发一个全新的产品；⑤管理顾问为企业提供战略咨询服务；⑥职业发展选择或人力资源评估；⑦在二级市场，评估一家企业的投资价值。

竞争定位是一个具有集成特色的整合性理论。由于不宜面面俱到，也避免"内卷"及赘述，本章重点阐述竞争定位模型的相关要素。但是，它实际上还应该涵盖战略管理的外部及内部环境分析、波特的竞争战略理论、创业管理的行业调研、市场营销学的市场细分及客户选择等相关内容。

3.三端定位简介

接续竞争定位，第3章的重点内容是三端定位。根据战略定位三要件"发展阶段、产品愿景、定位平台"，三端定位主要适用于企业成长期，部分适用于创立期；追求的产品愿景是为企业打造拳头产品；定位平台的主要内容包括三端定位模型、企业产品开发模型、第二飞轮效应等。

三端定位就是商业模式定位，如同美国的旧金山又被称为三藩市，两者只是同一城市的不同名称。只有三端定位确定了，一家企业的商业模式才站得住脚。三端定位的重点内容是三端定位模型，见图1-2-6左图。三端定位模型代表着企业的商业模式，它的核心内容是企业产品。上一节讲到战略定位对战略路径的等量代换时曾说：企业产品或商业模式在导航系统指明的路径上"跑啊跑"……为了便于理解，此处我们把商业模式或企业产品比喻为车辆，把战略路径比喻为战略定位导航系统指明的路径。由此，我们可以看出商业模式与战略犹如"一根绳上拴着的两只蚂蚱——谁都离不开谁"。

三端定位模型也叫商业模式定位图，来自笔者提出的T型商业模式理论。T型商业模式理论是怎么来的？2018年4月的一天，笔者在一张纸上画了一幅图，这幅图就是T型商业模式全要素构成图（详见图3-9-1及上下文）。当时笔者甚至"魔幻"地想：T型商业模式是否将为"内卷"的管理学开辟一条新道路呢？是否可以解决各个战略学派的"盲人摸象"问题呢？此后，笔者就决定平均一年写一本书，试图让那些"魔幻"的梦想一步一步地成为现实。

T型商业模式也不是从天上掉下来的"馅饼"。第一，站在前人的肩膀上，它参考了国内外学者对商业模式的研究成果。第二，鱼儿离不开水，理论离不开实践。笔者长期从事风险投资工作，如果要对投出去的"真金白银"负责，就必须关注或研究被投资企业的商业模式。第三，我们研究现在的商业模式时代，不能让其与20世纪的产品时代和之前的物物交换时代割裂，见图1-2-5。

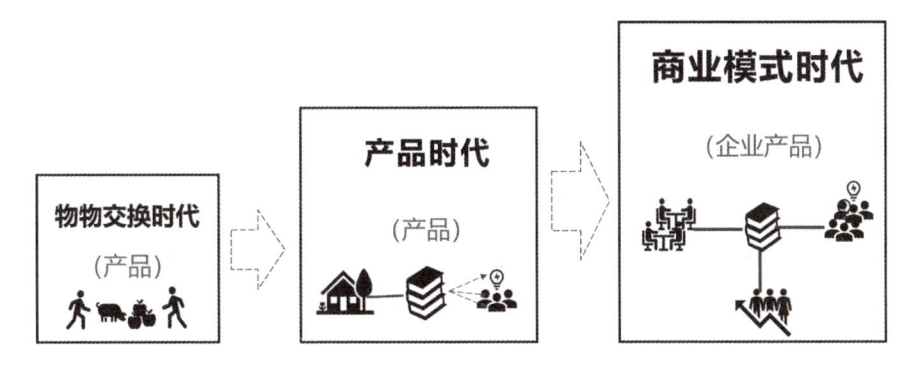

图 1-2-5 溯源商业模式时代
图表来源：李庆丰，"战略定位"理论

在原始社会后期的物物交换时代，互通有无的核心内容就是各取所需的"产品"，例如《荷马史诗》曾记载"1个女奴隶换4头公牛"等。在产品时代，企业与顾客之间交易的核心内容也是"产品"。

到了商业模式时代，它必定"向下兼容"产品时代和物物交换时代，商业模式的核心内容依旧是"产品"。在T型商业模式理论中，"产品"被统称为企业产品。三端定位模型由两部分构成：中央的企业产品、外围的交易主体，如图1-2-6左图所示。中央的企业产品由"价值主张""产品组合""赢利机制"三个要素构成，外围的交易主体由"目标客户""合作伙伴""企业所有者"三个要素构成。它们之间形成一一对应的关系：价值主张与目标客户紧密对应，产品组合与合作伙伴紧密对应，赢利机制与企业所有者紧密对应。外围与中央之间有这样的关系：交易主体共同促成及构建企业产品，企业产品实现交易主体的利益诉求。

那么，什么是商业模式？什么是三端定位模型？借用民间的一句谚语"众人拾柴火焰高"，那就是将"目标客户""合作伙伴""企业所有者"三者的利益统一起来，形成强大的构建力量，共同打造优异的企业产品，这可以被趣称为"三个人打造一个好产品"。"众人拾柴火焰高"还有下一句"三家四靠糟了糕"，这就是说如果"目标客户""合作伙伴""企业所有者"三者利益不统一，不能形成强大的合力，那么企业产品就会出现问题，商业模式也就不能持久。

三端定位的产品愿景是打造拳头产品。拳头产品从潜优产品晋升而来，是指在市场上有影响力、用户众多的标杆性企业产品，它们能够撑起企业成长的一片天。从潜优产品升级转变为拳头产品，就好像一个有志少年终于长成为栋梁之材。拳头产品是企业产品中的出类拔萃者。见图1-2-6左图，处于中央的企业产品由"价值主张""产品组合""赢利机制"三者构成。下面对它们进行简要解释与说明：

（1）价值主张。价值主张决定了企业产品对于目标客户的价值和意义。产品经理常说一句话："客户购买的不是'钻机+钻头'，而是墙上的'直径8毫米的孔'！""钻机+钻头"是产品组合，属于企业产品的外在形式；能够获得"直径8毫米的孔"是产品组合拥有的价值主张，属于企业产品的实质形式，是目标客户的真正需求。

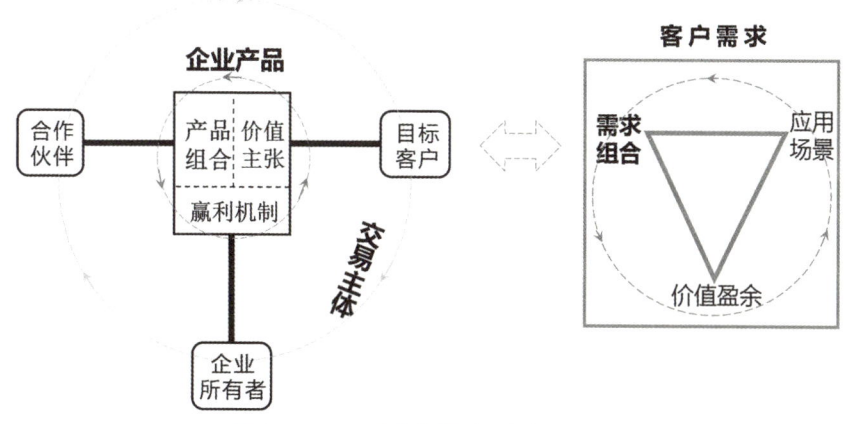

图 1-2-6　三端定位模型及客户需求构成
图表来源：李庆丰，"战略定位"理论

价值主张从哪里来？它来自客户需求，见图1-2-6右图。具体而言，第3章将介绍一个产品开发模型（见图3-3-2及上下文），其核心内容包括：基于客户需求的"应用场景→需求组合→价值盈余"不断逆时针旋转，概括出企业产品的价值主张，然后让企业产品的"价值主张→产品组合→赢利机制"不断逆时针旋转，拳头产品就是这样设计、构建及打造出来的！

从创立期到成长期，企业如何跨越非连续阶梯？如何将竞争定位模型与三端定位模型连接起来？第3章（见图3-1-2及上下文）也有具体阐述：将竞争定位模型公式"潜优产品=客户需求+行业趋势+优选资本－竞争阻力"中的四个要素归结为一个要素"客户需求"——它就是图1-2-6右图的客户需求，然后从目标客户经由价值主张这个连接器就与三端定位模型完美对接起来。

（2）产品组合。在一个商业模式中，有协同效应或其他关联关系的产品单元组合在一起，成为产品组合。产品组合是企业产品的实体表现形式，它代表着企业产品对合作伙伴的价值和意义。产品组合至少要有

战略定位

一个产品单元，可以是实物、服务、软件等多种产品形式。市面上流行的22种赢利模式或55种商业模式，包括"免费+收费"组合、三级火箭组合、"刀片+刀架"组合、产品金字塔组合等。实际上，它们不是完整的商业模式，而是其中产品组合的创新与变化形式。第3章将阐明产品组合中的同族组合、跨界组合、下沉组合及它们之中含有的第一飞轮效应，其中下沉组合所属的下沉结构中还包括构件组合、零部件组合、材料组合等。它们共同为商业模式创新、技术创新、"所有行业都值得重做一遍"等提供方法论指导。

（3）赢利机制。它是指让企业产品实现可持续赢利以建立竞争优势的原理及机制，代表着企业产品对企业所有者的价值和意义，属于企业产品的实质形式。企业产品的各个产品单元组合其实是一个投资组合，企业所有者通过赢利机制对这个投资组合进行增加、减少、创新、删除等操作。企业所有者是投资者、受益者，也是风险承担者。一些名人、"大咖"说到商业模式时总会直白地发问："你的企业如何赚钱？"哪有如此通俗、路人皆知的商业模式或赢利机制？章节3.5将从赢利效应、赢利模组、收入与支出结构、竞争优势四个方面对赢利机制展开深入探讨。

处于外围的交易主体由"目标客户""合作伙伴""企业所有者"三者集合构成，见图1-2-6左图。下面对它们进行简要解释与说明：

（1）目标客户。它主要是指企业产品的购买者或使用者。在绝大多数语境下，忽略行业或应用场景差异，目标客户与人们常说的用户、顾客、消费者等概念基本一致。

（2）合作伙伴。它主要是指对形成产品组合有贡献的各类组织或个体，即广义的企业供应商。在T型商业模式理论中，企业的员工也被归为合作伙伴。

（3）企业所有者。从法律意义上看，它是指企业的全体股东，而实质上日常发挥相关作用的是企业创始人或经管团队。为了表达方便，我们也常用"企业"或"企业自身"等来代替企业所有者。

以客户需求为引导，应用三端定位模型时，首先对企业产品的三大构成要素"价值主张""产品组合""赢利机制"进行定位；其次对三个交易主体"目标客户""合作伙伴""企业所有者"进行定位；最后，企业利用企业产品与交易主体各要素之间的对应关系，促成具有增强反馈循环的飞轮增长效应，发挥出企业产品的"聚宝盆"或"产品发生器"功能，不断打造拳头产品，并拥有超级产品，以此促进企业可持续成长与进化。

章节3.10以约8 000字的篇幅系统介绍了快时尚跨境电商平台SHEIN公司的竞争定位、三端定位。SHEIN的创始人许仰天出身穷苦，小时候经常馒头就着酱油就算是一顿饭了。他24岁时创立SHEIN，历经十多年，SHEIN就成长为一个估值达千亿美元的超级独角兽。概括来说，SHEIN的价值主张为"上新快、价格低、品类多"——这被业界称为"不可能三角"，也就是说一家企业很难把"速度经济、规模经济、范围经济"集成于一身。SHEIN是怎么做到的呢？参见图1-2-7及章节3.10的具体阐述。

首个拳头产品：快时尚裙装

企业产品

合作伙伴
- 番禺南部上千家服装工厂
- AB测试/大数据/AI算法/自动化/供应链等各领域的人才

产品组合
- 从裙装切入
- 上装、下装、泳装、大码女装等多种女性服饰

价值主张
- 上新快、价格低、品类多

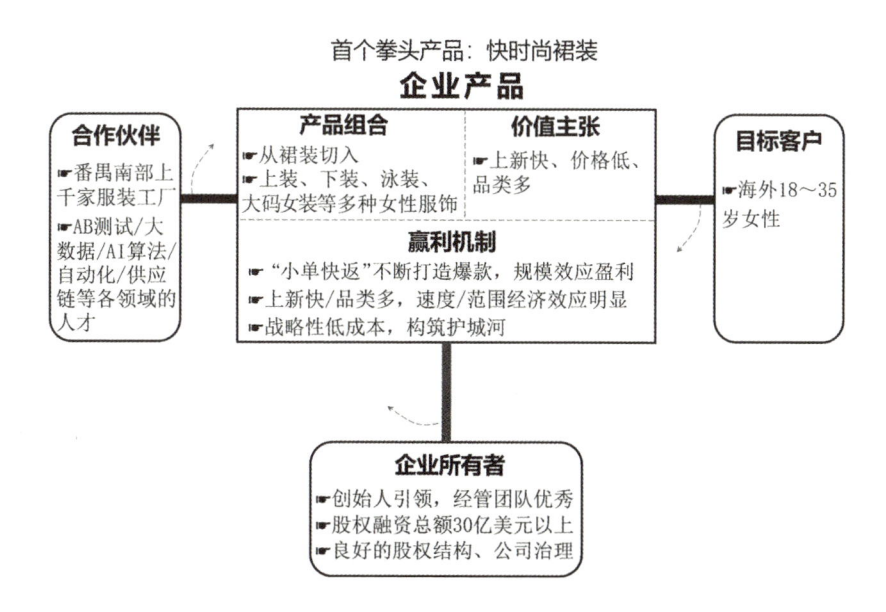

目标客户
- 海外18～35岁女性

赢利机制
- "小单快返"不断打造爆款，规模效应盈利
- 上新快/品类多，速度/范围经济效应明显
- 战略性低成本，构筑护城河

企业所有者
- 创始人引领，经管团队优秀
- 股权融资总额30亿美元以上
- 良好的股权结构、公司治理

图1-2-7 SHEIN的三端定位及打造拳头产品之道
图表来源：李庆丰，"战略定位"理论

战略定位

第3章以同样"看图说话"的形式列举了亚朵集团（图3-8-1）、晨光生物（图3-8-2）、宇度医学（图3-8-3）、ofo小黄车（图3-8-4）等案例，还从不同侧面阐述、分析了虎邦辣酱、石头机器人、拓璞航空航天制造装备、新东方培训、"北美崔哥"脱口秀、"维多利亚的秘密"内衣、喜茶饮品、诺辉噗噗管、戴森吹风机、淘宝网与eBay网电商服务、每日优鲜生鲜渠道服务、星期零植物肉、华为手机、脸书等企业产品的战略定位。

三端定位属于战略定位，战略定位为了战略增长，章节3.9以近1.1万字的篇幅介绍了战略增长的六个步骤：①明确战略定位；②把握环境机遇；③确定北极星指标；④打造增长引擎；⑤促成第二飞轮效应；⑥跨越成长阶梯。其核心内容是将创造引擎、营销引擎、资本引擎三大增长引擎构造成一个增长飞轮，促成"第二飞轮效应"。

在战略定位的"四大金刚"中，竞争定位及三端定位属于重点内容，篇幅占比超过70%，其中三端定位更是重中之重，单独篇幅占比近50%。传统的战略教科书很少详细介绍一家企业在创立期及成长期如何进行战略定位，相关内容通常少之又少且乏善可陈。本书重点针对一家企业在创立期及成长期如何进行战略定位的问题，系统地阐释竞争定位及三端定位，为小企业成长为巨无霸导航，可谓"明知山有虎，偏向虎山行"！

4.分形定位简介

有一天，我在河边散步，听到一位阿姨在背书："公司层战略：同心多元化、水平多元化、国际化发展……职能战略：财务战略、采购战略、数字化战略……"我走近一看，是一位面熟的街坊"卓阿姨"。我问她为什么背诵这些战略名词，她说现在退休了，有很多时间，想考一个注册会计师证书。注册会计师考试一共考六门课程，其中有一门叫作"公司战略与风险管理"，涉及近百种战略，都是"考点"！

第1章
战略定位并非"定位",它该讲些什么?

战略教科书中的战略(以下简称"教科书战略")源于第二次世界大战后欧美国家大型企业集团的多元化战略实践,至今在内容编排上仍然沿用知识堆砌结构:将一些经典的战略理论、分析模型(可被称为"战略原材料""战略零部件")堆砌在一起……如图1-2-8B部分所示:横向一体化、纵向一体化、兼并与收购等公司层战略,它们与内外部环境分析一起,约占一本战略教科书70%的篇幅。

战略教科书的改进方向是什么?战略教科书大部分篇幅在叙述所谓的公司层战略,在内容上与本书扩张期的战略定位有诸多类似或重合之处。扩张期之前是成长期,成长期的产品愿景为打造拳头产品。因此,按照承前启后、因果关联的原则,诸如图1-2-8B部分的教科书战略应该基于与拳头产品(扩张期称为"根基产品")的关联关系进行排序。具体来说,如图1-2-8中C部分所示,纵坐标以"继承+竞争"为衡量指标,横坐标以"变异+风险"为衡量指标。这可以解释为:处于左上方的复制式分形、延伸式分形、上下游分形等,更多继承了拳头产品或根基产品的智力资本,同时面临更激烈的竞争;处于右下侧的胞族式分形、围绕客户分形、围绕资本分形是在继承拳头产品或根基产品的智力资本的基础上进行变异,虽然可能会面临艰难成长或分形失败的风险,但也会有更多机会,有可能在一个全新的领域打造企业产品。更详尽内容及图中B部分的教科书战略如何与图中C部分六个分形形成对应关系,请参见第4章的具体阐述(见图4-1-1、图4-2-1及上下文)。

战略定位

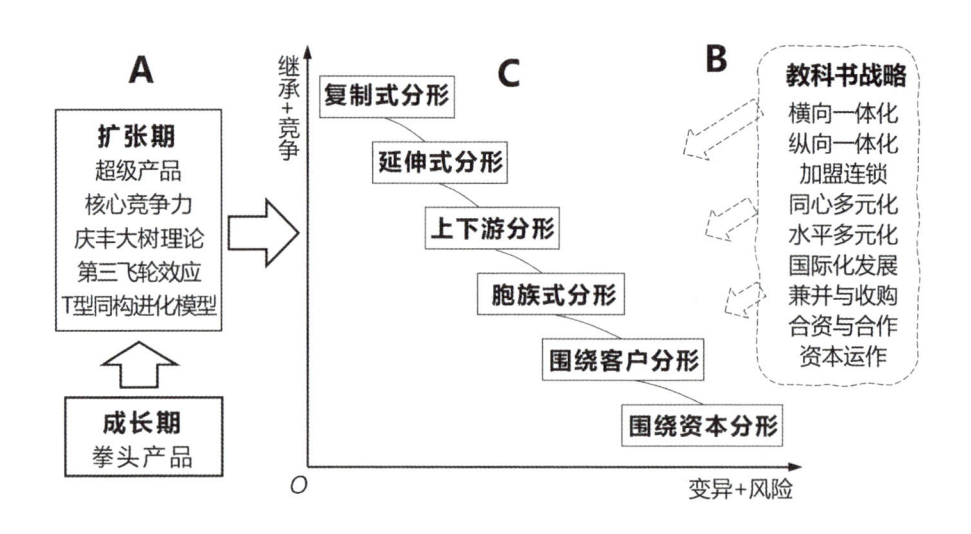

图 1-2-8　分形定位的主要内容及教科书战略的改进方向
图表来源：李庆丰，"战略定位"理论

接续三端定位，第4章的重点内容是分形定位。根据战略定位三要件"发展阶段""产品愿景""定位平台"，分形定位主要适用于企业扩张期；追求的产品愿景是为企业造就超级产品；定位平台上的主要内容有：分形定位六层次、SPO[①]核心竞争力模型、T型同构进化模型、庆丰大树理论、第三飞轮效应等。

分形定位的"分形"有什么特殊含义？分形是一个几何学术语，是指一个整体可以分成若干部分，且每一部分都近似于整体缩小后的形状，即部分与整体之间具有自相似性。自然界中具有分形特征的事物有海岸线、雪花、花椰菜、树枝等。在战略定位理论引入"分形"的概念，源于它与扩张期的企业产品同构地、近似地不断分化、衍生、裂变有类似之处。

如图1-2-8所示，以特定规则将B部分的教科书战略转换进入坐标系C部分，只是第4章的一小部分辅助性内容，更重要的内容如图1-2-8的

---

① SPO 是 Strengths（优选资本）、Products（企业产品）、Opportunities（环境机遇）三个英文单词的首字母组合。

A部分所示，包括超级产品、核心竞争力、庆丰大树理论、第三飞轮效应、T型同构进化模型等。以A部分的相关理论对C部分的六种分形定位进行约束和指导，才是第4章分形定位的要义所在。

企业如何塑造核心竞争力？第4章给出了SPO核心竞争力模型及相关理论，见图1-2-9左图。此处引用章节4.2的一段话：核心竞争力是企业产品在扩张期的经营实践中形成的，依靠扩张与进化的成功次数和成功率来衡量，有一个较长的累积过程。每一次累积的核心竞争力，又作为输入量进入优选资本，使优选资本持续增加。这也表明，核心竞争力永远是"过去时"，之前经营实践中形成的所谓核心竞争力，只能作为当下及未来的优选资本。由于未来总会存在不确定性，所以企业经营者应该始终战战兢兢、如履薄冰。企业塑造核心竞争力"永远在路上"，没有哪家企业拥有绝对的核心竞争力。

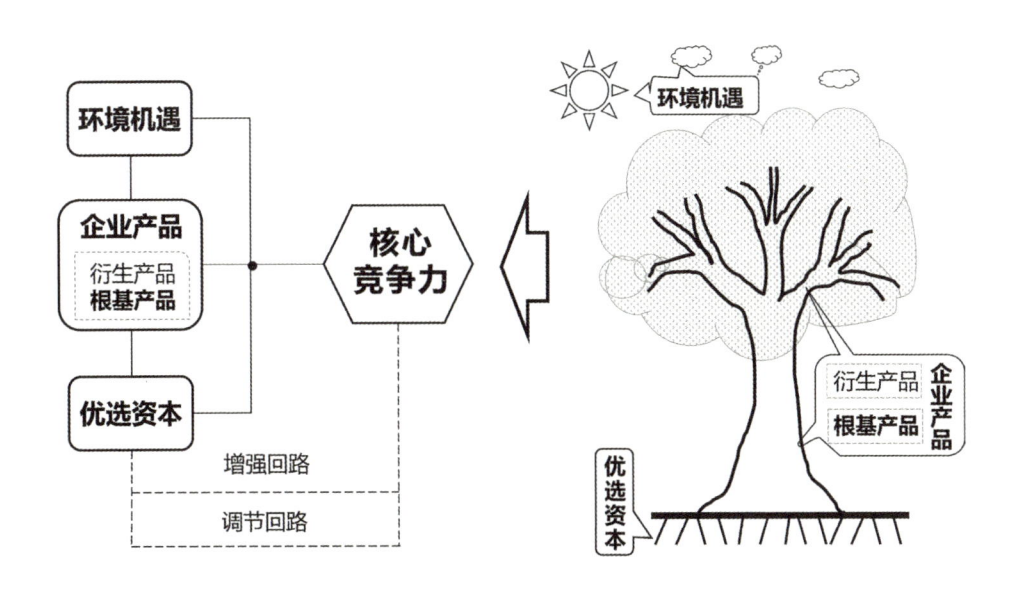

图 1-2-9　SPO 核心竞争力模型（左）与庆丰大树（右）示意图
图表来源：李庆丰，《新竞争战略》

战略定位

　　企业进入扩张期，业务拓展方向由少变多，同时不确定性增加，为避免搞成一堆不高不矮、杂乱无章的"灌木丛"式业务或产品，企业很有必要将有相关性的企业产品构建为庆丰大树。见图1-2-9右图，优选资本等同于庆丰大树生存的根系及土壤；根基产品是大树的主干，衍生产品是主干分出的树杈，它们共同构成有相关性的企业产品；环境机遇是指大树生长的外部环境。这就形成一个促进庆丰大树成长、扩张与发展的增强回路。

　　什么是超级产品？超级产品通常由最优秀的拳头产品跃迁、升级而来，是指在市场上具有巨大影响力、有一定垄断地位，且能够通过不断裂变、衍生而长期引领企业扩张的具有代表性的卓越产品。战略定位为小企业成长为巨无霸导航！优秀的大中企业、独角兽应该有超级产品，这应该成为一个准入标准。格力、比亚迪、可口可乐、雀巢、麦当劳、微软、亚马逊、阿里巴巴、腾讯、本田、华为、苹果、三星等世界500强企业，以及成千上万拥有强大核心竞争力的企业，它们通常拥有自己的超级产品。超级产品对应着超级品牌、超级渠道，还能够应对超级竞争，具有"归核化"繁衍更多企业产品的超级能力。

　　没有超级产品的大中企业、独角兽，常常大而不强、外强中干。如果一堆杂乱的企业产品和业务单元不能形成一个以超级产品为支撑的枝繁叶茂的"庆丰大树"，那么它们就可能逐渐演变为一片片"灌木丛"，逐渐在市场上失去竞争优势。

5.联接定位简介

　　可能是第一曲线业务（以下简称"第一曲线"）不好做，因此第二曲线业务（以下简称"第二曲线"）创新特别流行。第5章的重点内容是企业转型或第二曲线创新。企业转型就是第二曲线创新，第二曲线创新就是企业转型，两者是等同的。在哪些情况下企业要进行转型或者第二曲线创新呢？主要包括以下三种情况：①行业巨变导致转型；②失去竞争优势导致转型；③再造庆丰大树导致转型。

林子大了什么鸟都有，众多上市公司中总有一些公司进行"奇葩"转型。例如从1998年开始，重庆啤酒历时17年，"矢志不移"地向乙肝疫苗领域转型；2015年，中超控股宣布拟1亿元收购28把紫砂壶，向"壶联网"方向转型；2017年，皇台酒业曾在公告中披露，拟剥离白酒主业，全面向幼教行业转型……按照现在流行的第二曲线创新理论，这些企业的转型方向有哪些不妥之处？

基于生物进化论，一些专家认为企业进行第二曲线创新，应该遵照公式"变异+选择+隔离=第二曲线创新"。但是，生物进化的过程太漫长了。例如有研究表明，从第一条长有"上脚"的鱼从海洋爬上陆地，又过了3亿多年，这条鱼的后代中的一个分支才进化为今天的人类。由此，企业转型应该遵照生物进化论的思想吗？

根据战略定位三要件，针对转型期发展阶段，企业追求的产品愿景是通过"转型雷达"识别或探测到潜优产品Ⅱ。根据企业生命周期理论，上一循环的转型期将无缝对接下一循环的创立期，潜优产品Ⅱ属于潜优产品家族的第二代或下一代产品，必然会继承上一代产品的某些"基因"及烙印。从企业进化的观点看，转型期与创立期两代潜优产品之间又有诸多差异。因此，为了更好地定位潜优产品Ⅱ，有效联接第二曲线与第一曲线之间的**非连续阶梯**，第5章重点阐述与转型期定位平台密切相关的模型或理论，主要包括：第二曲线创新、联接定位三部曲"继承、差异、优生"、双T联接模型、增长极限点与转型机会点识别与探测、V形转型与L形转型、第四飞轮效应等。

基于联接定位进行第二曲线创新的思想，对上述企业进化公式进行修正，第5章将重点阐述这样一个公式：继承+差异+优生=联接定位。也就是说，联接定位主要包括继承、差异、优生三个依次连贯的步骤。如图1-2-10上图的双T联接模型所示，企业转型前后，从第一曲线跳跃到第二曲线，实际上是变更了商业模式。第一曲线的拳头产品或超级产品

战略定位

可以用一个T型商业模式概要图表示，第二曲线即将具有的潜优产品Ⅱ或拳头产品Ⅱ也可以用一个T型商业模式概要图表示。它们通过资本模式联接，以"优选资本共享"表示第二曲线对第一曲线的继承关系。

我们说，公司转型的本质是企业产品转型，例如1997年初乔布斯回归，领导苹果公司转型。他上任后的第一件事，就是砍掉亏损业务，将原来60个型号的苹果电脑精简到只有1个核心型号。后来，从iPod（苹果播放器）向iPhone（苹果手机）转型时，苹果公司实际上继承了在iPod研发、生产等过程中积累的人才资本、组织资本、关系资本等优选资本。再如，2010年左右，恒大集团就开始了多元化战略布局，先后进入了粮油、乳业、矿泉水、新能源车等产业。这些尝试难见成功，有研究者认为一个主要原因就是恒大集团在房地产领域积累的某些智力资本及企业文化反而阻碍了这些产业的发展。

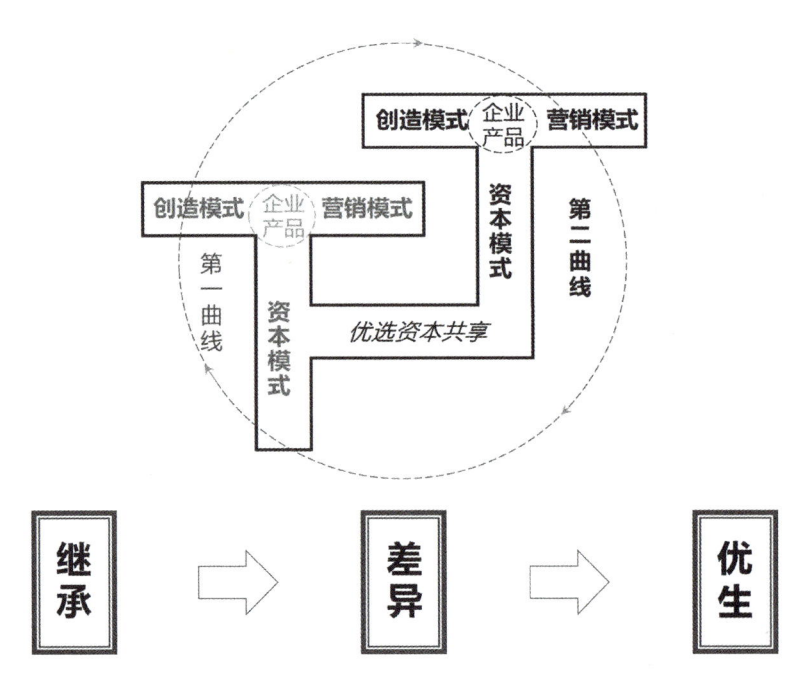

图1-2-10 联接定位三部曲及双T联接模型
图表来源：李庆丰，"战略定位"理论

第 1 章
战略定位并非"定位",它该讲些什么?

从第一曲线跃迁到第二曲线的A、B、C、D四条通道各是什么?第二曲线创新的差异与"差异化"有何异同?如何从创业孵化的角度让潜优产品Ⅱ实现"优生"?战略转折点与极限点、破局点、机会点之间有什么关系?如何实现V形转型且避免L形转型?如何用J形曲线理论解释第二曲线创新?第二曲线理论还有哪些需要补充和完善的地方?什么是第四飞轮效应?……第5章将给出上述问题的答案。

联接定位是战略定位"四大金刚"的殿后者,企业转型也预示着下一个生命周期循环的开始。我们指出战略教科书的不足之处,是为了推动公司战略理论进步。如果不想只是吹毛求疵,我们就要给出具有系统性的改进方案。战略定位是为了战略增长,为小企业成长为巨无霸导航。图1-2-11是小米集团通过"四大金刚"战略定位及四个飞轮效应实现战略增长的示意图。同功一体,好事成双,第5章最后也有关于亚马逊公司类似的示意图。如果读者对阅读那些数万字篇幅的战略案例有些厌倦或望而生畏,可以画一个与第5章的图5-4-2(小米集团)、图5-4-3(亚马逊)类似的示意图,顺便也练习一下图示化思维。

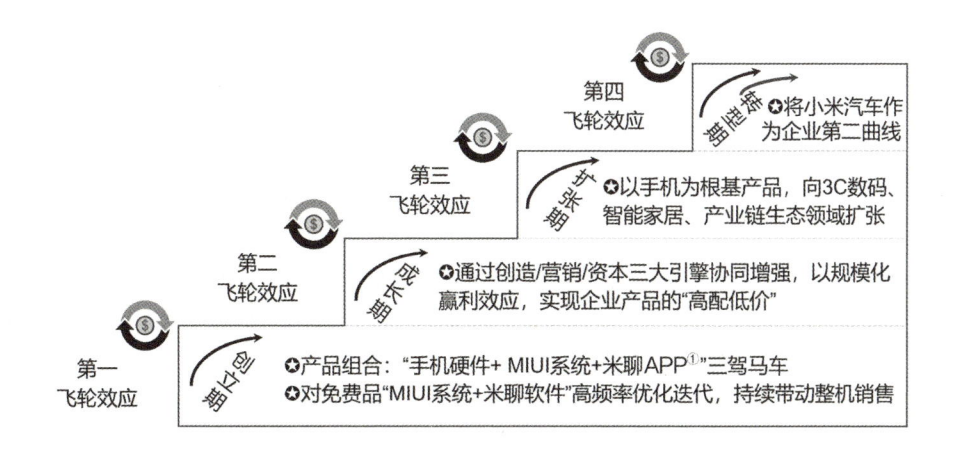

图 1-2-11　小米集团"小企业成为巨无霸"战略路径上的四个飞轮效应
图表来源:李庆丰,"战略定位"理论

① APP 意为移动智能终端应用软件。

6.品牌定位简介

战略定位犹如哥德巴赫猜想，至今也没有人说得明白；品牌定位就像马季创作的相声《五官争功》，各个门派或理论都倾向于认为自己才是最重要的。

第6章的重点内容是品牌定位。做产品有点难，一些人就想直接做品牌，但笔者认为：企业产品是排在第一位的，品牌形象是排在第二位的，品牌形象是企业产品周边的一层"彩虹圈"，见图1-2-12。

我们可以把企业产品分为三大类：原料、工业品、消费品。因为前两者都属于专业采购的范围，采购方与供应方多为长期合作，产品及交易信息相对透明，所以品牌定位或品牌形象不是特别重要，交易双方更关注产品质量、性价比、付款方式及交货期等"硬指标"。对于消费品来说，大多数顾客并不具有专业采购水平，这就给了某些商家、定位咨询者通过品牌定位来操控消费者心智的机会。

如图1-2-12所示，我们将消费品再分为三类："空阁类消费品""量子类消费品"和"显明类消费品"。

所谓空阁类消费品是指品牌与产品严重脱离的消费品，品牌形象高高在上，犹如空中楼阁，但产品质量不尽如人意，与品牌宣传大相径庭，例如达芬奇家具、中华鳖精、权健火疗等。现在，空阁类消费品都在向高科技概念靠拢，以继续"收割"消费者，如直播带货或网上购物频频出现的"量子无痕内裤""石墨烯水壶""太空材料床垫"等。这类空阁类消费品，没有产品支撑，不良商家在"空阁"中定位品牌，依靠弄虚作假鼓吹品牌。

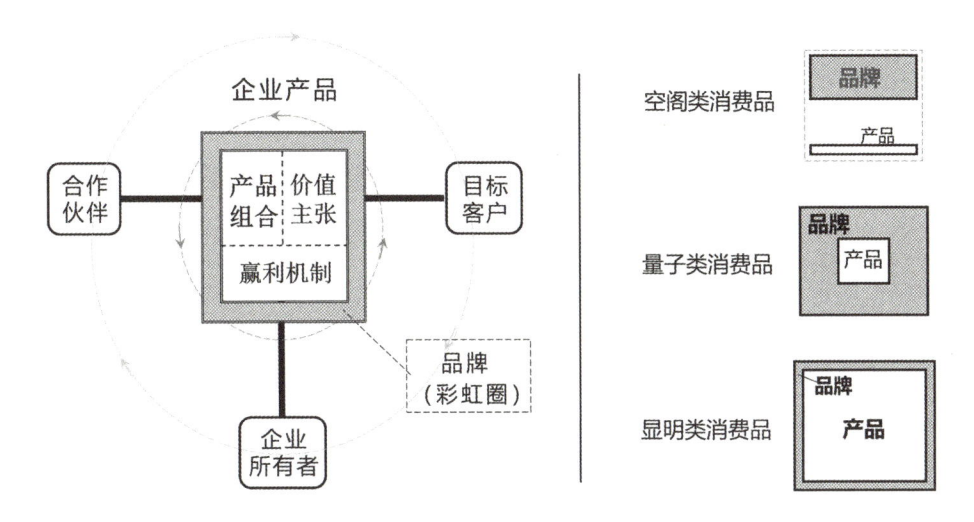

图 1-2-12　品牌形象是企业产品周边的一层"彩虹圈"
图表来源：李庆丰，"战略定位"理论

所谓量子类消费品主要是指一部分特定的"吃喝穿戴玩乐"类产品，也包括与"吃喝穿戴玩乐"密切相关的化妆品、保健品、治疗品等，例如加多宝饮料、脑白金、香飘飘奶茶、贝蒂斯橄榄油等。如图1-2-12所示，相对于实际产品来说，量子类消费品的"彩虹圈"（品牌形象）占位较多（图中阴影部分的面积），意味着它有比较大的品牌操作空间和创意发挥空间，所以也是里斯与特劳特定位、超级符号、奥美广告等诸多品牌定位流派的"必争之地"。

为什么我们称之为量子类消费品呢？王志纲在给茅台做策划方案的时候说，"口感一半是'心感'"。这有点类似市面上流行的"量子理论"，有点"说不清、道不明、看不见、摸不着"。这个品牌的产品怎么样，那个品牌的产品怎么样，主要取决于商家怎么宣传、定位咨询或广告创意机构如何包装、能否在消费者中形成类似"羊群效应"的流行风尚。

所谓显明类消费品是指那些产品的功能效用比较明确、顾客能够对其进行认知和判断的消费品，例如手机、汽车、航空服务、餐饮美食、

37

家政服务等企业产品通常属于显明类消费品。如图1-2-12所示，由于品牌形象在显明类消费品中所占权重比较小，因此对于这类产品，企业要重点关注企业产品的功能效用、质量品质、配套服务，以便创造出更大的超越目标客户期望的独特感知价值。

综上，我们先将企业产品分为原料、工业品、消费品三大类，然后将其中的消费品分为空阁类消费品、量子类消费品、显明类消费品三个子类。我们在认识一个复杂事物时，先对它进行合理分类，这样就可以"井水不犯河水"，一些矛盾、争执及模糊的认识就会不言自明。**当一些心智定位专家批判"苹果、小米、华为、海尔、美的、微软、亚马逊……这些企业都错了，不符合定位理论"时，实际上他们越界了，怎么能够以"量子类消费品"的认知水平去批判及评价"显明类消费品"呢？**

品牌定位不直接隶属于战略定位，它是战略定位的附加和补充内容，因此我们称其为"番外名媛"。尽管品牌定位属于市场营销领域的相关理论，但品牌定位的重点也在如何"定位"，因此战略定位三要件"发展阶段""产品愿景""定位平台"同样适用于品牌定位。从发展阶段来讲，品牌定位与企业生命周期各阶段都可以发生联系，不同的企业产品侧重或涵盖的阶段不一样，因此不同行业及企业的品牌阶段可能存在显著的不同之处；从产品愿景来看，品牌定位有利于塑造名优产品或知名品牌；从定位平台方面说，第6章给出的相关模型及理论有：品牌形象与企业产品的关系，品牌定位与战略定位的关系，A、B、C三类品牌定位路径，品牌定位模型，品牌资产转换为品牌资本，品牌资本的功能、作用，"番外飞轮效应"等。

7. 战略定位：为小企业成长为巨无霸导航

战略定位主要由五大定位组成：竞争定位、三端定位、分形定位、联接定位构成的"四大金刚"及附加的品牌定位（可被称为"番外名媛")。所谓"共性做足，特性做透"，它们的共性是：都符合及具有战略定位三要件"发展阶段""定位平台""产品愿景"；它们的特性是：各自的战略定位三要件时异势殊、和而不同、差异显著。

将企业生命周期四个阶段外加品牌阶段组合为五个阶段，换一个具有对抗性色彩的说法：小企业成长为巨无霸，通常要连贯地闯过"五道关"，即创立关、成长关、扩张关、转型关、品牌关。哲学上的对立统一规律告诉我们：矛盾双方的统一与斗争，推动着事物的运动、变化和发展。战略定位的矛盾对立面是什么？有人说是教科书战略。虽然笔者时常批判战略教科书中的理论的不足之处，但是没有批判，企业战略理论怎么进步？其实，战略定位始终把教科书战略看作盟友，它们属于互补关系。

战略定位的矛盾对立面或称为"敌人"是五个陷阱，与"四大金刚"及"番外名媛"一一对应，它们分别是风口陷阱、葡匐陷阱、灌木丛陷阱、壕沟陷阱、空阁陷阱。在当今社会及经济环境下，这些陷阱的危害非常大，以至于战略定位的"四大金刚"及"番外名媛"联合起来都有点招架不住，还需要搭配五大盟友。在后续章节中也隐藏着一条"暗线"，揭示这五大陷阱的危害及应对策略等。章节7.4将会把那条暗线正式拿到"台面"上，也会让战略定位的五大盟友一起亮相。

本书的第7章主要介绍战略定位立足的"基础设施"，主要包括企业赢利系统、集成团队、T型商业模式、新竞争战略等内容。

战略定位

1.3 战略路径是一个六面体，还有上游、中游和下游

> **重点提示**
>
> ※ 本书的战略定位与波特的竞争战略有哪些联系与区别？
>
> ※ 为什么战略教科书越来越厚、"以胖为美"？
>
> ※ 战略5P有什么现实意义？

战略定位是新竞争战略的一个分支，它与前代企业战略、战略5P[①]、战略教科书、战略规划、战略实施等有什么关系？

1.新竞争战略与前代企业战略

我们将传统企业战略三个层次"总体战略""竞争战略""职能战略"统称为"前代企业战略"，如图1-3-1所示。中外知名商学院都还在教授前代企业战略，确实与学员们的实践需要及付出的学费、时间有些不太配称。

总体战略，也被称为公司层战略或集团层战略，主要回答"企业应该进入或退出哪些业务领域"，是指通过纵横一体化、多元化、收购与兼并、国际化扩张、合资与合作等经营战略，以形成企业期望的多类或多元经营业务组合。

竞争战略，也被称为业务层战略，主要回答"企业在一个业务领域内怎样参与竞争"，是在某一类业务范围内，通过持续累积竞争优势，奠定企业在市场上的特定优势地位并维持这一地位的战略。图1-3-1给出了迈克尔·波特提出的"竞争战略"的核心逻辑及主要内容。当然，如

---

① 战略5P包括定位（Position）、计划（Plan）、对策（Ploy）、模式（Pattern）与观念（Perspective）。

果战略教科书及商学院能够把图中的竞争战略讲透，那么对学员进行企业战略实践也是大有裨益的。

职能战略，也被称为职能支持战略，以总体战略及竞争战略为指导，对企业相关职能活动制定总体规划，例如营销战略、财务战略、人力资源战略、研发战略等。参照一家企业的组织结构图，我们可以列出它应有的职能战略。

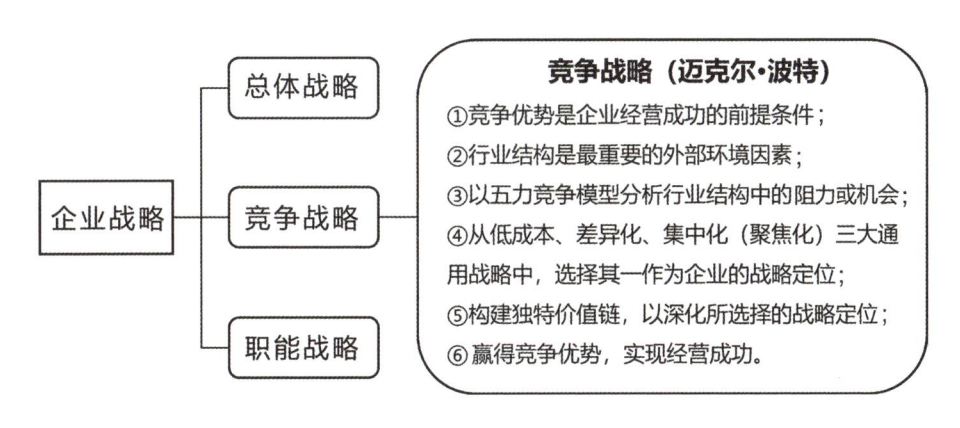

图 1-3-1　前代企业战略及波特竞争战略概要

在《新竞争战略》中，笔者初步提出新竞争战略理论（详见图 7-3-1 及上下文），战略定位作为新竞争战略的核心构成部分之一，可以在结构、内容及形式方面，在适当程度上代表新竞争战略。下面对新竞争战略与前代企业战略进行一些简要比较：

（1）前代企业战略主要适用对象为大型企业集团。新竞争战略给出企业生命周期整体战略图景，它适用于：①评估创业项目是否可行，发现一个让企业立足的"风水宝地"；②给从零开始的小企业成长为巨无霸指明路径；③指导大型企业分形扩张及"归核化"发展；④为实现基业长青，指导企业实施转型或第二曲线创新。

（2）前代企业战略源于第二次世界大战后欧美发达国家大型企业集团的战略实践，那时许多大型企业具有向国际化、跨国化方向发展的多重优势及大量多元化经营机会。新竞争战略受益于21世纪后商业模式理论兴起的机会，重点阐述以客户需求为导向的企业产品在战略路径上从无到有、从差到好、从少到多、思变求新的发展进化过程。在当今VUCA竞争环境下，企业产品在，企业就存在；企业产品优，企业就优；企业产品衰落，企业就趋于消亡。

（3）基于适用于大型企业集团的前代企业战略，经管团队的战略观念侧重如何抓住外部机会、如何多元化发展、如何分配资源。虽然这让一些经营者有了"宏大叙事、挥斥方遒"的感觉，但是它也导致几乎所有大型企业集团都走过一些战略发展弯路（"前代战略陷阱"）。新竞争战略基于"战略=路径+目标"这个公式，注重阐述战略定位、战略增长及塑造核心竞争力、第二曲线创新等一系列连贯的战略规划的基本逻辑及重要内涵。

（4）具有"前代企业战略"观念的经管团队如何吸收、融合新竞争战略？笔者的建议是：导入新竞争战略、战略定位等相关理论，以企业产品为核心，向上融合总体战略（公司层战略），向下指导职能战略。也就是说，总体战略，如纵横一体化、收购与兼并、国际化扩张等都要围绕企业产品展开；职能战略，如营销战略、财务战略、人力资源战略、研发战略等，也都要围绕企业产品阐述。这样上下融合，就可以防止掉入前代战略陷阱，也可以减少企业中官僚主义及"部门墙"的负面影响。

2.战略学派、盲人摸象、战略5P与战略定位

明茨伯格在《战略历程：纵览战略管理学派》中引用了《盲人摸象》的寓言故事。他最后评论说：

于是，这六个印度人大声地争论个不停。他们每个人的观点都特别僵化。尽管他们每个人都部分正确，但他们都是错误的！我们对企业战略的认识就如同盲人摸象，每个人都抓住了战略形

成的某一方面：设计学派认为，战略是设计；计划学派认为，战略是计划；定位学派认为，战略是定位；企业家学派认为，战略是看法；认识学派认为，战略是认识；学习学派认为，战略是学习；权力学派认为，战略是权力协商；文化学派认为，战略是集体思维；环境学派认为，战略是环境适应。这些认识对不对呢？从每个学派的局部来看，这些认识都是对的。正如大象的身体、牙齿、鼻子、膝盖、耳朵、尾巴都是不可缺少的一样，所有这些学派考虑的问题对于企业战略都是不可缺少的。但是，所有这些学派都不是企业战略的整体。

类似现在的资源整合，明茨伯格当时就认为应该对以上九大战略学派进行整合，所以他又提出一个结构学派。这样，最终凑足十大战略学派。系统论告诉我们：部分简单相加不等于系统整体。况且如"百花齐放"般出现的众多战略学派，有的与企业战略实践相距甚远，就连后来的战略教科书都不愿收录它们，所以将十大战略学派凑在一起，也不是一头完整的企业战略"大象"。

罗马不是一日建成的！我们也应该认识到，十大战略学派、前代企业战略、战略教科书中的理论等都有其重要历史贡献及传承价值。民乐演奏专家方锦龙说："传统就是一条河，一定要流动……只有流动起来它才清澈。"任何一门学问，既要强调与时俱进的创新精神，也不能割舍对历史成果的继承。以此说来，我们都是站在前人的肩膀上，基于对前人成果的继承，才有条件进行企业战略创新和探索。

明茨伯格还提出了战略5P，即战略包括五个方面的内容：战略是一种定位（Position）、一种模式（Pattern）、一项计划（Plan）、一种对策（Ploy）、一种观念（Perspective）。这5P之间是什么关系？明茨伯格没有给出更多解释，战略教科书也照本宣科，很少提及战略5P，更不用说"动点脑筋"解释它们之间的关系了。战略5P是指战略有五个"化身"，各自代表战略的一个侧面。但是，根据一些战略"大咖"泛泛而言的说法：战略就是做减法，战略就是取舍聚焦，战略就是有所不为……那么如何避免战略5P给我们带来的发散、扩展、"无所适从"的感觉？

债多不愁，施不望报。我们索性再增加一个P，它不是定位理论倡导心智定位的那个P（Positioning，定位），而是另一个P（Prospect，展望）。这样从战略5P升级为战略6P，我们就可以把战略看成一个六面体，见图1-3-2。战略是一种展望，怎么理解？路江涌教授在《共演战略：重新定义企业生命周期》中说"战略=格局×视野"。这也是战略的一个侧面，我们给这个侧面赋予一个英文词Prospect（展望），由此上述公式可以微调成"展望=格局×视野"。当然，这里的展望是指战略展望。

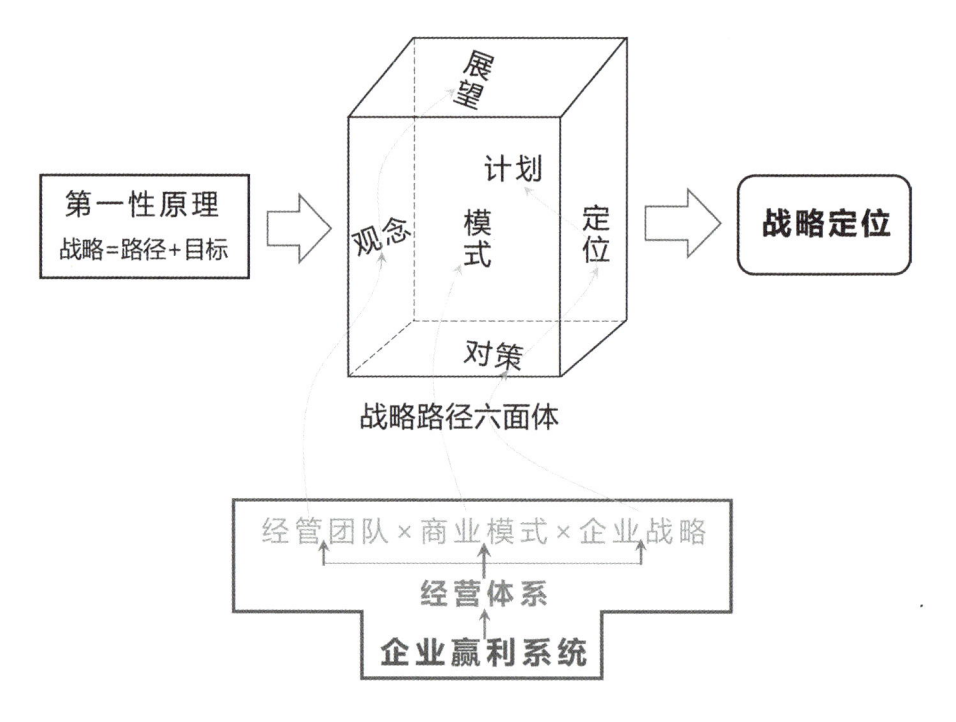

图1-3-2 战略的第一性原理、战略路径六面体及战略定位
图表来源：李庆丰，"战略定位"理论

战略6P之间是什么关系？我们先将这6P拆分为"3P+3P"两部分，前面的3P是指定位、模式、展望，后面的3P是指计划、对策、观念。前

面3P的重点在战略定位，后面3P的重点在战略规划，它们分属企业战略的上游和中游，见图1-3-4。

与时俱进解释前面的3P（定位、模式、展望），它们分别是指战略定位、商业模式、战略展望，其中的战略定位、商业模式及它们之间的关系本书已在多处给出解释。战略展望或公式"展望=格局×视野"怎么理解？简单说来，战略展望就是保障战略定位等其他5P在一个共同框架下"不跑偏"。企业在进行战略定位时，战略格局可以参考本书提出的战略定位三要件，战略视野上要尽力洞察企业未来发展的1~2个生命周期。扩展到全局高度及视角，战略展望是保障企业战略"不跑偏"，让企业战略在全局性、长期性、对抗性、预见性、谋略性、风险性等诸多交叉特征中"挥洒自如"。

见图1-3-2，从战略的第一性原理即公式"战略=路径+目标"的角度，如何理解战略6P？前人在一片"荒野"上探索战略的内涵，无暇顾及战略路径。作为后来者，我们可以更准确地说，战略的重点内容在于战略路径。实际上，由战略6P构成的战略路径"包罗万象"，战略6P各代表战略路径的一个侧面。换句话说，发现、探索及规划战略路径太难了，需要从定位、模式、展望、计划、对策、观念，即战略6P或战略六面体的各个侧面展开思考。基于外部环境及发展阶段，为企业"定战略"具有较强的主观性，线性思考并不适合，需要通过战略6P这六个变量进行非线性思考，即"六面体"演进式的动态立体思考，最终求解出企业的战略路径。

基于战略第一性原理，即公式"战略=路径+目标"，我们可将战略路径扩展到战略6P或战略六面体。反之，我们也可以从战略6P或战略六面体提炼出战略第一性原理。从数理化思维的角度来说，前述公式"战略=格局×视野"与战略第一性原理的公式似乎存在冲突，但从管理学的角度来说，这种表述属于惯例，此处的"="表示从某一个侧面或角度看战略路径。

从战略混沌进化到战略6P（定位、模式、展望、计划、对策、观念），战略路径是一个相对"清晰可见"的六面体，战略路径从此不再像哥德巴赫猜想那样难！我们既可以将它还原分解，从不同的侧面研究及认知战略，也可以将这些侧面叠加合成，从系统总体的角度研究和认知战略。"弱水三千，只取一瓢"，面对战略6P，本书重点讨论其中的战略定位这个P（Position）。这样就将前面所说的"无所适从"转变为"简单而确定"了。

基于战略定位，然后才有战略增长、核心竞争力、第二曲线创新等重要战略内涵。通常而言，这四者可与企业生命周期四个阶段分别对应，都属于新竞争战略中战略路径部分的首要战略主题（详见章节7.3）。

见图1-3-2下侧，企业赢利系统及经营体系等"基础设施"与战略6P或战略六面体有什么关系？经管团队与观念、展望对应；商业模式与模式对应；企业战略与计划、定位、对策对应……这样看来，战略第一性原理扩展到战略6P，就与经营体系三要素相互衔接起来。以此类推，商业模式、经管团队的具体构成与经营体系三要素也可以相互衔接起来。其中的道理何在？一个生命系统的各个部分你中有我、我中有你，筋骨相连、皮肉难分。

3.战略教科书是知识宝库，还是陷入故纸堆中？

笔者有一本英文版的《战略管理学》，属于2000年左右从欧美引进到中国的影印版教材。当时，该书已经是第12版了，很厚很大，长×宽×高的规格尺寸约为273×213×40毫米，有600多页，重量接近2千克。在办公室午休时，这本书足可以临时充当一个枕头，引导我们进入梦乡。如今这本《战略管理学》英文教材，早就有了中文版，并且已经迭代到第21版了。一些从国外引进并经过国内不断改编的战略教科书，几十年"依然如故"，基本理论框架一直没有什么较大改变，见图1-3-3。

第 1 章
战略定位并非"定位",它该讲些什么?

　　传承于欧美作者的知识堆砌范式,现在编进战略教科书中的内容越来越庞杂繁多。这有点像中国唐代的审美观,以胖为美!这些战略教科书提供给企业的也只是"战略零部件""战略原材料",让企业经营者组装自己需要的企业战略。面对浩如烟海、无所不包的战略知识库,这太难了。

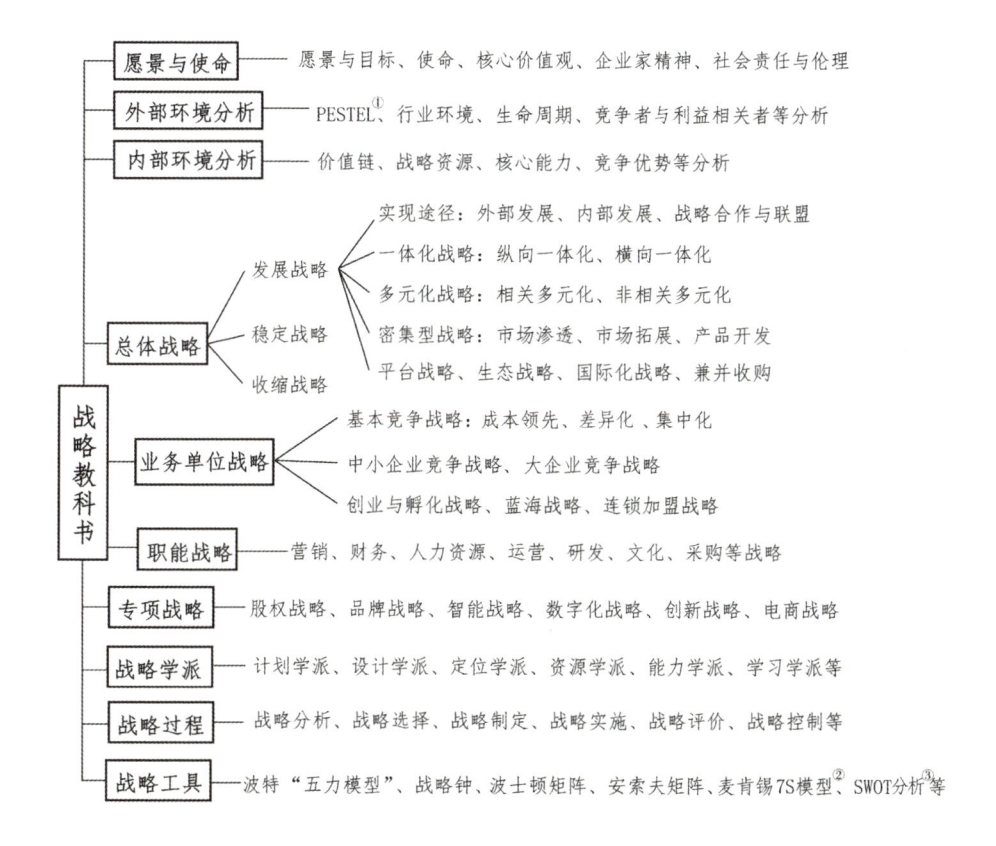

战略教科书
- 愿景与使命——愿景与目标、使命、核心价值观、企业家精神、社会责任与伦理
- 外部环境分析——PESTEL[①]、行业环境、生命周期、竞争者与利益相关者等分析
- 内部环境分析——价值链、战略资源、核心能力、竞争优势等分析
- 总体战略
  - 发展战略
    - 实现途径:外部发展、内部发展、战略合作与联盟
    - 一体化战略:纵向一体化、横向一体化
    - 多元化战略:相关多元化、非相关多元化
    - 密集型战略:市场渗透、市场拓展、产品开发
    - 平台战略、生态战略、国际化战略、兼并收购
  - 稳定战略
  - 收缩战略
- 业务单位战略
  - 基本竞争战略:成本领先、差异化、集中化
  - 中小企业竞争战略、大企业竞争战略
  - 创业与孵化战略、蓝海战略、连锁加盟战略
- 职能战略——营销、财务、人力资源、运营、研发、文化、采购等战略
- 专项战略——股权战略、品牌战略、智能战略、数字化战略、创新战略、电商战略
- 战略学派——计划学派、设计学派、定位学派、资源学派、能力学派、学习学派等
- 战略过程——战略分析、战略选择、战略制定、战略实施、战略评价、战略控制等
- 战略工具——波特"五力模型"、战略钟、波士顿矩阵、安索夫矩阵、麦肯锡7S模型[②]、SWOT分析[③]等

图 1-3-3　传统战略教科书的知识堆砌范式

　　图1-3-3中如此繁多的理论知识,哪些与企业的经营逻辑相吻合呢?企业经营者时间宝贵,即使暂停经营工作,读上几遍、几本这样的

---

① 麦肯锡 7S 模型是麦肯锡公司设计的企业组织七要素,包括结构(Structure)、制度(System)、风格(Style)、员工(Staff)、技能(Skill)、战略(Strategy)、共同的价值观(Shared values)。
② SWOT 分析是基于内外部竞争环境和竞争条件下的态势分析,SWOT 是 Strengths(优势)、Weaknesses(劣势)、Opportunities(机会)和 Threats(威胁)的首字母组合。

47

"大部头"战略书,依然是"狐狸吃刺猬——下不了口",也很有可能让自己原有的经营逻辑变得混乱不堪了。一些战略学者为了发论文、评职称等也许会研读这些书,但像任正非、马云、雷军、马化腾、比尔·盖茨、扎克伯格、马斯克等知名企业家,他们各自能把一个从零开始的小企业经营为世界知名的巨无霸,无疑很懂企业战略,但是他们未必要读这么厚的战略教科书。

我们从小就知道,要学会"一分为二"看问题。战略教科书是一个知识宝库。战略定位的"四大金刚"(竞争定位、三端定位、分形定位、联接定位)及"番外名媛"(品牌定位)都从战略教科书的知识宝库中吸收了很多有益内容,试图构建一个可供绝大多数企业实践参考的经营体系。

4.企业战略的上游、中游、下游

《经济学人》杂志说"人人都在谈论战略,却没有人知道战略究竟是什么",但"以战略为生存"的各界总有新鲜事。

有人说:"战略规划很重要!95%的企业没有战略规划,大部分企业没有年度预算,计划工作也不到位。我建议大家学习'如何搞定战略规划',建议企业引进公司预算及计划体系……"

有人说:"战略规划就是'战略鬼话,墙上挂挂',战略的关键是绩效考核及提升执行力。我建议大家学习平衡计分卡,学会画战略地图……"

有人说:"战略解码展开及复盘是企业成败的关键,我建议企业引进华为的DSTE(Develop Strategy To Execution,战略到执行)框架、联想复盘四步法……"

我们以自然场景进行类比,喜马拉雅山脉是19条主要河流的发源地,其中比较有名的河流有恒河、雅鲁藏布江等。如果喜马拉雅山脉连绵的雪山上的雪不再融化,也就是这些河流的上游出现问题,那么中游及下游必然受到严重影响。同理，如果企业战略的上游"战略定位、战略增长、核心竞争力、第二曲线创新"等没有搞清楚、缺少战略内涵，那么中游的战略规划必然是没有实质内容的，下游的战略实施也必然低效运转，每天只好"追责"执行力、领导力……

为什么企业战略的上游、中游、下游长期处于割裂状态，不能像一条河流那样上下贯通？上文提及的前代企业战略、战略学派、战略教科书等，它们习惯以类似泥瓦匠垒墙的知识堆砌范式，结合之前或当下的企业案例，将那些经典的战略理论、分析工具和模型（可被称为"战略原材料""战略零部件"）等，混杂放置于企业战略的上游、中游及下游。

如图1-3-4所示，现在有了企业赢利系统、经管团队（集成团队）、T型商业模式、新竞争战略理论这些"基础设施"，有了战略定位、战略增长、核心竞争力、第二曲线转型等战略内涵，战略的上游、中游及下游有望有机连接并贯通（详见图7-3-3及上下文）。

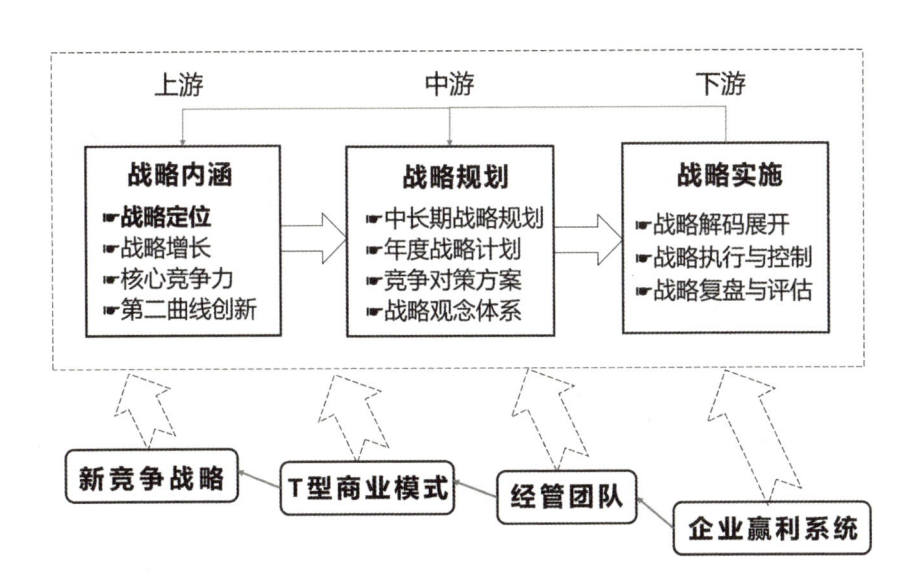

图1-3-4　企业战略的上游、中游、下游之间的有机连接与贯通
图表来源：李庆丰，"战略定位"理论

战略定位

1.4　定位二选一：满足客户需求还是掌控消费者心智

> **重点提示**
>
> ※ 定位理论的"爸爸""妈妈"是谁？
>
> ※ 为何定位理论的操作要点与企业家的实践观点差距很大？
>
> ※ 战略定位注重满足客户需求，表现在哪里？

USP理论、品牌形象论、定位理论都属于经典广告营销理论。

（1）USP理论。美国知名广告人罗瑟·瑞夫斯在20世纪50年代初提出USP理论，其主要观点为：在进行广告营销时，企业要针对消费者的心智陈述产品的卖点，同时这个卖点必须是独特的、能够带来销量的，即独特的销售主张（Unique Selling Proposition），简称为USP理论。例如苹果iPod的宣传口号为"把1 000首歌装进口袋里"，OPPO手机的广告词为"充电5分钟，通话2小时"。

（2）品牌形象论。美国知名广告人大卫·奥格威于20世纪60年代中期提出品牌形象论，其主要观点为：广告就是要力图使品牌在消费者的心智中具有并且维持一个高知名度的品牌形象。例如万宝路香烟与"牛仔""骏马"的形象结合在一起；快餐品牌麦当劳以"麦当劳叔叔"体现品牌形象。

（3）定位理论。美国知名广告人里斯、特劳特于20世纪70年代提出定位理论。该理论的操作要点为：设计一个特别的广告语或图像符号，通过大量广告或公关传播活动，力求让品牌在消费者的心智中独占一个"地盘"，这被称为定位（Positioning）。定位理论的经典广告语有"怕上火，喝王老吉""香飘飘奶茶一年卖出3亿杯，杯子连起来可绕地球一圈"。

总结而言，我们可将USP理论、品牌形象论、定位理论合称为"心智定位三兄弟"，或以江湖一点的口吻称之为"心智定位三剑客"。USP理论侧重往消费者的心智中灌输一个产品卖点，品牌形象论侧重在消费者的心智中塑造一个高知名度的品牌形象，定位理论侧重实现在消费者的心智中独占一个"地盘"。这样由实向虚，从宣传产品转移到占领消费者心智，广告营销理论的进化似乎演变为"读心术"的进化。

从USP理论到品牌形象论再到定位理论，广告营销理论越来越江湖"绝招化"。谁掌握了此绝招，就可以笑傲江湖了吗？一个理论一旦趋于"绝招化"，那么应用领域就会不断收窄。当今互联网、大数据等正在重构消费者主权，定位理论的传统势力范围——量子类消费品领域等也在不断收窄，因此定位理论可开垦的市场区域将越来越少了。穷则思变，定位理论以心智定位为核心，不断向品牌定位、定位战略、竞争战略等多个方向突围、拓展。

有人说要尊重历史和传承，从USP理论到品牌形象论再到定位理论，各理论提出的年代跨度较大，这是一个不断向消费者心智深度演进的过程，所以将三者称为"心智定位三兄弟"不太合适。那如何区分以上三者的关系？品牌研究学者赵晓明形象地类比：USP理论是定位理论的"爸爸"，品牌形象论是定位理论的"妈妈"。特劳特于2013年来中国时，记者问他："对您影响最大的人是谁？"特劳特回答说："瑞夫斯和奥格威，尤其是瑞夫斯。"这是因为特劳特是瑞夫斯的徒弟。

定位理论诞生在美国，但扎根于中国后，才不断发展壮大起来。它有两个原则：①操控消费者心智；②认知大于事实。

在里斯、特劳特合著的《定位》的引言部分，开宗明义地提出，定位是用于产品营销的一种新的传播沟通方法。书中第1章还写道："定位的基本方法，不是去创造某种新的、不同的事物，而是去操控心智中已经存在的认知，去重组已存在的关联认知。"定位理论的重点就是心智定位，心智定位等同于操控消费者心智——不必费力改变产品。在定位理论的相关案例中，像东阿阿胶、加多宝、全聚德、好想你枣、瓜子二手车、香飘飘奶茶等，也都遵循这个原则。

定位理论的另一个特色原则是"认知大于事实"。它不是罔顾事实，而是将事实置于旁边，更强调改变消费者认知。例如定位理论为东阿公司投放的广告词为"滋补三大宝，人参、鹿茸和阿胶""东阿阿胶，滋补国宝"；为车好多集团投放的广告语为"瓜子二手车，没有中间商赚差价"。但是，阿胶是否为国宝？是否属于与人参、鹿茸齐名的滋补品？瓜子二手车不赚差价如何盈利？这些"事实存在与否"并不重要，也不属于心智定位、广告营销的关注范围。

为什么本节要谈定位理论的问题？因为定位理论在中国非常盛行，很多人把定位理论的"定位"当成企业的战略定位，而且认为定位理论"一学就会，一用就错"！圈内某些"大咖"却自得于"运用之妙，存乎一心"……为了防止与战略定位混淆，如上文所言，大家可将定位理论的"定位"称为心智定位。也许心智定位太难搞了，其中综合了心理学、广告学、营销学、操控术等多方面的内容，因此大家"一学就会，一用就错"。

心智定位与战略定位有什么关系？本书阐述的战略定位，包括竞争定位、三端定位、分形定位、联接定位这"四大金刚"，以及品牌定位，共五个部分。"四大金刚"侧重对企业产品进行定位，品牌定位侧重对企业产品进行形象塑造——属于市场营销的重点内容。定位理论的两位创始人都直言不讳地说，心智定位是用于产品营销的一种新的传播沟通方法。由此看来，心智定位属于品牌定位的方法之一。对于心智定位的上一级——品牌定位，尽管它属于战略定位的"番外"补充，但也要服从企业产品的价值主张。我们看看经营实践一线的企业家怎么说。

娃哈哈创始人宗庆后说："品牌的一半是质量，一半是诚信。"

格力空调董事长董明珠认为，掌握核心技术，打造自主品牌，才能挺起发展的脊梁。

亚朵酒店的价值主张为：以人文、温暖、有趣为特色的"第四空间"精致体验。

小米集团创始人雷军说："我们始终坚持做'感动人心、价格厚道'的好产品。"

晨光生物的价值主张为：品质稳定、高性价比、诚信无欺。

跨境电商巨头SHEIN的价值主张为：上新快、价格低、品类多。

"万国商店"亚马逊奉行"客户至上"的三大法宝是：用户的无限选择权、最低价格和快速配送。

京东创始人刘强东认为，品牌就是产品、价格和服务。

特斯拉创始人马斯克说："我们从不在广告上花钱。实际上，我不喜欢营销这个概念，这听起来好像骗人买东西一样。很多企业混淆了焦点，花许多钱去做一些不会让产品变得更好的事情。每家公司都应该自问，所做的事情到底有没有让产品或服务更好；如果没有，就应该喊停。"

前文说过，定位理论的操作要点为：设计一个特别的广告语或图像符号，通过大量广告或公关传播活动，追求让品牌在消费者的心智中独占一个"地盘"，这被称为定位。由此看来，定位理论的操作要点与身处经营实践一线的企业家的观点差别巨大，甚至有点水火不相容！**本章第2节及第6章都有说明，定位理论更适合量子类消费品的宣传推广，也有人将其用于空阁类消费品的市场营销（见图6-1-1及其上下文）。**

当然，定位理论也一直在向不同的方向突围、拓展，自我迭代。1994年，里斯和特劳特分别拥有了自己的定位咨询公司，定位理论从此逐渐形成两大门派。此后20多年，为做大做强定位理论，以操控消费者心智为中心，里斯及特劳特都从心智定位延伸到战略心智定位。2004年前后，里斯提出定位战略就是"聚焦"及开创"新品类"；2009年前后，特劳特宣布定位战略就是"差异化"及"配称"。

早在1980年，哈佛大学教授迈克尔·波特就在《竞争战略》中提出三大通用战略：差异化战略、成本领先战略、集中化（聚焦化）战略。1996年，在《什么是战略》一文中，波特把战略分为三个层次：第一是定位，第二是取舍，第三是配称。长期以来，波特提出的"战略定位+经营配称"战略思考框架，已经被学界及企业界广泛认可。"现代品牌营销之父"的戴维·阿克在《品牌相关性》中指出：创建一个新的品类或子品类，让自己的品牌和该品类建立足够强的相关性，成为顾客在购买时唯一会考虑的选择。

特劳特战略定位咨询公司、里斯企业管理咨询公司是擅长创造概念、借用概念进行广告营销的公司，也属于非常擅长在中国扩张、发展及承揽咨询项目的公司。也许，这两点非常值得一些企业学习。

"心智定位三剑客"——USP理论、品牌形象论、定位理论，都是各有特色的广告营销方法。巧妇难为无米之炊，优异的企业产品是广告营销的源头活水。优异的企业产品从哪里来？战略定位、差异化创造及开发、精益制造及运营等一系列连贯的过程是不可或缺的。

战略定位属于战略，具有全局性、长期性、对抗性、预见性、谋略性、风险性等特征，可被简称为"战略高度"。产品愿景是战略定位的三大构成要件之一，包括潜优产品、拳头产品、超级产品、潜优产品Ⅱ等。追求实现产品愿景可以从战略高度保障企业持续开发优异的企业产品。

为追求实现产品愿景，战略定位必定要始于客户需求、为了客户需求。为什么这么说呢？图1-4-1中有A、B、C、D四个部分。其中A部分是商业模式第一问：企业的目标客户在哪里？如何满足目标客户的需求？商业模式与战略犹如"一根绳上拴着的两只蚂蚱——谁都离不开谁"！企业产品是商业模式与战略定位的纽带，而开发优异的企业产品的首要前提是能够以独树一帜的价值主张满足目标客户需求，因此战略定位与客户需求关联密切——始于客户需求、为了客户需求！

第 1 章
战略定位并非"定位",它该讲些什么?

```
A  商业模式第一问
   企业的目标客户在哪里?
   如何满足目标客户的需求?

D  需求理论汇总
   顾客让渡价值理论
   产品经理理论
   顾客价值链理论
   马斯洛需求层次理论
   华为需求管理流程
   KANO模型①
   发现与创造需求"六招"
   JTBD②结果驱动创新理论

B  竞争定位模型
   潜优产品=客户需求+行业趋势+优选资本-竞争阻力

     企业产品                        客户需求
   ┌─────────┐     产品开发      ┌─────────┐
   │ 产品   价值 │ ←──────────→ │ 需求   应用 │
   │ 组合   主张 │   利益相关者及其他 │ 组合   场景 │
   │   赢利机制  │                 │   价值盈余  │
   └─────────┘                    └─────────┘
          C  企业产品开发模型
```

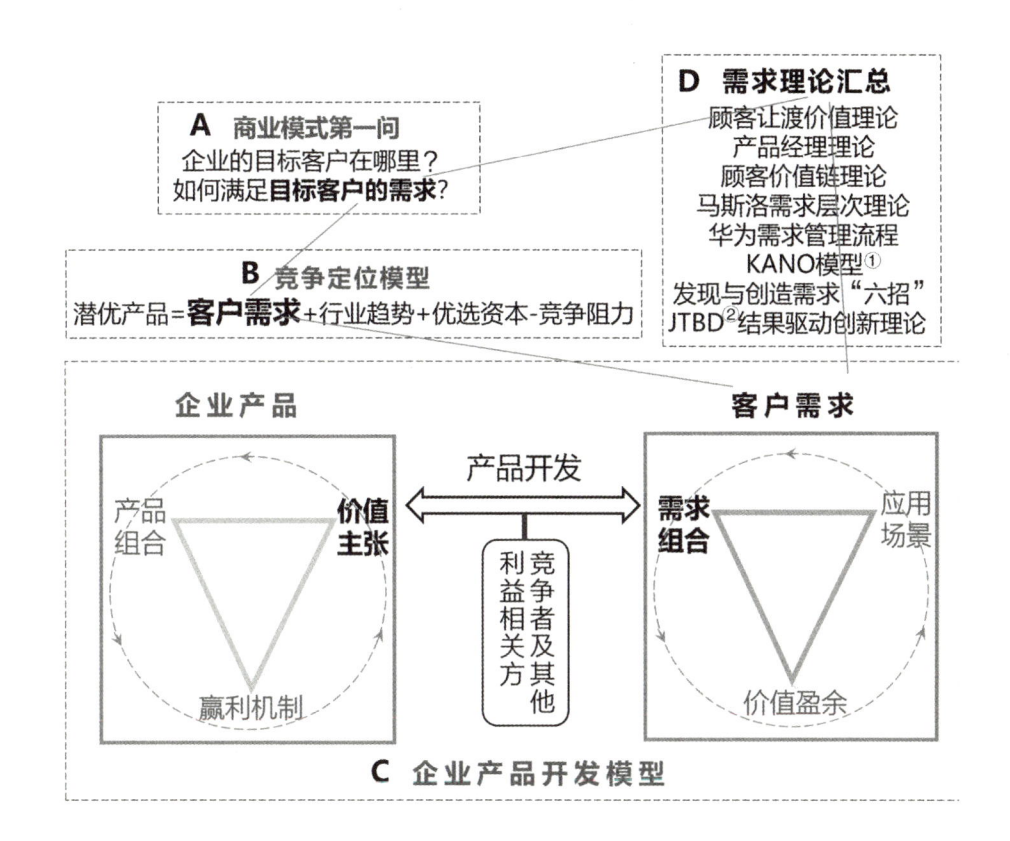

图 1-4-1　战略定位始于客户需求、为了客户需求
图表来源:李庆丰,"战略定位"理论

　　具体来说,图中B部分的竞争定位模型公式为"潜优产品=客户需求+行业趋势+优选资本-竞争阻力"。其中客户需求具有"一票否决权",且最终四个要素都要归结为客户需求。这样才能落实潜优产品的开发,与三端定位模型对接。

　　图中C部分为三端定位的企业产品开发模型(详见图3-3-2及上下文)。它的主要内容为:将客户需求分解为"需求组合""应用场景""价值盈余"三个相互连接的方面,并从中归纳出企业产品的价值主张,

---

① KANO模型是东京理工大学教授狩野纪昭(Noriaki Kano)发明的对用户需求分类和优先排序的工具,以分析用户需求对用户满意度的影响为基础,体现了产品性能和用户满意度之间的关系。
② JTBD是Jobs To Be Done(待完成的工作)的缩写,是一项需求定义活动,使企业能够构建客户真正想要的产品。

55

实现从需求侧向供给侧过渡。然后，企业依据价值主张，开发产品组合，匹配赢利机制，达到三者合一，初步形成完整意义上的企业产品，最终实现企业产品与目标客户需求之间或者说供给侧与需求侧相互"击穿"、融为一体。

根据图中D部分可以看出，战略定位也兼容主流的需求理论（详见图2-5-1及上下文），像顾客让渡价值理论、产品经理理论、顾客价值链理论……竞争定位及三端定位与它们组成统一战线，协同定位潜优产品，打造拳头产品。除此之外，分形定位、联接定位、品牌定位的产品愿景分别是超级产品、潜优产品Ⅱ、名优产品，它们都属于更高层次或新生代的企业产品，也必然始于客户需求、为了客户需求！

1.5 如何从产品时代升级到商业模式时代？

> **重点提示**
>
> ※ 为什么说资本模式是T型商业模式不可或缺的构成部分？
>
> ※ 针对当下的发展阶段，贵公司有哪些优选资本？
>
> ※ 战略定位是科学，也是一门手艺？

2023年5月6日，沃伦·巴菲特坐在主席台上，思路清晰、逻辑缜密，身体状态非常好，连续6小时主持公司股东大会，回答了世界各地投资者的几十个问题。

巴菲特如此总结他的一生：人生犹如滚雪球，重要的是找到很湿的雪和很长的山坡。巴菲特经营自己的投资公司，成绩卓著；他也精心经营自己的人生，希望成为美国最长寿的人之一。

学习巴菲特"长坡厚雪滚雪球"，不能流变为成功学的励志口号。针对企业战略，知行合一，应当先知道：雪球是什么？雪球是企业产品或商业模式；长坡是什么？长坡是"战略=路径+目标"；厚雪是什么？厚雪是外部环境机遇，企业应建立与之对应的经营管理体系。

1909年，"现代管理学之父"彼得·德鲁克出生于维也纳。德鲁克一生写了39本书，从85岁到95岁，他出版了10本著作。基于这些著作，德鲁克是目标管理、客户导向的营销、企业文化、知识工作者、业绩考核等管理理念或理论的开创者。他曾说："我创建了管理这门学科，管理学科把管理当作一门真正的综合艺术。"德鲁克及前人法约尔、泰勒等共同为管理学开辟了一大片疆域，后人得以在此基础上共同建造管理学的理论大厦。

战略定位

1.产品时代必定要升级到商业模式时代

在晚年，德鲁克曾预见：产品时代必定要升级到商业模式时代。什么是产品时代？什么又是商业模式时代？见图1-5-1左图，在产品时代，围绕产品的交易主体有两个：企业及顾客，企业设法将产品售卖给顾客。见图1-5-1右图，在商业模式时代，根据T型商业模式，围绕企业产品的交易主体有三个：目标客户、合作伙伴、企业所有者；位于中间的"产品"也升级为企业产品，它由价值主张、产品组合、赢利机制三者构成。如果用一句通俗语言描述商业模式时代的特色，那就是"三个人打造一个好产品"。这里的"三个人"是指目标客户、合作伙伴、企业所有者；"好产品"是指企业产品能够实现价值主张、产品组合、赢利机制三者合一。

对于产品时代，德鲁克说："企业的目的就是创造顾客，为此企业必须具备两个基本职能，即营销与创新。"只看图1-5-1左图，不必深思，就能对德鲁克这个金句一目了然，以文字重新表达就是：企业通过创新打造产品，再通过营销将产品售卖给顾客——产品是产品时代的核心内容。图1-5-1左图下面的虚线表示可持续创造顾客：如果产品好，能够形成顾客复购和口碑传播，产品销量不断增加，那么企业就有实力进一步对产品进行创新。这也形成一个正向增强循环。

关于如何创造顾客，德鲁克在《成果管理》中说："诚信的力量是巨大的……顾客必须被假定是理性的。顾客之所以付钱，为的是购买自我需求的满足感。顾客决定企业产品的价值。顾客的唯一问题是：这对我有什么好处？"

定位理论的"拥趸"或咨询顾问也爱引用德鲁克的金句，他们中有些人这样"点拨"企业经营者：按照德鲁克所说，如何创造顾客？那就是让你的产品或品牌独占消费者的心智。德鲁克都认为"企业的经营成果在企业外部，在内部只有成本"，因此企业就不要在内部搞产品开发及创新了，那些都是增加成本的。坚持搞定位咨询及大量投放广告——操控消费者心智，才是真正的外部经营成果啊！

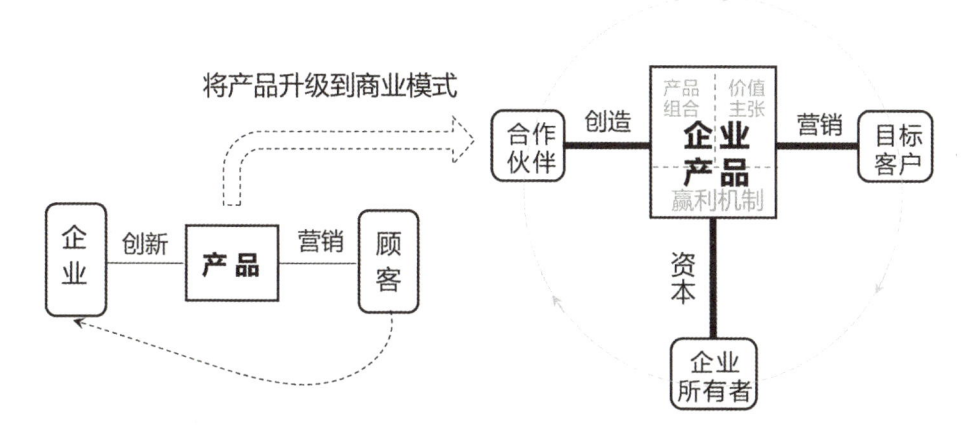

图 1-5-1　产品时代（左图）与商业模式时代（右图）示意图
图表来源：李庆丰，"战略定位"理论

这就像一个饥饿之人吃了一顿大餐，最后用餐巾纸擦了一下嘴，然后说总算吃饱了！定位理论的"拥趸"总不能认为是那张餐巾纸让这个人吃饱了吧？再如，特斯拉系列新能源车销量很好，定位理论的"拥趸"就说，特斯拉的LOGO（商标）设计得好，名字非常棒！这属于视觉锤、语言钉，符合定位理论的要求，因此特斯拉才能成功。难道消费者都是傻子，看到定位理论推崇的视觉锤、语言钉就会乖乖掏腰包吗？上一节曾说，特斯拉的老板马斯克都不喜欢营销，也不喜欢做广告，特斯拉根本不会做什么"心智定位"。特斯拉研发一款新车要投入几十亿美元，每辆车平均研发费用约为1.9万元人民币，这是行业平均值的三倍，不投入这些内部成本，特斯拉能取得成功吗？

包括定位理论在内的"心智定位三剑客"，都属于广告营销领域的经典理论。每个理论都有自己的适用范围，如果超出适用范围，副作用就可能迅速变大。 定位理论诞生在美国，但扎根于中国后，才不断发展壮大起来。总结而言，定位理论在中国有三大流派：

战略定位

（1）定位"原教旨"派。该流派原汁原味地继承特劳特、里斯开创的一系列知识成果，虽有一些创新探索，但基本不偏离定位理论的两个特色原则：①操控消费者心智；②认知大于事实。定位"原教旨"派的核心方法论还是围绕"心智定位三剑客"，追随的定位理论至今仍然只是一种广告营销方法。

（2）竞争定位派。该流派只是认同"心智定位三剑客"演变出来的对立定位、成为第一、占据特性、领导地位、USP定位、形象定位等品牌差异化定位方法，借鉴商战理论、波特的竞争战略、品牌界的新品类理论等，逐渐向战略定位延伸。竞争定位派从关注品牌延伸到关注产品，从操控消费者心智延伸到关注顾客需求及竞争对手。竞争定位派口头上认为自己属于定位理论，但内核上更多属于波特的竞争战略（详见图1-3-1）。

（3）定位信仰派。这个流派的成员由一批新老"热血青年"组成，他们言必称定位，而且喜欢用定位去点评一切。或出于利益考虑，或出于粉丝痴迷，他们就将心智定位看作"定位教"，手里拿着锤子，看什么都是钉子！定位信仰派的典型表现为：如果一家企业经营得好，那就认为是定位理论起作用了；如果一家企业经营得不好，那就认为这家企业的做法不符合定位理论的要求或执行不到位。前文提到的定位理论的"拥趸"基本都属于定位信仰派。

在产品时代，定位理论的影响力很大，尽管有些泥沙俱下、鱼龙混杂的现象，但在实践应用方面做得可谓风生水起。在商业模式时代，互联网、大数据等正在重构消费者主权，消费者正在从"注意力经济"转向以理性消费为导向的"意愿经济"，定位理论将何去何从，是否已有明确的进化及拓展方向？

图1-5-1右图表示商业模式时代的要素框架，它向下兼容左图示意的产品时代的要素框架。从产品时代递进到商业模式时代，"中心-四周"的结构不变，必然继续推导出企业产品是商业模式的核心内容，周

边的交易主体围绕企业产品的三大构成要素布局。在商业模式时代，德鲁克的观点可以进化为：企业的目的就是创造顾客，为此必须具备三个基本职能，即创造、营销、资本。略有差别的是，针对经营体系的动态性与复杂性，以不变应万变，商业模式时代更强调"模式"，在图1-5-2中就以"创造模式、营销模式、资本模式"替代图1-5-1右图的"创造、营销、资本"。

从产品时代递进到商业模式时代，将原来的"创新"更改为"创造"或"创造模式"，是因为后者更加贴近产品组合的开发与构建的需求。增加"资本"或"资本模式"的主要理由是什么？金融支持实业，资本让企业能够更快成长，打开企业的发展空间。简明表达就是，企业所有者可以凭借"资本借能""资本储能""资本赋能"，为企业产品的持续开发及衍生工作做出贡献，促进企业成长与发展（详见图3-9-1及上下文）。

从产品时代递进到商业模式时代，如何可持续创造顾客？将德鲁克的话升级：通过创造、营销、资本三者联动，持续创造顾客。具体而言，源于商业模式理论，战略定位始于客户需求、为了客户需求，通过战略定位、战略增长、竞争优势、核心竞争力、第二曲线创新等持续创造顾客。后续章节将会阐述，通过追求实现企业生命周期各阶段的产品愿景：定位潜优产品、打造拳头产品、造就超级产品、再定位潜优产品Ⅱ，持续地创造顾客；通过促成第一、第二、第三、第四飞轮效应持续创造顾客；通过品牌定位及塑造名优产品更好地创造顾客。顾客是企业生存发展的源泉，是企业的衣食父母。总之，相对于凭借"营销和创新"创造顾客的通用、简约的论断，源于商业模式理论的新竞争战略及战略定位促进"小企业成长为巨无霸"，必然是一个全生命周期不断创造更多顾客的过程。

战略定位

2. 优选资本是资本中的"佼佼者",是战略定位不可或缺的"香饽饽"

图1-5-2共分为A、B、C、D四个部分。A部分等同于图1-5-1的右图,只是A部分更全面、更准确一些,属于T型商业模式最常用的表现形式,叫作T型商业模式定位图或三端定位模型图。B部分是A部分的概要形式,只保留创造模式、营销模式及资本模式构成的"T",被称为T型商业模式概要图。C部分由多个B部分的"T"按照一定规则叠加而成,应用于第4章的T型同构进化模型(详见图4-1-1及上下文),表示扩张期企业产品分形定位及造就超级产品。D部分由两个"T"按照一定规则叠加而成,应用于第5章的联接定位及定位潜优产品Ⅱ,表示转型期第一曲线与第二曲线之间的优选资本继承与共享(详见图5-2-1及上下文)。

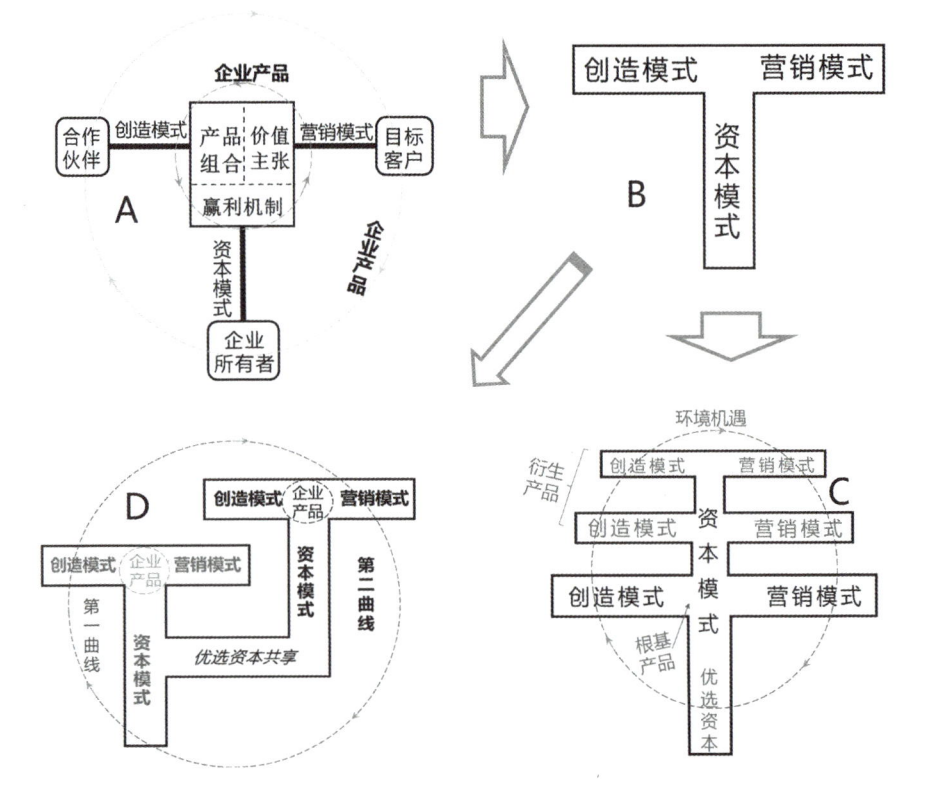

图 1-5-2 T型商业模式定位图、概要图及应用
图表来源:李庆丰,"战略定位"理论

62

第 1 章
战略定位并非"定位",它该讲些什么?

战略定位"四大金刚"竞争定位、三端定位、分形定位、联接定位都会频频提到"优选资本"这个概念,到底什么是优选资本?前文曾说,优选资本可以概括理解为企业的关键资源与能力。如果要具体说明什么是优选资本,那么就要先回答什么是资本。

参考《企业赢利系统》章节6.2的具体阐述,资本是能够提升企业价值的各种资源或能力。优选资本是资本中的"佼佼者",是指特定经营场景下企业需要的关键资源与能力。

企业资本包括货币资本、物质资本、智力资本三大类。

货币资本最好理解,就是企业的各种速动资产。

物质资本主要包括自然资源、设备工具、特有资源等企业拥有或掌控的资源。像石油、煤炭等都属于不可再生的自然资源,此类物质资本可以助力一些公司成长为巨无霸。像特定产区的水果、茶叶、谷物等可再生自然资源,也属于一些公司拥有或垄断的物质资本。对于设备工具这类物质资本,它们本质上属于货币资本和智力资本的物理化衍生物。特有资源是指特殊的地理位置、自然景区、路桥索道、人造景点等,它们可以为其拥有者持续创造价值,所以也属于物质资本。

智力资本主要包括人力资本、组织资本和关系资本三个方面。

人力资本由企业家资本、经理人资本、职员资本、团队资本构成。先行者春兰空调一蹶不振,后来者格力空调成长为世界级龙头;共享单车的先驱ofo小黄车最终变为"先烈",而迟到者哈啰单车顽强地活下来了。包括企业家、经理人在内的经管团队属于企业最重要的智力资本,商业模式或企业产品因他们而与众不同。

组织资本是指当雇员离开公司以后仍留在公司里的可增值的知识资产,它为企业安全、有序、高效运转以及各层级雇员充分发挥才能提供了一个共享支持平台。所谓"铁打的营盘,流水的兵",就是讲组织资本传承、共享的重要性。组织资本主要由组织结构、制度流程、企业文化、知识产权、特许权证、专有技术、数据与算法及其他知识资产构成。

关系资本表现为两大类：第一类是指企业与利益相关方之间建立的价值网络，可以细分为客户资本、合作伙伴资本等，例如我们常说的促销品引流、建立私域流量池等，就是为了增加客户资本；第二类是指利益相关方对企业的形象、商誉和品牌的认知评价，可细分为品牌资本、企业形象、商誉资本等。

货币资本、物质资本、智力资本都属于企业资本。俗话说"同行不同利"，物质资本及货币资本的增值状况，通常依赖于智力资本的水平。可用的各种物质资本、货币资本是企业手中的牌，而智力资本是打牌的水平。在通常情况下，企业应该重点关注如何通过复利效应更好地累积及繁衍可用的智力资本。

企业资本也符合80／20法则——20%的优选资本创造80%的价值。优选资本与战略定位的密切关联表现为：在竞争定位模型中，优选资本是潜优产品的四个决定因素之一；在三端定位模型中，优选资本是驱动第二飞轮效应、累积竞争优势的有生力量；在分形定位中，优选资本是塑造核心竞争力、造就超级产品的决定性因素；在联接定位中，企业通过优选资本共享，减弱第二曲线创新与第一曲线之间的非连续阶梯的负面影响；在品牌定位中，实现各阶段产品愿景是成就名优品牌的重要支撑，品牌资本通常也是最重要的优选资本。

优选资本来自企业现有的物质资本、货币资本、智力资本，属于它们之中的"佼佼者"。不同时期、不同行业、不同发展阶段的企业，优选资本的构成成分有显著不同，甚至大相径庭。例如电子商务行业爆发初期，货币资本、客户资本（流量）是诸多企业的优选资本；轻资产公司进入成长期，优选资本主要是由智力资本构成的；重资产公司进入扩张期，货币资本、物质资本往往是优选资本的"重头戏"。列举一个特定经营场景的例子，2020年初，口罩机及熔喷布等物质资本就成了医疗防护制品企业的优选资本。

无论是创业办公司，还是投资买股票，大家对企业的"护城河"都很重视。企业的"护城河"包括六个主要方面：供给侧的规模经济、需求侧规模经济、品牌、专利或专有技术、政策独享或法定许可、客户转换成本。这些要么属于组织资本，要么属于关系资本，都属于企业的智力资本，通常也是企业的优选资本。

通过技术创新，企业可以定向增加优选资本。例如恩捷股份通过技术创新打破国外技术垄断，成功研发新能源电池用隔膜材料制程的专用设备产线（物质资本），就属于定向增加企业的优选资本。通过技术创新，企业可以获得发明专利，这是增加企业的组织资本；通过技术创新，企业可以提升产品竞争力，这就会增加企业的货币资本或关系资本；通过技术创新，企业培养科技骨干人才，提升企业研发团队的科研实力，这是增加企业的人才资本。以上通过技术创新获得的各项资本，在特定经营场景下，都可以成为企业的优选资本。

优化及丰富企业的优选资本，还可以从能力与资源学派汲取营养。能力与资源学派是能力学派及资源学派的合称，实际上是战略的两大学派。它们属于后起之秀，都不在明茨伯格所说的"战略十大学派"之中。能力学派源于突破波特竞争战略理论的局限性，以普哈核心竞争力（详见第239页）的出现为标志。资源学派打破了经济利润来自垄断的传统经济学思想，认为企业资源与能力的价值性和稀缺性是其经济利润的来源。VRIN[1]模型和VRIO[2]模型是资源学派的代表理论之一。该学派认为，核心能力的形成需要企业不断地积累企业需要的各种战略资源，企业要不断地学习、超越和创新。

资源学派与能力学派的观点非常近似，实质差距并不大。就像太极与八卦是一家，资源学派与能力学派也是一家。资源学派与能力学派打破了"企业黑箱论"，从企业拥有的独特资源、知识和能力的角度揭示

---

[1] VRIN 是 Value（价值）、Rarity（稀缺性）、Inimitability（不可模仿性）和 Non Substitutability（不可替代性）的首字母组合。
[2] VRIO 是 Value（价值）、Rarity（稀缺性）、Inimitability（不可模仿性）和 Organization（组织）的首字母组合。

企业竞争优势的源泉。资源学派与能力学派发展至今都有超过30年的历史了，参与研究的学者数量及发表的论文超过了"战略十大学派"的总和。也许其中有一些成果属于"跟班式"研究——这就像听说有金矿，各地的淘金者就会蜂拥而至，有些学者把企业的资源或能力细化研究到比"头发丝"还细，甚至还在本来不该长"毛发"的地方研究"毛发"的生长情况。

这样做，实践应用及理论成果如何呢？对于资源学派和能力学派给出的繁多理论观点，企业界如何应用呢？许多战略学者也承认，能力学派及资源学派都尚不成体系，叙述纯文字化，对于什么是独特资源、核心能力或核心竞争力等，尚未形成统一的概念。笔者认为，能力与资源学派的主要问题是缺乏工程化思维和产品化思维，远离企业经营实践应用。除了若干学者有开创性贡献外，众多"跟班式"研究者最终搞了一堆又一堆的所谓"知识点"堆砌在一起。笔者建议，可将对企业能力与资源的研究转向优选资本，然后应用于战略定位、新竞争战略等，这样更加接近企业经营实践。

3.战略定位的普遍性与特殊性

图1-5-3给出了战略定位"四大金刚"竞争定位、三端定位、分形定位、联接定位与企业生命周期阶段的对应关系。这一方面大致概括了企业成长发展过程中战略定位随之而变、跨越非连续阶梯的一般规律，另一方面也便于对战略定位理论进行结构化阐述。但联系实践来说，三端定位也部分适合企业创立期、扩张期及转型期。推而广之，竞争定位、分形定位、联接定位亦是如此，如图中相互连接的虚线所示。

实际上，由于企业经营的多样性及面对环境的不确定性等，现实中企业的战略定位和路径往往有些变异或独具特色。例如有些企业在创立期或成长期就开始转型，不断转换行业，一直在寻找潜优产品或难以打造拳头产品，长期处在"创业"之中。还有一些企业，像可口可乐、茅台等消费行业公司，企业产品的生命周期特别长，企业的扩张期就特别长。还有像字节跳动、SHEIN、滴滴等公司，创立期及成长期特别短，在流量及资本推动下迅速进入扩张期，很快就有了自己的拳头产品或超级产品。

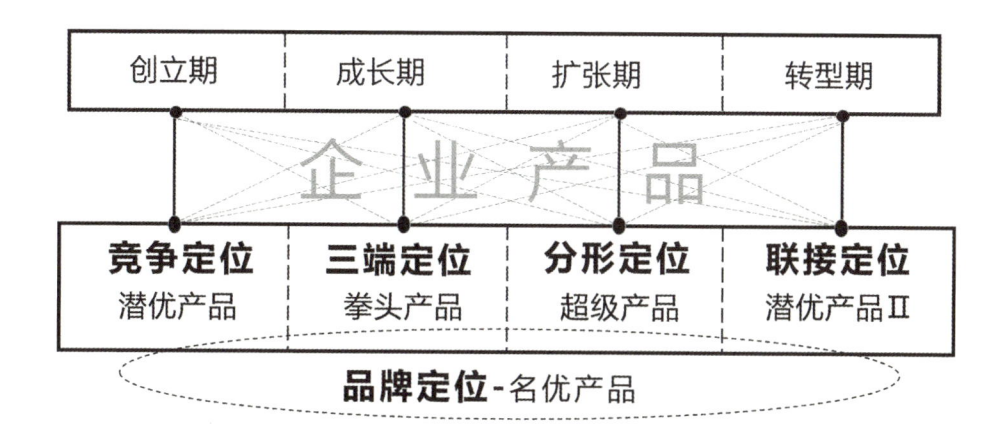

创立期	成长期	扩张期	转型期
竞争定位 潜优产品	**三端定位** 拳头产品	**分形定位** 超级产品	**联接定位** 潜优产品Ⅱ

品牌定位-名优产品

图1-5-3 战略定位"四大金刚"与企业生命周期阶段对应关系示意图
图表来源：李庆丰，"战略定位"理论

这有点像我们每个人从小到大接受教育、学习成长的路径。大多数人按照幼儿园、小学、中学、大学的顺序接受教育。但总有人与众不同，例如作家莫言小学没有毕业就去从事农业劳动，后来主要依靠自学，成为首位中国籍诺贝尔文学奖获得者。中国台湾漫画家蔡志忠在4岁半时就明确了自己的人生定位，15岁从中学辍学，开始成为职业漫画家。

战略定位只是新竞争战略理论的一个重要分支。根据新竞争战略，战略定位属于重要的战略主题之一（战略增长、塑造核心竞争力、第二曲线创新等也是重要的战略主题），助力企业达成各个发展阶段的产品愿景。在实践中，潜优产品、拳头产品、超级产品、潜优产品Ⅱ并不是与企业生命周期阶段严格对应的。例如企业在扩张期，围绕打造超级产品，会不断衍生潜优产品、拳头产品等。

战略定位给企业指明发展方向、创建导航系统、规划前行路径。 竞争定位属于战略定位的排头兵，重点在指明发展方向，选择"赛道"，找到企业立足的"风水宝地"，以支撑经管团队及企业家干一番轰轰烈烈的伟大事业。各个发展阶段的定位平台、产品愿景等可以看作协助战略定位创建导航系统、规划前行路径的相关内容。

在战略定位的"四大金刚"中，竞争定位尤其重要。战略规划、年度战略计划、新产品开发论证都要从行业趋势、客户需求、竞争阻力、优选资本这竞争定位模型的四个方面进行综合评判，对行业及市场、客户需求、竞争策略、企业资源能力等相关内容进行初步定位。企业一旦找到了立足、发展的"风水宝地"，战略定位也就基本固定下来，并逐步转化、升级为企业产品、商业模式、企业赢利系统等相关定位（详见章节7.4）。

在后续发展过程中，如果没有出现撼动企业生存的相关因素及"黑天鹅"，那么企业立足的"风水宝地"就会相对保持稳定。如果"风水宝地"出现了严重问题，那么在衰退期来临之前，企业就要再用竞争定位找到解决方案、勇于开辟第二曲线。

第 2 章
竞争定位：找到"风水宝地"，定位潜优产品

本章导读

现在创业项目特别多，创业项目的成功率有多少呢？80%以上都是失败的，实现IPO的可能性不超过万分之一。像柔宇科技、每日优鲜、ofo小黄车等被知名投资机构一眼看中，"烧钱"几十亿元甚至上百亿元后不了了之的创业项目也不在少数。

众多指导创业的理论陆陆续续被提出，像三大通用战略、蓝海战略、精益创业、产品思维等，我们称其为指导创业的下游理论。它们如同大河大江的下游岔流上的一道道小水闸，应对干流上汹涌而来此起彼伏的创业洪流，当然无济于事。如何控制创业风险，降低创业失败率？负责任的态度就是双管齐下，在创业上游的主河道上再设置一个"总水闸"——竞争定位理论，它是指导创业的上游理论。

竞争定位就是为创业项目发现一块"风水宝地"，在上面定位一个潜优产品。具体而言，这要用到竞争定位模型，并遵循这样一个公式：潜优产品=客户需求+行业趋势+优选资本−竞争阻力。

2.1 永青仪电：引领创新，开辟一片新天地

> **重点提示**
>
> ※ 跟随式创新与引领式创新有何显著不同？
>
> ※ 开发潜优产品与具体的新产品开发工作有哪些异同？
>
> ※ 拥有一个潜优产品，对企业未来发展有什么好处？

贵阳永青仪电科技有限公司（以下简称"永青仪电"）的前身是贵阳永青示波器厂，是在1966年上海电表厂内迁至贵阳的部分车间的基础上创立的，是一家地地道道的国有企业。贵阳永青示波器厂创立时的主要产品为光线示波器、有纸记录仪等，在当时应该属于有技术含量的高端产品。在处于计划经济时代的那些年，企业的产品也不愁卖——按照计划调拨到全国有相关需求的科研院所、高校及重点厂矿企业，企业生产多少就能销售多少。那时的科技进步速度不快，产品更新换代速度也慢，因此毫不夸张地说，企业开发一个新产品可以卖上几十年，依靠一个老产品，企业就可以一直滋润地活着。

在市场经济的环境下，从20世纪90年代初开始，贵阳永青示波器厂的经营状况变得日益艰难，几度濒临破产。企业也一直在寻求转型，但是转转停停，很难找到突破之道。到2001年，计划经济转向市场经济快20年了，贵阳永青示波器厂的主营产品依旧以光线示波器、有纸记录仪为主，年产值不足1 000万元。进入21世纪，面临着新的竞争形势，仅有这点产值的企业还怎么能经营下去？在职员工700多人，还要承担500多名退休职工的各种费用，企业的包袱实在太重了！

就在这一年，32岁的杨正权被选拔为贵阳永青示波器厂厂长。他一上任，就要面对企业资不抵债的经营压力，每月设法找钱为大伙开工

资，在人心惶惶时还要设法稳住人心。示波器这些"老古董"产品早过时了，自古华山一条道，有产品才能有出路！因此，企业必须转型。向哪个方向转型呢？杨正权与干部群众一起探讨、调研，经过两年摸索后发现，随着大型工程、城市基建及房地产开发业务逐渐繁荣，生产挖掘机等工程机械的行业正在进入蓬勃发展的阶段。恰好，同城有一家轮式挖掘机厂业务发展很快，希望贵阳永青示波器厂能够承接更多操作台指示仪表的订单。

无论是"踏破铁鞋无觅处"，还是"近水楼台先得月"，正值当年、不愿服输的新任厂长杨正权没有任何退路，只能克服各种艰难险阻，设法带领企业寻找前进的方向。当时，他与广大干部群众心中的想法也非常一致：第一，坚持让企业活下去；第二，寻求经营上的重大突破。时不我待！他们从零星的挖掘机操作台指示仪表开始做起，逐渐拓展到诸多工程机械设备的成套显示仪表、电气控制器等关键零部件。

哲学家尼采说："一切美好的事物都是曲折地接近自己的目标，一切笔直的状况都是不真实的。所有真理都是弯曲的，时间本身就是周而复始的。"在转型进入工程机械配套仪表、控制器等相关产品的道路上，贵阳永青示波器厂的经营情况不是一帆风顺的。在2003年启动第一次转型后，由于关键材料被国外"卡脖子"，国内供应商的替代品又出现严重质量问题，贵阳永青示波器厂在坚持两年后最终转型失败。2006年，贵阳永青示波器厂从跌倒处爬起来，重新选择供应商，对标国际先进技术方案，开发液晶监控器和高端控制器。由于产品质量相对优异、性价比高，在中低端应用领域能够替代进口产品，贵阳永青示波器厂的产品先后获得国内多家知名工程机械厂商的认可，企业经营状况逐渐好转起来。2008年，企业带头人杨正权就提出将企业打造为"专精特新"企业。2009年，按照《中华人民共和国公司法》有关规定，贵阳永青示波器厂变更为贵阳永青仪电科技有限公司。企业依旧是100%国资控股，杨正权从原来的厂长变更为永青仪电的董事长。从2012年到2015年，挫折和磨难又一次降临永青仪电。由于工程机械行业出现周期性需求下滑，永青仪电的主营产品的销售情况受到灾难性打击，营业收入骤降85%，业务发展濒临绝境。

2016年，企业领军者杨正权带领大家从跌倒处再次爬起来，在工程机械行业启动面向高端仪表及控制器系统级产品的第二次创业。2021年6月，笔者所在投资机构众合创投与其他四家投资机构、员工持股平台共同向永青仪电增资1.56亿元，希望助力它早日在资本市场实现IPO，以亮丽的业绩迎来更宏大的发展空间。

从将企业产品的更新与进化上升到战略定位的观点看，自2001年以来，永青仪电大致经历了两个发展阶段：跟随式创新阶段和引领式创新阶段。2015年之前的10多年，永青仪电处于跟随式创新阶段。在此阶段，得益于需求拉动及高性价比驱动，通过对中低端产品"进口替代"，永青仪电的产品成功进入工程机械行业，但是完全自主创新的产品较少，大部分产品是跟随式创新，照葫芦画瓢搞产品创新，知其然而不知其所以然。从永青仪电经历的多次经营挫折可以看出，企业产品困囿于跟随式创新，并不能让企业可持续发展。这也是绝大多数中小企业做不大、大型企业做不强的主要原因。

2016年以来，永青仪电启动二次创业，标志着企业进入引领式创新阶段。在这个阶段的起步期，永青仪电就聚焦定位于开发一个有潜力的好产品——从战略定位的角度，可称为"潜优产品"。潜优产品就是潜在的优异产品，是能够引导企业未来成长与发展的潜力产品。竞争定位模型的四个要素构成一个与现实世界相互映射的四维时空，其中客户需求、优选资本、竞争阻力可看作空间维度的三个要素，它们分别代表目标客户、企业自身、竞争者三方的力量；行业趋势可看作时间维度的要素，企业能够"成为时间的朋友"，就会在时间维度上领先及建立防御壁垒，见图2-1-1。

潜优产品从"客户需求、行业趋势、优选资本、竞争阻力"四个要素推导得出，可用公式表示：潜优产品=客户需求+行业趋势+优选资本-竞争阻力。从企业战略的高度看，潜优产品代表着对将要进入的商业世界四维时空进行简约后的"浓缩物"。在未来的企业生命周期阶段，潜优产品将会逐步释放它含有的"效益能量"。追溯起来，几乎所有优秀的公司，在创立期都有一个潜优产品。这个潜优产品对目标客户一定要具有卓越的价值，企业才能在此基础上打造更多拳头产品，形成超级产品，促进企业持续成长与发展。

在后续的引领式创新阶段，结合永青仪电的案例来看，它定位及选择的潜优产品是"幕后"操控工程机械的电气控制系统。像挖掘机、装载机等工程机械都属于作业机械，它们要进行诸多复杂多变的作业运动，需要一个控制中心（中央控制器）进行统筹控制，需要传感器、监控屏幕等各类终端，需要特殊的线缆让往复的电信号在中央控制器和各类终端之间传输。中央控制器、特殊线缆、各类终端等，它们共同构成工程机械的电气控制系统（简称电控系统）。

挖掘机、装载机等工程机械，通常重载作业，运动复杂多变，所处工况环境比较恶劣，所以与之配套的电控系统是一个真正的高科技产品。该电控系统由诸多嵌入式硬件、软件及优化算法组成，其背后要有一个不断适应目标客户创新需求的开放式技术平台。根据图2-1-1所示的竞争定位模型，我们下面从竞争阻力、行业趋势、优选资本、客户需求四个要素出发，考察永青仪电是如何成功定位这个潜优产品的。

首先，如何克服竞争阻力？在永青仪电进入中高端电控系统之前，这个领域长期被博世力士乐、川崎重工等国际厂商把控。永青仪电认识到，要在此领域实现"进口替代"，必须在以下三个方面同时用力：①技术水平及科研实力尽快达到国际一流厂商的同等水平；②敏捷开发及响应客户个性化需求的能力，一定要超越国内外相关厂商；③同等质量下的产品综合成本，要低于国际厂商50%以上。

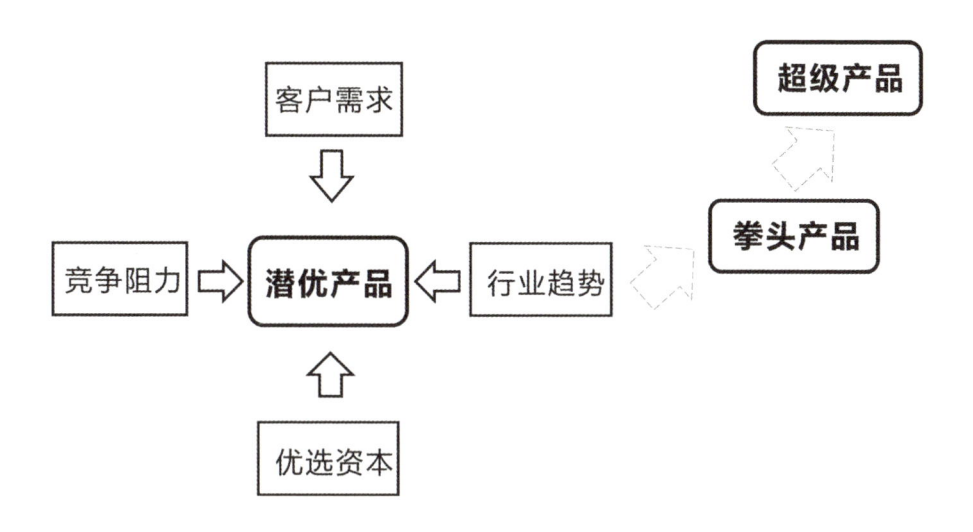

图 2-1-1　竞争定位模型及潜优产品的升级
图表来源：李庆丰，"战略定位"理论

其次，如何把握行业趋势？永青仪电的目标客户所在的工程机械领域，未来的一条技术升级路线是向自动化、联网化及智能化方向发展，另一条技术升级路线是向节能化、电动化及定制化方向发展。除了中国经济持续繁荣带来的行业高速增长，中国工程机械厂商将加大出海力度，从台套数量测算，国际市场占有率将会超过50%，可能会达到70%。这个行业的天花板很高，有周期性波动，高端产品毛利率较高……正确把握行业发展趋势，才能建立先进及适应性强的产品开发平台。

再次，如何配置优选资本？永青仪电除了争取国资股东方给予最大力度货币资金支持外，企业"一把手"的战略布局能力在物质资本、智力资本方面更为突显。董事长杨正权带领企业管理层多次论证、果断决策，于2016年投资2 000万元建设国际一流的实验检测中心，建立具有一流设施的企业研发中心和对标国际先进精益制造水平的自动化生产线，与国内及国际领先的供应商建立战略合作关系。在引进人才方面，永青仪电管理层更是不遗余力地招揽有用之才，共同构建容错、包容的创新与研发文化。对于关键人才，领导者杨正权更是"三顾茅庐"，一个一个恳谈……基于这样的勤勉作风及求贤若渴的态度，永青仪电很快就建立起一支由130多名各类人才组成的配套齐全的高精尖研发队伍；企业自主知识产权数量增多，质量也随之飞速提升；拥有先进理念、领先开发架构、汇聚高水平技术及资源的产品开发平台也随之建立起来。

最后，如何以客户需求为中心？对于定位及选择潜优产品来说，客户需求具有"一票否决权"。永青仪电的管理层意识到，对竞争阻力、行业趋势、优选资本等要素的考虑最终都要落实到客户需求层面，然后才能打造出客户争相购买的好产品。 当然，为了把握客户需求，企业要到客户中去，让客户参与潜优产品的定位及开发工作。在产品项目启动之初，永青仪电的研发团队就深入到柳工集团等重点客户的工作现场，基于应用场景进行定制化开发，并从众多定制化需求中提炼具有共性的嵌入式硬件、软件及优化算法的组合平台，从而最大化共享智力资本。企业各级领导者常年奔波在市场一线，从产品战略层面将客户需求转变为对潜优产品的持续更新、迭代。

潜优产品能否引领企业战略定位，并充当企业战略规划向前推进的先锋官，先要看它能否转变为企业的拳头产品。拳头产品是指在市场上有影响力、用户众多的标杆性企业产品，它们能够撑起企业成长的一片天。从潜优产品转变为拳头产品，好像一个有志少年终于成长为栋梁之材。潜优产品拥有的卓越价值假设，将会在拳头产品上兑现。通过发现及定位潜优产品，进入引领式创新发展阶段，永青仪电的电控系统产品很快就获得柳工、徐工、三一、龙工、雷沃、中联、山推等国内主流工程机械厂商的高度认可，后续也获得沃尔沃、卡特彼勒、神钢建机等国际一流工程机械公司的高度认可。从2019年开始，永青仪电步入快速成长期。凭借定位的潜优产品及打造客户高度认可的拳头产品——工程机械电控系统，永青仪电正在成长为拥有自主知识产权及技术开发平台、能够不断适应客户创新需求的行业引领者。

从企业战略规划的角度讲，通过竞争定位模型为企业定位一个潜优产品，属于精益创业、IPD（Integrated Product Development，集成产品开发）、产品经理及产品思维等理论的上游理论，发挥着前置论证与筛选、判断的功能和作用，由此可以减少创业及新产品开发的盲目性，降低随机试错的概率。竞争定位模型适用于寻找创业方向、企业开发新产品、第二曲线创新、产品战略调整或拓展新业务。它可以准确定位一个潜优产品，以潜优产品引领企业战略定位；它可以为企业找到一块"风水宝地"，开辟一片大有发展前景的新天地。

2.2 面对竞争阻力，是"硬碰硬"，还是绕过去？

> **重点提示**
>
> ※ 进入一个新行业，小企业如何应对竞争及突破大企业的防线？
>
> ※ 集中化战略有哪四个子战略？
>
> ※ 为什么品类分化在消费品相关行业应用更广泛？

与通常的产品思维有所不同，竞争定位模型通过准确定位一个潜优产品，为企业找到一块"风水宝地"，开辟一片新天地。

开辟一片新天地，企业将会遭遇哪些竞争阻力？按照波特五力竞争模型，行业结构中有同业竞争者、潜在进入者、替代品竞争者、顾客、供应商五种竞争力量。它们犹如五道厚厚的、强大的防护墙，将希望进入其中的新创业者挡在千里之外。自20世纪80年代迈克尔·波特所著的《竞争战略》《竞争优势》出版以来，中外学界研究及讨论市场竞争及竞争阻力相关主题的论文和书籍浩瀚繁多、不胜枚举。

适当避开这些重复性研究及讨论，在竞争定位中，我们更关心如何瓦解上述五种竞争力量。其实，我们可以对它们分而治之，逐个击破！首先，如果企业产品足够好，顾客就是一种合作力量，还会帮企业进行口碑传播；供应商并不稀缺，如果与企业合作大有前途，其就是重要的合作力量。其次，如果企业产品技术先进、迭代速度快，替代品竞争者和潜在进入者都可能不再是令人担忧的竞争力量。最后，我们要重点关注同业竞争者。同业竞争者有在位优势，就像山坡上已经长满了树，你再去植树就难以找到合适的位置。同业竞争者有沿着时间维度积累的经营优势，客户关系广泛，产品成熟度高，就像山坡上都是很大很高的树，你新种下一棵小树苗是很难成长起来的。

创业难，守业更难！新生力量总是不可阻挡的。见图2-2-1，迄今为止战略学者及实践派专家给出了两套突围路径：其一，采用波特三大通用战略，以成本领先、差异化、集中化的产品创新策略，与同业竞争者正面对抗，突破防线，从而开辟自己的新天地；其二，采用像颠覆性创新、品类分化、蓝海战略等新品类战略，绕过同业竞争者，开辟自己的新天地。除此之外，还有技术创新、商业模式创新等相关方法论，它们对以上两套突围路径都适用，可以看作是基础性支持手段。在实践中，两套突围路径之间并不是相互排斥、非黑即白的，而是有主有次，常常被组合起来使用的。例如三大通用战略中的差异化战略与新品类战略之间的界限通常是模糊的，差异化战略到一定程度就是新品类战略，或者说新品类战略属于更彻底的差异化战略。企业在采用新品类战略时，可以辅助采用成本领先、差异化、集中化三者之一或它们的组合。

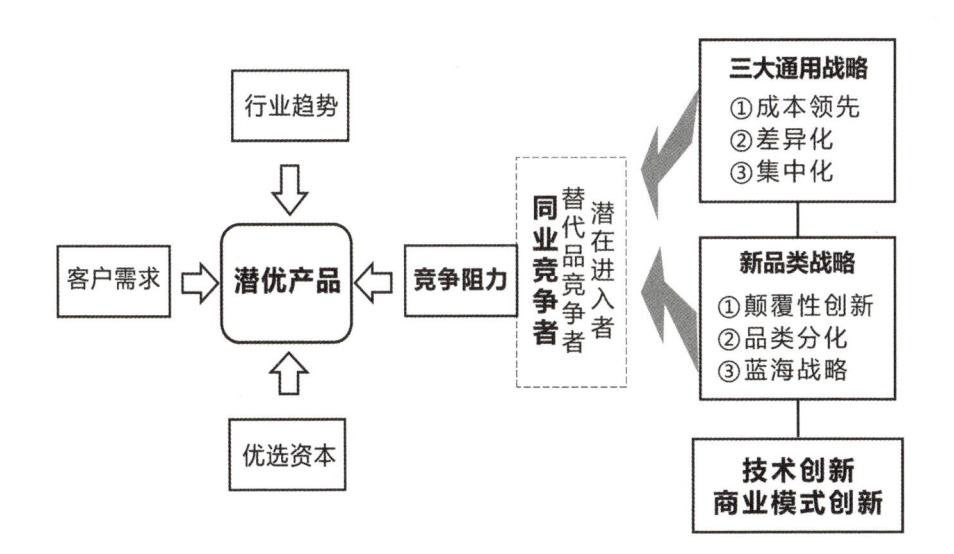

图 2-2-1　突破竞争阻力定位潜优产品的战略方法
图表来源：李庆丰，"战略定位"理论

战略定位

1.三大通用战略

波特既提出了五力竞争模型，又提出了三大通用战略，前者是行业竞争结构中客观存在的情况，后者是企业突破竞争对手防线及自我防御的战略手段。

（1）成本领先战略。在与竞争对手展开较量的过程中，如果企业的成本低或者"成本领先"，就意味着企业可以以更低的价格销售产品，就算自己的产品利润不高，也能有一定的回报，而竞争对手顶不住价格竞争，就会将市场拱手相让。初创小企业在采用成本领先战略对处于市场领先地位的大企业发起价格战的时候，通常依靠技术创新或商业模式创新，追求出奇制胜、快速占领市场。例如利用MIM新工艺替代传统制造工艺，可以将卡托、摄像头支架等手机零部件的成本降低50%左右。凭此战略性降低成本领先的创新技术，统联精密在创立五年后，就成长为一家科创板上市公司。滴滴进入网约车市场时，优步、易到已经是这个市场的霸主了。作为后来者，滴滴通过优化及创新商业模式，依靠股权融资实施成本领先战略（对乘客、司机持续低价补贴），后来者居上并迅速成为这个市场的龙头。像滴滴那样，现在成本领先战略已经"变异"出很多新"玩法"：可以借助风险投资，先以低价或免费开拓市场，然后设法提价或丰富产品组合实现盈利；可以搞几个产品组合在一起，让其中一个产品扮演低价（或免费）吸引流量的角色，最终依靠其余产品盈利。

（2）差异化战略。让目标客户感受到企业产品具有"并非低价"的与众不同之处，并且该与众不同之处能够吸引他们踊跃购买或使用企业产品，这就是差异化战略的主要内容。例如农夫山泉在创立期，以"农夫山泉有点甜"的广告语让消费者感受到农夫山泉饮用水的与众不同之处，而后农夫山泉饮用水的销量迅速超越行业内其他饮用水品牌。海尔洗衣机依靠"七心服务"的差异化特色，连续13年稳居全球产销量第一。vivo、OPPO手机依靠自身"颜值"及拍出高"颜值"照片的强大拍摄功能，敢于同国际巨头展开竞争，成功跻身智能手机行业全球厂商前列。从理论上说，让产品差异化的方法是无穷无尽的。新进入的企业可以从技术创新、材料构成、花样颜色、性能特色、分期付款、售后服务、广告认知、经销直销等诸多层面，让目标客户感受到企业产品具有"并非低价"的与众不同之处。

（3）集中化战略。对于这类战略，更流行的说法是聚集化战略或简称"聚焦"——可以聚焦到更少的产品，也可以聚焦到一个细分市场，然后在聚焦的前提下，实施成本领先战略或差异化战略。将以上分类两两组合，就形成Ⅰ、Ⅱ、Ⅲ、Ⅳ四个子战略，构成一个集中化战略分析矩阵，如图2-2-2所示。

Ⅰ表示"产品聚焦+成本领先"。A股有家上市公司叫作桐昆股份，从创立至今专注于涤纶产品，2021年净利润超过73亿元。该企业通过技术创新、产业链整合等，尽一切努力降低涤纶的生产成本。

Ⅱ表示"产品聚焦+差异化"。昆明有个茶饮品牌麒麟大口茶，专注于柠檬茶，一年卖出近50万杯，口号是"一生只做一杯茶"。它以云南本地特有的青柠鲜果，搭配云南高山金毛尖鲜茶，再以传统手工制作出来的冰糖为引……从食材到工艺，再到包装、服务、店面设计，处处体现出与众不同之处，已经步入独具匠心的境界。

Ⅲ表示"市场聚焦+成本领先"。2010年刚创立时，小米手机的口号是"小米为'发烧'而生"，通过优化供应链、大批量订货及网络销售，实现战略性成本降低，而市场聚焦到比较在乎价格的发烧友。市场聚焦包括目标客户细分聚焦和地域细分聚焦。很显然，小米手机将市场聚焦到发烧友属于前者。

战略定位

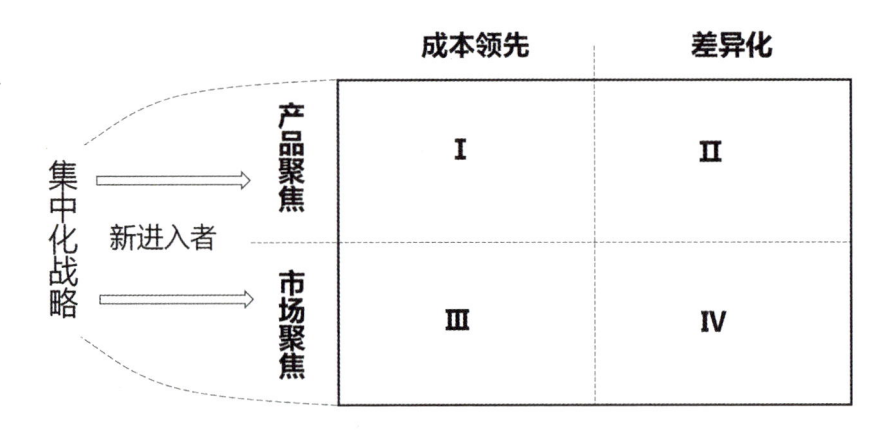

图 2-2-2　集中化战略分析矩阵
图表来源：李庆丰，"战略定位"理论

Ⅳ表示"市场聚焦+差异化"。地素时尚创立于2002年，2018年在A股上市，是实施"市场聚焦+差异化"战略定位的成功案例之一。地素时尚的主营业务是中高端时尚女装，这属于市场聚焦；时尚女装必须紧跟潮流和时代，款式、颜色及材料等都需要不断创新，这属于差异化。

小企业有大理想，欲成长为巨无霸，在初期开发潜优产品时，应该首选集中化战略定位。如上分析，Ⅰ与Ⅱ战略适合从技术创新起步的企业，让产品具备成本领先或差异化优势，达成开发潜优产品的目标。长期坚持两种战略之一，小企业有可能成长为"隐形冠军"。Ⅲ和Ⅳ战略更适合擅长商业模式创新的创业者，通过关注目标市场人群，聚焦于经营客户流量，辅之以技术创新，开发潜优产品，然后不断丰富产品组合，让小企业成长为巨无霸。

在以上的论述中，我们将五力竞争模型简化，只考虑同业竞争者一个竞争阻力。实际上，初创企业在进入一个新行业时，增加考察潜在进入者、替代品竞争者、顾客、供应商四个竞争力量，有助于初创企业看清这个行业是否具有吸引力、市场空间多大、顾客有无支付能力、竞争强度如何、技术厚度如何、差异化深度如何……所有这些，都有助于初创企业选择行业、设计商业模式、开发潜优产品。

2.新品类战略

与实施三大通用战略，针对现有赛道的竞争者"硬碰硬"不同，新品类战略指导企业开辟一个新赛道——创立一个新品类，从而绕过现有竞争者或替代现有竞争者。

通常哪些方向或渠道有助于我们创立一个新品类呢？基于科技进步与技术创新，很多新品类会涌现出来，例如智能穿戴设备、3D打印机、服务机器人等。商业模式创新也会促进新品类产生，例如网约车、融资租赁、直播带货、共享办公等。对母品类实施品类分化，可以裂变出新品类，例如脑白金从褪黑素分化而来，换个品牌名称后售价就可以提高几十倍；一些厂商将铜锣烧从蛋糕品类中分化出来，打造了一个新品类。深度实施三大通用战略，也会开辟出新品类，例如通过深度实施成本领先战略，星级豪华酒店就分化出经济型连锁酒店；车企对皮卡、货车深度实施差异化战略，皮卡、货车就分化出SUV乘用车；通过深度实施聚焦化战略，徕卡镜头似乎已经是一个新品类了。

图2-2-1列出了颠覆性创新、品类分化、蓝海战略等开创新品类的战略方法。其中蓝海战略在笔者此前创作的几本书中已有比较详细的介绍。下面简要介绍颠覆性创新、品类分化在开创新品类方面的应用。

（1）基于克莱顿·克里斯坦森提出的颠覆性创新理论，颠覆性创新主要有两类：第一类是以颠覆性产品开辟一片新的市场，即所谓的新市场颠覆，例如当太空旅游的价格降低到"中产"、白领都可以负担之时，一大片新市场就会被开辟出来，这属于新市场颠覆。第二类是给现有产品提供一个更简单、方便或好用的替代品——被称作低端颠覆性创新，像数码相机替代胶片相机、微信替代短信、网约车替代出租车等。这两类颠覆性创新，相比原有市场或产品，都可以被视为开创一个新品类。当然，对于第二类颠覆性创新，"新品类颠覆性创新"比原来"低端颠覆性创新"的叫法更准确一些。颠覆性创新理论给新进入者的启示是：从新市场颠覆、新品类颠覆性创新中二选一，开发自己的潜优产品。

（2）品类分化也是开发潜优产品的一个重要渠道。什么是品类分化？即对母品类进行深度差异化区分，分离出具备"认知隔离"的子品类。例如从咖啡中分化出胶囊咖啡、速溶咖啡、冷萃咖啡等诸多新品类。品类分化理论的形成及发展，离不开一些品牌专家及定位理论学者、实践者做出的重要贡献。例如品牌学者戴维·阿克提出品牌相关性理论：创建一个新的品类或子品类，让自己的品牌和该品类建立足够强的相关性，使自己的品牌成为顾客在购买时唯一考虑的选项。企业就可以在竞争对手进入市场之前，充分享受"无敌"的市场竞争状态，获得由此带来的巨大收益。如何通过品类分化创建一个新品类？大家可以参考《品牌相关性：将对手排除在竞争之外》《品类战略》《升级定位》《七寸竞争战略》等书籍。

通过三大通用战略或新品类战略，新进入者开发潜优产品，都会涉及技术创新和商业模式创新。常有人讨论"技术创新与商业模式创新哪个更重要"。为表达方便，本文也遵循了这个约定俗成的说法，将技术创新与商业模式创新区分开来，创新要么属于技术创新，要么属于商业模式创新。但是，按照T型商业模式理论，商业模式有一个通用结构，其核心内容是企业产品。技术创新通常会改变企业产品，所以也属于商业模式创新。

一般来说，创业就是设计一个商业模式，然后执行这个商业模式。设计商业模式的入手点——确立战略定位的起点，就是对企业产品进行竞争定位。本书把它具体化为竞争定位及选择一个潜优产品。根据竞争定位模型的公式"潜优产品=客户需求+行业趋势+优选资本-竞争阻力"，本节重点讨论：从克服竞争阻力的角度出发，能够给定位潜优产品带来哪些思路及方法论。随后的章节2.3、2.4、2.5将从行业趋势、优选资本、客户需求等要素出发，分别阐述它们为定位潜优产品提供的一些思路及方法论。最后，我们将这四个要素协同整合在一起，就能够获得定位潜优产品的总体思路及方法论了。

2.3 如何抓住行业趋势的"牛鼻子"？

重点提示

※ 从"慢就是快"的角度，比较A股上市公司探路者与牧高笛的战略定位。

※ 为什么要将潜优产品代入行业趋势分析中？

※ 为什么说本节中的行业供需分析抓住了行业趋势研究的"牛鼻子"？

常有人说，选择比努力更重要。你错过了微博、错过了微信，不能再错过短视频及直播带货了！润米咨询创始人刘润认为，在时代变革期，最重要的是对趋势的把握。他总结了四大趋势红利——流量红利、社交红利、创新红利、全脑红利，分别对应渠道、营销、产品和组织领域的创新。

刘润举例说：在2013年到2014年，微信用户迅猛增长。在那段时间，你随便做一个微信公众号，就可以有很多粉丝。那段时间就是微信的红利期：用户已改变，而商家还没有改变。罗辑思维、吴晓波频道等先入者，都享受到了这个红利。他们与"荒芜"竞争而获得优势。今天，微信的红利已经被先入者吃完，就算你比罗振宇、吴晓波有才华100倍，也很难超过他们了，因为你是在与"充沛"竞争……

刘润的观点有些道理，把握行业趋势，及早介入某个领域，就可以更充分地享受趋势红利。在经济发展大潮中，世界从不缺机会或风口。错过微博、微信、短视频、直播带货等这些趋势红利，机会损失也不会太大！碳中和、人工智能、元宇宙、新基建、预制菜、精致露营、美颜塑身……可以说，每年都会涌现诸多新的行业机会或创业风口。机会总是留给有准备的人，"炒作"机会的那些人都准备好了吗？

战略定位

2022年春夏之交，各地新冠疫情反复冲击，露营经济火了起来！有数据为证：在小红书上，2022年五一期间"露营"相关搜索量同比增长746%，露营热度呈加速提升态势。同程旅行大数据显示，2022年五一假期，露营市场持续升温，"露营"相关旅游搜索热度环比增长117%。

露营经济火了，但有着"露营鼻祖"之称的探路者却没能享受这波趋势红利。探路者创立于20世纪90年代，逐渐形成户外服装、户外鞋品和户外装备三条业务线，几乎全面覆盖户外露营产品！2009年，探路者成为创业板首批上市公司之一，之后一路品牌宣传、实施多元化战略及频繁资本运作，六年股价上涨了六倍。如此融资、运作及大搞品牌形象，却不去开发潜优产品，探路者没有拳头产品，更没有超级产品。探路者没能将先行者的趋势红利转化为实实在在的市场销售额。2017年和2018年，探路者营业收入持续低迷，分别亏损8 485.38万元、1.81亿元，它走到了退市边缘。

与探路者相比，牧高笛属于户外露营行业的后来者。自创立以来，牧高笛没有像其他公司那样，遇上行业风口，就不分主次搞一大堆各式各样全面覆盖的产品，而是坚持"露营专业主义"的理念，从定位一个潜优产品"露营帐篷"开始。2017年，牧高笛在A股上市，经营业绩一直比较稳定。至今，牧高笛的露营帐篷已经是公司的拳头产品，通过迪卡侬等户外产品渠道商、品牌商，销往世界很多国家和地区。2021年，牧高笛露营帐篷的销量猛增至221万件，其中适用于精致露营的帐篷价格超过3 000元，正在与Snow Peak（雪峰）等国际高端品牌展开竞争。**口口声声说要坚持的长期主义，应该先落实到战略定位。企业战略定位的主要内容是构建企业产品成长与进化的路线图。**从潜优产品到拳头产品，能够让一家企业在行业中生根，然后企业就有机会将拳头产品跃迁为超级产品，同时具备繁衍能力，促进企业实现核心竞争力扩张。依靠"一顶帐篷"的成长与进化，牧高笛的企业产品正在实现从"露营帐篷"到"户外用品"再到"户外生活方式"的转变，企业的成长空间也在随之打开，产品生态系统也呈现欣欣向荣的有利局面。

虽然趋势红利很重要，但是初创企业、企业转型再创业、大型企业拓展新业务，要先开发一个潜优产品，否则没有产品承接，再多趋势红利也只是路过一下，然后就流到别人的领地或漫山遍野地散落了。在公式"潜优产品=客户需求+行业趋势+优选资本−竞争阻力"中，企业可以从客户需求、行业趋势、优选资本、竞争阻力中的任何一个要素出发，探讨开发潜优产品的思路和方法论，但是最后必须将这四个要素整合在一起，每一个要素都不能少，每一个要素都要达标！

承接上一节对如何克服竞争阻力的相关阐述，本节从行业趋势出发，继续探讨开发潜优产品的思路和方法论。所谓把握行业趋势，正统的说法是"行业研究"或"行业分析"。需要说明的是，社会上有形形色色的行业研究和分析报告，各家机构的目的不同甚至暗藏玄机，所以只能作为参考资料，绝不可代替我们自己对行业趋势进行深入研究和思考。如图2-3-1所示，企业以开发潜优产品为目的，进行行业研究时，一定要"代入"，让自己产生"代入感"。所谓代入感，就是我们心中预先要有一个潜优产品的假设。例如你要创业，做一个露营用的充电宝产品，在进行行业研究时就要把这个产品代入宏观环境分析、行业供需分析、赢利能力分析等相关内容中去，检验这个产品是否可行、是否需要重新定位、如何进一步开发和优化。当然，"有心栽花花不开，无心插柳柳成荫"，也许你可以通过行业研究发现一个更好的潜优产品，替代原来的潜优产品。总之，我们不能把行业研究当成一个"空转"的形式主义套路，就像一只鸭子在水中游了一圈，上岸后扑腾扑腾翅膀，什么都没有留下来。

宏观环境分析属于行业研究的上游，主要采用PEST分析法，需要分析政治（Politics）、经济（Economy）、社会（Society）和技术（Technology）四大类外部宏观因素。例如从2020年开始，在"双减"政策的影响下，中国教培行业中的一些知名企业从巅峰迅速跌落。再如，由于工业4.0、智能制造等相关技术因素的日趋成熟，像红领西服、海尔智家、尚品宅配等以大规模定制为经营特色的企业应运而生。

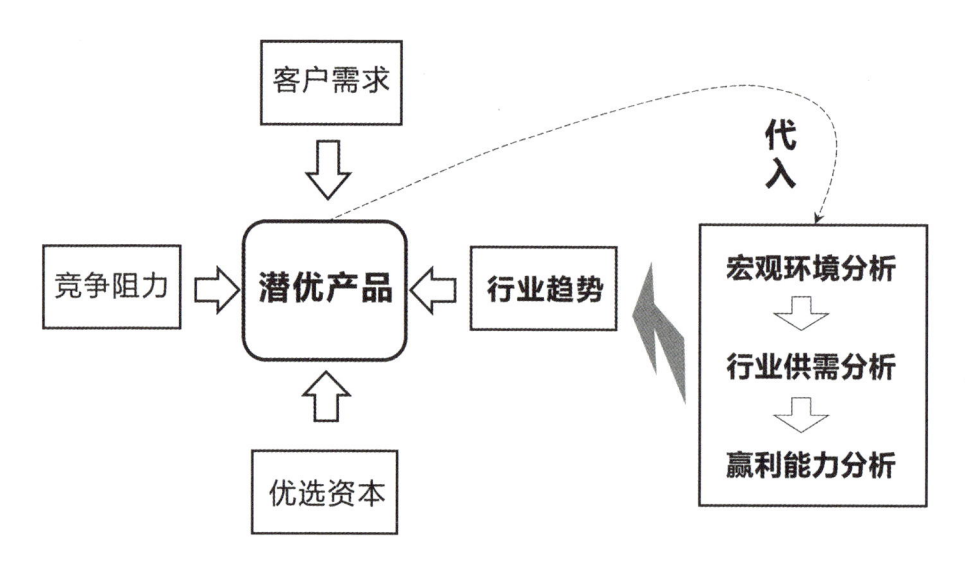

图 2-3-1　把握行业趋势开发潜优产品的基本思路
图表来源：李庆丰，"战略定位"理论

如图2-3-2所示，行业供需分析处于中游，属于行业研究的重点内容，相较于宏观环境分析，它属于中观环境分析。前面讲到"代入感"，新进入者要将假设的潜优产品代入行业，对供给侧的相关力量与需求侧的相关力量进行对比分析。需要注意的是，这里的供给侧的相关力量是指行业内向客户提供产品的所有竞争厂商的集合，即行业供应力量，不是指具体企业的供应商。在图2-3-2中，行业供给侧及需求侧各有七个因素。通过供给侧的七个因素，我们可以分析潜优产品在行业供应方面的约束性和竞争性；通过需求侧的七个因素，我们可以分析潜优产品在行业需求方面的拉动性和扩展性。从行业供给侧看，如果企业的潜优产品在供应方面不受约束，而且极具比较竞争优势，那么就具有一定程度的行业垄断性；从行业需求侧看，如果企业的潜优产品在需求方面受到目标客户持续追捧，而且行业极具扩展性，那么就具有较大的成为拳头产品的可能性及升级为超级产品的潜力。据图中行业供给侧及需求侧的各因素,我们可知它们并不复杂难懂,大部分属于管理学常识。下面我们通过举例的方式,对其中一些"模糊因素"进行初步认识。

为便于理解图中的"①产业链约束及价值链构成",我们可以看两个例子:五轴联动机床的产业链上约束条件很多,像电主轴、导轨滑块、精密转台、数控系统等核心零部件都被国外厂商"卡脖子"。大连科德数控主营产品是五轴联动机床,它选择自己研发制造电主轴、导轨滑块、数控系统等关键零部件,所以企业的价值链冗长且构成复杂,成长与进化就比较缓慢。大家都知道氢能是理想的清洁能源之一,很多年前国家就大力鼓励这个产业发展,但是从制氢、储存,到运输、使用等,氢能产业链上各个环节都存在问题,在经济性、技术上都存在许多难点。这个行业的供给侧是受到产业链约束的,非新进入企业所能克服,所以此类行业常会出现"先驱变先烈"的现象!

图中的"⑤企业规模经济性及范围扩展性"主要是指一家企业在整个行业中形成"赢家通吃"的局面或几家头部企业在行业构成寡头垄断的可能性。如微信发展起来后,即时通信行业出现"赢家通吃"的局面,紧跟着出现的阿里巴巴"来往"、较早投向市场的中国移动"飞信"、后来锤子科技发布的"子弹短信"等都没有发展起来,它们甚至连一丝生存机会都没有。另外,像腾讯、美团、阿里巴巴等企业的行业扩展性也非常好,新进入者在它们的行业生态范围内创业,很容易失败或最终面临被收购的命运。

战略定位

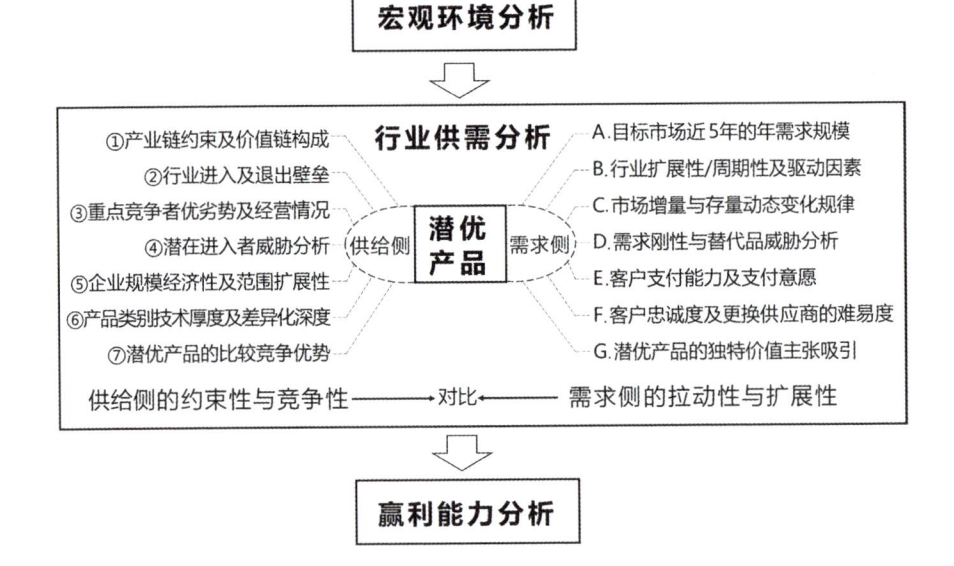

```
                          ┌─────────────────┐
                          │   宏观环境分析    │
                          └────────┬────────┘
                                   ↓
┌──────────────────────────────────────────────────────────────────┐
│                       行业供需分析                                 │
│  ①产业链约束及价值链构成          A.目标市场近5年的年需求规模       │
│  ②行业进入及退出壁垒             B.行业扩展性/周期性及驱动因素      │
│  ③重点竞争者优劣势及经营情况      C.市场增量与存量动态变化规律      │
│         ┌─────┐  ┌─────┐ ┌─────┐                                │
│  ④潜在进入者威胁分析 供给侧│潜优│需求侧 D.需求刚性与替代品威胁分析   │
│         │     │  │产品│ │     │                                 │
│  ⑤企业规模经济性及范围扩展性      E.客户支付能力及支付意愿         │
│  ⑥产品类别技术厚度及差异化深度    F.客户忠诚度及更换供应商的难易度  │
│  ⑦潜优产品的比较竞争优势          G.潜优产品的独特价值主张吸引     │
│                                                                  │
│  供给侧的约束性与竞争性 ──→ 对比 ←── 需求侧的拉动性与扩展性        │
└──────────────────────────┬───────────────────────────────────────┘
                           ↓
                  ┌─────────────────┐
                  │   赢利能力分析    │
                  └─────────────────┘
```

图 2-3-2 用于定位潜优产品的行业研究模型
图表来源：李庆丰，"战略定位"理论

针对图中的"⑥产品类别技术厚度及差异化深度"，我们也可以看两个例子：深圳爱贝科是笔者所在机构参与投资的一家企业，主营产品为数控机床上的高精密机械主轴和电主轴。这些高精密产品需要企业进行长期技术积累、工艺制程开发，所以具有一定的技术厚度及差异化深度，致使新进入者很难模仿与超越现有企业。贝蒂斯与欧丽薇兰是两个相互竞争的橄榄油品牌。橄榄油属于油橄榄果实压榨制成的天然产品，绝大部分厂商的产品之间差别非常小。为了让顾客形成认知上的技术厚度或产品差异化，定位理论及广告"轰炸"就派上用场：一家说自己是西班牙皇室用油；另一家说自己是地中海膳食文化的代表、引领世界橄榄油的品质创新。

下面，我们从供给侧因素与需求侧因素对比的角度，再看两个例子：

2010年，团购行业处于"风口期"，由于其商业模式的本质就是"批发转零售"快速转手倒卖一个单品，所以行业供给侧不存在约束，进入壁垒很低，很快就冒出来6 700多家团购创业企业相互竞争——行业供给侧的竞争性极强！再看行业需求侧，各个团购商提供的产品没什么差异，客户用鼠标点一下就可以更换团购商，因此忠诚度极低。将行业供给侧与需求侧对应起来看，行业老大与新进入者之间也没有什么特别的竞争优势，所以必然会发生"千团大战"！

从2016年开始，共享单车就是一个"超级风口"。前后共有数百亿元风险投资资金支持创业者进入这个行业，而最后几乎都成为"从风口上掉下来的猪"。从行业供给侧看，该行业有一定的资金、技术进入壁垒，但是技术厚度及差异化深度不够；从行业需求侧看，目标客户广泛且刚性需求明显，但更换共享单车供应商比较容易——下载一个APP就行了！将行业供给侧与需求侧对应起来看，这个行业中的中小供应商必然被"碾压"而失败，最后必然是具有超强融资能力的行业寡头竞争，其中有较强技术创新及产品迭代能力、有较强运营及管控实力的共享单车供应商可以存活下来。

如图2-3-2所示，赢利能力分析处于下游，相较于前面的宏观环境分析和行业供需分析，它属于微观环境分析。潜优产品是新进入者即将开发的产品，所以此处的微观环境分析主要是对潜优产品的赢利能力进行分析。针对一个产品或项目的赢利能力进行分析，公司财务或投资项目评估理论都有系统性介绍，像内部收益率、净现值、投资回收期等都属于赢利能力分析的重要指标。这里我们补充一个美团常采用的"三层四面分析法"。所谓"三层"是指：行业市场总规模、细分市场规模、企业市场占有率。所谓"四面"是指：用户量、订单量、销售收入、净利润。通过"三层"，我们可以感知行业的天花板有多高，企业在其中能有多大成长空间；通过"四面"，我们可以感知企业进入这个行业一段时间后总共能有多少收益。"三层四面"可以以年为单位，初步测算3~5年就可以。

赢利能力分析中的"赢利"，主要是指为企业赢得有利的发展局势或

战略定位

赢得竞争优势，并不等同于会计学中的盈利，所以像腾讯的微信、奇虎360的杀毒业务、罗辑思维的"得到头条"等当初的潜优产品，可以在很长时间内没有会计学意义上的盈利，但是一直在为企业发展持续赢利。在商业模式时代，赢利的考察单位是产品组合，而不是单一产品；考察时间区间不是一个月或一年，而是短期、中期、长期。像阿里巴巴、京东商城、亚马逊等企业，创立后5～20年可以不盈利或主动不盈利，但它们都能很快从小企业成长为巨无霸。

将准备开发的潜优产品放在行业趋势中分析一下，或从行业趋势分析中发现或定位一个更好的潜优产品，本节推荐运用"宏观环境分析→行业供需分析→赢利能力分析"这样一个三级瀑布式的行业研究模型。在笔者给出的如图2-3-2所示的行业研究模型中，重点是行业供需分析。把一个行业的供给和需求搞明白，就可以抓住行业趋势的牛鼻子。

诺贝尔经济学奖得主保罗·萨缪尔森曾开玩笑说："只要你教会一只鹦鹉说'需求'和'供给'，它就能成为一位经济学家了。"

2.4 "草根"与"学霸"创业，谁更缺智力资本？

> **重点提示**
>
> ※ 为什么说柔宇科技创业团队缺乏应有的智力资本？
>
> ※ 浙海德曼的创业之路给我们哪些启示？
>
> ※ 结合喜茶的案例，如何通过技术创新提升企业的优选资本水平？

易卜生说，你最大的责任是把你这块材料铸造成器。战略定位最大的"责任"是聚合竞争定位、三端定位、分形定位、联接定位及品牌定位，以可持续的产品思维，为小企业成长为巨无霸导航。万事开头难，竞争定位最大的"责任"是为企业定位潜优产品，将长期主义落到实处！参照公式"潜优产品=客户需求+行业趋势+优选资本−竞争阻力"，接续前两节对竞争阻力、行业趋势的阐述，本节重点谈一谈优选资本对潜优产品开发的贡献。

章节1.5的相关内容，解释了什么是资本及资本的三大构成、什么是优选资本及其应用价值和意义等。资本是能够提升企业价值的各种资源或能力。结合图2-4-1，下面举例说明资本及优选资本对于潜优产品的形成所发挥的重要作用。

追溯起来，阿里巴巴的潜优产品是淘宝，由此衍生出像支付宝、天猫、菜鸟、阿里云、飞猪、闲鱼等一系列拳头产品和超级产品。在淘宝诞生之前，eBay（易贝）开创全球电商时代先河，占领美国市场后开始跨国发展，不远万里来到中国，迅速攻城略地，抢先占领中国电商市场。淘宝作为后起之秀，以免费模式对抗eBay的收费模式，又增加支付宝形成产品组合，很快以弱胜强，成长为中国电商行业的领跑者。淘宝的免费模式在导入期是要大量"烧钱"的，也就是说货币资本对于淘宝这个潜优产品的形成功不可没。1999年，以马云为首的18个人联合投资

战略定位

50万元创立阿里巴巴——这18个股东后来被称为"十八罗汉"。如果没有"十八罗汉"的50万元自有资本，自然就不会有阿里巴巴，也不会有2000年软银集团对阿里巴巴股权投资2 000万美元的故事，更不会有淘宝了。创业时定位一个潜优产品，创业者一定要掂量自己能动用的货币资本，这个道理"地球人都知道"。随着竞争加剧、创业升级，不少创业者进行多轮股权融资，吸引外部几十亿元甚至上百亿元资金，自认为拥有一个或多个"石破天惊"的潜优产品。

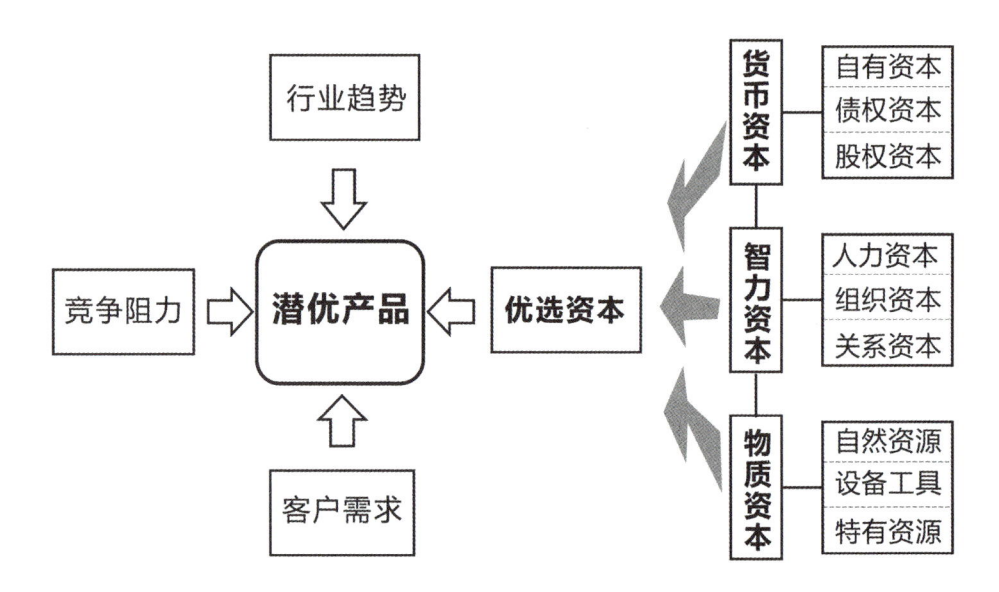

图 2-4-1　资本构成及通过优选资本定位潜优产品
图表来源：李庆丰，"战略定位"理论

在创业这件事上，深圳柔宇科技是不缺货币资金的。自2012年创立以来，柔宇科技不到8年累计融资11轮，融资额超过90亿元，最后一轮估值超过500亿元。"烧"了这么多钱以后，柔宇科技也没有找到一个"石破天惊"的潜优产品，并且在未能在科创板上市后，企业经营就陷入风雨飘摇、生存艰难的困境之中。它折戟沉沙的主要原因是什么？答案是柔宇科技这个创业团队缺乏应有的智力资本！对此原因，一定会有人质疑：柔宇科技的创始人是"高考状元"，创业团队具有"斯坦福+清华+IBM+Intel（英特尔）+西门子"高层次组合教育及工作背景。在柔宇科技成立前，创业团队就有近1 500项全球专利，聘请招商银行原行长马蔚华、金融领域的知名学者刘姝威为公司独立董事。创始人像乔布斯一样不断发布新产品，提出"柔宇科技，立志把整个世界掰弯""柔宇科技，折叠屏手机先驱与全柔性技术领导者"等非常符合定位理论的口号……

是否"学霸"、是否名企出身、搞定投资人能力高下、定位口号是否响亮等，这些属于背景和形式化的资源及能力，并非创业需要的智力资本的核心内容。企业在创业之初必须聚焦于如何定位一个潜优产品！其他附加的如上所列的内容，最多算是锦上添花，搞不好就会喧宾夺主。与聚焦一个潜优产品的战略定位相左，柔宇科技的创业团队热衷于像天女散花一样搞出数量众多的产品：在创业前期技术不成熟时，柔宇科技就投入巨资搞柔性显示屏量产线和显示模组，然后不断发布新品，像柔性屏服装穿戴系列、柔性屏3D头戴影院系列、柔性屏电子智能背包、全柔性显示屏、全柔性传感器、折叠屏系列手机、柔性智能手写本，以及面向智能交通、智能家居等多个领域的一系列产品。研发不成熟、不具备产业化条件的所谓柔性新技术ULT-NSSP（超低温非硅制程集成技术），用掉了90多亿元，搞出这么多不合格、卖不出去或客户不太需要的产品，这是否属于严重缺乏创业需要的智力资本的表现呢？

在2020年9月于科创板上市前，浙海德曼创业一路走来基本没有从风险投资机构融资。在IPO招股书及相关宣传资料中，浙海德曼这样推介创始人、董事长、首席研发专家高长泉：工商管理专科学历，1983年3月至1985年5月，任玉环县普青中学教师……推介联合创始人、董事郭秀华：自公司设立以来一直参与公司经营管理，为公司创始人和主要经营管理人员，未取得正规学历文凭……招股书介绍，这对夫妇领导下的浙海德曼，攻克了多项高端数控机床的"卡脖子"技术，拳头产品已经达到国际先进水平，不仅成功实现国产替代，而且远销德国等全球机床强国。

浙海德曼创业起步时定位的潜优产品是每台售价不足2 000元人民币的微型仪表车床。该产品填补市场空白，契合目标客户需求，成为畅销多年的拳头产品，并为开发接续定位的潜优产品——高端精密数控机床积累了货币资金。从白手起家创业，到浙海德曼科创板上市当日，浙海德曼的市值达到33亿元，很显然，这期间浙海德曼的价值增长主要依靠智力资本在发挥系统性作用。

潜优产品可以转变为拳头产品、超级产品，让企业通过规模化销售产品获利，又可以长期促进企业成长与进化。因此，潜优产品具有资本属性，但它不属于具体的某类资本。 开发不同的潜优产品，需要不同的优选资本。例如当说到人力资本优选配置时，青岛啤酒前董事长金志国说："如果你做箱子就要找樟木、打好棺材就要找金丝楠木，如果你做门窗找松木就可以。"正如章节1.5所述，优选资本来自物质资本、货币资本、智力资本。我们可以将优选资本简单理解为企业开发潜优产品需要的关键资源与能力。

对于初创企业来说，开发潜优产品必须具备一定数量的货币资本，它属于必不可少的优选资本。没有钱，什么事都难办，对每家企业都一样，因此初创企业搞潜优产品开发，都要有一个得力干将负责融资。对于物质资本来说，像设备工具等大部分属于货币资本和智力资本的物理化衍生物，而自然资源、特有资源等对于大部分企业来说，可遇不可求，所以不在此展开讨论。

看到像农夫山泉等瓶装水企业好像编个广告词、请明星代言一下，就能一年销售上百亿元，搞房地产的、开矿的、卖酒的等纷纷下场，投入巨额资金也要从中分一杯羹。农夫山泉创始人钟睒睒说："如果光有钱就能成功，银行就可以统治天下了。"**的确，太多"砸钱"、模仿等粗**

暴创业失败的案例告诫我们，企业的成功主要依靠智力资本，促进定位及开发一个潜优产品，以此开始逐渐成长与进化，而货币资本也要能够转化为智力资本，才可真正被称为优选资本。

定位及开发潜优产品，需要具体情况具体分析，每家企业需要的优选资本并不一样，并且它也符合80／20法则，在企业总资本中，占比20%的优选资本为企业创造了80%的价值。有一个理论叫作关键成功因素分析法，活学活用就是找到对开发潜优产品起关键作用的优选资本。理论联系实践，有兴趣者可以结合图2-4-1，画一个有四个栏目的表格，并将下面四个问题填入表格的四个栏目：第一，本企业要开发的潜优产品，重点需要哪些优选资本？第二，行业竞争者主要依靠哪些优选资本取得成功？第三，本企业已经具备哪些优选资本？第四，开发此潜优产品，本企业还需要补充哪些优选资本？如何补充？

弄清楚以上四个问题以后，很多创业团队会认为，自己不仅仅缺货币资本，还缺关键人才、优秀员工等人力资本，更缺品牌、核心技术、优秀的企业文化等组织资本，经销网络、顾客口碑、重点合作伙伴等关系资本……这属于常见现象，创业企业定位及开发潜优产品，就是接受挑战，将不可行的事情转变为大概率可行的事情。创业企业开发潜优产品，大家都是缺乏各类优选资本的。关键是，创业团队要通过上述表格盘点优选资本，知道自己需要补充哪些优选资本、如何补充。柔宇科技的创业团队就缺少了这一步，错把"学霸"的考试能力、在跨国公司打工的能力、搞定投资人的能力、不断发布新品的能力等，当成开发潜优产品需要的优选资本。

《企业赢利系统》中章节4.5重点剖析了喜茶如何开发潜优产品的案例。喜茶的创始人聂云宸是专科学历，2012年21岁时第二次创业，拿出自己仅有的几万元在广东江门的街头开了一家名为皇茶的奶茶店。刚开始经营奶茶店，没有经验的聂云宸也不太懂股权融资、品牌塑造、客户运营等这些新事物、新概念……到2020年3月，喜茶完成新一轮融资，企业估值超过160亿元，由高瓴资本和蔻图资本联合领投。

开发喜茶这个潜优产品，聂云宸带领团队主要通过技术创新来补充他们需要的优选资本。2017年，喜茶研发了几十款产品，只有十款上市，并且喜茶的产品是"永远测试版"，卖到哪一天，就迭代到哪一天。喜茶已深入到种植环节，通过培养茶种，再挑选进口茶叶拼配，建立起供应链壁垒……在喜茶诞生之前，人们还真难发现哪个饮料类消费品创业公司不沉溺于定位理论及广告套路，而像聂云宸一样以近乎"极客"的精神搞技术创新的。

从广义层面理解，技术是解决问题的方法及原理。根据《国际技术转移行动守则（草案）》（1985年）对技术转让的相关定义，我们可以认为技术是关于制造一种产品、应用一项工艺或提供一项服务的系统知识。创业就是设计一个商业模式，然后执行好这个商业模式。从这个意义上说，创业团队开始创业，从无到有累积优选资本、把握行业趋势、找准客户需求、消减竞争阻力、成功开发潜优产品，每一步都需要技术创新。

参考麦肯锡的说法，中国企业提升创新能力可参考以下四种创新方式：客户中心型创新、工程技术型创新、效率驱动型创新、科学研究型创新。与大企业、成熟企业不同，创业企业应该如何开展创新工作？创业企业通常应当将创新重点聚焦在客户中心型创新、效率驱动型创新、工程技术型创新，尽量避开科学研究型创新。喜茶、浙海德曼大致遵循了这个原则，而柔宇科技在这方面做得不够好。科学研究型创新属于科研院所、高校的"主营业务"。在确有必要时，创业企业可以与它们适当协作，但尽量不要"越俎代庖"。

从狭义层面理解，技术创新主要是指对企业产品进行工程技术及科技创新。基于此，笔者认为，企业为开发潜优产品、打造拳头产品进行技术创新，主要包括产品集成创新、平台模块创新、基础科技创新三个方面（详见《商业模式与战略共舞》章节3.2）。与前文观点一致，优选资本不够雄厚的创业企业通常应该将创新重点聚焦在产品集成创新、平台模块创新上，要尽量避开基础科技创新。

结合上述柔宇科技、浙海德曼、阿里巴巴、喜茶等案例，对于像明星团队、领导力、低风险创业、协同共生、打造生态系统、资源整合等流行概念或热门说辞，创业企业应该将它们对标潜优产品开发，尤其看它们对于形成创业企业急需的智力资本、物质资本、货币资本等优选资本究竟有多大贡献。

战略定位

2.5 是财富险中求，还是关注客户需求？

重点提示

※ 通过竞争定位模型，分析汉能集团由盛转衰的根本原因。

※ 巴奴毛肚火锅能够异军突起，满足了潜优产品的哪些要素？

※ 众多需求理论的适用场景及各自的优缺点是什么？

1.如何避免"靠运气赚钱，凭本事赔完"？

从1994年开始，汉能集团创始人李河君凭借敏锐的投资嗅觉，在广东、浙江、宁夏、云南等地购入了多座水电站。当时，经营水电站的生意就像拥有印钞机。汉能集团依靠豪赌而成功，耗费9年时间于2011年建成的云南金安桥水电站，可以说是"超级印钞机"，每天盈利接近1 000万元，属于"躺着挣钱"的好买卖。那些年，汉能集团创始人李河君的最高身价达到1 655亿元，两度成为中国首富。

从2009年开始，收购水电站的成功让汉能集团有资金实力和"过人"的胆识大举进入薄膜光伏领域——转换成战略定位的专业术语：汉能集团将薄膜太阳能电池看作下一个潜优产品，希望快速将它转变为像水电站那样的超级明星产品。以雷霆之势，汉能集团耗费数百亿元巨资收购德国、美国等多家薄膜光伏企业，"绑定"银行、地方政府，号称投资上千亿元在全国建设八大薄膜光伏产业园。2015年，汉能集团在扩张达到顶峰之后一落千丈，港股退市停牌、官司缠身、破产审查……

从计划经济向市场经济过渡时，存在大量或明或暗的机会，使部分人赚得盆满钵满，而市场经济发展了二三十年后，部分老一代企业家与投资家（或投机家）跌下神坛，黯然失色。冯仑说："过去靠运气赚的钱，现在凭本事赔完了。"前事不忘，后事之师。根据公式"潜优产品=

客户需求+行业趋势+优选资本-竞争阻力",我们分析一下在薄膜太阳能电池这个"潜优产品"上,汉能集团有哪些考虑不周之处。

先说竞争阻力,汉能集团能够毫无障碍跨国收购德国、美国等多家薄膜光伏企业,换个角度看,也许是被收购方主动甩"包袱"给"有钱任性"的"接盘侠"。从行业趋势上说,当时薄膜太阳能电池已经日薄西山。在客户需求方面,晶硅太阳能电池是主流产品,当时发电效率超过18%,还在不断优化提高,而薄膜太阳能电池发电效率在10%左右徘徊不前,相关产业链厂商及人才、资金资源等纷纷放弃这条技术路线。在单位制造成本方面,薄膜太阳能电池还高一些,并且由于规模经济,晶硅太阳能电池的单位制造成本一直呈现快速下降的趋势。在优选资本方面,汉能集团虽然有不少货币资本,但智力资本来自水电站领域有"财富险中求"色彩的机会性投资成功,跨界去搞不熟悉的产业,创始人力排众议且一意孤行,有着守株待兔般的盲目乐观与自信。

我们在批判他人时也不能忽略自己。在当时,笔者对薄膜太阳能电池的未来前景也有一些模糊偏乐观的认识:薄膜太阳能电池具有柔软、可折叠的独特优点,比较适用于露营帐篷、服装穿戴、蒙古包等一些略带能源需求"刚性"的应用场景。后来的行业趋势是,随着锂电池和储能技术发展,大容量充电宝以"方便适用、快速响应"的价值主张顺利进入以上应用场景,到2021年市场规模已经达到100亿元以上。

2.为什么客户需求具有一票否决权?

从潜优产品的构成公式,再切换到图2-5-1表示的要素构成图:在定位潜优产品时,我们主要考虑客户需求、行业趋势、优选资本、竞争阻力四大要素,其中客户需求具有"一票否决权"。像元宇宙、区块链等这些未来的新兴行业,初步分析一下行业趋势、优选资本、竞争阻力这三个要素可能都是基本过关的,按说"三个臭皮匠,顶个诸葛亮",是否可以先下手为强,开发一个潜优产品呢?如果客户需求不清晰或产业链上找不到明确的客户需求，这类创业项目还是需要多调研的。像团购、共享出行等行业，客户需求刚性，行业趋势还行，如果优选资本也大致可以的话，是否可以大胆切入呢？实际上，这些行业的竞争阻力非常强大。团购行业很难出现潜优产品，不足以成就一家企业，团购最后成为天猫、京东等电商企业的促销活动。共享出行各厂商也在竞争厮杀，打价格战，需要比较长的时间才能盈利，看谁能坚持到最后。

形象化理解，行业趋势、优选资本、竞争阻力、客户需求四个要素好比一家公司的四个股东，其中客户需求拥有超过三分之一的股权，具有一票否决权。 将定位及开发一个潜优产品看成一个投资项目，让这四位股东投票，如果都赞成或得90分以上，这个项目就是可以通过的；如果至少有一位股东投了反对票，那么启动这个项目就要慎重，起码要分析一下有无挽救或改进措施；如果客户需求这个股东投了反对票，这个项目就必须暂缓或坚决放弃！

为什么客户需求具有一票否决权？我们普遍认同"客户至上""以客户为中心"的经营理念。不少人说"客户是企业的衣食父母"，曾仕强对此有一个通俗的解释：因为顾客使用企业的产品，时时不忘赞扬企业，使企业形成良好的口碑，这对企业有很大帮助。企业所有收入几乎都是依靠顾客的，没有顾客，企业就有可能结束营业，甚至倒闭。

还有人将客户需求比喻成为整个商业世界提供系统动力的核反应堆，一切好产品都可以更好地满足目标客户的需求。**在综合考量竞争阻力、行业趋势、优选资本等要素的基础上**，定位及开发潜优产品的重点工作就是发现及创造需求，更好地满足目标客户的潜在需求。

无论是潜优产品的构成公式，还是本章多次出现的潜优产品要素构成图，它们都属于竞争定位模型的不同表现形式。在定位潜优产品时，企业可对客户需求（以A指代）、行业趋势（以B指代）、竞争阻力（以C指代）、优选资本（以D指代）四个要素逐个评判，分别给出一个权重。如图2-5-1所示，按照一个规定比例，得分高的要素往外定位画一条线，得分低的要素向内定位画一条线，最终代表A、B、C、D的四个线段将会围成如图2-5-1所示的一个阴影区域，像一块"事业宝地"。企业就可以通过这个阴影区域的位置和面积直观判断所选择的潜优产品是否可行、哪个是优势要素、哪个是薄弱要素、客户需求这个具有一票否决权的要素究竟处于怎样的水平等。

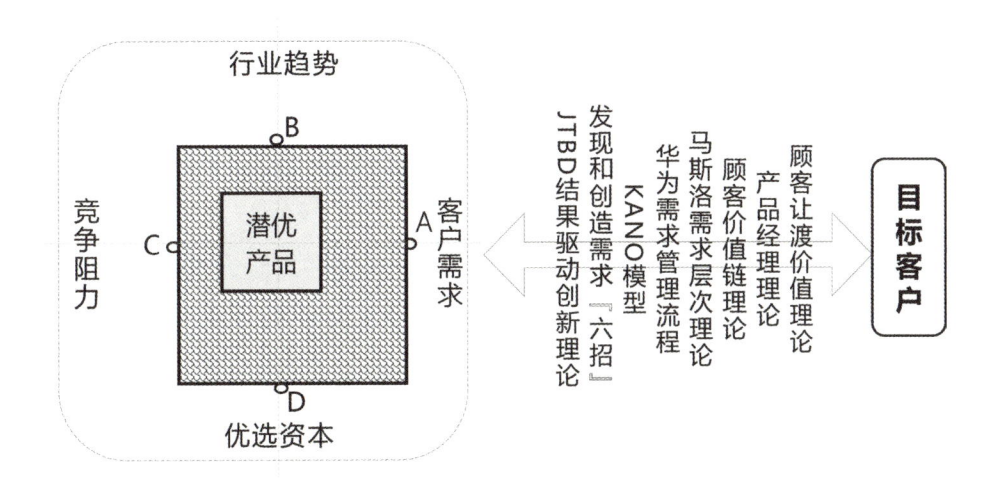

图 2-5-1　评估潜优产品各构成要素的图示化方法及主要需求理论
图表来源：李庆丰，"战略定位"理论

3.巴奴毛肚火锅如何开拓出一大片"风水宝地"？

2012年之前，海底捞已经成为火锅行业的巨无霸，而巴奴毛肚火锅只是一家小微餐饮企业，它一直在学习、模仿海底捞，但最终证明"海底捞，你学不会"。2012年之后，巴奴毛肚火锅开始重新竞争定位，推出自己的潜优产品巴奴毛肚火锅（以下简称"巴奴"），到2019年就可以与海底捞"平起平坐"，并且在产品力、品牌档次等方面还略胜一筹！下面根据公式"潜优产品=客户需求+行业趋势+优选资本−竞争阻力"，我们看一下巴奴在竞争阻力、行业趋势、优选资本、客户需求四个要素中有哪些可圈可点之处（参考图1-2-4）。

在克服竞争阻力方面，巴奴大胆提出具有"碰瓷"色彩的口号"服务不是巴奴的特色，毛肚和菌汤才是"。相比海底捞，巴奴的差异化定位很清晰：海底捞走大众平价路线，巴奴走高端精品路线；海底捞强调"体验多、服务优"，而巴奴强调"产品力、味道好"。

在行业趋势方面，巴奴迎合新生代消费者，不故弄玄虚，不"尬聊"，不搞"过度服务"，注意保护个人隐私；连锁门店全部明档厨房，强调自家食材安全、健康的特点；致力于推动火锅的"信息化"，给每一道菜品都加一个标签，详细地介绍菜品的产品特色、生长环境和出餐过程……巴奴将"产品主义"落到实处，顺应了行业趋势。

在优选资本及客户需求方面，巴奴团队长期致力于通过技术创新，实现产品至上、客户第一的经营理念，通过可量化的口味、口感、"颜值"、品味、营养及健康六个维度，构建巴奴的价值主张，以全面"俘获"广大食客的味觉、触觉、嗅觉、视觉及听觉系统。为从源头上保证菜品的档次和质量，巴奴团队深入新西兰及中国的内蒙古锡林郭勒盟、藏区羌寨、三峡腹地、深海渔区等食材原产地，通过长期投资或合作，掌控特色食材供应链。巴奴的服务员，个个具备"毛肚火锅专家"的素质，让客人参与进来，共同"烹制"一锅美食，让客人领悟到独特的"巴奴美学"：店面文化之美、空间设计之美、食材本源之美、烹调工艺之美、菜肴品味之美、专业服务之美……

综上，巴奴团队通过竞争定位，把握潜优产品构成要素的这一系列定位点，在竞争激烈的火锅餐饮市场中，开拓出一大片"风水宝地"，从而保障企业未来可持续成长与发展。

4.相关主流需求理论有哪些？

如前所述，在竞争定位模型公式"潜优产品=客户需求+行业趋势+优选资本-竞争阻力"中，客户需求更重要一些，具有"一票否决权"。

理论可以指导实践，目前有哪些主流的需求理论呢？如图2-5-1所示，在潜优产品与目标客户之间，笔者列举了顾客让渡价值理论、产品经理理论、顾客价值链理论等八个需求理论，下面仅对它们进行简要介绍。

（1）菲利普·科特勒在《营销管理》一书中提出顾客让渡价值理论。它可用公式表示为：顾客让渡价值=顾客总价值-顾客总成本。其中，顾客总价值是指产品价值、服务价值、人员价值和形象价值的组合；顾客总成本是指货币成本、时间成本、精神成本和体力成本的组合。顾客让渡价值理论给我们的主要启发是：增加顾客总价值或降低顾客总成本的相关影响因素，都可以提升潜优产品对目标客户的吸引力。

（2）产品经理理论。它是广大产品经理实践及理论总结的智慧结晶，相关出版物和实用文章较多，其中涉及客户需求方面的理论多种多样，不胜枚举。通俗易懂一些的，像产品人梁宁所总结的："痛点""爽点""痒点"都是产品机会，"痛点"要直击目标客户的恐惧感，"爽点"为目标客户提供即时满足感，"痒点"要有助于成就目标客户想象中的自己。

（3）波特提出的顾客价值链理论。它将顾客获取价值的过程分解成购前、购买、使用、购后四个环节，并从交易活动、关系活动两个平行层面分别讨论这四个环节中顾客的收益和付出，从而为企业产品创造实际价值及影响顾客对实际价值的认识确立了方向。

（4）马斯洛需求层次理论。该理论认为，人的需求从低级逐步趋向高级，分为生理、安全、社交、尊重和自我实现五个层次（后来又增加认知、审美、超越三个高级需求）。该理论给我们开发潜优产品的主要启发是：在某一个时期或特定应用场景，目标客户都有一个主导性需求，而其他相关需求处于从属地位。

（5）华为需求管理流程。它是IPD管理体系三大流程之一，包括需求收集、需求分析、需求分发、需求实现和需求验证五个模块。通过需求收集和需求分析，可能会产生三种需求，分别是产品包需求、中期需求和长期需求。产品包需求会马上被纳入正在开发的产品中，中期需求会进入产品开发的路标之中，长期需求会作为产品未来规划的基础。

（6）狩野纪昭提出的KANO模型。它通过对产品功能与用户需求进行对应分类和排序，分析产品各类功能对用户满意度的影响，找出它们之间的线性或非线性关系，以此为参考开发、设计及不断改善产品，提升客户满意度。基于用户需求，KANO模型将产品功能划分为基本型功能、期望型功能、魅力型功能、无差异型功能、反向型功能。

（7）亚德里安提出的发现和创造需求"六招"：①为产品赋予魔力。魔力产品=产品功能×情感诉求。②化解麻烦。企业应分析用户遭遇的麻烦，画出麻烦地图，从中发现创造需求的机会。③构建完善的背景因素。企业应从时间、技术、文化和资源等多个维度，描绘出用户需求根植的土壤和背景。④寻找激发力。激发力就是那个鲜明的、具体的能够让人采取切实购买行动的推动因素。⑤打造45°精进曲线。企业应始终与用户的真正需求保持同步，对产品不断优化、迭代，逼退那些东施效颦的模仿者。⑥去平均化。企业应去除产品的冗余功能，让吸引客户购买的"长板"更长。

（8）JTBD结果驱动创新理论，全称是"Jobs To Be Done"（待完成的工作）。该理论认为客户之所以会购买产品，并不是因为产品本身，而是"雇用"产品来与自己合作或完成自己的任务。JTBD更有可能创建全新的需求满足方案，而不是改进与优化现有产品，这也意味着创新的风险和成本会更高。例如汽车的发明基于为客户提供更便捷的交通工具，而不是为他们提供更快或更漂亮的马车。

与客户需求相关的理论还有很多，并将继续层出不穷地涌现。就像我们将很多营销工具组合起来开展整合营销活动，众多客户需求理论同样可以组合起来使用，形成客户需求理论组合，适配于不同的潜优产品的定位及开发场景。

5.如何识别目标客户?

三百六十行，行行出状元。由于科技创新、需求拉动、创业创造、政府引导等驱动因素，现在有三万六千行！这些行业所处的市场丰富多样、千变万化、异常庞杂！根据客户群体显著不同的特点，我们可将这些市场划分为消费者市场、生产者市场、中间商市场、政府市场等。除此之外，还有国内市场与国际市场、实体市场与虚拟市场等。面对如此复杂的"市场"，一个处于初创阶段的小企业如何识别目标客户呢？

也许市场营销学能够说明白，例如STP理论有三个步骤：市场细分（Segmenting）、选择目标市场（Targeting）和市场定位（Positioning）。市场细分就是为了发现目标客户，选择目标市场就是选择或识别细分市场中的目标客户，市场定位就是通过对目标客户及其需求定位进而开展产品定位。因此，三个步骤依序协同起来，步步递进发现及识别目标客户，就近似等于定位目标客户，否则STP理论就失去了应用价值。如何进行市场细分、选择目标市场及市场定位？具体内容非常丰富，所占篇幅也较多，大家可参阅菲利普·科特勒等著的《营销管理》（第16版）"第6章 识别细分市场和目标客户"的相关内容。

识别及定位目标客户，"不在于知，而在于行"，是一项实践工作，而非一个理论推导过程。在现实企业经营中，企业发现及识别目标客户也许没那么难，像华为、小米、SHEIN、比亚迪等创业经营团队也不必事先研究《营销管理》的相关章节。就像一个红木家具专家一定会知道黄花梨与紫檀柳的区别，结合创业调研、经验积累及商业天赋等，优秀的创业者投身于行业中很快就会识别目标客户，进而为创业项目定位目标客户。

竞争定位是战略定位的"侦察兵"及"先锋官"，属于第3章所讲"三端定位"的一个前级定位。竞争定位确定的潜优产品在多数情况下为概念性产品，主要用于评估创业项目或新产品的可行性，试图发现一个大致可行的创业领域。在竞争定位模型公式"潜优产品=客户需求+行业趋势+优选资本−竞争阻力"中，四个要素联合定位潜优产品，实际也在同步识别目标客户及探索客户需求。换句话说，潜优产品、目标客户、客户需求是不可分离、不应单独存在的，并且遵循客户至上或客户需求具有"一票否决权"的原则。在三端定位时，三者也将继续被纳入相关模型和要素的构成或定位活动中。

2.6 低风险创业+开发优异产品，鱼和熊掌兼得

> **重点提示**
>
> ※ 通过竞争定位分析，浙海德曼的两代潜优产品有哪些出类拔萃之处？
>
> ※ 创业理论不断增加，为什么创业失败率却变高了？
>
> ※ 为什么说竞争定位理论是创业及新产品开发的"上游理论"？

有一种"伪蓝海战略"能迷惑很多人。举一个虚构的、比较极端的例子：A君曾在国际知名的豪华酒店集团做过几年高管，还是一位登山爱好者。他近期辞职准备自己创业，第一个"明星项目"就是在珠穆朗玛峰的半山腰建一家五星级豪华酒店……

见图2-6-1的A曲线图，从竞争阻力的角度来看，这个项目没有什么同业竞争者，A君的这个项目可以得"优"。从行业趋势方面说，想要登顶珠穆朗玛峰的登山者是一个极为小众的群体，长期趋势不会改变，这个项目在这方面得"差"。从A君具有的优选资本来说，在大都市建设豪华酒店也许还可以，而在珠穆朗玛峰的半山腰建设五星级豪华酒店，我们只能给这个项目评个"中"。从客户需求来说，也只能给这个项目评个"中"，因为大部分登山者不会住如此昂贵的酒店（因为客人少，所以昂贵），并且在五星级豪华酒店"露营"，从适应性角度判断，可能不利于登山者攀登珠穆朗玛峰。

将潜优产品的构成公式转变为如图2-6-1所示的A曲线图，我们就可以直观地判断一个创业项目是否可行。A君的创业项目得分是两个中、一个差、一个优，并且客户需求具有一票否决权，显然这是个"伪蓝海

战略定位

战略"的项目。与通常的产品思维不同，通过竞争定位模型发现与定位潜优产品，为小企业成长为巨无霸导航，我们的标准更高一些：以"优良中差"四个等级，评估客户需求、优选资本、行业趋势、竞争阻力四个要素，符合潜优产品标准的及格分数线为"两优两良"，并且客户需求的得分必须是优。当然，从动态的观点看，竞争定位的四个要素不是静止不变的，而是发展变化的，尤其是优选资本要素还可以通过技术创新、资源变资本等方式快速补齐原来的短板。例如阿里巴巴在创立时，优选资本并不强大，甚至存在足以致命的短板，但通过股权融资、汇聚人才、建设文化等方式，最终实现后来者居上。

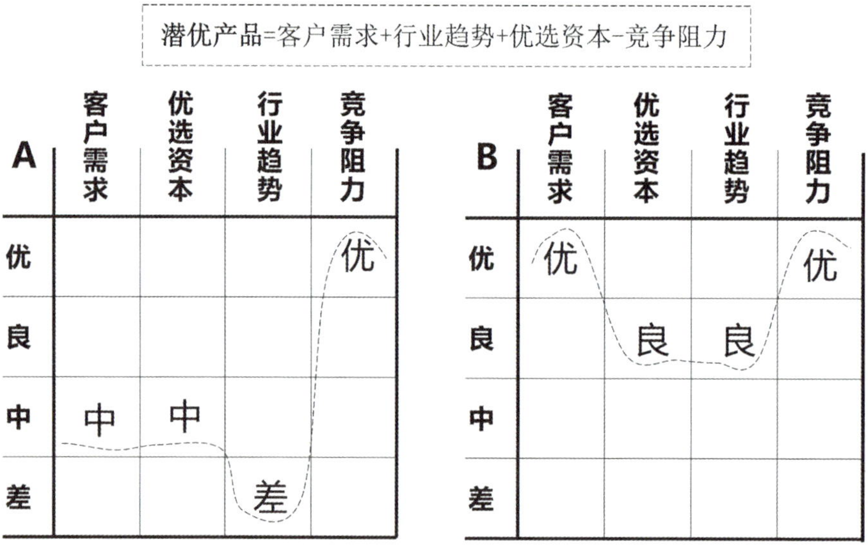

潜优产品=客户需求+行业趋势+优选资本-竞争阻力

图 2-6-1 评估潜优产品各个构成要素的曲线图
图表来源：李庆丰，"战略定位"理论

回顾浙海德曼的发展史，它推向市场的第一个潜优产品是1993年公司成立时在简陋作坊内开发的微型仪表机床。对照竞争定位模型中潜优产品的四个要素：

第一，从客户需求的角度来看，当时市面上销售的都是通用机床，价格贵、体积大，生产小微零件大材小用，所以客户的"痛点"非常明确。当时还是"玉环县华丰机床厂"的浙海德曼开发的微型仪表机床，就是将庞大、笨重的机床简单化，它的体积只有厨房的灶台大小，价格不到通用机床的十分之一，而加工效率却能提高十多倍。

第二，从优选资本的角度来看，董事长、研发专家高长泉对机械产品、机床开发特别痴迷，带领几个技术工人吃在厂里、睡在车间，一心一意设计、制造仪表车床。"创二代"接班人高兆春从小在厂里长大，他说："那时我还是小学生，无数次从梦中醒来，总看到父亲与师傅们在车间熬夜的身影。"只要功夫深，铁杵磨成针！当时处于短缺经济时代，微型仪表机床还不是高技术产品，只能算一个"经济适用机械设备"。

第三，从竞争阻力的角度来看，在那个年代，中国机床界的"十八罗汉"（18个国有大型机床厂）几乎完全掌控了机床行业的"产供销"，它们的产品供不应求，甚至需要"走关系"才能买到市场需求旺盛的某些型号的机床。浙海德曼推向市场的微型仪表机床，单台金额小，附加值也不高，"十八罗汉"根本看不上。

第四，从行业趋势的角度来看，20世纪90年代，浙海德曼周边台州、温州、宁波等地的汽车、摩托车及机械设备零部件产业正在兴起，中国正逐渐成为制造业强国，迎来经济腾飞……

综上分析，见图2-6-1的B曲线图，针对浙海德曼早期开发的微型仪表机床，我们给客户需求、竞争阻力这两个要素的评分都是优，给行业趋势、优选资本这两个要素的评分都是良。它能够达到"两优两良"的及格标准，因此属于潜优产品。这个潜优产品后来成长为拳头产品，为浙海德曼赚到了"第一桶金"，保障及促进企业今后可持续成长与发展。

浙海德曼在科创板上市前几年，开发的另一个潜优产品是一种高端数控机床。从客户需求的角度来看，西方国家对我国禁运高端数控机床，浙海德曼推出的高端数控机床填补了国内市场空白，解决了目标客户的诸多"痛点"。从优选资本的角度来看，根据《证券时报》官方调研报道，"创二代"接班人高兆春积极引进高端人才，长期坚持技术创新，攻克了多项高端数控机床的"卡脖子"技术，产品质量已经达到国际先进水平，不仅成功实现国产替代，而且远销德国等世界机床强国。作为优选资本的辅助证明，产品及公司获得的奖项有：教育部颁发的"科学技术进步奖一等奖"、中国机械工业质量管理协会颁发的"全国机械工业质量奖"、中国机床工具工业协会颁发的"2013年度产品质量十佳"，被认定为工业和信息化部第二批专精特新"小巨人"企业、浙江"隐形冠军"企业等。简而言之，在客户需求、优选资本两个方面，浙海德曼的高端数控机床都符合优的标准；在竞争阻力、行业趋势两个方面，至少一个良、一个优，读者有兴趣可以找资料分析验证一下。

也许有人会问：这样"优良中差"对潜优产品的四个要素进行打分，是否主观性太强了？一个模型追求简约实用，的确存在这样的问题。尤其像优选资本这个要素，不仅看创业团队的关键能力及拥有的核心资源，还要重点看他们的未来发展潜力，在大部分情况下是不太容易把握的。即便如此，我们也不能因噎废食，因为盲目创业的风险更大。即便有风险投资机构参与的创业项目中，大约80%都是失败的，而在20%的幸存者中，绝大部分也没能够定位及成功开发一个潜优产品。

"一鸟在手胜过百鸟在林"，通过竞争定位模型开发潜优产品，只涉及四个要素，相对简约易用，也能击中"要害"。我们能做的，就是更加深入理解和研究不同的创业项目，不断加强及细化对潜优产品构成要素的认识，不断提升对图2-6-1所示的评分判断标准的把握水平。要走捷径取得成功，应该先有一个不错的方法论，然后下笨功夫，重复就是力量，"用数量战胜质量"！只有这样，不断在实践中领悟理论，以理论指导实践，理论与实践相互促进，不断优化、迭代，我们才能最终将他人提出的理论转化为自己的方法论。

由点到面展开来讲，竞争定位模型可以应用于以下七个领域或场景：①在开展创业（包括初创企业、企业转型、大型企业拓展新业务）项目时，作为创业调研的重点内容，发现及定位一个潜优产品；②撰写一份商业计划书；③风险投资机构评估被投资企业的投资价值；④产品经理开发一个全新的产品；⑤管理顾问为企业提供战略咨询服务；⑥职业发展选择或人力资源评估；⑦在二级市场评估一家上市公司的投资价值。

如图2-6-2所示，与产品开发的相关理论很多，也在"长江后浪推前浪"，不断升级与迭代。例如：产品思维在理论上是传统新产品研发管理理论的升级版；"最小可行产品"精益创业、IPD集成产品开发可以看作是传统的产品开发瀑布模型的升级版等。竞争定位模型属于战略定位与规划理论，是这些产品开发理论的上游理论。在产品开发之前，产品经理先用竞争定位模型的四个要素（客户需求、优选资本、行业趋势、竞争阻力）对项目进行充分论证，参照图2-6-1的"优良中差"曲线图对它们进行评估判断，有所为有所不为，可以降低产品开发及创业的失败率。

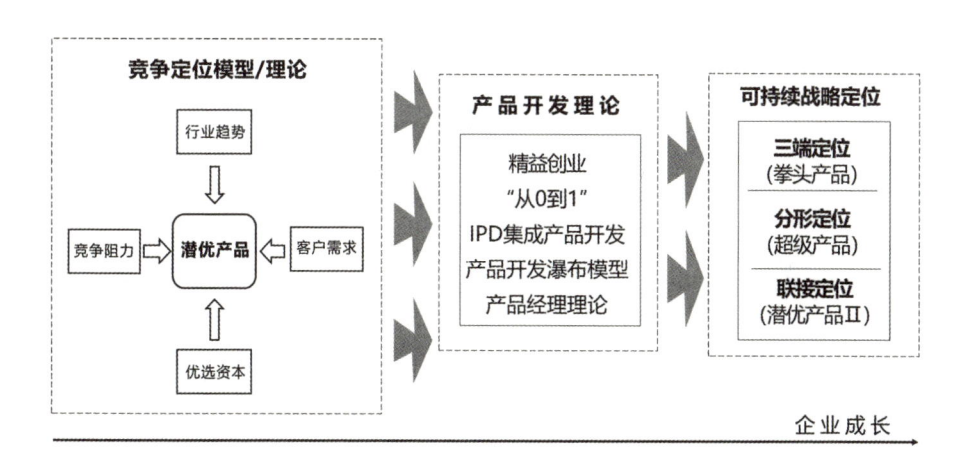

图 2-6-2 竞争定位模型与产品开发理论的关系
图表来源：李庆丰，"战略定位"理论

精益创业理论的核心内容是打造"最小可行产品",通过快速验证和迭代降低新产品开发的风险,属于低风险创业的代表性理论。《从0到1》的作者彼得·蒂尔认为,精益创业意味着缺乏规划。企业选择"摸着石头过河",不断在试错中前进,只能做出微创新的东西。

《从0到1》书中给出的建议是:通过从1到n的重复过程进行产品改善、迭代属于低水平创业,而从0到1打造垄断产品才是创造市场的高水平创业。实现从0到1有三个步骤:第一步,发现"秘密";第二步,避免竞争陷阱;第三步,拥有"护城河",建立垄断优势。

没有批判,社会怎么进步?也有人对"从0到1"理论这样批判:首先,没有类似竞争定位模型这样的工具进行战略定位,怎么判断你发现的"秘密"就是一个垄断性创业机会呢?搞不好就是一个"伪秘密"的陷阱,结果"先驱变先烈"。其次,"避免竞争"几乎是不可能的,这有点像痴人说梦。最后,拥有"护城河"是企业成功实施新竞争战略"系列动作"的成果,而不是从天而降的"馅饼"。当然,《从0到1》书中也有几个证明其理论正确的成功案例,但是这些成功案例都具备"天时地利人和"的苛刻条件,并且万中无一、概率极低,所以"从0到1"理论的实际应用价值不大。

像"定位""从0到1""原则""疯传""赋能"等舶来理论,将企业这个复杂生命体为了取得成功而做的各种努力总结为一个点,把成功看得如此简单,确实迎合了部分商务人士希望能获得暗含投机色彩的速成方法的"拳拳之心"。但是,绝大部分有所成就的企业,确实与这些舶来理论并无多大关联!战略着眼于格局和视野,"不谋万世者,不足谋一时;不谋全局者,不足谋一域"。如何弥补这些舶来理论给我们企业界带来的误导及偏见呢?我们要将企业看成一个不断成长的复杂生命系统,以战略定位"四大金刚"——竞争定位、三端定位、分形定位、联接定位为始,不断深入思考企业发展的重大战略问题。

2.7 拼多多、小罐茶、拓璞五轴、诺比侃……竞争定位如何用？

> **重点提示**
>
> ※ 为什么说竞争定位并不能预知一个创业项目能否成功？
>
> ※ 教科书"传授"的五力竞争模型，有哪些局限和不足？
>
> ※ 不同于茅台、戴森、拉菲、爱马仕等，为什么小罐茶备受质疑？

知名天使投资机构人才济济，优质项目也常常主动找上门来。只要选择的创业"赛道"比较新颖、有前途，团队背景亮眼，创业者善于表达，那么创业者"分分钟"就能拿到投资。即使比较知名的天使投资机构，投资早期创业项目可以成功退出的概率也不超过5%。那些失败的创业项目，例如6 700多个团购、数千个O2O（Online To Offline，从线上到线下）、共享、直播新模式的创业项目，还有"烧钱"数十亿元的柔宇科技、ofo小黄车、每日优鲜、凡客诚品等，结局可谓哀鸿遍地、满目疮痍。是否创业者、投资者一直没有对创业评估、产品调研足够重视呢？

像精益创业、"从0到1"、低风险创业等诸多理论，是不适用还是失效了？它们如同岔流上的一道道小水闸，应对干流上此起彼伏的创业洪流，当然无济于事。

"竹外桃花三两枝，春江水暖鸭先知。"作为风险投资从业者及创业支持者，笔者每年评估很多创业项目。创业与投资不分家，笔者必然也常常身临其境。如何控制创业风险，降低创业失败率？负责任的态度就是双管齐下，在创业干流的上游设置一道"总水闸"，它便是本章的重点内容——竞争定位模型。

"潜优产品=客户需求+优选资本+行业趋势–竞争阻力"，本章用这样一个简要的公式表达竞争定位模型。除此之外，本章前面的内容中还给出竞争定位模型的三种图示化形式：图2-1-1的简图形式、图2-5-1的阴影面积形式和图2-6-1的评估图形式。其中图2-5-1"只能意会，不能言传"，还需要进一步优化、迭代，才能具有较强的实用性。从应用层面来看，竞争定位模型还有三种表现形式：其一，图2-7-1、图2-7-2、图2-7-3的推导图形式；其二，图2-7-4的表格图形式；其三，论证报告形式。其中第三种论证报告形式，由于占用篇幅较多，且从"其一、其二"不难得出"其三"，因此本节没有给出具体案例。

1.拼多多：如何在"大鳄"的眼皮底下定位一个潜优产品？

当阿里巴巴、京东已经成为电商行业的"大鳄"时，2015年才创立的拼多多，只用不到3年就在美国纳斯达克上市了。腾讯有钱、有人、有品牌、有流量，曾经投入几十亿元搞出电商平台"拍拍网"，但最终收获的是惨痛的失败和教训，无奈只能战略投资京东、拼多多，从而间接地参与电商业务。拼多多是如何逆袭成功的？仅仅是"赛道"选对了，投资就是投人吗？图2-7-1以竞争定位模型的核心思想，相对结构化地回答如上问题。成功乃成功之父，失败是成功之母，拼多多的成功经验值得广大创业者、经营者借鉴。

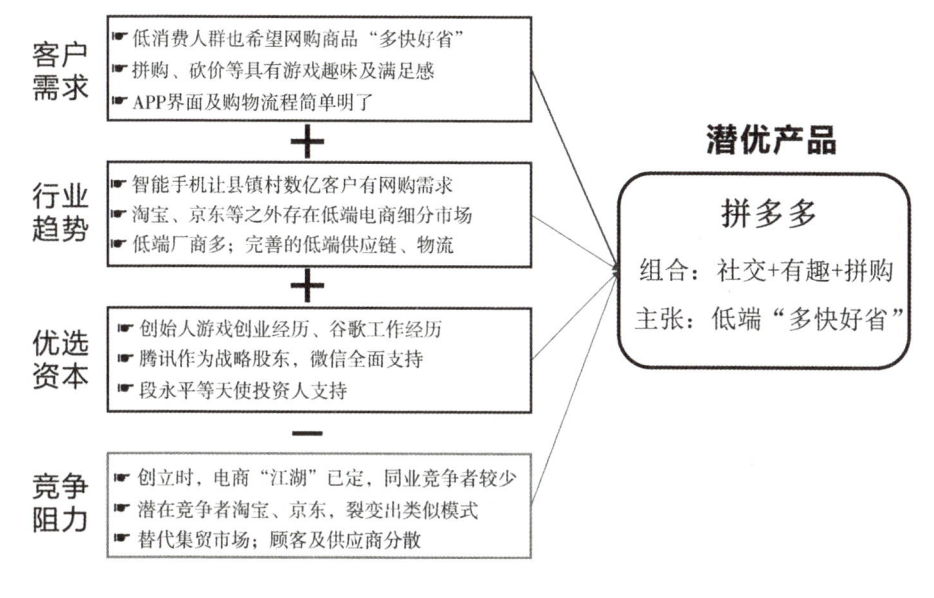

第 2 章
竞争定位：找到"风水宝地"，定位潜优产品

```
客户      ■ 低消费人群也希望网购商品"多快好省"
需求      ■ 拼购、砍价等具有游戏趣味及满足感
          ■ APP界面及购物流程简单明了
                    +                              潜优产品
行业      ■ 智能手机让县镇村数亿客户有网购需求
趋势      ■ 淘宝、京东之外存在低端电商细分市场              拼多多
          ■ 低端厂商多；完善的低端供应链、物流
                    +                          组合：社交+有趣+拼购
优选      ■ 创始人游戏创业经历、谷歌工作经历              主张：低端"多快好省"
资本      ■ 腾讯作为战略股东，微信全面支持
          ■ 段永平等天使投资人支持
                    +
竞争      ■ 创立时，电商"江湖"已定，同业竞争者较少
阻力      ■ 潜在竞争者淘宝、京东，裂变出类似模式
          ■ 替代集贸市场；顾客及供应商分散
```

图 2-7-1 以竞争定位模型"推导"拼多多的创立之道
图表来源：李庆丰，"战略定位"理论

市场经济越发达，竞争环境越激烈，企业就应该更加专业化，通过不断增加技术厚度，为客户创造超出期望的价值。 就现在的产业竞争环境而言，中国与现在的非洲国家、越南及印度并不类似，如果创业者继续像过去那样抓机会、拍脑袋、凭胆魄，以"迷之自信"的态度创业，那么能有万分之一的成功概率就不错了。现在，创业者可以试一下按照竞争定位模型，辅之以传统的创业项目可行性调研与论证，双管齐下、客观认真地"操作"，全面评估创业"赛道"是否正确、创业项目是否可行。

2.拓璞五轴：以核心竞争力助推"第二曲线"潜优产品

上海拓璞数控科技股份有限公司（以下简称"拓璞数控"）由王宇晗等多位上海交通大学的教授、博士创立，根植于机床行业"皇冠上的明珠"——五轴联动技术，他们连续20年深耕高端机床装备领域，心无旁骛地不断加大技术创新投入，持续进行新产品和首台套研发，实现了

117

战略定位

一个又一个产业化突破。从2012年开始，拓璞数控专注于将五轴联动技术应用于航空航天产业，开发了八大类高端制造装备，其中六大类处于市场领先及垄断地位，并达到世界先进水平。

2021年，拓璞数控以企业初步具备的核心竞争力——五轴联动技术打造市场需要的明星产品，开始进入民用五轴联动机床装备领域。拓璞数控试水民用市场的第一个产品是车铣复合五轴联动机床（简称"拓璞五轴"）。拓璞五轴具有颠覆式（或破坏式）技术创新特色，能够解决客户"买不到""价格贵""维修、保养难"等多个"痛点"。拓璞数控研发小组在产品调研、论证时，借鉴了如家公司创立时对经济连锁酒店产品开发的成功经验，采用了蓝海战略的价值曲线战略布局图、"剔除、减少、增加、创新"四步动作框架等进行概念产品的构思与设计。竞争定位模型是蓝海战略的上游理论，两者可以前后搭配互补使用。见图2-7-2，穿过时光隧道回到2021年，在应用蓝海战略之前，我们采用竞争定位模型对当时拓璞数控的"第二曲线"创新产品——车铣复合五轴联动机床，进行一些预判和可行性评估。

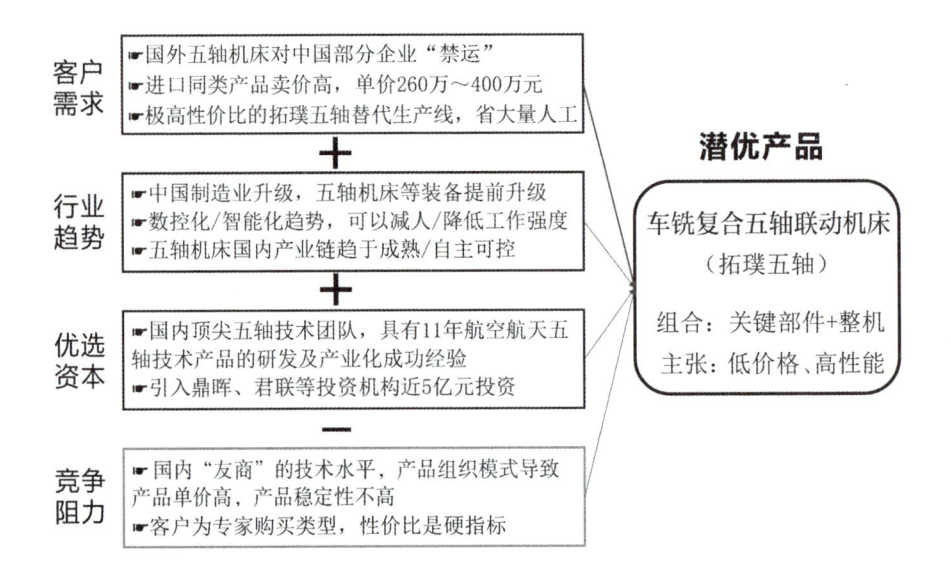

图 2-7-2　以竞争定位模型评价分析拓璞五轴的新产品定位
图表来源：李庆丰，"战略定位"理论

118

3.小罐茶：为什么我这个潜优产品常常遭受"网暴"？

在创立小罐茶之前，业界普遍认为"营销鬼才"杜国楹主要通过高人一等的营销技术，先后打造出像背背佳、好记星、E人E本、8848手机等红极一时的爆款产品。在小罐茶占领高端商务礼品茶市场后，可能是惯性使然或人云亦云，杜国楹被一些"知识青年"贴上"营销大神""忽悠大师""千手观音大师""智商税收割专家"等标签。遭遇此类"网暴"后，杜国楹公开回应称，他从来不是"营销高手"，而是"产品经理"。他反复强调一句话："产品是道，营销是术。"杜国楹表态，他余生将专注于小罐茶、高端茶事业，成为长期主义者、彻底的产品主义者。例如小罐茶与IBM合作，基于认知视觉研发了AI（Artificial Intelligence，人工智能）挑茶机器人。小罐茶黄山智能化生产基地耗资15亿元，历时六年才建成，达到工业4.0标准的现代化工厂内有近250台自动化设备，制茶过程90%的工序实现自动化……

小罐茶确实贵，如最典型的"金罐"，每罐4克，一罐50元，0.5千克茶的售价高达6 250元。如果贵有贵的道理，有顾客踊跃购买是否就符合市场经济？一瓶葡萄酒需要用大约1.5千克葡萄酿造而成，有的卖20元人民币，有的卖2 000多欧元；茅台酒的主要原料是高粱，成品酒的化学成分近99%是乙醇和水；相比普通吹风机，戴森吹风机的材料成本并不高，但售价可以提高50倍以上；同样属于一个收纳日杂的皮革制品，爱马仕铂金包售价15万元算"平价"，顾客交款后需要等至少六个月才能拿到货，关键是消费者都觉得物有所值，买了一个又一个……

一些人质疑小罐茶"收割智商税"，主要因为茶叶的制作过程都是"一片鲜叶变一片干叶"，很难对企业产品实施深度差异化，所以一些潜在消费者感觉太贵了！对茶树这类植物有所了解的人也许都会质疑，0.5千克由老茶农"弄弄干"的茶树叶子就卖6 250元？小罐茶于2016年7月正式上市售卖，2018年销售额超过20亿元，一举成为行业佼佼者。图2-7-3以竞争定位模型简要评价及分析小罐茶的创立及定位之道，从商业逻辑上说明

战略定位

小罐茶在细分市场及"赛道"选择上有可圈可点之处。企业想进一步将潜优产品打造为拳头产品，还需要借助三端定位模型等战略工具。

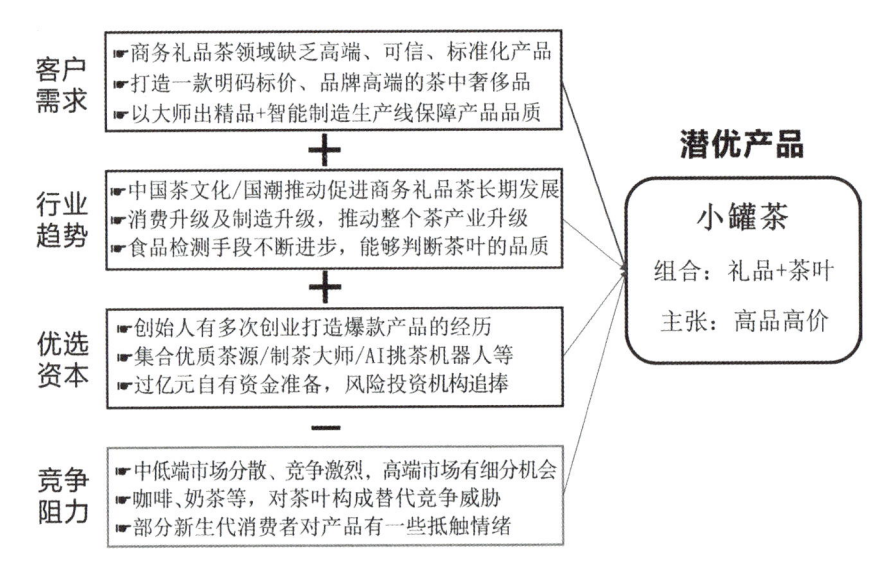

```
客户需求
 ▸ 商务礼品茶领域缺乏高端、可信、标准化产品
 ▸ 打造一款明码标价、品牌高端的茶中奢侈品
 ▸ 以大师出精品+智能制造生产线保障产品品质
          +
行业趋势
 ▸ 中国茶文化/国潮推动促进商务礼品茶长期发展
 ▸ 消费升级及制造升级，推动整个茶产业升级
 ▸ 食品检测手段不断进步，能够判断茶叶的品质
          +
优选资本
 ▸ 创始人有多次创业打造爆款产品的经历
 ▸ 集合优质茶源/制茶大师/AI挑茶机器人等
 ▸ 过亿元自有资金准备，风险投资机构追捧
          -
竞争阻力
 ▸ 中低端市场分散、竞争激烈，高端市场有细分机会
 ▸ 咖啡、奶茶等，对茶叶构成替代竞争威胁
 ▸ 部分新生代消费者对产品有一些抵触情绪

潜优产品
  小罐茶
组合：礼品+茶叶
主张：高品高价
```

图 2-7-3　以竞争定位模型评价分析小罐茶的创立及定位之道
图表来源：李庆丰，"战略定位"理论

4.诺比侃：潜优产品以AI算法保障高铁列车运营安全

成都诺比侃科技有限公司（以下简称"诺比侃"）创立于2015年，最初开发及推向市场的企业产品为铁路系统专用智能量具。经过三年左右的创业探索，诺比侃发现，智能量具虽然看起来需求量很大，但实际上很难做起来，以竞争定位模型简要分析，主要原因有：①竞争阻力大。以智能量具替代传统量具，虽然是行业长期趋势，但是直接用户并不积极采用，传统供货厂商依然有较强的竞争力，很难对它们进行快速替代。②优选资本匹配度不高。诺比侃的技术团队侧重软件及算法，而智能量具的硬件特性更明显。

从2018年开始，诺比侃创始人、董事长廖峪带领团队走访铁路、地铁等客户的相关应用场景、"站场路局"，以解决客户的重大"痛点"及

第 2 章
竞争定位：找到"风水宝地"，定位潜优产品

"麻烦"为出发点，开始重新调研企业产品的方向，最终发现及定位出一个比较符合预期的潜优产品——铁路接触网AI检测系统。像我们经常乘坐的高铁列车上方都有一个接触网供电系统，该接触网几乎完全暴露在户外，时时经历着高频高强震动、风吹日晒，还会受到沿线恶劣天气及地质环境灾害侵扰，所以隐患不时出现，严重影响高铁列车的运行安全。因此，检测车上布置了诸多组高速相机，对高铁、普铁的接触网供电系统进行日常拍照、摄像检测，及时发现并排除各项安全隐患，这一直是铁路运营、维保工作的重中之重。

诺比侃研发的铁路接触网AI检测系统（简称"诺比侃AI"）深度发挥人工智能及算法技术优势，可以完美替代原来的人工检测、人眼识别，解决了铁路客户"需雇用大量人员，人工识别图像效率低、准确度低、漏检情况较多、存在安全隐患"等"痛点"……在企业产品研发最艰难的阶段，诺比侃创始人曾以自有房产抵押贷款帮助企业渡过难关，后来诺比侃又获得了3 000万元风险投资。图2-7-4以竞争定位模型简要评价及分析诺比侃AI的定位之道，希望能给那些还处于迷茫探索中的创业企业一些思路和启发。

以上四个案例中，拼多多属于渠道服务或平台型产品，拓璞五轴属于"硬科技"产品，小罐茶属于消费品，诺比侃AI属于软件/算法定义产品。它们都可以用图2-6-1所示意的评估图进行"优良中差"评估打分，给出一些有理有据的直观判断。

下面我们再对竞争定位模型的具体应用做三点补充：

（1）竞争定位模型与五力竞争模型的联系与区别。当应用竞争定位模型分析其中的竞争阻力要素时，我们经常需要用到五力竞争模型（或"五种竞争力量"）。在公式"潜优产品=客户需求+优选资本+行业趋势-竞争阻力"中，只有当前三个要素"客户需求、优选资本、行业趋势"叠加起来远大于最后一个要素"竞争阻力"时，企业才有可能发

现及定位一个潜优产品。也就是说，竞争定位模型中隐含着对立统一的矛盾双方——初创企业与五种竞争力量。如果初创企业结合各种优势力量，能够与行业中的五种竞争力量进行对抗，并且获胜概率较大，那么就可能在行业中找到自己生存的位置。

潜优产品：诺比侃铁路接触网 AI 检测系统（简称"诺比侃 AI"）			
产品愿景：发现及定位潜优产品	要素及内容	要素评价	总体评价/结论
	1. 客户需求 ▪ 马斯洛需求理论 ▪ 产品经理理论 ▪ 顾客价值理论 ▪ JTBD 理论	▪ 要雇用大量人员，人工识别图像效率低、准确度低、漏检情况较多、存在安全隐患 ▪ 诺比侃铁路接触网AI检测系统可以解决以上问题	综合企业的竞争定位模型四个要素，可以定位一个潜优产品 **潜优产品** 诺比侃铁路接触网AI检测系统 **产品与模式** ▪ AI算法定义产品 ▪ 为客户提供整体解决方案 ▪ 先从一个铁路局切入搞试点，深度介入应用场景，持续提升技术厚度和产品完善度，为客户创造超越期望的价值
	2. 行业趋势 ▪ 宏观环境分析 ▪ 行业供需分析 ▪ 赢利能力分析	▪ 高铁运营里程4万千米，铁路运营里程15万千米，未来将继续高速增长。中国高铁出海有成为长周期增长因素 ▪ 更重视铁路运营安全/稳定	
	3. 优选资本 ▪ 智力资本 ▪ 物质资本 ▪ 货币资本	▪ 创业团队在AI算法方面资历深，重视产品调研及复盘 ▪ 与西南交通大学及中国铁道科学研究院等单位合作研发 ▪ 获得风险投资3 000万元	
	4. 竞争阻力 ▪ 五力竞争模型 ▪ 三大通用战略 ▪ 蓝海战略 ▪ 品类分化	▪ 商汤科技等"AI 四小龙"关注行业多，业务分散，创造客户价值略有不足 ▪ 从接触客户到形成批量供货周期长，对产品要求高	
潜优产品=客户需求+行业趋势+优选资本-竞争阻力			

图 2-7-4　以竞争定位模型评价分析诺比侃 AI 的定位之道
图表来源：李庆丰，"战略定位"理论

（2）潜优产品属于一系列连贯活动的"果实"。"长江后浪推前浪，一代新人胜旧人。"将五力竞争模型精简为顾客、竞争对手，再加上企业自身，就是大前研一提出的战略三角模型（"3C模型"）。大前研一认为企业自身（Corporation）、顾客（Customer）、竞争对手（Competition）构成的战略三角模型，是成功战略的三个关键因素，在制定任何经营战略时，企业都必须考虑这三个因素。他认为精明的战略学家总是从整体纵览这三个因素，力图把握它们之间的动态关系，将它们整合在同一个战略内，制定最为适宜和有效的战略规划，从而建立可持续的竞争优势。

泛泛而言，于事无补。千万数量级的经营者都扎根于自己的公司，每天都在接触顾客、感受着竞争对手的力量。尽管"战略三角"时刻环绕在他们身边，但是真正精明的战略学家能有多少呢？真正的好战略又有几个呢？古往今来，几乎每代人都有飞上天空的梦想，比如像鸟一样长出两个翅膀——现在的说法叫作"一体两翼"。将梦想或畅想变成现实，必须有工程化方法。直到1903年，莱特兄弟通过他们首创的飞行控制系统，才把"像鸟一样飞行"的梦想转变为可行的产品——飞机。

采用公式"潜优产品=客户需求+优选资本+行业趋势−竞争阻力"简要表达的竞争定位模型，其应用范围相对狭窄，仅适用于创业前期企业发现及定位潜优产品，在扩展后还适用于企业转型期发现及定位潜优产品Ⅱ、对新产品开发提供一些辅助指导。但是，竞争定位模型是否同样也会遇到"泛泛而言"的问题？把客户需求、优选资本、行业趋势、竞争阻力四个要素搞明白，就一定能够推导出一个潜优产品吗？

这样说来，一个公式尚不能完全代表竞争定位，本章的内容也不是竞争定位的全部内容。基于竞争定位三要件，潜优产品属于一系列连贯活动的成果，包括：调研、争论、推导、创新、涌现、验证……还包括：学习再学习、批判再批判、从头再来……

（3）竞争定位只是万里长征第一步。竞争定位的核心内容是竞争定位模型，主要适用于指导初创企业如何发现及定位一个潜优产品。有人会问：通过竞争定位模型评估，定位了一个比较满意的潜优产品，是否就意味着创业基本成功了呢？小企业要想成为巨无霸，竞争定位只是万里长征第一步，后面还有三端定位、分形定位等；除了战略定位，还有战略增长、培育核心竞争力等工作要做。

第 3 章
三端定位：打造威名远扬的拳头产品

本章导读

　　三端定位模型是本章的重点内容，它代表着企业的商业模式。什么是商业模式？什么是三端定位模型？借用民间的一句谚语"众人拾柴火焰高"，三端定位就是将"目标客户、合作伙伴、企业所有者"三者的利益统一起来，形成强大的合力，共同打造优异的企业产品，可以被趣称为"三个人打造一个好产品"。"众人拾柴火焰高"还有下一句"三家四靠糟了糕"，就是说如果"目标客户、合作伙伴、企业所有者"三者利益不统一，不能形成强大的合力，那么企业产品就糟糕了，商业模式也就不能持久了。

　　三端定位的产品愿景是打造拳头产品。拳头产品是从潜优产品晋升而来的，指在市场上有影响力、用户众多的标杆性企业产品。拳头产品是企业产品中的出类拔萃者，它们能够撑起企业成长的一片天。从潜优产品转变为拳头产品，好像一个有志少年终于成长为栋梁之材。

　　本章第10节以约8 000字的篇幅系统介绍了快时尚跨境电商平台SHEIN公司的竞争定位、三端定位。SHEIN的创始人许仰天出身穷苦，小时候经常馒头就着酱油就算是一顿饭了。他24岁时创立SHEIN，历经10多年将SHEIN打造为一个估值达千亿美元的超级独角兽。总体来说，SHEIN的价值主张为"上新快、价格低、品类多"——这被业界称为"不可能三角"，也就是说一家企业很难把"速度经济、规模经济、范围经济"集成于一身。SHEIN是怎么做到的呢？

　　三端定位就是商业模式定位，如同美国的旧金山又被称为三藩市，两者只是同一城市的不同名称。只有做好三端定位，一家企业的商业模式才站得住脚。

3.1 从创立期到成长期，如何让企业"跨越阶梯"？

> **重点提示**
>
> ※ 大部分创业项目失败及陷入所谓"C轮死"魔咒，其主要原因是什么？
>
> ※ "跨越阶梯"与"跨越鸿沟"有哪些关联及区别？
>
> ※ "产品发生器"有何战略价值及实用意义？

1962年，俞敏洪出生于江苏省一个普通农村家庭。在他小时候，他的家境并不好，他曾两次参加高考，都没有考上。在那个年代，为了让俞敏洪能够继续学习并得以第三次参加高考，他母亲跑遍周边几十千米范围内的乡镇、县城，到处打听、托人，最终以给人家带孩子、做家务为交换条件，为俞敏洪争取到一个上高考复读班的名额。1980年，俞敏洪第三次参加高考，成功考入北京大学西语系英语专业。1993年，多次尝试出国留学未成的俞敏洪创办了北京新东方学校，专注于出国留学英语考试培训。

崔宝印被称为"北美崔哥"，1963年出生于北京。据说他中学时英语成绩非常好，语言天赋极高，被保送到北京外国语大学及北京大学读书，毕业后被分配到故宫博物院工作，专门为来访的外国政要提供英语同声传译服务。1988年，崔宝印移民美国，那里人人都讲英语，他感觉到自己英语再好，也没有特别大的用场。为了养家糊口，崔宝印干过各种各样的体力活儿，先后做过十来种小生意：卖吸尘器、卖汽车、送比萨、开餐馆、搞传销、演替身、做翻译、当导游、开武馆、当律师……用他自己的话说，他简直是饱经沧桑。2009年，一次偶然的机会，46岁的崔宝印用中文及英文讲段子的视频在网上火了起来。他从此转型为脱口秀艺人，正式开启他在美国的事业。

20世纪80年代正值改革开放初期，俞敏洪、崔宝印能够考上北京大学，选择热门的英语专业，可谓人中龙凤，前途无量。从客观条件上说，在进入大学之前，俞敏洪比崔宝印稍差一些，但是大学毕业后俞敏洪辞职创业，选择英语培训这个"赛道"，定位于"出国英语考试培训"这个潜优产品，可谓竞争定位正确。此后，他带领新东方将"出国英语考试培训"打造为拳头产品，并以此带动小语种、考研、文化课、职业技能等培训产品线的创立和发展。

客观条件相对优越的崔宝印在移民美国后的前20年，为了谋生及养家糊口，他努力通过各种手段，试图找到自己的竞争定位，但一直没有发现适合自己的"潜优产品"。皇天不负有心人，人到中年，饱经沧桑的崔宝印最终在美国找到了自己的事业归宿：专注于娱乐直播"赛道"，定位于"北美崔哥"这个潜优产品，做一个脱口秀艺人。至此，历尽千辛万苦后，崔宝印成功找到了事业上的竞争定位。

2022年2月及6月，能量奇点、星环聚能这两家国内从事"可控核聚变"相关业务的公司先后拿到了融资。其中能量奇点获得将近4亿元人民币的天使轮融资，投资方是米哈游、蔚来资本、红杉种子、蓝驰创投；星环聚能获得数亿元人民币的天使轮融资，后面有近10家风险投资机构，包括顺为资本、中科创星、红杉种子、联想之星、元禾原点、华方资本等。

从竞争定位看，获得融资后，能量奇点所期望定位的潜优产品是：为未来商业核聚变发电厂提供高性价比、高可靠性的核心组件和服务。星环聚能表示，本轮融资的资金将用于可控聚变实验装置的建设与运行，最终希望通过聚变装置发电或者输出动力，创造商业价值。

1905年，爱因斯坦提出著名的质能方程。在此后很长一段时间里，可控核聚变都是一门不可控的"玄学"。无论是过去，还是现在，你去问物理学家"可控核聚变什么时候能够商用发电",得到的答案几乎永远都是"还有30年"。因此,在竞争定位及定位潜优产品方面,能量奇点、星环聚能这两家公司面临特别大的创业风险,未来发展情况也具有较大的不确定性。

竞争定位就是选择"赛道",定位潜优产品。潜优产品就是有潜力的优异产品,能够引导企业成长与发展的潜力产品。潜优产品可以看作是企业所选"赛道"上优选的概念性产品,并有望在未来成长为拳头产品。前面列举俞敏洪与崔宝印两位北京大学学子、能量奇点与星环聚能两家高科技公司的案例,试图从个人事业发展、企业创业投资两个角度再次说明找准竞争定位及正确定位潜优产品的重要性。温故而知新!大家可以应用竞争定位的公式"潜优产品=客户需求+优选资本+行业趋势-竞争阻力"对上文列举的相关案例进行分析与评判。

竞争定位是战略定位的"排头兵"。本书阐述的战略定位,包括竞争定位、三端定位、分形定位、联接定位这"四大金刚"及品牌定位,共五个部分。"四大金刚"侧重对企业产品进行定位,品牌定位侧重对企业产品进行形象塑造,属于市场营销的重点内容。"四大金刚"首尾相连、前后串联,前一个定位不成功,后面的定位也不大可能成功。对企业产品进行定位的"四大金刚"又是品牌定位的前提,若企业产品不行,品牌定位也不太可能取得成功。皮之不存,毛将焉附!

从哲学层面上说,企业成长与发展遵循螺旋式上升规律;从数学层面描述,企业成长与发展轨迹并不是一条连续曲线。例如根据杰弗里·摩尔提出的"跨越鸿沟"理论:由于对新产品的不同态度,在早期用户与早期大众之间有一条显著的鸿沟,大部分创业公司很难跨越。再如,"第二曲线"理论的提出者及研究者认为:企业的第一曲线与第二曲线之间存在显著的非连续阶梯。混沌学园的创始人李善友认为,企业应该通过"哲科思维""破界"创新,跨越这两条曲线之间的非连续阶梯。笔者认为,在创立期、成长期、扩张期、转型期等企业生命周期各个阶段之间，也存在非连续阶梯需要跨越。因此，战略定位也像"接力赛"，需要逐次跨越非连续阶梯。

大部分创业项目失败或者陷入所谓"C轮死"魔咒，虽然理由千万条，但关键只有一条：战略定位出现问题。拆解来看，它主要包括三大问题：第一，竞争定位出现问题。企业在初创阶段没能成功定位一个潜优产品，最终未能跨越创立期与成长期之间的非连续阶梯。第二，三端定位出现问题。成长阶段没能打造一个拳头产品，企业陷入"伪成长"陷阱，最终未能跨越成长期与扩张期之间的非连续阶梯。第三，分形定位出现问题。创立期及成长期就提早应用分形定位进行多元业务扩张，或扩张期的分形定位出现混乱及失序——这两种情形都将导致企业提前进入衰退期！

接续上一章阐述的竞争定位，本章作为全书重点内容，重点阐述三端定位。从适用阶段或应用场景来看，竞争定位主要适用于企业创立期，而三端定位主要适用于企业成长期。创业必然有"从0到1"的突破，尽管相关论述很多——如《从0到1》那样泛泛而言的特殊性经验的表述——但尚没有真正能够指导创业实践的理论。**首先，"0"指什么？可以认为是没有潜优产品的阶段。其次，"1"指什么？可以认为是有了潜优产品并努力打造出拳头产品的阶段。**有了拳头产品之后，企业就初步具备了基于拳头产品进行分形扩张的能力，我们可以认为企业就要步入扩张期了。

基于"从0到1"继续探究，创立期与成长期的分水岭是什么？在创立期，企业的重点工作是创业调研、产品开发、营销"破局"及"破圈"，即定位（包括发现、选择等）及开发潜优产品；在成长期，企业的重点工作是促进潜优产品向可行的拳头产品转换，通过持续增长打造出真正的拳头产品。两者的分水岭可以适当借用"跨越鸿沟"理论进行解释。

由于对新产品的不同态度，创新者、早期用户、早期大众、晚期大众、落后者五种类型的目标客户，依照接受新产品的先后顺序，就可以划分成五个相互联系、依次递进的阶段，如图3-1-1所示。在早期用户与早期大众之间（图中A→B之间）有一条更显著的"鸿沟"，大部分创业企业很难跨越。如果有企业成功跨越了这条"鸿沟"，就类似现在所谓的"破圈"。简单划分一下，A点左边的一段时期属于创立期，B点右边的一段时期属于成长期。

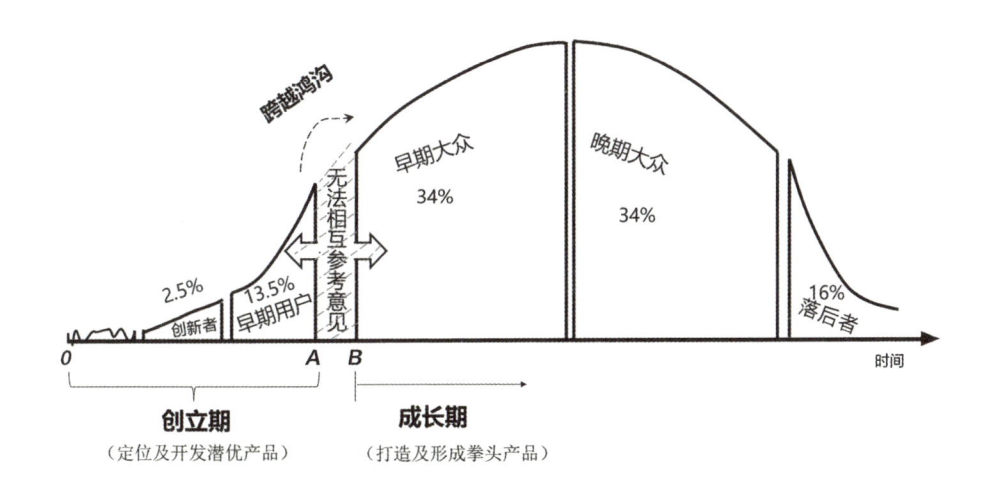

图 3-1-1　创立期与成长期之间的非连续阶梯及"跨越鸿沟"

在创立期，企业的重点工作是定位及开发潜优产品，其中定位潜优产品主要依据竞争定位模型（公式"潜优产品=客户需求+优选资本+行业趋势−竞争阻力"），而企业在开发潜优产品时，既要用到竞争定位模型，也要用到三端定位模型。

从0到1，从创立期到成长期，企业如何跨越阶梯呢？从战略定位的角度来看，主要包括三个步骤，如图3-1-2所示。

步骤一，企业通过竞争定位模型定位潜优产品，调研论证行业趋势、优选资本、竞争阻力等要素，最终归集为识别目标客户及探索客户需求，以便与"商业模式第一问"联系起来。

步骤二，结合所定位的潜优产品，企业将客户需求分解为"需求组合、应用场景、价值盈余"三个相互连接的方面，并从中归纳出企业产品的价值主张，实现从需求侧向供给侧过渡。

步骤三，企业通过价值主张，开发产品组合，匹配赢利机制，达到三者合一，初步形成完整意义上的企业产品，最终实现企业产品与目标客户需求之间或者说供给侧与需求侧相互"击穿"、融为一体。

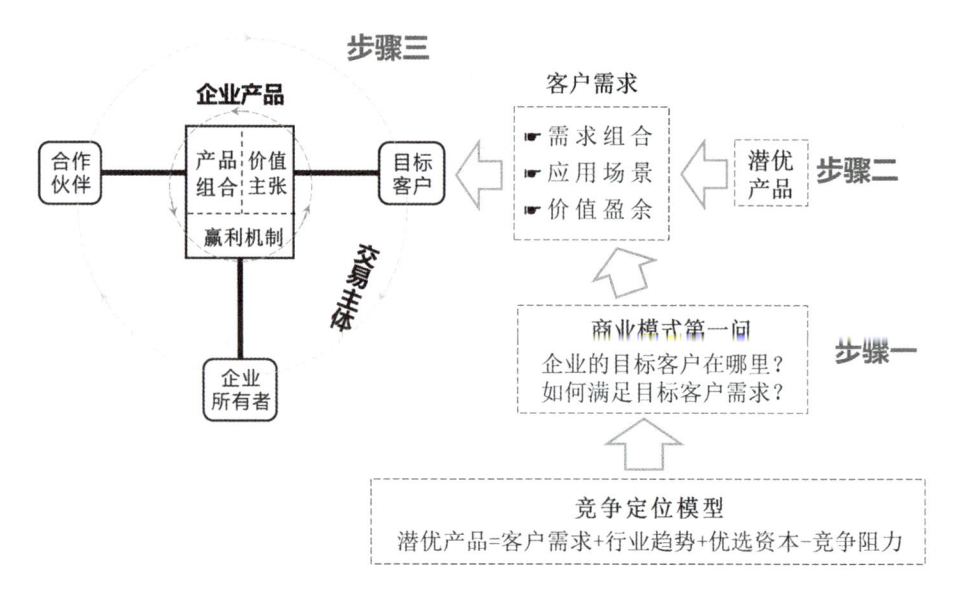

图 3-1-2 从创立期到成长期，"跨越阶梯"三步骤
图表来源：李庆丰，"战略定位"理论

在上述三个步骤中，其中"步骤一"属于第2章重点阐述的内容，"步骤二"及"步骤三"属于本章具体讨论的内容。在此需要进一步说明的内容有如下三点：第一，定位潜优产品（步骤一）就是创业前期调研、选择"赛道"及形成概念性产品；开发潜优产品或打造拳头产品的前期阶段（步骤二及步骤三）主要包括形成"最小可行产品"及持续优化、迭代，营销"破局"及"破圈"等工作内容。从前者到后者，实际

上也是商业模式探索阶段。第二，本书重点讨论战略定位，所以那些与产品经理、产品开发相关的具体工作内容就一带而过。第三，为了方便阐述，本书可能将竞争定位与创立期、三端定位与成长期等一一对应起来。如前所述，实际上，企业在创立期也会涉及三端定位的部分内容。

在战略定位的"四大金刚"中，三端定位属于重点内容，篇幅占比接近50%。之所以这样安排，有三个理由：第一，三端定位关乎如何让企业产品实现从无到有、从有到优！其中的三端定位模型源自T型商业模式的本质和内核，是企业探索、设计及优化商业模式的重要工具。第二，三端定位的重要"职能"是为企业可持续成长与发展构建"产品发生器"，之后的产品愿景——拳头产品、超级产品、名优产品及产品生态系统的形成，都源于此"产品发生器"。第三，传统战略教科书涉及企业创立期及成长期的内容少之又少，且乏善可陈。本书重点阐释竞争定位及三端定位，可谓"明知山有虎，偏向虎山行"！

根据战略定位三要件"发展阶段、产品愿景、定位平台"，本章阐述的三端定位主要适用于企业成长期，部分适用于企业创立期；追求的产品愿景是为企业打造拳头产品；定位平台相关的内容主要包括：三端定位模型、第一飞轮效应、企业产品开发模型、第二飞轮效应等。

战略定位

3.2 三端定位模型：小企业是如何长大的？

> **重点提示**
>
> ※ 从构成要素出发，在哪些情况下企业产品是不完整的？
>
> ※ 构造"免费+收费"的经典产品组合的难点在哪里？
>
> ※ 对于企业产品衍生及进化，三端定位模型具有哪些指导意义？

三端定位模型源于笔者提出的T型商业模式理论，表现形式等同于T型商业模式的定位图。它由位于中央及外围的两部分共六个要素构成：位于中央的"价值主张、产品组合、赢利机制"，三者合一或者说三位一体，属于企业产品的三个构成要素；位于外围的"目标客户、合作伙伴、企业所有者"，属于交易主体的三个构成要素，见图3-2-1。位于外围的部分与位于中央的部分之间的关系为：交易主体共同促成及构建企业产品，企业产品实现交易主体的利益诉求。企业以客户需求为引导，在应用三端定位模型时，首先对企业产品的三大构成要素"价值主张、产品组合、赢利机制"进行定位，其次对三大交易主体"目标客户、合作伙伴、企业所有者"进行定位，最后利用企业产品与交易主体各要素之间的对应关系，促成具有增强反馈循环的飞轮效应，成功打造拳头产品。这些都是本章后续各节讨论的主要内容，本节主要对三端定位模型进行概要性介绍。

1.商业模式立足的基本条件

"价值主张、产品组合、赢利机制"三者合一，才能形成完整意义上的企业产品，这也是商业模式立足的基本条件。

接续上一节俞敏洪创办新东方的案例。20世纪90年代，国内兴起出国留学热，而民办英语培训机构很少。俞敏洪从北京大学西语系辞职，创业初期主要从事出国留学托福考试培训。从价值主张上说，相对于当时的同业竞争者，俞敏洪的托福培训能够抓住考试要点，讲课风趣幽默，课堂气氛活跃，获得学员一致好评。从产品组合上讲，俞敏洪具有十多年北京大学学习及教学经历，自己也曾经参加托福考试，具有很强的责任心及技术厚度，能够把托福培训越办越好。从赢利机制上说，那时场地及人员费用低，竞争不激烈，收费可以稍高一些，且教育培训产品具有边际成本递减的特点，当学员数量线性增加时，企业的净利润将指数级增加。因此，从企业产品层面来说，在创业初期，俞敏洪创办的新东方能够实现"价值主张、产品组合、赢利机制"三者合一，这也标志着商业模式初步形成，为新东方此后迅速崛起奠定了基础。

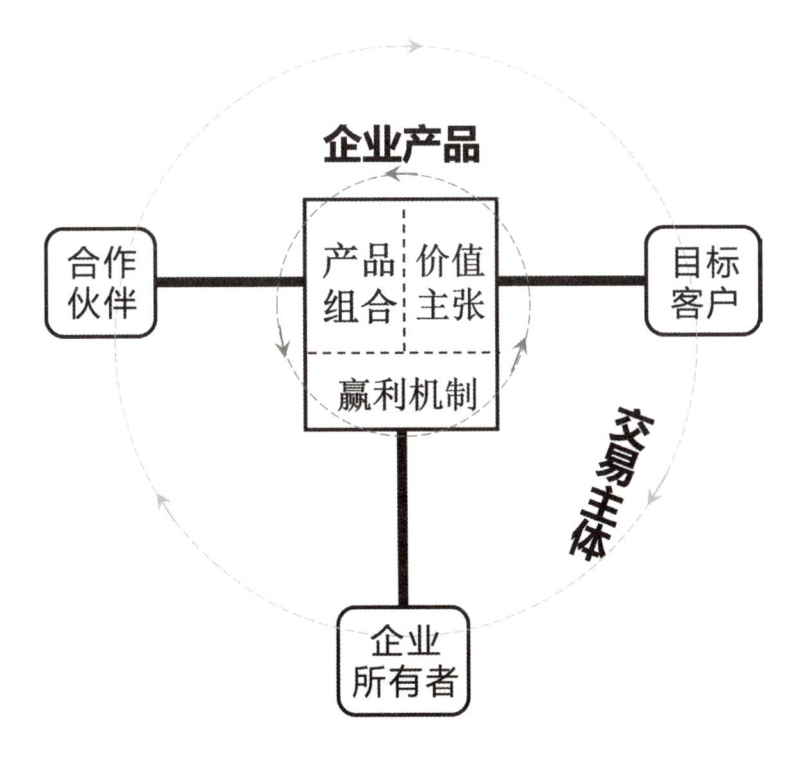

图 3-2-1　三端定位模型或 T 型商业模式定位图
图表来源：李庆丰，《新竞争战略》

同样是上一节的案例：在那个年代，虽然"北美崔哥"崔宝印自身条件更优越一些，但是他移民美国后，一直没有形成自己的商业模式。进一步拆解而言，他英语很好、能言善侃，但这个专长未能让他在大家都讲英语的美国找到合适的"赛道"及目标客户，所以崔宝印长期没能打造一个不断进化的产品组合，也必然不会存在可持续的赢利机制。也就是说，基于他自身技能或专长的"价值主张、产品组合、赢利机制"三者不能合一，不能形成一个完整有效的企业产品——商业模式无立足之地。2009年，"北美崔哥"开始进入娱乐赛道，成为脱口秀艺人。通过网上视频及专场表演，他对外输出的价值主张——调侃时事、揶揄世人、寓理于乐，很快在海内外拥有数百万粉丝。基于价值主张的产品组合网上脱口秀节目《崔哥天天侃》，经过不断优化、迭代，已经实现产品化，每周多次以固定形式对外"输出"。从赢利机制上说，有了粉丝和流量，就有广告商赞助，还可以线下演出收费等。当一个初创事业的"价值主张、产品组合、赢利机制"三者合一并形成完整的企业产品后，商业模式才能够成功立足！这就像一棵小树苗逐渐成长起来，未来还可以长成参天大树，乃至衍生为一大片森林。例如美国传奇女性奥普拉成为家喻户晓的脱口秀女王后，通过分形定位开始向出版、传媒、演艺、主持等多方面拓展，逐渐建立起一个实力雄厚的商业帝国。

上一节还讲到能量奇点、星环聚能这两家从事"可控核聚变"相关业务的公司。以图3-2-1所示的三端定位模型进行分析：相对于其他能源形式，该类企业产品的价值主张具有无可比拟的优势，如没有温室气体排放、原料充沛易得、不会产生放射性危害、发电成本低等。但是，形成产品组合太难了，技术实现商用永远"还有30年"！因此，笔者预计在较长期限内，该类创业企业及其投资者期望的赢利机制很难成立，只能依赖外部的股权投资持续提供现金流支撑。这个案例说明，尽管风险投资机构积极参与投资并踊跃下注，但是该类创业项目的"价值主张、产品组合、赢利机制"三者不能合一，仅仅价值主张单一要素具有优势，企业产品不完整，不能让商业模式形成可以立足的闭环。笔者经常打比方说，"价值主张、产品组合、赢利机制"三者就像一个风扇的三个叶片，当三缺一或三缺二时，都不足以让商业模式这个赢利"风扇"正常旋转。

总结而言，"价值主张、产品组合、赢利机制"三者合一构成完整意义上的企业产品，每一项都不可或缺。见图3-2-1，处于中央的企业产品与处于外围的交易主体各要素之间形成对应关系：价值主张源于目标客户需求，它代表企业产品能够给目标客户带来哪些重要价值及实用意义；产品组合由合作伙伴通过不断技术创新、迭代、优化共同构建与打造，它代表合作伙伴对企业产品创造的价值和贡献；赢利机制主要由企业所有者原始投资或盈利再投资驱动，它代表企业所有者期望企业产品具有的投资价值和收益。简要地说，价值主张主要代表目标客户的利益，产品组合主要代表合作伙伴的利益，赢利机制主要代表企业所有者的利益。交易主体共同促成及构建企业产品，企业产品实现交易主体的利益诉求。因此，企业产品也是三大交易主体共有的利益综合体。

2.先导性或龙头企业"赢家通吃"

产品组合的"多元混搭"创新趋势，正在持续增加构建企业产品的难度系数，提高潜在竞争者的进入门槛，在一定程度上促成先导性或龙头企业实现"赢家通吃"。

从产品时代进入商业模式时代，一个显著的变化是企业创立初期的产品组合就呈现出丰富多元的创新与搭配形式。一些书籍中所讲的22种赢利模式或55种商业模式，像"免费+收费"组合、产品金字塔组合、直营加盟组合、平台组合、"整机+核心零部件"组合、解决方案组合、乘数产品组合、店中店组合、"实业+金融"组合、"主机+耗材"组合等多元混搭创新，笔者称之为典型产品组合。实际上，它们不是完整意义上的企业产品及商业模式，而是T型商业模式理论的其中一个要素——产品组合的创新与变化形式。竞争与科技进步让产品创新变得丰富多彩，所以产品组合可以有成千上万，甚至无穷无尽的变化形式，而商业模式的通用结构只能有一个——笔者的贡献是T型商业模式。

互联网经济兴起后，最典型的产品组合是"免费+收费"，也叫作"引流品+利润品"组合。另外，像所谓"饵+钩""三级火箭"商业模式，也属于"免费+收费"产品组合的范畴。

例如BAT[①]三者创立时，都采用了"免费+收费"产品组合。百度创立初期推出搜索产品，属于免费的引流品，接着推出广告竞价排名，属于收费的利润品。阿里巴巴转型进入电子商务领域后，重点推出淘宝电商平台，属于免费的引流品，而后通过广告盈利，并推出收费的利润品——支付宝、天猫等平台产品。腾讯创立时推向市场的即时通信产品QQ，属于免费的引流品，接着通过会员、游戏等多种利润品业务完成收费闭环。线下企业也有很多类似的案例：像万达广场那样，给沃尔玛的场地租金很低，沃尔玛可以为万达广场引流，而万达广场租给珠宝商、手表商的铺位租金较高，为万达广场获取利润；培训机构的公开课属于免费的引流品，而后面的精品课、小班课就属于收费的利润品；吉列的剃须刀架卖得很便宜甚至赠送，可以看作引流品，而易耗品剃须刀片卖得很贵，属于收费的利润品；一些连锁品牌商，推出免费加盟送装修的政策，属于免费的引流品，而加盟商必须持续购买一定数量的品牌产品，就属于收费的利润品。

将企业产品的三大构成要素"价值主张、产品组合、赢利机制"拆解来看："免费+收费"产品组合中的引流品、利润品分别有吸引目标客户采用或购买的价值主张，这是商业模式能够立足的前提条件。该产品组合含有两个以上的产品单元，无论是引流品，还是利润品，都需要耗

---

① BAT指百度、阿里巴巴和腾讯，是Baidu（百度）、Alibaba（阿里巴巴）、Tencent（腾讯）的首字母组合。

费人力、物力、财力开发，对处于起步阶段的创业企业提出了更高的准入门槛。从赢利机制看，"免费+收费"产品组合构成一个赢利模组（详见章节3.6），两者有机连接在一起，对同一目标客户先免费后收费，或对不同的目标客户分别提供免费或收费的产品，即所谓"羊毛出在猪身上，让狗买单"。

结合上述典型案例来看，产品组合的"多元混搭"创新趋势，让企业产品存在多个产品单元、多个价值主张，并需要在它们之间构建有机一体的赢利机制，这都导致整体企业产品实现"价值主张、产品组合、赢利机制"三者合一的难度系数持续增加。此外，这也抬高了潜在竞争者的进入门槛，在一定程度上促成先导性或龙头企业实现"赢家通吃"。

3.小企业成长为巨无霸的"秘密"

1987年，任正非借款2万元创办华为，华为现在是全球通信设备领域数一数二的高科技企业。1999年，以马云为首的18个人凑款50万元创立了阿里巴巴，阿里巴巴现在是全球十大互联网公司之一。1995年，贝佐斯从美国纽约搬到西雅图，在一个车库中创立"万货商店"亚马逊，亚马逊现在是全球最大的电商平台、全球领先的云计算服务商和物流服务商等。这些当年的小企业如何成长为现在的巨无霸？也许我们可以从图3-2-1所示的三端定位模型中寻找一些线索或答案。

这些伟大的企业都是从一个产品单元起步的。华为公司在起步时，从事小型程控交换机跨境贸易；阿里巴巴于2003年转型后，开始创办C2C网站淘宝网；亚马逊在车库起步时，先是创建了一个简陋的网上书店。

见图3-2-1，从竞争定位的潜优产品"跨越阶梯"而来，一家公司起步时的企业产品应该遵循价值主张→产品组合→赢利机制，这样一个逆时针旋转的构造逻辑（详见图3-3-2及上下文）。具体来说，企业根据目标客户需求，归纳出概念性产品单元（或潜优产品）的价值主张，然后将价值主张转变为企业要开发的产品组合，最后基于该产品组合，系统思考企业产品应该具备的赢利机制。

在前文列举的典型产品组合案例中，单一产品单元不一定具备独立的赢利机制，并且经营者通常也不满足于拥有一个产品单元，总是会持续增加产品单元，最终形成更合理的产品组合，以达到形成赢利机制、实现深度差异化、建立"护城河"等目的。在一个产品单元的基础上，企业怎么持续增加产品单元呢？遵循赢利机制→价值主张→产品组合，这样一个逆时针旋转的叠加逻辑。具体来说，企业在赢利机制驱动下，构建叠加的概念性产品，围绕拓展的客户需求生成叠加的价值主张，再落实为现实可行的新增产品单元，不断丰富产品组合的构成。像前文提到的"免费+收费"、产品金字塔、平台产品、解决方案、乘数产品、店中店、"实业+金融"等典型产品组合，都可以拆分为初始产品单元及叠加产品单元两部分。

综上而言，图3-2-1所示的三端定位模型，直观有效地说明了产品思维与商业模式思维的区别。产品思维中的"产品"还没有上升到上述"企业产品"的理论高度，但企业产品也只是商业模式的核心内容。基于T型商业模式理论，战略定位重点探求：企业产品如何从一个初始产品单元不断成长、衍生与进化。

上一节曾说到三端定位模型可以为企业构建一个"产品发生器"。实际上，三端定位模型代表商业模式，本身就是一个促进企业产品成长、衍生与进化的平台（简称"企业产品平台"或"产品平台"）。按照"T"结构分布，该平台包括三个子平台：左侧的产品创造平台，右侧的产品营销平台，下侧的产品资本平台。它们分别对应于T型商业模式的创造模式、营销模式和资本模式……

结合前文列举的新东方、百度、阿里巴巴、腾讯、华为、万达广场、亚马逊等案例，我们可以打个比方：这个"产品发生器"就像一个产品生成旋涡，刚开始旋涡很小，产品组合中可能只有一个产品单元，但只要选对了"赛道"，战略定位正确，团队动力强劲，那个旋涡就会越来越大，产品组合中的产品单元就会越来越多，涌现出潜优产品、拳头产品、超级产品、产品生态系统……不断跨越阶梯。

3.3 价值主张：企业产品与客户需求之间的"连接器"

> **重点提示**
>
> ※ 价值主张说明书有什么作用和意义？
>
> ※ 为什么企业产品开发模型和三端定位模型不宜孤立应用？
>
> ※ 为什么拉式开发、推式开发要组合使用？
>
> ※ 为什么说很难找到归纳价值主张的唯一模型和模板？

企业产品是企业向市场提供的可以满足目标客户需求的价值载体。这个价值载体由"价值主张、产品组合、赢利机制"三者构成，每一项都不可或缺。如果缺失价值主张，目标客户便不再购买或使用企业产品，企业产品将滞留在企业，变成库存。如果缺失产品组合，那么承载价值的载体就没有了，企业产品必将归于虚无，也就不再需要合作伙伴共同创造。如果缺失赢利机制，企业所有者只有投入、没有收益，投资一直"打水漂"，那么企业产品必然不会持续存在、繁衍和进化。

1.将客户需求归纳为价值主张，迈出实现"客户至上"的第一步

对企业产品进行定位，重点是对产品组合、价值主张、赢利机制三者进行定位。根据利他原则或者说客户至上原则，目标客户的利益是排在第一位的。根据目标客户与价值主张之间的对应关系，因此价值主张是排在第一位的。产品组合及赢利机制都基于价值主张，以价值主张为存在的前提。诸多学者提出了价值主张的定义，其中比较贴切、易懂的有两个：①价值主张确认了产品对目标客户所能提供的具体价值和实用意义；②价值主张是以产品为承诺和保证，目标客户能够获得的利益组

合。在定义②中，价值主张的"价值"代表目标客户能够获得的利益组合；"主张"是指以产品为承诺和保证的。

例如女士们买内衣并不是为了买几块被裁剪及缝制好的布料，而是为了买这些"布料"所具有的价值主张。在女士内衣市场，美国维多利亚的秘密（简称"维密"）及中国Ubras（布拉斯）、蕉内等厂商分别拥有不同的目标客户，也以不同的产品组合对各自的价值主张进行承诺和保证。长期以来，维密的产品主打"性感、夸张、凸显"的价值主张，而近些年兴起的Ubras、蕉内等中国新锐品牌都在主打"舒适、抗菌、时尚"的价值主张。

根据不同的用途，价值主张可以分为输入型价值主张和输出型价值主张。输入型价值主张主要用于企业产品开发及定位，是将外部的客户需求归纳为价值主张，"输入"到企业内部，转变为企业产品的主要构成要素之一。输出型价值主张主要用于市场营销与推广，是将企业内部的企业产品具有的价值主张，通过营销组合，克服市场竞争，传递给外部的目标客户。维密有年度"维密大秀"：一个个名模登台，踩着"恨天高"，穿着性感、夸张、凸显的主题内衣，身背硕大的天使翅膀，走着性感的台步，"穿出属于你的一道秘密风景"……长久以来，维密倾向于"如此这般"传递企业产品的价值主张。Ubras、蕉内等新锐品牌则通过新潮与传统的营销工具相结合，像小红书"种草"、品牌KOL（Key Opinion Leader，关键意见领袖）推广、"网红"直播及明星代言、口碑裂变传播、会员运营、电商平台购物节促销等，来传递企业产品的价值主张。

输出型价值主张重点应用于市场营销及推广文案，它们可以是文字、图表、语音、视频等各种形式。借鉴USP理论，诸多企业经常采用简短的一句话，来加强表达企业产品所拥有的关键价值主张，例如苹果iPod的"把1 000首歌装进口袋里"，沃尔玛的"天天平价"，OPPO手机的"充电5分钟，通话2小时"。

输入型价值主张重点应用于企业产品开发时常用的"价值主张说明书"（也有企业称之为"需求说明书"）。价值主张说明书是指在研究目标客户需求且归纳为价值主张的基础上，由相关人员编写的待开发产品单元的说明书。价值主张说明书具有反映目标客户需求的价值主张的内容，也有代表产品组合、赢利机制的可行性分析，以及投资效益分析的内容。这也说明一个完整意义上的企业产品应该是"价值主张、产品组合、赢利机制"三者合一、缺一不可的。价值主张说明书的核心内容是将客户需求归纳为价值主张并转变为产品开发指引。在笔者认知范围内，我们可以参考如下方法编写：第一，蓝海战略的"战略布局图"；第二，IBM从IPD研发体系中总结而成的$APPEALS工具；第三，一些知名企业或产品经理编制的价值主张说明书（或需求说明书）样例。价值主张说明书可详可略，并没有统一的格式或标准，各公司可以根据企业产品特色设计适合自己的价值主张说明书。它的作用是作为产品开发和设计工作的基础和依据。在开发完成以后，价值主张说明书也可为产品验收工作提供依据。

2. 企业产品开发模型中的诸多利益相关方

价值主张来自目标客户需求，它也是企业产品开发的基础和依据。因此，价值主张是企业产品与客户需求之间的"连接器"。笔者给出了企业产品开发模型（简称"开发模型"），来深入考察如何从客户需求中归纳出企业产品的价值主张，见图3-3-2。从图3-3-2右图（也称为"客户需求模型"，属于企业产品开发模型的一个子模型）来看，客户需求可以分解为需求组合、应用场景、价值盈余三个方面，企业对它们综合考量后逐步归纳出企业产品的价值主张，与左边的企业产品连接起来。从模型中间部分来看，横向的双向箭头表示"拉式开发""推式开发"两种不同的开发策略。所谓拉式开发，是指从右至左即从客户需求归纳出价值主张，指导企业产品开发；所谓推式开发是指从左至右将相关技术创新成果及开发的原型产品导入客户需求的三个方面中，让技术创新成果及原型产品不断优化与迭代。在企业产品开发实践中，像内燃机的活塞运动那样，企业经常将拉式开发、推式开发组合使用。图中纵向的箭头表示在进行拉式开发或推式开发时，企业还要统筹兼顾目标客户之外的诸多利益相关方具有的支持或阻碍力量。

这里的诸多利益相关方是指企业的各个利益相关方，主要包括目标客户、企业所有者、合作伙伴、竞争者、同业协会、环境保护组织、政府机构、媒体等。所有利益相关方可以分为交易相关者和非交易相关者，其中目标客户、合作伙伴、企业所有者为交易相关者，竞争者、同业协会等为非交易相关者。三端定位模型重点关注交易相关者（交易主体），而竞争定位模型把竞争者（非交易相关者）也列为重点关注对象。也就是说，企业在创立期及成长期重点关注的利益相关方各有不同：通过竞争定位模型等定位潜优产品时，企业为摆脱竞争阻力、差异化创新，要重点关注同业竞争者等"五种竞争力量"；通过三端定位模型等打造拳头产品时，企业要重点关注目标客户、合作伙伴、企业所有者三大交易主体或利益相关方。前者将顾客、供应商也视为竞争力量，后者将它们"转换"为目标客户、合作伙伴并视为重要的合作力量。企业一旦定位了潜优产品，后续的重点工作就是如何集合各种资源和力量打造拳头产品。在这样的特定经营场景下，亚马逊创始人贝佐斯说："我们从不关心竞争对手做什么，对手不会给我们钱，我们只关心用户价值。"

现实情况往往与严谨的理论有所不同，潜优产品通常只是个初步的概念性产品，从潜优产品升级为拳头产品，需要通过三端定位进行正式开发，更准确地说，通过图3-3-2的开发模型进行正式开发，不断优化、迭代，企业在这种情况下就要综合考虑竞争者等各利益相关方的特色、主张及动态，以保障拳头产品能够独具一格地满足目标客户的需求。

图3-3-1可对上述内容进行图示化说明。借鉴递归算法（详见图

7-4-1、图7-4-2及上下文），图3-3-1示意从企业的诸多利益相关方→五种竞争力量→三大交易主体→目标客户，在这个自上而下的递进过程应用竞争定位模型、客户需求模型可以分别定位潜优产品、归纳价值主张；目标客户→三大交易主体→五种竞争力量→企业的诸多利益相关方，这个自下而上的回归过程着重应用企业产品开发模型、三端定位模型分别进行企业产品开发、打造拳头产品。在这四个模型中，企业产品开发模型、三端定位模型不宜孤立应用，需要结合其他三个模型一起使用，相应地从目标客户或三大交易主体，回归扩展到五种竞争力量、其他更广泛的利益相关方，适当兼顾它们的特色、主张及动态。

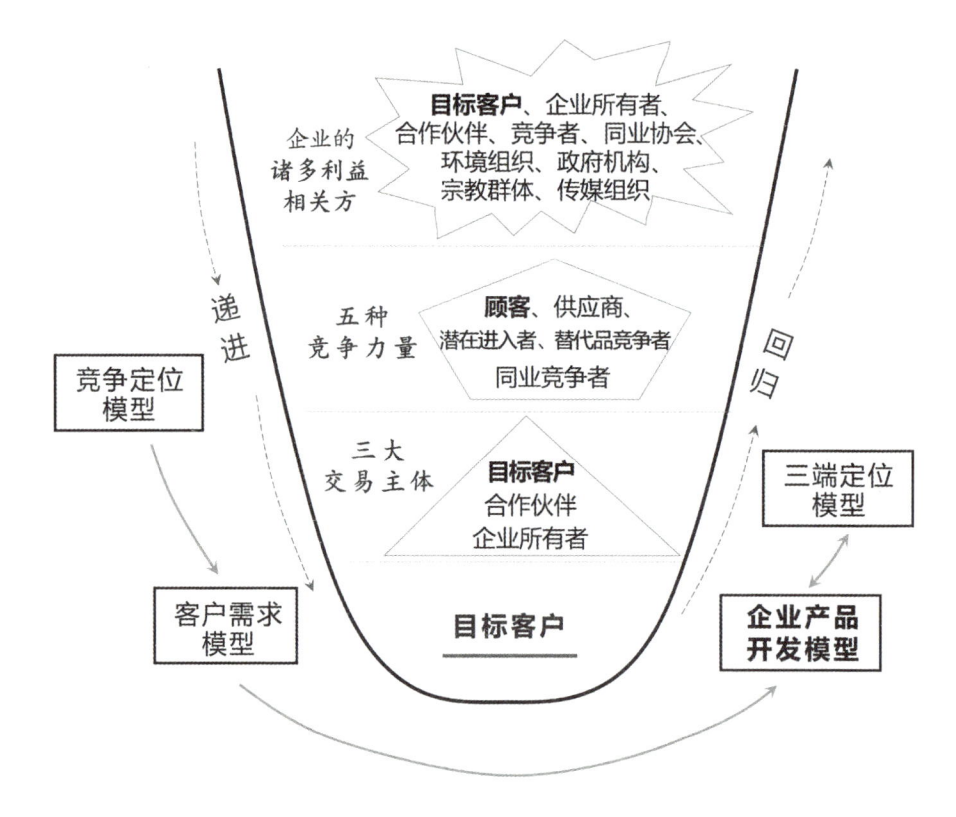

图3-3-1　借鉴递归算法，正确应用企业产品开发模型、三端定位模型
图表来源：李庆丰，"战略定位"理论

3.挖掘客户需求及开发企业产品的两个逆时针原理

价值主张源于客户需求，如图3-3-2右图所示，客户需求可进一步分解为需求组合、应用场景、价值盈余三个方面。开发企业产品是为了最终能够顺利售卖它，所以企业可以通过模拟或跟踪目标客户的购买决策行为来思考如何开发企业产品。目标客户购买企业产品，是为了满足自己的需求，可被称为需求组合；目标客户购买企业产品，是为了完成一些任务或工作，将企业产品应用在某些特定的场景，可被称为应用场景；目标客户在购买企业产品时，会对付出的成本与获得的收益进行比较，希望得到更多的价值，可被称为价值盈余。设想一下，如果某家企业的产品，相对于竞争者能够更好地满足目标客户的需求组合，更加适合目标客户的应用场景，能够让目标客户获得更多价值盈余，那么不言而喻，目标客户就会优先选择这家企业的产品。因此，企业产品的价值主张应该从与目标客户购买决策行为密切相关的需求组合、应用场景、价值盈余三个方面获得，这三者构成整体意义上的客户需求。将潜优产品升级为拳头产品，重点工作之一就是将客户需求进一步细化为需求组合、应用场景、价值盈余三个方面。

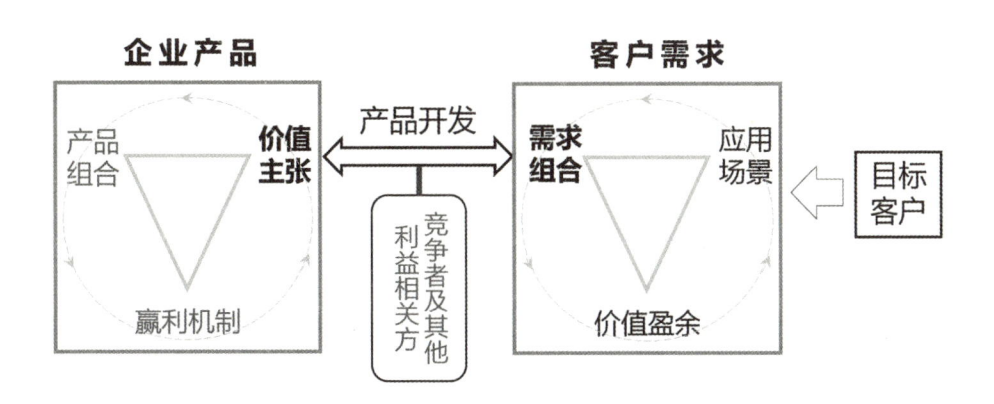

图 3-3-2　企业产品开发模型
图表来源：李庆丰，"战略定位"理论

从需求组合来说，目标客户购买企业产品通常要满足多个需求。例如我们买一辆乘用车，主要是解决出行需求，还会关注驾驶安全、受人尊重及社交需求。JTBD结果驱动创新理论告诉我们，有时候客户表达的需求只是一个入口，而要获得真正的客户需求的相关信息，产品经理应该深入到客户的应用场景中去调研和发现：客户购买企业产品要完成什么任务？具体的应用场景是什么？100多年前，福特就说："如果当年我去问顾客想要什么，他们肯定会说'一匹更快的马'。"事实上，福特避开了客户口中表达的需求，而是从应用场景中发现目标客户真正的需求——一个更先进的交通工具，便捷地从A地到B地。后来，汽车替代了马车，福特T型车销量超过1 500万辆，一度占世界汽车总产量的56.6%，被公认为一个经典的超级产品。从目标客户的应用场景中找到需求组合后，产品经理还可以用"顾客让渡价值=顾客总价值–顾客总成本"公式算一算顾客获得的价值盈余，然后要做的工作是思考如何增加顾客总价值、降低顾客总成本。

2018年左右，很多人争相购买当时的初创品牌——蔚来的电动汽车，这是因为蔚来公司通过提升汽车硬件设备、加强售后服务保障、加强客户关系互动等多方面措施，不断增加顾客总价值、降低顾客总成本。相对于更昂贵的商务车，那些花费5万多元购买一辆五菱宏光面包车做小生意的顾客，就会认为自己获得了更多的价值盈余。相对于更廉价的商务车，那些买90多万元的丰田埃尔法用于商务活动的顾客，也会认为自己获得了更多的价值盈余。其原因在于，他们各自的应用场景及由此而形成的需求组合有显著不同，最终导致他们对价值盈余的认知有巨大差异。通常来说，需求组合、应用场景、价值盈余三者合一，不能割裂开来，我们也不能仅考虑其中的一个或两个方面来获得企业产品的价值主张。

在企业产品与客户需求之间，价值主张扮演"连接器"的角色。价值主张的"价值"代表目标客户购买企业产品后，能够获得的利益组合。这个利益组合主要对应目标客户的需求组合——企业产品满足客户需求意味着客户获得利益。需求组合又源于应用场景，从各个应用场景中推导得出。也就是说，应用场景才是需求组合的发源地，即图3-3-2右图，从应用场景"逆时针"推导出需求组合。如图3-3-2所示，从需求组合继续逆时针旋转，当企业产品在应用场景满足需求组合时，目标客户还要付出相应的成本，所以价值盈余也是影响客户做出购买决定的重要方面。参见图3-3-2右图，从不断迭代、优化的角度，应用场景→需求组合→价值盈余→应用场景……这个逆时针旋转不断循环的过程，就是企业产品中优异的价值主张不断被构建及提升的过程。从图3-3-2左图来看，价值主张→产品组合→赢利机制逆时针旋转，并与后续叠加的客户需求不断结合，实现企业产品持续开发、生成、繁衍与进化。结合后面章节的具体阐述，参考企业产品开发模型的右图及左图，产品经理从客户需求中归纳出价值主张，然后依据价值主张开发企业产品，其中含有企业产品开发的两个逆时针原理。

为进一步领会上述客户需求→价值主张→企业产品的生成原理，我们接续说一下章节2.4列举的喜茶案例：像一个互联网行业的产品经理那样，喜茶的创始人聂云宸经常泡在微博、贴吧、QQ空间，研究年轻消费者的社交习惯，用来反哺产品设计；通过可量化的口味、口感、香气、"颜值"、品味等维度，设计、构建喜茶产品的价值主张，以全面"俘获"目标客户的味觉、触觉、嗅觉、视觉及听觉系统。喜茶2017年研发了几十款产品，只有十款上市，并且喜茶的产品是"永远测试版"，卖到哪一天，就迭代到哪一天。

从目标客户中来，到目标客户中去，只有优异的价值主张，才能造就卓尔不群的产品。2017年春节后，喜茶在上海来福士开了在上海的第一家店。这家店开业后，为了能喝上一杯喜茶，上千人分六条通道排队，少则等候半小时，多则六小时，这也太疯狂了！每天卖出近4 000杯，日营业额达8万元——这是喜茶创始人聂云宸给出的上海首店成绩。同年

8月在北京开业的喜茶三里屯太古里店同样令消费者疯狂，平均一天卖出2 000～3 000杯。一杯20多元的喜茶，黄牛代购价一度达80元。

在提炼价值主张时，如果产品经理不能将目标客户的需求组合、应用场景、价值盈余三者合一，那么依据"残缺"的价值主张打造的企业产品就很难获得目标客户的认可，也就难以成为拳头产品。从2014年开始，迎着O2O的"风口"，顺丰快递宣布进入新零售领域，迅速开出了3 000家顺丰嘿客便利店。我们进入顺丰嘿客看一看，到底什么是O2O新零售？墙上挂着几幅宣传图片，稀落的几个货架里放着若干样品——顾客只准"瞧一瞧、看一看"，无法现场购买。顾客在顺丰嘿客看好样品后，可以通过电脑现场下单，几天后顺丰快递再送货上门或者顾客到店自提。依据图3-3-2的开发模型，从应用场景看，顾客去便利店购物的目的就是看到实物后可以立即获得；顾客到网上购物，是为了足不出户，搜索海量商品。顺丰嘿客恰好将这两个主流应用场景的优势全抛在一边，而将它们的劣势捡起来结合在一起，最终导致需求组合被搞歪了，价值盈余也趋于"冰点"。在累计投入16亿元以后，顺丰嘿客被顺丰快递创始人王卫喊停，该关的关，该转的转，几乎在一夜之间消失了。

另一个企业产品"一夜消失"的例子是ofo小黄车。该公司先后融资100多亿元，不到三年时间就向市场投放2 300万辆共享小黄车，但是企业产品的价值主张越来越远离目标客户：通过降低小黄车的采购成本，"少花钱多办事"迅速占领中国乃至全球市场；拉高企业估值，多拿钱少稀释股权，把更多知名投资机构绑到企业战车上，大家一起奔向资本市场。参照图3-3-2，切入右图目标客户的真实应用场景看一下：小黄车质量太差，横七竖八、仰面朝天，到处都是。先后开锁七八辆，A女生总算找到一辆能骑的单车，骑行300米后，链条掉了，A女生大热天穿着职业装，同事发微信不断催促、老板打电话说客户正等着她提交审核后的协议……

基于价值主张，企业开发及形成产品组合。一个简单产品的价值主张也比较简单，例如一根喝饮料的吸管、一块橡皮；一个复杂产品的价值主张就相对复杂，例如民航客机、工程总承包项目、美容整形手术。**参照整体产品理论，企业可将复杂产品的价值主张分为关键主张、中坚主张、外围主张、潜在主张四个层次，它们合起来形成整体价值主张。**

三端定位的产品愿景是打造拳头产品。关键主张是拳头产品应该具有的关键价值和实用意义，是目标客户最为关注的、真正需要的利益点。例如上文列举的Ubras、蕉内等新锐内衣品牌舒适的感觉、抗菌的功能、时尚的设计；滴滴出行及时响应客户需求、定位准确；小米手机"高配置、低价格"等。中坚主张支撑关键主张，是拳头产品具有的次一级客户价值和利益，像质量水平、材料特色、品牌形象、包装外观、性能参数等都可以作为中坚主张的构成内容。以此类推，外围主张就是再次一级处于外围的客户价值和实用意义，像上门安装、提供配件、免费指导使用方法、售后服务等都可以作为外围主张的构成内容。潜在主张是指未来可能带来的额外的或附加的客户价值和利益的内容，例如以旧换新、收藏价值、二手产品回收、老客户福利等。

4. 价值主张与需求组合匹配模型

图3-3-2的右图也被称为"客户需求模型"，它属于企业产品开发模型的一个子模型。在这个模型中，客户需求被分解为需求组合、应用场景、价值盈余三个方面，企业综合考量后逐步归纳出企业产品的价值主张，与左边的企业产品连接起来。

企业开发企业产品或打造拳头产品，有点像设计、建造大楼——大楼越高、越宏伟，那么地基就要越深、越坚固。以此类推，我们可以对客户需求的三大构成"需求组合、应用场景、价值盈余"进行下沉式探索，它们各自都含有丰富的内容。因为需要详略兼顾及篇幅所限，阐述战略定位不应该过多拘泥于企业产品开发细节，我们仅以其中的需求组合为例进行一些下沉式探索。实际上，客户需求的另外两项"应用场景、价值盈余"最终也要归入需求组合，才能与价值主张更好地相互连接。同理，企业产品的另外两项"产品组合、赢利机制"也要重点依据价值主张，才能与需求组合更好地连接。

如图3-3-3所示，从下图企业产品开发模型的价值主张、需求组合两个要素延伸，我们得到上图的价值主张与需求组合匹配模型（简称"匹配模型"）。在匹配模型中，右边的需求组合包含A、B、C、D、E五个方面，左边的价值主张也有对应的A、B、C、D、E五个方面与之逐一匹配。企业达成需求组合的五个方面要基于客户工作或任务（详见图2-5-1及上下文的JTBD理论），也源于应用场景及价值盈余。价值主张的五个方面有助于形成价值主张说明书，也受到产品组合、赢利机制的支撑及约束。在匹配模型中，价值主张与需求组合匹配、最终形成的价值主张说明书等，都要考虑图示中间的交易主体、竞争者等利益相关者的支持或阻碍力量。

结合图2-5-1及上下文列举的八个主要需求理论，现将需求组合的五个方面及与之逐一对应的价值主张的五个方面分别解释如下：

A.参考马斯洛需求层次理论、KANO模型等，企业通过探究，归纳得到目标客户的需求主从层次。参照这些需求主从层次，企业提出整体价值主张，包括关键主张、中坚主张、外围主张、潜在主张等。例如智能手机有多达几十项功能，很显然像直播工作者、游戏玩家、"美颜"照相功能偏好者、硬件发烧友、年长者等不同目标客户对智能手机的需求主从层次是不一样的……

B.通过顾客价值链分析，企业获得待开发产品的功能体验链，即客户购前、购买、使用、购后对产品与服务的功能及体验期望组合，或企业产品将为目标客户提供哪些超越期望的功能价值或体验价值。例如网约车、SPA（水疗）、婚庆宴会、投资理财等产品的顾客价值链上环节多、需求点多、潜在开发点多，如何构建功能体验链就特别考验产品经理对功能点、体验点、价值点的创新创造及统筹把握的技能水平。

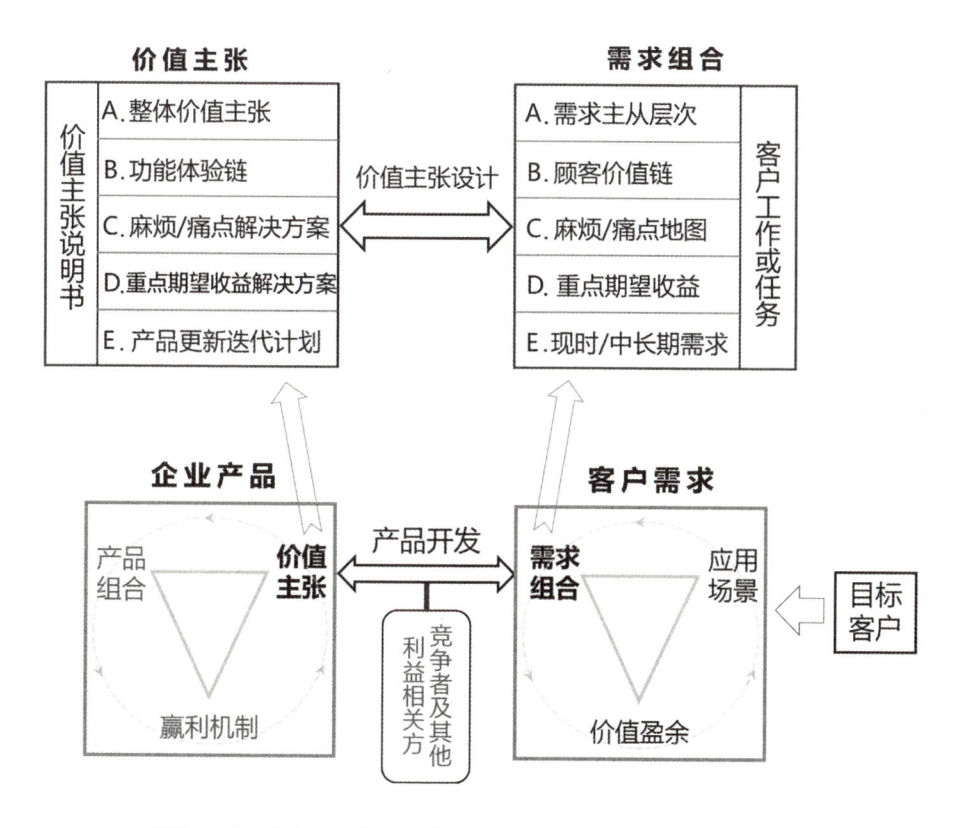

图 3-3-3 从企业产品开发模型（下图）延伸出匹配模型（上图）
图表来源：李庆丰，"战略定位"理论

C.参照产品经理或产品思维的相关理论，产品经理要先勾勒目标客户的麻烦、"痛点"地图，然后从价值主张方面给出麻烦、"痛点"的解决方案。麻烦、"痛点"地图更适用于老产品替代或新产品改进。这时，产品经理要深入到目标客户的应用场景中，洞幽烛远、推本溯源，反复探求验证，发现其中的"痛点"、麻烦，给出有针对性的解决方案。

D.参照产品经理、产品思维及价值主张设计的相关理论，产品经理要不断探究、聚焦选优，最终找到目标客户"最在意"的重点期望收益，在与之对应的价值主张方面也要给出针对重点期望收益的解决方案。什么是重点期望收益呢？根据具体产品或使用场景，重点期望收益有所不同，通常是指目标客户最在意的产品功能或价值。例如对于初期的电动汽车，目标客户可能最在意安全性、一次充电行驶里程等。如果这些功能可以满足客户要求，目标客户可能就会提高对充电时间、充电桩布局、辅助驾驶等产品功能或体验的要求。

E.由于竞争策略及企业资源、技术进步等相关支持体系的梯度性，现时开发的企业产品只能部分满足目标客户的需求。在此情况下，产品经理可将目标客户的需求分为现时需求、中期需求、长期需求，相应地从价值主张方面给出匹配这些沿时间维度分布的产品更新、迭代计划。例如微信在刚推出时功能简单、漏洞较多，只能满足目标客户的极小部分需求，而后近10年微信迭代版本超过100个，历经数百次更新，用户数超过12亿，在满足目标客户需求方面已经相对完善了。

在匹配模型的A、B、C、D、E五个方面中，不同的行业、企业、产品和需求是不一样的，侧重或考察的方面及多寡也不尽相同。以有利于创新、创造及实际应用为导向，如上匹配模型A、B、C、D、E各方面内容更注重具有一定程度的约束发散性、开放包容性、聚焦收敛性（例如从A与B→C与D），方便相关人员头脑风暴、探索讨论、发挥创造思维及设计思维，所以其中的分类或要素罗列并不一定要严格符合金字塔原理、MECE[①]原则等。

现实中的行业、企业、产品和需求都是多姿多彩、千变万化、与时俱进的，所以不太可能有一个万能的模型适用于所有行业、企业、产品和需求。为解决产品创新、商业模式创新时可能出现的信马由缰、想当然、无所依归、茫然无措等情况，开发模型、匹配模型为此提供了一些探索通道或一种思考框架。在相关实践中，这些探索通道或思考框架只能发挥有限的作用，创造与创新工作从来不能被任何模型和理论所

---

① MECE 是 "Mutually Exclusive, Collectively Exhaustive" 的首字母组合，意思是 "相互独立，完全穷尽"。

羁绊，应该更依赖产品经理或商业模式创新者的现场"体感"、经验积累、探索精神及创造性天赋等品质和素养。

5. 相关补充说明和价值主张设计模型

下文列出的七个方面，可视为对上述开发模型、匹配模型概要性介绍的进一步补充说明。

（1）匹配模型是开发模型的一个插件，而开发模型又是三端定位模型（见图3-2-1）的一个插件。实际上，这两个模型主要是三端定位模型中目标客户要素延伸及下沉的结果，最终实现与企业产品三个构成要素无缝对接，见图3-3-3。换句话说，在三端定位模型中，从目标客户到中央的企业产品，开发模型、匹配模型两级插件将它们有机连接起来。

（2）结合上述开发模型、匹配模型，只有从广度及深度多角度全面洞察目标客户需求，企业才能开发出优异的企业产品、打造拳头产品。这是一个从量变到质变、供需互配的过程。民间俗语"敢揽瓷器活，必有金刚钻"及网络语"你有病，我有药"都有助于理解这个供需互配过程。

（3）开发模型、匹配模型的主要功能和作用是：①准确定义客户需求，与企业产品建立有机联系，解答目标客户为什么愿意购买企业产品；②将产品开发过程模型化、图示化或可视化，有助于实施产品开发过程的流程化或工程化步骤；③降低产品开发及早期创业的失败风险。

（4）开发模型、匹配模型有助于消除竞争定位与三端定位之间的非连续阶梯，促进企业顺利跨越从创立期到成长期的阶梯。

（5）开发模型、匹配模型有助于回答商业模式第一问"企业的目标客户在哪里？如何满足目标客户的需求？"中后面的子问题。前面的子问题"企业的目标客户在哪里？"，在市场营销理论中已有比较完善的解答思路了。

战略定位

（6）在开发模型、匹配模型中，匹配模型可看作是借鉴瑞士学者亚历山大·奥斯特瓦德等提出的价值主张设计模型的升级版，见图3-3-4。价值主张设计模型的构成要素比较简单，易学易用，有利于普及和传播，但在精准性及全面性方面存在"折扣"。价值主张设计模型分为价值主张及客户细分左右两部分。右侧客户细分部分的重点内容是客户任务，可以展开为获益、"痛点"两个方面。左侧价值主张部分所代表的产品与服务与右侧的客户任务对应，展开的获益引擎、"痛点"解方与另一侧的获益、"痛点"分别对应。

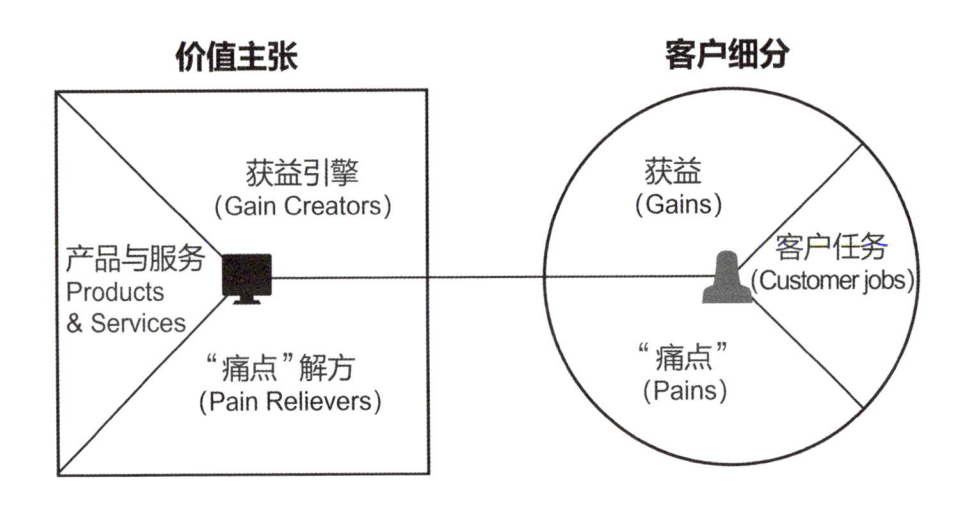

图 3-3-4　价值主张设计模型
图表来源：亚历山大·奥斯特瓦德等，《价值主张设计》

（7）笔者提出的开发模型、匹配模型也将进一步完善PMF（Product-Market Fit，产品市场匹配）理论，促进该理论向模型化、精益化方向迭代。据此，参照价值主张设计模型，PMF理论应该有如下三个不断精益及完善的契合阶段：①价值主张与客户需求契合；②企业产品与客户需求契合；③商业模式与目标市场契合。

3.4 产品组合：如何促成第一飞轮效应？

> **重点提示**
>
> ※ 对于打造拳头产品，第一飞轮效应具有哪些功能、作用？
>
> ※ 下沉组合、同族组合与跨界组合，三者有什么关联？
>
> ※ 为何一些经营者一边点赞"长期主义"，一边执行"伪多元化"？

在多种外部因素影响下，A女士开办的英语辅导工作室经营得异常艰难，于是A女士想把房子卖掉，渡过难关。B先生是一位软件工程师，近几年收入不错，看上了A女士的房子。经过一番讨价还价，他们终于成交了。在看房、签约、办理过户手续的过程中，A女士和B先生交往频繁，从了解到相互欣赏，最后两人结婚了。

A女士窃喜："房子卖出去，钱也拿到手，关键房子还是我住着、我管着，也顺便把婚姻大事给解决了。"B先生也很开心："没想到买个房子，还娶了一位贤惠的妻子，而且钱还在家里。"由于婚姻关系关联，B先生与A女士相互搭配，共同构成一个具有协同效应的家庭组合。

1.产品组合三层面及其第一飞轮效应

在战略定位时，我们给有潜力的拳头产品找到搭配，形成产品组合，让它们能够实现"1+1＞2"的协同效应。例如诺辉健康在创立时，选择的"赛道"是直肠癌早期筛查，希望把定位的潜优产品"常卫清"打造成拳头产品。常卫清属于高科技基因检测产品，在直肠癌早期筛查方面可以替代原来普遍采用的肠镜检查，并具有居家采样、无创无痛、安全有效等显著优点。常卫清也有不足之处：单套售价近2 000元，并且需要将检测试样快递到诺辉健康的实验室，等上几天才能出检测报告。为弥补常卫清的不足之处，诺辉健康后来又向市场推出便隐血检测产品

"噗噗管"，与常卫清搭配形成产品组合。相对于常卫清，噗噗管价格便宜，一套售价大约90元，并且可以居家检测，立即显示结果。噗噗管的主要不足之处是：它只能检测便隐血是否有异常，并不能确定受试者是否属于直肠癌的早期患者，因为导致便隐血异常的情况很多，有一些源于直肠癌病变，还有一些是由炎症、溃疡、息肉、结核等引起的。噗噗管的这些不足之处，正好可以由常卫清弥补。

诺辉健康将噗噗管与常卫清搭配在一起，形成具有协同效应的产品组合，有利于将两者或其中之一打造成拳头产品，见图3-4-1。噗噗管售价低，使用简便，出结果快，非常适合市场推广及科普宣传，培养用户形成定期自检的习惯。在采用噗噗管检测，发现便隐血异常后，大部分用户就会去购买常卫清进行正式检测，以确认是否患有直肠癌。用户采用噗噗管、常卫清分级检测，筛查早期直肠癌，早预防早治疗并从中受益，就会成为该产品组合的口碑宣传者，进一步促进噗噗管、常卫清的销售、推广工作。依靠噗噗管及常卫清这个产品组合，诺辉健康已经在香港交易所上市了。在此产品组合协同效应的积极影响下，2021年诺辉健康销售额同比增长200%以上，正在布局更多相关产品管线，以进一步丰富企业产品组合。

如上例所示，所谓第一飞轮效应，是指产品组合各构成部分能够实现"1+1＞2"的协同效应，形成增强反馈循环，促进客户价值及企业收益持续增长。一方面，该产品组合更好地满足了目标客户的需求，从而提高了目标客户的忠诚度、引发口碑传播、促进产品组合整体或各组成部分的销售工作；另一方面，具有协同效应的产品组合，通过范围经济、规模经济、资本共享等赢利效应，可以降低企业成本或增加企业赢利，为企业持续累积竞争优势和智力资本。

企业围绕有潜力的拳头产品构建产品组合，可以从同族组合、跨界组合、下沉组合产品组合三层面入手。

同族组合是指两种以上近似产品单元搭配而成的具有协同效应的产

品组合。噗噗管、常卫清形成的产品组合就属于同族组合。滴滴在创立初期就具有出租车、快车、拼车、顺风车等同族组合。

跨界组合是指将两种以上并不相似的产品单元搭配在一起形成具有协同效应的产品组合。京东将网上商城与自营物流搭配在一起，构成跨界组合，为目标客户带来"多快好省"的购物体验，见图3-4-1。类似的例子还有阿里巴巴的"淘宝+支付宝"跨界组合、盒马鲜生的"餐饮集市+超市+外卖"跨界组合、利乐公司的"设备+金融服务"跨界组合等。

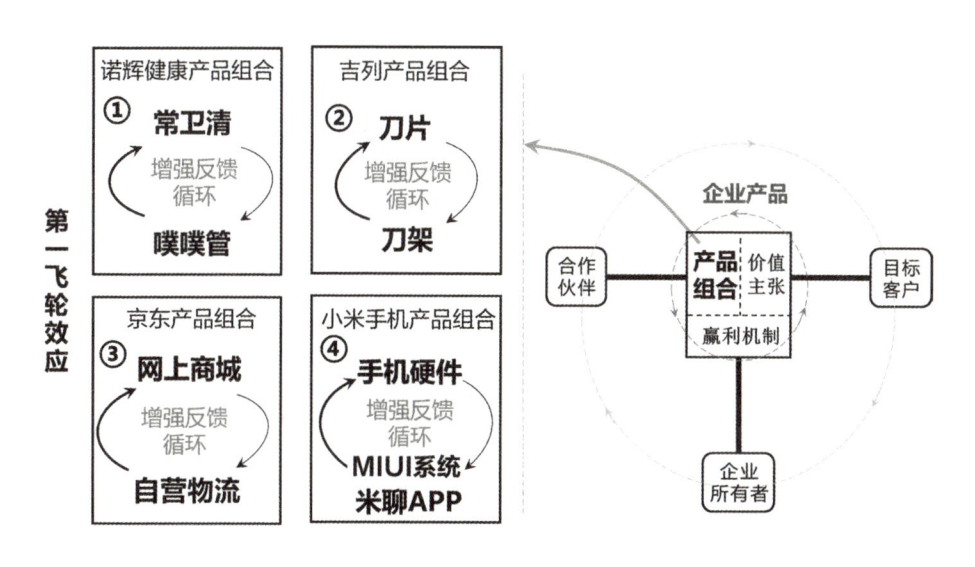

图 3-4-1 产品组合三层面举例及第一飞轮效应
图表来源：李庆丰，"战略定位"理论

下沉组合是指一个整体产品（或单元产品）的各级构成模块之间具有协同效应，能够促成客户价值及企业收益持续增长。遵循还原论思想，通常的下沉组合都具有一个多级下沉结构。一般来说，从整体产品看，第一级为构件组合，第二级为零部件组合，第三级为材料组合，三者合称为"下沉组合"。这里的整体产品通常是指那些提供给目标客户不再分割的主营产品。例如A消费者从B汽车厂买一辆汽车，这个交易中的汽车是一个不再分割的整体产品，而其中的发动机或轮胎就不是整体产品。再如，B汽车厂从C发动机厂购买发动机，这个交易中的发动机则是一个不再分割的整体产品。

在下沉组合中，第一级的构件组合是最常用的，它属于产品组合的一种基础形式，在整机类或解决方案类产品中广泛存在。例如小米手机在创立初期具有"手机硬件+MIUI系统+米聊APP"组合。另外，"整机+耗材"的组合在实质上是一个整体产品，所以我们将其归属为构件组合。吉列的"刀架+刀片"组合，两者共同构成一个整体产品——剃须刀，见图3-4-1。《新竞争战略》第78页有这样一段话：吉列将剃须刀的刀架卖得很便宜，甚至可以搭售赠送，而将易耗品剃须刀的刀片卖得较贵，毛利率非常高。吉列的刀片与刀架是固定搭配。顾客买的刀片用完后，为了让刀架"不孤单"，今后就要不断购买剃须体验优异的吉列刀片。吉列每卖出一个刀架，就相当于增加了一个不开工资却忠于职守的"销售总监"，协助吉列锁定顾客，然后带来源源不断的刀片收入。这就是吉列公司产品组合蕴含的第一飞轮效应带来的赚钱秘籍：在一个时间区间内，当卖出的刀架数量呈线性增长时，高毛利率的刀片销售量将保持指数增长。

从战略定位及商业模式创新的视角来看，将行业共性结合企业特性，我们通常只讨论下沉组合第一级的构件组合。例如智能手机作为一个整体产品，从行业共性出发，它的构件组合可以看成"手机硬件+操作系统"。如果某手机厂商自研的某个特定的APP具有独特价值，售后服务也独具特色，那么结合企业特性，该手机厂商提供的智能手机具有"手机硬件+操作系统+特定的APP+售后服务"这样一个与众不同的构件组合。

当然，具体情况具体分析，有些复杂产品、解决方案和工程产品，不囿于以上构件组合→零部件组合→材料组合三级下沉组合的划分，可以还原分解为更多层级，例如零部件组合可以再拆分为部件组合、零件组合等。

2.商业模式创新与技术创新的关系

T型商业模式的完整版有12个构成要素，由其中6个要素构成的三端定位模型属于简要版的T型商业模式。从理论上说，构成商业模式的每一个要素发生改变，都会导致商业模式发生改变。所谓商业模式创新，就是对商业模式的构成要素或它们的组合进行有意图的改变及调整。设计特定的下沉组合、同族组合、跨界组合都属于对商业模式构成中的产品组合这个要素进行有意图的改变及调整，因此这三者也都属于商业模式创新的范畴。

结合商业实践来看，大部分商业模式创新主要是对产品组合进行创新，包括上述下沉组合、同族组合、跨界组合的相关创新。本章第2节曾提及一些经典产品组合创新，像"免费+收费"组合、产品金字塔组合、直营加盟组合、平台组合、"整机+核心零部件"组合、解决方案组合、乘数产品组合、店中店组合、"实业+金融"组合、"主机+耗材"组合等。它们之中，有的属于同族组合创新，如产品金字塔组合、直营加盟组合等；有的属于跨界组合创新，如一些"免费+收费"组合、乘数产品组合、店中店组合、"实业+金融"组合；有的属于下沉组合创新，如"主机+耗材"组合、平台组合、"整机+核心零部件"组合、解决方案组合等。无一例外，它们都属于商业模式创新。

商业模式创新与技术创新之间有什么联系与区别？学界、咨询界都曾有一些探讨。笔者认为，通常说的"技术创新"主要是指与企业产品相关的"创新"，而企业产品是商业模式的核心内容，所以从总体上来讲，技术创新属于商业模式创新。管理学也遵从约定俗成及沟通习惯，如果一定要对技术创新与商业模式创新做出区分的话，那么在T型商业模式要素框架下，涉及企业产品下沉组合的科研技术类创新多属于技术创新，除此之外多属于商业模式创新（详见图7-4-2及上下文）。

在下沉组合、同族组合、跨界组合产品组合三层面中，下沉组合是基本的、不可或缺的。同族组合、跨界组合基于下沉组合，从下沉组合所属的产品单元衍生而来。产品组合三层面中都可具有第一飞轮效应，都可以通过构件组合、零部件组合、材料组合等方面的技术创新实现，并由它们提供保障。

例如小米公司在创立初期通过"手机硬件+MIUI系统+米聊APP"产品组合实现"高配置、低价格"的价值主张，就需要在硬件性能、系统迭代、米聊APP优化等诸多方面进行技术创新。戴森推出的Supersonic（超声波）吹风机由103名工程师参与开发工作，历时4年，制造了600台原型机，经过了1 230次模型测试，耗费了1 600多千米长的头发，共花费3 800万英镑研发经费。当然，戴森这款吹风机构成模块之间形成的下沉组合也一定有与众不同之处，具有非常优异的价值主张。该产品售价近3 000元，比天猫上的普通吹风机贵50倍左右，而且销售情况异常火爆。吉列公司于1998年推出的锋速3新型剃须刀，研发花了6年时间，耗费10亿美元，申请了"全副武装"式的各种保护专利。

有一句流行语叫"所有行业都值得重新做一遍"。如何化语言为行动呢？企业对熟悉的红海领域进行产品创新，可采用蓝海战略理论的"战略布局图"与"四步框架"指导企业产品开发过程。另外，参照上一节的内容，结合上述小米、戴森及吉列的案例，源于客户需求，价值主张→产品组合→赢利机制。企业产品的开发过程最终要落实到具体的产品单元，对其构件组合、零部件组合、材料组合等方面进行技术创新，促成产品组合三层面中的产品组合形成第一飞轮效应。

在产品组合三层面中，具有技术创新支撑的各类产品组合与目标客户的价值主张有机连接，与赢利机制共同打造拳头产品，逐步形成防护壁垒，那么企业产品就会具有独特的竞争优势。像大家常说"海底捞你学不会""华为你学不会""苹果你学不会"等，就是最好的例证。

随着企业成长与发展，基于同族组合、跨界组合、下沉组合的产品组合三层面不断裂变、叠加或重组，企业产品中的产品组合将会越来越丰富。以上三个层面的产品组合及第一飞轮效应，通常会在一家企业内同时存在，不断繁衍与进化，最终形成具有生态系统特征的企业产品群落。由于风险投资的加持与促进作用，像滴滴、哈啰单车、美团、拼多多等新兴创业公司，在企业创立期就向平台型企业方向发展，很快就显现出由同族组合、跨界组合、下沉组合的产品组合三层面构成的具有生态系统特征的企业产品群落。

创立期→成长期→扩张期……像麦当劳公司，加盟店与直营店之间构成同族组合，快餐店与房地产、供应链业务搭配形成跨界组合，单个餐厅内的独具风味的食品饮料与设施、形象、地段、卫生、服务、环境、价格等模块共同形成能够为目标客户带来优异体验的下沉组合。当然，同族组合、跨界组合等属于企业在创立期、成长期进行战略定位的专用术语。"名可名，非常名"，企业在进入扩张期后，它们就应归属于分形定位的六个层次，原来的"专用术语"也将有所改变。

3.慎用战略教科书的相关理论，以免误入"伪多元化"的歧途

在传统的产品时代，与产品组合相关的理论有波士顿矩阵、麦肯锡三层面、安索夫矩阵、产品组合策略、品牌组合管理等。其中后两者分别重点阐述产品线及品牌相关的产品组合管理，与本节内容关联度不高。下面简要探讨一下波士顿矩阵、麦肯锡三层面、安索夫矩阵在产品组合创新方面的借鉴意义。

（1）波士顿矩阵。波士顿矩阵常用来定位及管理产品组合，它将企业产品分为幼童产品、明星产品、金牛产品、瘦狗产品四个类别，企业定期用市场引力与企业实力指标对它们进行评判。市场引力主要是指产品对目标客户的吸引力，企业实力是指企业资源多寡和能力强弱。从动态视角应用波士顿矩阵，企业首先将幼童产品努力培养成明星产品，然后明星产品可能演变为金牛产品（俗称"现金奶牛"），当金牛产品衰弱成瘦狗产品后将其及时淘汰。如果具有错落有致布局产品组合的能力，

企业就会不断有新的幼童产品、明星产品、金牛产品、瘦狗产品。通过周而复始地创新、培养、演变和淘汰，企业的产品组合就可永葆青春，拥有永不衰竭的生命力。

（2）麦肯锡三层面。麦肯锡的咨询顾问曾提出一个非常著名的公司业务三层面布局理论：第一层面是拓展和守卫核心业务；第二层面是建立新兴业务；第三层面是创造有生命力的种子业务。联想创始人柳传志将它通俗地表达为：吃着碗里的，看着锅里的，想着田里的。该理论认为，所有保持不断增长的大公司的共同特点是保持三层面业务平衡发展。企业要勇于从内部革新其核心业务，同时又源源不断地开创新业务，其中的技巧在于保持新旧更替的管道畅通，一旦出现衰退势头便不失时机地以新替旧。

（3）安索夫矩阵。安索夫矩阵以产品和市场作为两大基本面向，规划企业产品的发展及组合路径，共给出五种策略，分别是：①市场开发；②市场渗透；③产品开发；④多元化经营；⑤市场巩固。企业基于现有的产品单元，首先进行市场开发、市场渗透，然后才进行产品开发、多元化经营等。在产品开发方面，安索夫矩阵建议企业采取产品延伸的策略，推出新一代或是相关的产品给现有的顾客，利用现有的顾客关系来借力使力。这里的多元化经营，是指提供新产品给新市场。

在产品组合创新及定位方面，在借鉴以上三个经典理论的同时，我们也应该注意它们产生的时代背景及理论源头。它们产生的时代背景为：20世纪后半叶，赶上历史机遇的美国大企业纷纷大力开展多元化经营活动；理论源头是：基于实力雄厚的大企业、集团公司、跨国公司实践的总结和提炼。处于创立期、成长期的中小企业应该谨慎借鉴波士顿矩阵、麦肯锡三层面、安索夫矩阵等理论思想，以免误入"伪多元化"的歧途。

华夏基石咨询专家夏惊鸣说："中国有很多企业，尤其是在三线至五线城市的企业，在规模尚小时就开始多元化。我以前就一直讲，很多企业的多元化是'伪多元化',并不是真正意义上的多元化,因为它其实是没有主业的,涉足一堆业务都是要死不活的,或者是苟延残喘的,或者一看就是机会型的,做着做着就没有未来了。"

有些人不断创业、不断失败,紧跟热点,不放过机会,看着别人创业成功就动心,天马行空什么项目都试一下。从"压缩时间≈空间"的视角来看,这些也属于伪多元化。为什么中国的伪多元化创业项目这么多呢?一是中国的商业机会太多了,许多创业者信奉"东方不亮西方亮",希望多抓住一些机会;二是我们的战略教科书引进自欧美,不少学者习惯于"跟班式"研究,在课堂上照本宣科地传播波士顿矩阵、麦肯锡三层面、收购兼并、纵横向一体化等适合大公司、大集团的战略理论,逐渐地将慕名而来求学的各类企业经营者的战略思路带偏了;三是国际、国内皆缺乏能够指导企业创立期及成长期发展的战略理论——尤其缺乏像本书这样专门讨论"小企业成长为巨无霸"的战略定位理论。

下沉组合→同族组合→跨界组合,处于创立期、成长期的企业的企业产品组合中看起来有一些多元化的"倾向",但企业自始至终应该将"人财物"等优选资本聚焦于一个或极少数产品单元,实现产品愿景的志向应绝不动摇——定位潜优产品,打造拳头产品!

根据三端定位模型,完整意义上的企业产品由"价值主张、产品组合、赢利机制"三者组合构成。产品组合中的产品单元或下沉组合等都源于价值主张,而企业在像搭积木一样增减产品组合时,在对产品组合进行创新时,还需要接受赢利机制的统筹规划及相关约束。关于赢利机制的一些重点内容,下一节将会展开探讨。

3.5 赢利机制：为什么说免费品并不"免费"？

> **重点提示**
>
> ※ 凭什么苹果公司的应用商店能够具有"躺赢"的赢利效应？
>
> ※ 企业的"护城河"与竞争优势、赢利机制的关系是什么？
>
> ※ 剖析一下贵公司企业产品的赢利机制。

"价值主张、产品组合、赢利机制"三者合一，构成完整意义上的企业产品，其中赢利机制代表着企业产品如何可持续赢利，并为企业产品的繁衍及进化提供长效保障。赢利机制的"赢利"比会计学上"盈利"的内容更广泛，它不仅包括盈利（一定期限内获得的利润），还包括通过企业产品赢得的有助于提升企业竞争优势的各项能力与资源等广义资本。

俗话说"同行不同利"，即使一些同行企业的产品或服务看起来很相似，它们之间的赢利机制也可以有很大不同。

2003年淘宝网刚成立时，被跨国巨头eBay收购的易趣电商平台在中国市场的占有率超过80%。对于入驻易趣电商平台的商家，当时易趣与母公司eBay保持一致，在中国一贯奉行收费政策。对于商家而言，在易趣上线商品需要缴纳0.1元到8元不等的费用，商品成交后需要上缴交易金额8%左右的服务费，此外还有选择置顶或排在首位之类的推广费用。2004年2月，阿里巴巴完成第四轮8 200万美元融资，淘宝开启三年免费战略，使大量原本在易趣注册的商户向淘宝转移。2005年，阿里巴巴获雅虎10亿美元投资后，承诺继续对淘宝商户免费三年。很快！市场占有率发生大逆转，淘宝逐渐占据中国电商市场80%的份额，易趣不得不偏居一隅，逐渐丧失了存在感。

易趣巧立名目，对入驻商户各种收费，一把一清、概不赊账。淘宝网采取两段收费制：第一段免费以赢得大量商户入驻，第二段通过支付宝、淘宝商城（天猫的前身）等业务收费。从赢利机制上说，淘宝网通过免费激发双边平台效应，一方面获得几百万商户入驻，另一方面吸引数千万消费者注册成为用户，同时赢得合作伙伴及目标客户关系（流量）资本，所以更具有长期竞争优势。

小米公司的赢利机制有什么特色呢？可以参照吴伯凡分享的"祭品效应+巫师麻瓜结构"吸引力系统。所谓祭品效应，是"免费+收费"效应的另一说法，就是为了吸引及感动客户，企业要牺牲一点当下的利益，通过明显吃点小亏，以高性价比的诱饵产品（祭品）先让客户产生强烈认同感，培养客户忠诚度，然后广大客户就会不断采用、购买及复购企业后续推出的产品。小米创立之初，企业产品的价值主张就是"高配置、低价格"。小米的创始人雷军奉行坚持做"感动人心、价格厚道"的好产品的理念，宣称在小米硬件上的利润率保持在5%以内。所谓"巫师麻瓜"结构，"巫师"就是指发烧友或KOL，"麻瓜"就是大众用户。"巫师"围着"祭品""跳舞"，吸引着更多"麻瓜"过来围观，企业产品的吸引力系统就搭建完成了。小米手机相当于小米给目标客户的祭品，通过"巫师麻瓜"结构，小米逐渐将后续推出的小米充电宝、小米电视、小米手环、小米插线板、小米之家等许多企业产品打造成爆品，甚至还做起了"不务正业"的生意——小米牙刷、毛巾、拉杆箱等，也有一定销量。

苹果公司的赢利机制中包含着马太效应、规模经济及虚拟产品边际成本递减效应。马太效应也叫"好上加好"效应。苹果能够把一款产品，例如iPod给消费者的体验做到极致，这就具备了把"产品做到极致"的各项资本，通过"好上加好"就会把未来的产品越做越好。产品好、品牌好及口碑好，这就带动产品溢价提升，销售情况越来越好，资本雄厚，又支持把"产品做到极致"……苹果公司一年只推出寥寥几款产品，单品出货量几乎都远超爆款标准，例如iPhone11总销量多达1.5亿部，这必然具有规模经济——由于产品销售规模扩大，导致平均成本梯度下降。苹果商店的各类应用软件属于虚拟产品——具有边际成本递减为接近于零的赢利效应，全球近7.5亿用户从苹果商店付费下载应用软件。仅2021年，苹果公司此项业务的年销售额就达800亿美元，且苹果公司并不发生直接成本，但要收取销售额15%~30%的佣金，妥妥属于"躺赢"的生意。

如何结构化认识赢利机制，以便能够形成一套统筹机制及方法论？**基于目前的初步认知，笔者将赢利机制分为赢利效应、赢利模组、收入与支出结构、竞争优势四个方面进行探讨和研究，见图3-5-1。**

上文提到的祭品效应、马太效应、规模经济、边际成本递减效应等都可以被称为赢利效应。除此之外，还有像范围经济、J形曲线效应、品牌效应、客户锁定效应、帕累托效应（80/20法则）等都可以作为赢利效应。像本章前面内容提及的经典产品组合："免费+收费"组合、产品金字塔组合、平台组合、解决方案组合、乘数产品组合、店中店组合、"实业+金融"组合等，其中都应该含有适合的赢利效应。除此之外，物理学上的最小作用量原理、哲学上的第一性原理、网络时代常说的赢家通吃效应等，也可以被赢利效应所借鉴。可以说，以促进赢利为目的，对于那些涉及产品组合的空间构成、时间分布、交易安排等方面的典型方法论，我们都可以加以借鉴而形成赢利效应。

赢利模组是指具有代表性收入及支出结构的产品单元的组合。**在企业创立期及成长初期，我们可以将企业拥有的产品组合看成一个赢利模组，而到成长期的中后阶段及扩张期阶段，企业通过衍生、增加、创新等方式使产品组合不断丰富，产品组合就可能从最初的一个赢利模组，裂变为多个赢利模组。**例如在阿里巴巴成长初期，"淘宝+支付宝"可被视为一个赢利模组，而如今从淘宝网衍生裂变而来的天猫商城、菜鸟物流、阿里云、飞猪等都已经成长为事业群，各自也都拥有若干赢利模组。再如，蔚能电池从蔚来新能源车分离出来后，可以说蔚来公司就有了两个赢利模组：新能源车、蔚能换电。像麦当劳，可以简单认为它拥有直营店、加盟店、房产租赁、供应链服务、投资联营等若干赢利模组。

收入与支出结构是指一个赢利模组的收入及支出的构成。以此为基础，我们将多个赢利模组叠加，就可以获得一个事业部或整体公司的收入与支出结构。需要注意的是，这里所谈的收入与支出并不只是会计学上的收入或成本，它还包括一些资本（智力资本、物质资本、货币资本）意义上的收入与支出，例如2008年10月，淘宝网获阿里巴巴集团50亿元投资，保障淘宝网未来将继续沿用免费政策。淘宝网长期免费需要投入货币资本，这属于资本支出，但截止到2014年，淘宝网已经拥有5亿多注册用户和近千万家入驻商户。注册用户与入驻商户一起被称为关系资本，它们与网站的客户访问流量正相关，因此它们都属于资本意义上的收入。鱼儿离不开水！可以说，淘宝网的用户及入驻商户流量类关系资本，滋养了阿里巴巴集团其他各项业务。

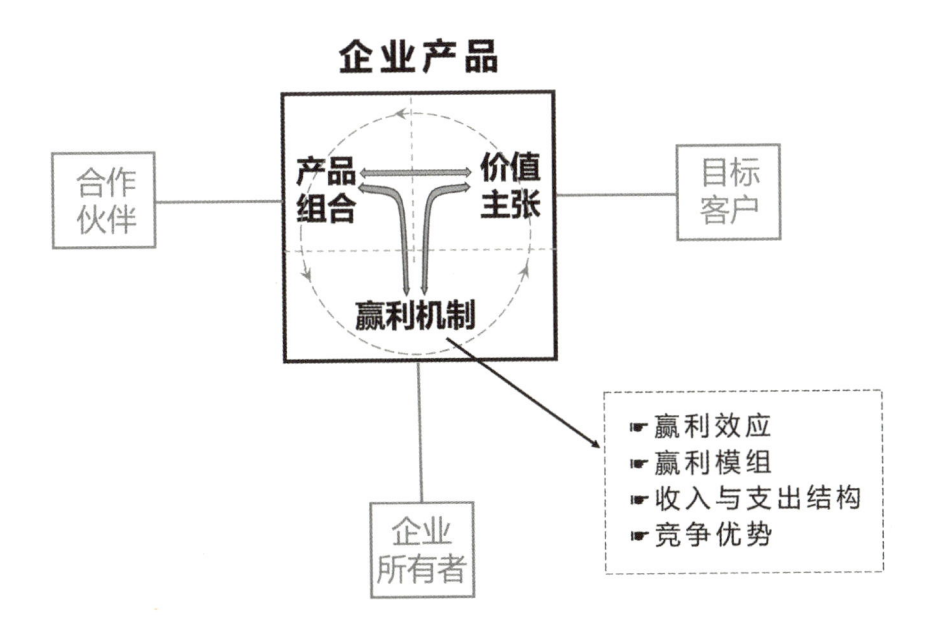

图 3-5-1　赢利机制的四个方面
图表来源：李庆丰，"战略定位"理论

战略定位

收入与支出结构还有静态与动态之分。从静态视角来看，这是指赢利模组在一个特定时点上的收入与支出结构。从动态视角来看，这还要考察赢利模组在一个未来时间区间内收入与支出结构的变化情况。例如A公司主营业务为研发及销售一款看图软件——可被视为一个赢利模组，现在静态看它的主要收入包括"网上直销收入、经销商收入、附加功能收入"等，重点支出有"研发支出、运营支出、销售支出"等。根据未来三年战略规划，为适应环境变化，A公司的销售政策将从一次性销售软件转变为月度订阅收费，将会取消经销商代理而加大网上直销，从原来的自己研发转变为自研与合作研发两种方式，并增加代销国外相关软件的业务。基于未来这些变化，从动态视角看，A公司看图软件这个赢利模组的收入与支出结构将会发生显著变化。

基于传统战略理论，竞争优势是指相对于竞争对手，企业拥有的可持续性优势，可分为成本优势、差异化优势及聚焦优势。在阐述T型商业模式理论时，我们也会说企业要具有创造优势、营销优势、资本优势。竞争优势应该落实到企业产品，进一步落实到具体赢利机制，这样企业才能打造拳头产品，拥有超级产品。基于此，笔者认为竞争优势是指相对于竞争对手，企业的企业产品及其赢利机制在可持续进化、衍生方面拥有的优选资本优势。也就是说，上述成本优势、差异化优势、聚焦优势、创造优势、营销优势等，最终都要归结为优选资本优势。

一家企业的优选资本可以是智力资本、物质资本、货币资本，按照优先级排序的话，首先是智力资本，其次是物质资本，最后是货币资本。通俗地说，一家企业只是有钱，并不能认为它的企业产品及其赢利机制就具有高人一等的竞争优势。有时候，一家企业拥有雄厚的资金并不是好事，反而增加了做事的盲目性，即"钱多人变傻"。智力资本主要包括人力资本、组织资本和关系资本，它们都可以成为累积竞争优势的优选资本，但与防护壁垒（"护城河"）相关的智力资本属于更长效的优选资本。

无论是实业经营、创业投资，还是金融投资，大家都很重视企业的"护城河"。企业的"护城河"主要包括六个方面：供给侧规模经济、需求侧规模经济、品牌、专利或专有技术、政策独享或法定许可、客户转换成本。它们要么属于组织资本，要么属于关系资本，都属于企业的智力资本，通常也是累积竞争优势必不可少的、更长效的优选资本。因此，在考察竞争优势时，我们可以重点从企业"护城河"的六个主要方面入手，再适当结合那些能够促进企业产品及其赢利模组可持续进化、衍生的相关优选资本。

总结而言，赢利机制是指让企业产品实现可持续赢利以建立竞争优势的原理及机制。 如何认识赢利机制并让其"为我所用"呢？上文从赢利效应、赢利模组、收入与支出结构、竞争优势四个方面进行了初步探讨。中国汉字起源于象形文字。我们看赢利机制的"赢"字，从上至下、从左至右拆分为五个部分后，再添加一点逗趣或牵强的成分，也许可以这样解释：其中"亡"代表危机意识，可以引申为要建立竞争优势；"口"代表行业方向，可以引申为向哪个行业"风口"方向突破；"月"代表时间价值，可以引申为注重长期利益；"贝"代表优异产品，可以引申为好产品才能赢利；"凡"代表模型复制，可以引申为规模经济。

按照责权利对等的原则，企业产品是一个利益及权利综合体，也是一个责任综合体，它由"赢利机制、产品组合、价值主张"三者合一构成。从归口管理的角度来看，赢利机制属于企业所有者的责任范围；产品组合属于合作伙伴的责任范围；价值主张属于目标客户的责任范围。企业进入成长期，产品愿景是打造拳头产品。为将企业产品的产品单元打造成为拳头产品，如何对企业所有者、合作伙伴、目标客户三大交易主体进行定位呢？

3.6 交易主体：三个人打造一个好产品

> **重点提示**
>
> ※ 为什么说创业搞"生鲜电商平台"很难累积竞争优势？
>
> ※ 身处"植物肉赛道"的创业公司，如何促成企业产品"破圈"？
>
> ※ 企业领军人物如何"驾驭"三端定位模型，将潜优产品打造为拳头产品？

案例1：每日优鲜是以前置仓为特色的生鲜电商平台，于2014年11月成立，2021年6月在纳斯达克IPO，共开展11轮融资，获得超过20亿美元外部投资。在IPO一年后，每日优鲜经营遭遇困局，股价暴跌！2023年4月14日，每日优鲜的收盘价为1.14美元，市值只有0.895亿美元，相对于IPO当日的市值跌幅接近90%。

结合业界专家的观点，每日优鲜经营遭遇困局的原因主要有三点：

（1）国内生鲜零售领域竞争加剧，每日优鲜的前置仓模式并不具备明显的竞争优势。利用五力竞争模型简单分析一下，每日优鲜面临的同业竞争者主要包括美团买菜、叮咚买菜和朴朴超市。在替代品竞争方面，每日优鲜面临的竞争者更多，包括菜市场、传统超市、仓储会员店、社区生鲜店、无人货柜、B2C生鲜电商、O2O到家平台、店仓一体和社区团购等各类业态的数以百万计的参与个体及企业。在潜在进入者方面，除了以上各种同业竞争和替代品竞争，生鲜零售领域还有一些创新业态或模式"在路上"。

（2）经营管理水平及可持续现金流不能支撑"高大上"的战略。在四年亏损超百亿元（2018年—2021年）、内部管理混乱且同业竞争激烈的情况下，每日优鲜与腾讯零售合作，将业务扩展为"前置仓、智慧菜场、无人零售和零售云"四大板块，推行（A+B）×N升级战略，即

扩展主业前置仓（A）及智慧菜场（B）的广度，并增加零售云（N）的深度。

（3）再融资不畅。国内宏观政策环境对互联网企业监管趋严，像每日优鲜等中概股在美国资本市场面临较大压力。

案例2：所谓"植物肉"，就是用植物蛋白加工出来的仿真肉。从2020年开始，"植物肉赛道"备受关注。全球"植物肉"领导品牌Beyond Meat（别样肉客）进入中国零售市场；雀巢、联合利华在中国推出"植物肉"品牌产品；肯德基、汉堡王、德克士上架"植物肉"汉堡；喜茶推出"植物肉"三明治；盒马鲜生、大润发上架"植物肉"水饺……它们主打"低碳"概念，能为全球环保做贡献，所以受到资本市场偏爱。李嘉诚、比尔·盖茨等"大咖"及众多跨国公司高管、影视明星纷纷投资"植物肉"企业。国内"植物肉"企业星期零公司一年进行了四轮融资。仅2020年，国内针对"植物肉"企业的投资事件多达21件，同比增长约500%。

知名食品及餐饮企业纷纷下场参与，受到资本市场追捧，但大部分消费者对"植物肉"并不买账，三年多来"植物肉"在市场销售方面依旧低迷。其中原因何在？有人细数了"植物肉"的五大"罪状"：其一，价格不便宜。例如星期零公司的150g的"植物牛肉丸"，市场售价为19.9元。其二，人工合成的东西，消费者担心里面放了添加剂，感觉不安全。其三，与动物肉相比，"植物肉"缺乏铁、维生素B_{12}等多种营养成分。经常吃"植物肉"的人身体很容易出现缺铁、贫血等问题。其四，"植物肉"不太符合中国人的饮食习惯。中国消费者需要"撸串""涮锅""小炒"，讲究色香味俱全，所以更倾向于天然食材。其五，最关键的是，目前市场上的"植物肉"都不好吃。

案例3：由于华为手机性能好、品牌及性价比都不错，仅用10年时间，销量就问鼎世界第一。但从2020年开始，华为被美国政府"禁运"——严格限制华为采购或使用美国"势力范围"内的芯片、软件及其他相关技术。在美国的强势打压下，华为自家设计的麒麟系列芯片无法生产，相关国际芯片厂商也不能给华为手机供应功能先进的芯片。据统计，2021年华为手机全年销量约为3 500万台，同比下滑82%左右，全球排名靠后。

从20世纪80年代后期至21世纪初，日本的尼康公司是当之无愧的光刻机巨头，市场占有率超50%，代表着当时光刻机的最高水平。大约在1997年，在美国政府干预下，尼康被EUV LLC（美国主导的"光刻机联盟"）排挤在外。此后，尼康在光刻机相关的先进技术研发、高端零部件供应、终端应用市场等多方面失去了合作伙伴的支持。后来，尼康一步步落后，不得不将光刻机"老大"的地位拱手相让给荷兰阿斯麦公司。

从"价值主张、产品组合、赢利机制"三者合一构成企业产品来看，以上案例1、案例2、案例3的相关企业都或多或少出现了问题。

先说案例1，每日优鲜主营的所谓"前置仓"生鲜电商平台，与自古以来就一直存在的集贸市场没有本质区别。前文提到的菜市场、传统超市、仓储会员店等业态也都属于集贸市场的不同演变形式。就像孙悟空七十二变，基于集贸市场这个原型，未来还会演变出名字更加"高大上"的所谓"新业态"。这些本质类似的"集贸市场"属于渠道服务类企业产品，它们在生产者与消费者之间提供一个"渠道"，但不改变所售卖的产品本身，所以只能在"渠道"上搞差异化，玩出些花样。

由传统的集贸市场这个原型演化而来，从"价值主张、产品组合、赢利机制"三者来看，每日优鲜前置仓模式的价值主张及产品组合都算优秀或及格，经营困境的问题必然就出在赢利机制上。谁对企业产品的赢利机制负责呢？如图3-6-1中间部分的三端定位模型所示：企业所有者。我们可以从以下三个层面理解企业所有者：第一层面的企业所有者指企业的全体股东，这属于法律意义上的企业所有者。第二层面的企业所有者指既是企业股东又负责经营管理并具有决策权的人。第三层面的企业所有者指股东委托的负责经营管理并具有决策权的代理人，他们不一定是企业股东，但负责经营管理并具有决策权。简而言之，企业股东及能够代表企业股东的经管团队成员，都可以视为企业所有者。根据责权利对等的原则，我们把企业产品看成一个投资组合。企业所有者对这个投资组合具有增加、减少、创新、删除的决策权，他们是投资者、受益者，也是风险承担者。

如前文阐述，由于同业竞争者、替代品竞争者及潜在进入者太多，生鲜产品具有储运、保质、分割等多重复杂因素，所以生鲜电商领域是一家企业不太容易做大做强的"赛道"，尤其新进入者很难定位一个潜优产品。像每日优鲜那样，企业所有者具有创业与冒险精神，短短几年花掉了约130亿元人民币的融资，IPO后赢利机制还没有跑通，至今也没有一个拳头产品，最后他们就要承担创业失败的风险。

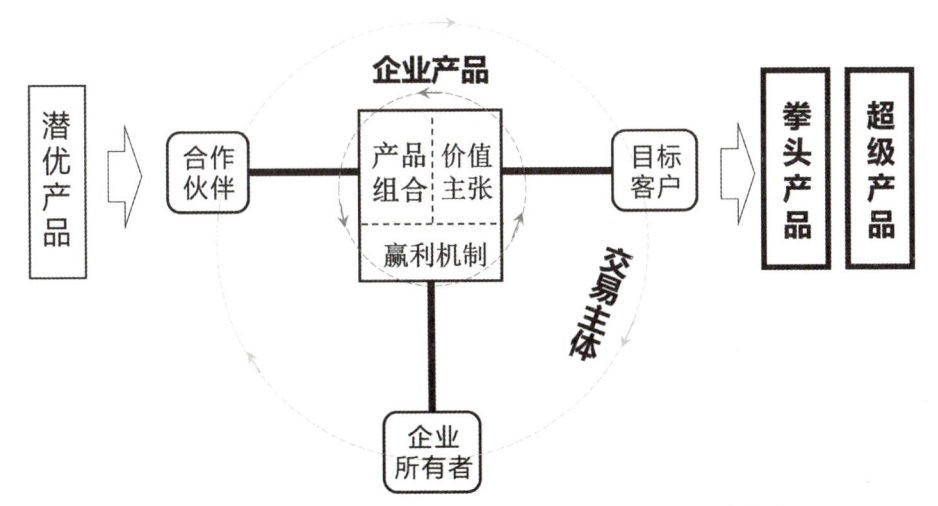

图3-6-1 "目标客户、合作伙伴、企业所有者"三人打造一个好产品
图表来源：李庆丰，"战略定位"理论

案例2既针对整个"植物肉"行业，也适用于具体公司，例如上文中的星期零公司，以及探讨它们在企业产品价值主张方面存在哪些问

题。由于"植物肉"存在前述五大"罪状",也就是企业产品中的价值主张尚不能符合目标客户的利益,所以"价值主张、产品组合、赢利机制"三者未能合一。价值主张主要代表目标客户的利益。如果目标客户不认同"植物肉",从业的相关公司可以根据图3-3-2的企业产品开发模型,不断改进企业产品,当然也可以重新定位目标客户。

从案例3可知,华为手机的赢利机制、价值主张都是及格或优秀的,问题出在产品组合上。从下沉组合看,华为智能手机的核心部件"芯片"失去了原有的合作伙伴,而新的合作伙伴还没有接续上来,造成"价值主张、产品组合、赢利机制"三者不能合一。尼康光刻机出现的情况与华为类似,被行业中的合作伙伴"卡脖子"。合作伙伴主要是指对形成产品组合有贡献的各类组织或个体,即广义的企业供应商。在T型商业模式理论中,企业雇用的员工被归为合作伙伴。

"谁无暴风劲雨时,守得云开见月明。"2023年8月29日,华为Mate 60手机上市销售,预定火爆。据专业人士预测,2024年华为智能手机出货量将攀升至7000万部,有望再回市场领先地位!这标志着华为自研成功麒麟9000S芯片,并已拥有完全自主可控的手机芯片供应链;这标志着华为智能手机已经突破"合作伙伴"藩篱,拆掉了"卡脖子"枷锁,再次成为"价值主张、产品组合、赢利机制"三者合一的卓越企业产品。

上述案例启示我们,在三端定位模型中,交易主体的三个要素"目标客户、合作伙伴、企业所有者"与企业产品的三个要素"价值主张、产品组合、赢利机制"形成一一对应关系,见图3-6-1。有付出也有回报,交易主体共同构建企业产品,企业产品实现交易主体的利益诉求。产品组合主要代表合作伙伴的利益,价值主张主要代表目标客户的利益,赢利机制主要代表企业所有者的利益。因此,企业产品是一个责任综合体,也是一个利益综合体。

如图3-6-1所示,**如果我们将"合作伙伴、目标客户、企业所有者"**

三个交易主体看成三个人，它们联合起来将中央的企业产品打造为拳头产品，那么三端定位模型就可以被简化为一句话"三个人打造一个拳头产品"或"三个人打造一个好产品"。由此，我们引出以下五个问题：

1.为打造拳头产品，如何对各交易主体进行利益排序？

毋庸置疑，目标客户的利益是排在第一位的。大多数经营者已经认可"企业的唯一目的就是创造顾客"。客户是企业的衣食父母，使企业生生不息；没有客户，企业就失去了存在的基础。

亚马逊创立没多久，创始人贝佐斯就提出"痴迷客户"的企业使命，成为以全世界消费者为中心的代表公司之一。为超越客户期望，与竞争对手拉开差距，贝佐斯将企业使命具体化为三个核心指标：用户的无限选择权、最低价格和快速配送。围绕这三个核心指标，亚马逊创造出强大的增长飞轮。尽管成立20多年一直不怎么盈利，但这并不妨碍资本市场对它的青睐，亚马逊的市值一直在增长。

在合作伙伴、企业所有者之间，谁的利益处于更优先的位置？在实践中，这取决于双方博弈的结果，哪方的优势更明显，哪方的利益就处于更优先的位置。从打造拳头产品角度来看，企业所有者应该更关注长期利益，而多让渡一些短期利益给合作伙伴。

2.如何将合作伙伴与企业所有者的利益绑定在一起？

一些企业的经管团队成员不是企业股东或拥有的股权比例很小，但是既要付出超越一般合作伙伴的努力，又要承担企业所有者的委托代理责任。针对这种情况，如何做到责权利对等？我们可以从一个几百年前的案例中得到启发：

在几百年前的挪威，出于不愿再冒险或者年龄大了等原因，一些有钱有资本的人不想再亲自驾驶渔船出海捕鱼，而年轻力壮的渔民非常想出海捕鱼多挣钱，但没有钱去买更好的渔船和装备。怎么调和这个矛盾呢？最终，有钱有资本的人（资本方）与年轻渔民（经营方）之间形成了一种影响非常深远的合作关系：资本方出99%的钱，为经营方提供渔船和装备等，让他们能够出海捕鱼；资本方担心经营方不尽心尽责，所以也要求他们出1%的钱；双方合作一段时期后，卖鱼赚得的钱将被分配——去掉各项成本后，经营方拿20%，资本方拿80%。

现在，全世界的风险投资机构、私募基金都采用了类似上述挪威资本方与经营方之间的合作模式。推而广之到企业界，初创公司通常会拿出不超过20%的股权设立期权池，相对成熟的公司通常会拿出不超过20%的年度利润设立绩效奖金池，对有潜力及做出贡献的经管团队成员、科技研发人才进行股权激励或现金奖励。

那些协助企业进行产品销售的经销商或城市合伙人，他们赚取批发价与零售价之间的差价或渠道差价，实质上与供应商同样属于企业的合作伙伴。对于关键经销商、城市合伙人、重点供应商及核心员工等合作伙伴，在适当情形下，企业也可以通过实施股权激励、合资合作、现金奖励等措施，将双方利益捆绑在一起。

3.为打造拳头产品，如何对目标客户进行定位？

企业研究客户需求、提炼价值主张的前提是识别与选择目标客户，即目标客户定位。在市场营销学中有诸多识别及选择目标客户的方法，例如STP理论通过市场细分、选择目标市场、市场定位三个组合步骤，识别和选择目标客户（详见章节2.5最后部分）。

但是，由于理论基础问题及商业实践活动飞速进步，依靠STP理论等市场营销学的相关方法，我们只能够初步识别目标客户或粗略地对目标客户进行定位。依据三端定位理论的基础，我们可以探讨三端定位理论与STP理论互补的目标客户定位方法。例如企业在竞争定位及创业调研的基础上，通过企业产品开发实践活动不断将目标客户识别转变为目标客户定位。进一步展开而言，企业通过客户需求探索、价值主张设计、企业产品开发等实践活动，不断将目标客户识别转变为目标客户定位。

参考杰弗里·摩尔提出的"跨越鸿沟"理论，依照接受企业新产品的先后顺序，企业可将目标客户划分为创新者（"种子用户"）、早期用户、早期大众、晚期大众、落后者五种类型，见图3-1-1。让创新者、早期用户接受或购买新产品，现在的说法叫"破局"。在早期用户与早期大众之间有一条更显著的"鸿沟"，如果能够成功跨越这条鸿沟，那么企业推向市场的新产品将会被50%以上的目标客户所接受，按照现在的说法，企业产品就"破圈"了！

为了尽快"破局"、及早"破圈"，企业要擅长定位原点人群。原点人群主要有以下几类：行业专家、KOL、创新者或发烧友、易引导人群等。原点人群是信赖转移、口碑传播的重要渠道之一，他们可以大大增加广大目标客户对企业产品的认同感。

4.为打造拳头产品，如何对合作伙伴进行定位？

企业的合作伙伴主要包括各级员工、供应商、经销商三大类。如何选择或定位合作伙伴？就像企业招聘人才要从能力、岗位、待遇三个方面考察，扩展到合作伙伴时，企业也应类似地从能力组合、合作场景、价值盈余三个方面综合考察。

为了促进合作伙伴与企业"融为一体"、与企业产品成长和进化保持同步，很多企业会设法持续促进合作伙伴成长与发展。例如大部分优秀企业都会协助核心员工制定职业生涯发展规划，并持续提供支持。像阿里巴巴、拼多多、京东商城、美团、麦当劳等企业，都在不断加大力度为供应商提供技术创新、精益运营或市场营销支持。再如，一部分"新潮"的企业，在产品销售体系中引入股权激励及合伙人制，将原来的经销商、加盟商乃至营销人才转变为城市合伙人，与合作伙伴形成广泛且深入的利益共同体和事业共同体。

5.为打造拳头产品，如何对企业所有者进行定位？

企业所有者通过赢利机制参与构建企业产品的过程，赢利机制代表着企业所有者的利益。对企业所有者定位，主要包括选定领军人物、设计股权结构、搭建经管团队、健全公司治理四个方面。

对企业所有者定位的核心内容之一，就是确定谁是企业的领军人物（俗称"老大"或"老板"）。德鲁克在《管理的实践》中说，完美的CEO应该是一个对外的人、一个思考的人和一个行动的人，集这"三个人"于一身。畅销书《从优秀到卓越》的作者吉姆·柯林斯认为，在让企业实现"从平庸到卓越"的蜕变过程中，企业领导人起着举足轻重的作用。他提出"第五级经理人"的概念，"第五级经理人"拥有"公司利益至上、坚定的意志、谦逊的个性"三个主要特征，更适合做企业领导人。

领军人物的奋斗动力在哪里？熊彼特讲企业家精神时，曾讲到"企业家三乐"：成功的快乐、创造的快乐、建立一个"理想国"的快乐。当然，持续提升的薪酬待遇和股权价值，也是激发领军人物长期不懈奋斗的主要动力。

设计股权结构也属于企业所有者定位的重点内容。参考《企业赢利系统》第69页的相关内容，其中关于设计股权结构的要点如下：①在创业初期，核心经管团队成员拥有的股权比例不应该低于70%，其中领军人物拥有的股权比例可以超过50%。②天使投资人拥有的股权比例原则上不超过20%，可以"小步快跑"多几轮融资，每次释放比例小一点。③当若干关键团队成员缺位时，可以将预留股权池比例放大到20%以上。④对于有一定的资源及能力的相关顾问、退休人员等兼职创业者，拥有的股权比例原则上不超过3%。⑤搭建能够一起创业并相互兼容的经管团队，而不追求一个由拥有名校、名企背景的人员拼凑而成的超级豪华阵容。⑥只要在相关协议中预先有规定，或通过一部分期权安排，其实股权结构也是可以阶段性动态调整的。

在三大交易主体中，企业所有者是当然的主导者，而实质上发挥作用的是经管团队。 经管团队是经营管理团队的简称，通常由董事会、管理层等公司治理机构的主要成员构成。

公司治理通常是指一整套关于公司组织形式、控制机制、利益分配的制度安排，而股东会、董事会、监事会、管理层（总经理）等都属于公司治理层面的相关机构。健全公司治理是一个循序渐进的过程，例如中小企业在创立阶段，像股东会、董事会、监事会等机构可以简化，让领军人物及经管团队成员更多发挥创业精神和经营管理职能。随着发展壮大，企业可以逐步健全和完善公司治理，让股东会、董事会、监事会等机构发挥出应有的作用。

在管理学界和咨询界，大家常常会说起布兰德伯格和纳尔波夫提出的价值网理论。如何对价值网理论进行升级，让它能够应用于实践呢？**笔者认为，可以将企业价值网想象为两张网，一张是五种竞争力量（行业竞争者、替代品竞争者、潜在进入者、顾客、供应商）构成的竞争网——侧重竞争定位，另一张是五种合作力量（企业所有者、合作伙伴、目标客户、核心人才、竞争者，详见《新竞争战略》第285页）构成的合作网——侧重三端定位。** 竞争与合作是一对矛盾，此消彼长。从潜优产品到拳头产品，企业在构建合作网方面明显更有主动性、建设性及可控性。当合作网越来越强大的时候，竞争网相对来说就越来越弱了。中国古人说"事上练""致良知"，企业将三大交易主体扩展到五种合作力量，持续实现企业产品的"价值主张、产品组合、赢利机制"三者合一，将潜优产品打造为拳头产品。这个过程就是打造合作网的过程，也为价值网理论应用于实践指出一个明确的方向。

战略定位

3.7 真正的定位：始于客户需求，终于顾客价值链

重点提示

※ 如何用三端定位模型识别虚假的、欺诈的商业模式？

※ 依靠资本补贴、营销广告……为何一些企业进入虚假的成长期？

※ 通过三端定位模型，如何让企业产品"自带流量""自己会说话"？

三端定位模型是战略定位的一个有效工具。基于此，我们不仅可以将潜优产品打造为拳头产品，为小企业成长为巨无霸加持与助力，也可以用以识别像柔宇科技、ofo小黄车等各色各样的难以取得成功的商业模式，增加商业评论的深度，提升系统性分析能力。

与心智定位、营销定位及其他战略或商业模式定位有所不同，依据三端定位模型进行战略定位，见图3-7-1。三端定位具有以下特色：

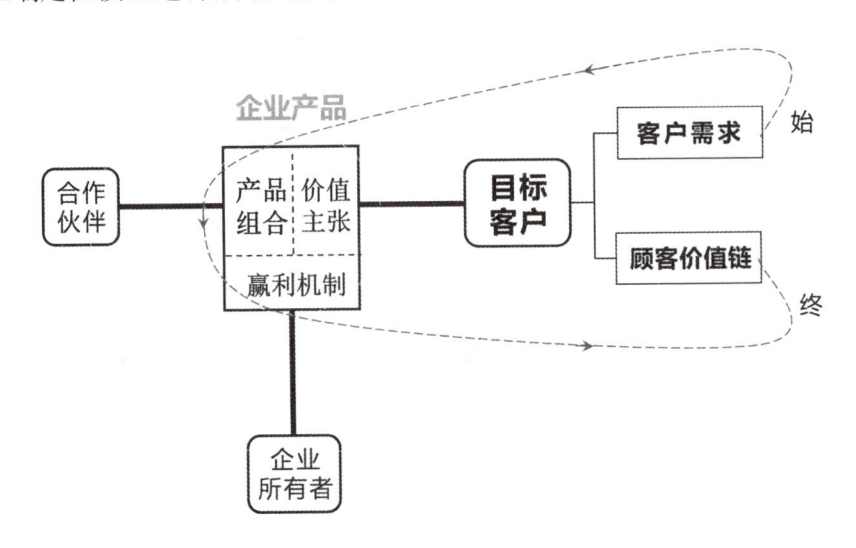

图 3-7-1　三端定位：始于客户需求，终于顾客价值链
图表来源：李庆丰，"战略定位"理论

182

（1）企业先通过竞争定位模型，选择"赛道"和潜优产品，即"潜优产品=客户需求+行业趋势+优选资本−竞争阻力"，再使用如图3-7-1所示的三端定位模型对企业产品进行定位，将潜优产品打造为拳头产品。企业采用三端定位模型对企业产品进行定位，是处于成长期企业的战略定位的核心内容，也代表着企业对商业模式进行定位。

（2）以客户需求为引导，企业应用三端定位模型，首先是对企业产品的三大构成要素"价值主张、产品组合、赢利机制"进行定位；其次是对企业范畴内的三大交易主体"目标客户、合作伙伴、企业所有者"进行定位；最后，利用企业产品的三大构成要素与企业范畴内的三大交易主体形成的一一对应关系，促成具有增强反馈循环的飞轮效应，企业不断打造拳头产品，带动企业产品持续成长与进化。

（3）通过三端定位模型将潜优产品打造为拳头产品，始于客户需求，终于顾客价值链。

见图3-1-2及图3-3-2的上下文，三端定位始于客户需求。经过三端定位，企业产品被目标客户争相购买或采用，才能被称为真正的拳头产品，所以三端定位终于顾客价值链。

按照波特的划分方法，顾客价值链可以分成购前、购买、使用、购后四个环节，其中每个环节都涉及顾客的收益和付出。只有当企业产品能够切入顾客价值链的相关环节，不断为顾客创造超越期望的价值，顾客才会持续购买，并进行口碑传播。

对企业产品进行定位，是进入市场、启动销售的前奏。企业通过三端定位模型打造拳头产品，进行企业产品定位。那么，如何切入顾客价值链中，最终转化为现实销售收入呢？我们先看看心智定位、营销定位、资本补贴的相关做法有哪些欠妥或值得借鉴之处。

根据特劳特、里斯的定位理论，将心智定位转化为现实销售收入的主要方法有：先提出一个能够"操控"消费者心智的口号，然后投入巨资进行广告宣传，开展公关活动。例如定位实战派专家许战海先生"爆料"说,"没有中间商赚差价,卖家多卖钱,买家少花钱"这句口号,是瓜子二手车花1 000万元咨询费从特劳特定位咨询买的,并且花费30亿元广告费进行铺天盖的宣传。

新锐化妆品公司完美日记以"大牌平替"为营销定位。它将定位转化为销售收入的方式是成为化妆品行业的"营销大王",其传播最广的一句话是"做互联网时代的新欧莱雅"。吃准了互联网红利,完美日记以"砸钱"营销出名,2018年至2020年间,先后签约了18位明星代言,合作的KOL超过1.5万个。完美日记的营销费用自2019年开始一路狂飙,从2018年的3.1亿元陡增至2020年的34.1亿元,2021年更是达到40.06亿元——占当年营业收入的约70%。

每日优鲜融资"烧钱"20亿美元,覆盖约20座城市,拥有5 000多个前置仓,长期依靠资本补贴吸引目标客户到自家电商平台上下单购买。类似的企业很多,依靠"烧钱"补贴将销量做起来,但是产品组合方面没有特色,价值主张吸引力不足,中长期看这些企业的赢利机制也不成立。

为实现"换道超车",造车新势力"砸"重金研发优异产品,期望以其带动旗下新能源车的销售。2021年,小鹏汽车全年研发投入高达41.14亿元,占总营收的19.6%;蔚来汽车、理想汽车全年的研发投入占总营收的12%以上,分别为41亿元和33亿元。

创业投资有风险,大家入行要谨慎。上述列举的企业,它们有些做法太过单一,似乎要孤注一掷,将"绝招"用尽,但也有值得借鉴之处。还有更多企业,看到直播带货能够卖东西,纷纷开展直播带货;看到挖人可以直接带来销售业绩,就从竞争对手那里挖人;看到同行新产品上市,就马上搞模仿研发;看到股权融资能够补贴促销,又纷纷效仿……它们总是跟随热点、模仿别人,长期没有差异化定位、没有真正独特且有价值的创新,所以一直在地上趴着、站不起来,左顾右盼,匍匐着向随机的方向游走——这样的企业会得到目标客户及社会的尊重吗?

德国辛恩公司的CEO施密特说:"好产品自己会说话。市场上口口相传的好口碑远比广告营销更加稳定、扎实。" 企业以三端定位模型对企业产品进行定位,就是为了打造好产品——拳头产品。如何让企业的拳头产品"自带流量"或"自己会说话"呢?我们看看下面这些中小企业是怎样做到的。

在创立初期,尽管虎邦辣酱的产品不错、价格不高,但作为后来者复制老干妈的模式根本不可能!业内有种说法,如果你定价比老干妈高,那肯定卖不出去;如果你定价比老干妈低,那肯定挣不到钱。老干妈已经将性价比做到了极致,和它正面竞争几乎没有胜算。2015年发生在美团、饿了么和百度外卖三巨头之间的外卖大战,让虎邦辣酱看到一个绝佳的对企业产品进行重新战略定位的机会。由于篇幅所限,下面从三端定位模型中仅选取合作伙伴、产品组合两个要素进行分析:首先从合作伙伴方面来看,虎邦辣酱一家一家去找餐饮或食品外卖商家谈合作,逐渐积累了几万家可以铺货的终端。其次,从产品组合方面来看,为了适应外卖场景,虎邦辣酱增加了15克、30克的小包装,价格在3~5元之间,刚好是一顿饭需要的辣酱的量,成为点外卖时消费者大概率会选择的"凑单神器""外卖标配"。聚焦在外卖场景发展5~6年,积累起足够的客户资本、品牌资本、货币资本后,虎邦辣酱才大举进入线上渠道,成为吃货尽知的"网红第一辣酱"。

2012年,处于创立期的拓璞数控自有资金较少,创始团队侧重产品开发而营销力量薄弱。面对内外部环境的挑战与机遇,拓璞数控开始调整自身战略定位,从研发制造通用五轴联动机床转向定制化开发航空航天专用装备。但是,像飞机蒙皮铣削设备、火箭舱段自动钻铆设备等航空航天系列装备,国际厂商的报价动辄一台数千万元到上亿元,常规而言全部研发费用叠加起来需要数亿元或几十亿元之多,拓璞数控如何将新的战略定位落地执行呢?其一,发挥自身科研团队十多年的技术积累优势,深入到航空航天使用场景,与目标客户、合作伙伴联合开发。其

战略定位

二，敢啃"硬骨头"，先从国家重大专项、"卡脖子"技术及对我国"禁运"的高端装备入手，获得大型央企用户、相关部委及政府部门大力协助与支持。其三，敢于挑战自我，力争"首台套"研发产品就进入目标客户生产线，不仅缩短研发时间还能节约数亿元研发经费。拓璞数控通过突破"禁运"、高性价比、优质服务等企业产品具有的卓越价值主张在行业赢得口碑和信誉，然后逐渐带动后续接连不断的标准化、系列化产品的优质订单，开创全新的销售局面。通过重新调整自身战略定位，拓璞数控首先致力于成长为航空航天高端装备的行业领导者，积累充足的相关能力与资源，然后"不忘初心"回归初始战略定位，开辟第二曲线，成长为民用五轴联动机床领域的行业革新者。

石头科技在2014年成立时，注册资本只有区区20万元，后来从企业所有者层面引入小米集团的产业链基金作为企业股东。此举让石头科技在创业初期就能够获得小米品牌背书、产品定义与设计、供应链资源、投融资帮助及销售渠道等全方位"赋能"与支持。石头科技于2016年、2019年分别推出与小米集团合作的ODM（Original Design Manufacturer，原始设计制造商）产品"米家智能扫地机器人""米家手持无线吸尘器"；2017年、2018年分别推出自有品牌产品"石头智能扫地机器人""小瓦智能扫地机器人"。因此，从赢利机制上看，石头科技共有两个赢利模组：米家品牌系列产品、自有品牌系列产品。**前者"孵化"后者，借助小米产业链的企业所有者力量，石头科技迅猛崛起，培育自主品牌大获成功，通过"借船出海"的战略定位，快速从小企业成长为巨无霸。** 2016年—2019年，石头科技通过小米集团的"米家"定制品牌产品实现的销售收入分别为1.8亿元、10.1亿元、15.3亿元和14.4亿元，占当期营业收入比例分别为100%、90%、50%和34%。2020年2月，石头科技在科创板成功上市，同时"借船出海"和"去小米化"战略大获成功，到2021年自有品牌的营收占比达到99%，既摆脱了对小米品牌及订单的依赖，也成功开拓出可自我掌控的强大海外销售渠道。

通过三端定位模型进行战略定位，如何为企业打造出"自带流量"，能够长期吸引目标客户购买的拳头产品呢？结合图3-7-1总结上述三个案例：虎邦辣酱通过对合作伙伴、产品组合进行独特定位与创新，让企业产品突破重围，脱颖而出，取得销售方面的重大突破；拓璞数控通过对目标客户、价值主张进行独特定位及创新，不仅节省巨额研发经费，也为后续企业产品销售铺就道路；石头科技通过对企业所有者、赢利机制进行独特定位和创新，为企业开拓出可持续成长与发展的大好局面。

战略定位

3.8 亚朵集团、晨光生物、宇度医学、ofo小黄车……三端定位如何用？

重点提示

※ 从三端定位模型看，企业产品出现定位问题的主要原因有哪些？

※ 对于"三个人打造一个好产品"，谁是它们的引导者？

※ 为什么说简单的企业产品反而更难累积竞争优势？

与"在消费者的心智中定位"有所不同，参见图3-1-2及图3-3-2，为了打造拳头产品，三端定位起步于目标客户需求，然后分别对企业产品和交易主体进行定位。企业对企业产品定位，重点要实现"价值主张、产品组合、赢利机制"三者合一；对交易主体定位，重点要实现"目标客户、合作伙伴、企业所有者"三者协同共赢。交易主体共同促成及构建企业产品，企业产品实现交易主体的利益诉求。

企业基于三端定位，打造拳头产品，可以真正实现战略增长。什么是战略增长呢？它是下一节重点要讨论的内容。换一种说法，如果三端定位出现问题，企业就很难实现战略增长。我们列举下面四种情况：

（1）价值主张没搞对，企业产品无特色，一些企业不得不依靠营销手段实现增长。如果经营团队不懂营销，销售增长情况肯定不好；如果经营团队懂营销会怎样？顾客又不傻。因此，那些企业只能不断靠营销"拉新"，花样百出搞营销，成本、费用特别高。

（2）产品组合出现问题，企业产品质量不行，退货返修率太高引致顾客抱怨。在这种情况下，一旦市场上有更好的产品或替代品出现，顾客拔腿就跑，很快成为他人的客户。

（3）赢利机制有问题，企业产品越来越多，企业亏损越来越大或盈利一直在"低空飞行",永远看不到希望。通常这样的企业的企业产品杂乱繁多,"跑冒滴漏"严重,导致企业不时出现现金流紧张的状况,一次融资不成功,企业就可能活不下去了。

(4)交易主体出现重大问题,增长飞轮来回摇摆或停摆。例如企业与供应商等合作伙伴关系不稳固,经常更换供应商或找不到合格供应商;对某一个供应商过度依赖,经营上被供应商牵制。企业的股东不断内讧导致重大决策延期,不断贻误发展机遇。企业的领军人物或团队出现严重问题,不能继续经营企业。企业的目标客户没选对或对其组合需求判断失准,导致企业产品不适销对路;企业没能深入客户应用场景开发产品或顾客感觉不到企业产品的差异化价值……对照图3-2-1,如果交易主体不符合三端定位,企业产品也可能沦为"跛脚"产品或残缺产品,增长飞轮就会摇摆或停摆,企业也就很难实现战略增长。

如何进行三端定位?榜样的力量是无穷的,"前事不忘,后事之师"。下面我们列举四个企业案例,考察一下它们的三端定位有何特色或不足。

1.亚朵集团:如何实现"目标客户、合作伙伴、企业所有者"三者利益统一?

亚朵集团创立于2013年,当时连锁酒店行业已经非常成熟,亚朵集团进入的市场也是行业普遍认为最难做的中档酒店。依靠准确定位、精益运营等,历经八年多时间,亚朵集团取得了骄人的成绩。截至2022年9月,亚朵集团旗下已开业酒店数量达880家,覆盖中国135座城市,客房数量达102 707间,积累了近3 000万注册会员。从2017年开始,亚朵集团已经连续五年位居国内中高端连锁酒店规模第一位,客户满意度一直排在六大主流中高端连锁酒店的第一名。

如图3-8-1所示,亚朵酒店的目标客户为"新中产阶层"和"高品位文艺青年"。围绕目标客户的需求,亚朵酒店的价值主张为:以人文、

战略定位

温暖、有趣为特色的"第四空间"精致体验。什么是第四空间呢？除居家、办公、社交之外的商旅活动场所。为实现价值主张，亚朵酒店的产品组合为"客房+X"，客房是基础产品，X是不断迭代、创新的，例如亚朵酒店都配有图书馆；酒店中的一些展示品、房间用品都可以扫码购买；当新酒店开业时，亚朵集团的会员可以参与众筹投资，成为亚朵酒店的投资人……从企业产品看，亚朵酒店实现了"价值主张、产品组合、赢利机制"三者合一。

首个拳头产品：亚朵酒店

企业产品

- **合作伙伴**
  - 以价值主张遴选供应商、酒店管理者及员工
  - 部分目标客户也是合作伙伴

- **产品组合**
  - 客房+X，X包括图书馆、场景电商、IP合作、社群活动、金融理财等，X是不断迭代、创新的

- **价值主张**
  - 以人文、温暖、有趣为特色的"第四空间"精致体验

- **目标客户**
  - 新中产阶层
  - "高品位文艺青年"

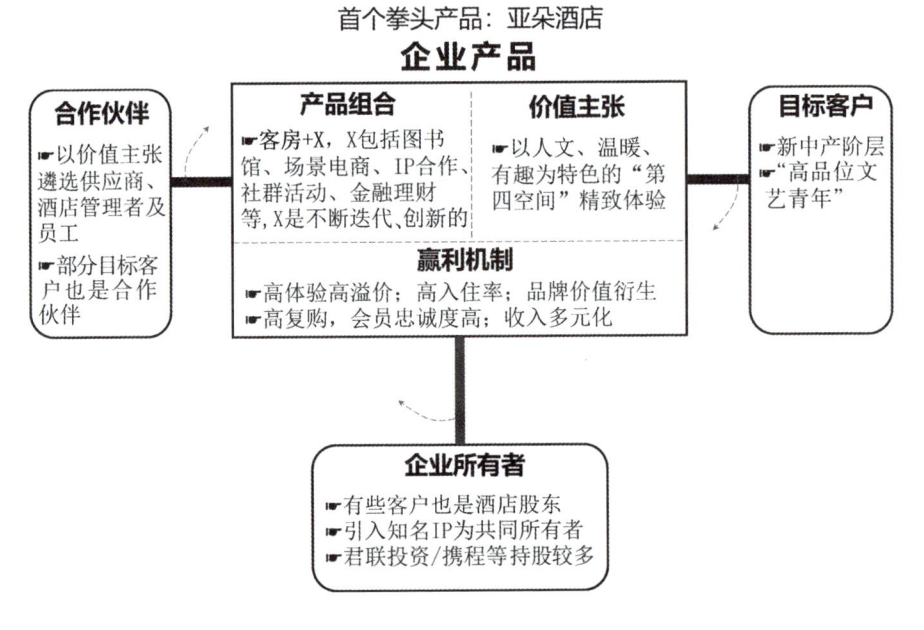

- **赢利机制**
  - 高体验高溢价；高入住率；品牌价值衍生
  - 高复购，会员忠诚度高；收入多元化

- **企业所有者**
  - 有些客户也是酒店股东
  - 引入知名IP为共同所有者
  - 君联投资/携程等持股较多

图 3-8-1　亚朵集团的三端定位及打造拳头产品之道
图表来源：李庆丰，"战略定位"理论

从交易主体看，亚朵集团以加盟为主的增长方式，将各个分店的合伙人（也被称为"房东"）、IP合作者、风险投资机构等都列入企业所有者范畴，增加了企业的货币资本、物质资本、智力资本储备。同时，由于目标客户也参与亚朵酒店的投资项目，房东也是合作伙伴，所以有些企业所有者既是合作伙伴，也是目标客户。在交易主体方面，亚朵酒

店很好实现了"目标客户、合作伙伴、企业所有者"三者利益统一。

2.晨光生物:"三个人打造一个好产品",乡野中走出来的世界领军企业

晨光生物是创业板上市公司,它的主营业务是以农产品为原料进行天然植物有效组分提取。晨光生物的创始人卢庆国是学机械相关专业的,早年在距离邯郸市50千米外的偏僻县城担任一家濒临倒闭的五金制品厂厂长。1997年,他带领企业转型误打误撞进入天然植物有效组分提取行业时,发现同业竞争者几乎都是作坊式企业。那个年代,大家信奉"三个人将就一个差产品",没人重视技术创新,五力竞争模型"不学自通",把供应商、顾客都看成"竞争者",拼命压价、以次充好,不时进行"价格战"。

见图3-8-2,从起步到现在,卢庆国带领晨光生物不走寻常路:他重视技术创新、工艺革新,晨光生物能够自制世界先进水平的天然植物有效组分提取生产线;他引领企业搞"种植、采购、生产、研发、销售"一体化经营、全产业链覆盖、全球化布局;他聚焦大单品,逐步把辣椒红、辣椒精、叶黄素打造为产销量世界第一的拳头产品,还有多个大单品正在成长为销量世界第一或领先的拳头产品。这样三管齐下,从产品组合看,一个个拳头产品拖着一串串潜优产品,从时间、空间维度上都形成协同效应、共享效应;从价值主张看,企业产品应当品质稳定、高性价比、诚信无欺——这是一贯的硬道理;从赢利机制看,技术革新、全产业链覆盖、全球布局,能够实现大单品规模经济、战略低成本优势……

三端定位模型可以简单表述为"三个人打造一个好产品"。正如晨光生物,好产品、拳头产品的合作价值网形成了,就不惧那些"三个人将就一个差产品"的同业竞争者。如图3-8-2所示,这里的三个人是指"目标客户、企业所有者、合作伙伴"。其中企业所有者发挥着主导作用,或者更聚焦地说,像卢庆国这样的领军人物出现了,企业才可能

实现"三个人打造一个好产品",即使偏僻的乡野也会出现世界级的领军企业。否则,即使企业人才济济、资金充沛、位于交通便利的繁华大都市,也只能"三个人将就一个差产品"……

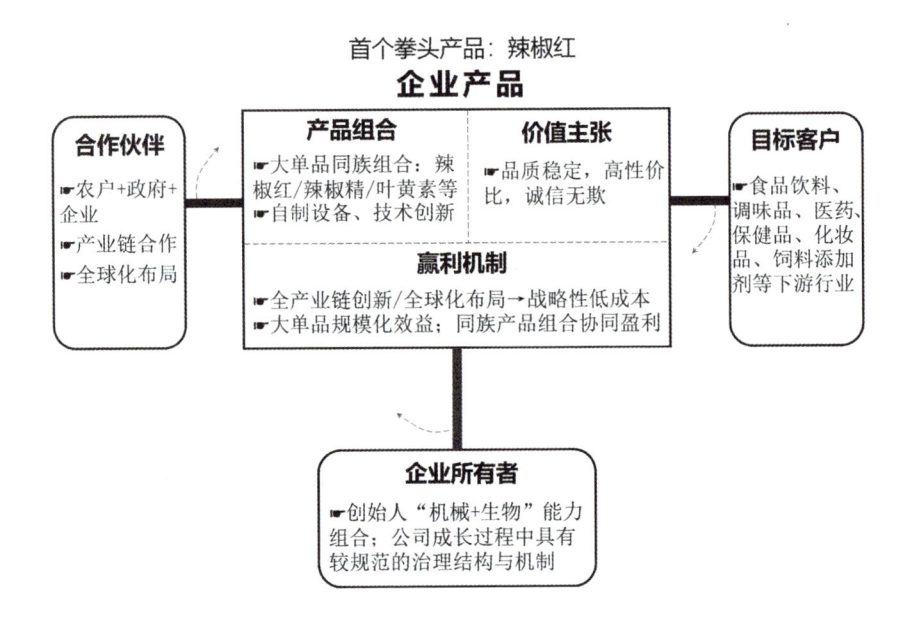

图 3-8-2　晨光生物通过三端定位打造拳头产品
图表来源:李庆丰,"战略定位"理论

3.宇度医学:以金字塔产品布局攻破海外巨头建立的多重壁垒

在医用宫腔镜市场,长期以来海外医疗器械巨头的产品在我国市场占有率超过95%。这个领域强手如林,海外医疗器械巨头有着几十年的技术积淀、客户关系积累、客户使用习惯养成,中国企业如何实现进口替代?宇度医学的创始人郝进争带领宇度医学进入医用宫腔镜领域时,先分析这个行业是否存在"弯道超车"的机会。进口的光学宫腔镜价格昂贵、操作复杂,需要反复清洗灭菌、重复使用等诸多"麻烦",难以满足海量子宫病变及不孕患者的诊疗及卫生需求。

犹如数码相机替代光学胶片相机，宇度医学推出的DOHIS系列一次性高清电子宫腔镜，一次性解决了上述进口光学宫腔镜几乎所有问题、麻烦及"痛点"，以"弯道超车"的"爆品"姿态，将这个"固若金汤"的市场撕出一个大口子，成功开拓出一片新天地。见图3-8-3，宇度医学企业产品的价值主张为"微创、精准、快速诊疗"。以价值主张指导产品组合的开发及构建，同时也在建立差异化竞争壁垒。中国宫腔镜诊治医学奠基人夏恩兰教授说："宇度医学的一次性高清电子宫腔镜对国内来说是一项重大创新，完全满足了基层的临床需求。该产品提高了医生的工作效率，缩短了病人的就诊时间……"浙江新干世业投资的合伙人黄文聪说："挽救一名妇女，就是挽救一个家庭。"他认为宇度医学的创新宫腔镜产品具有极大的社会效益。

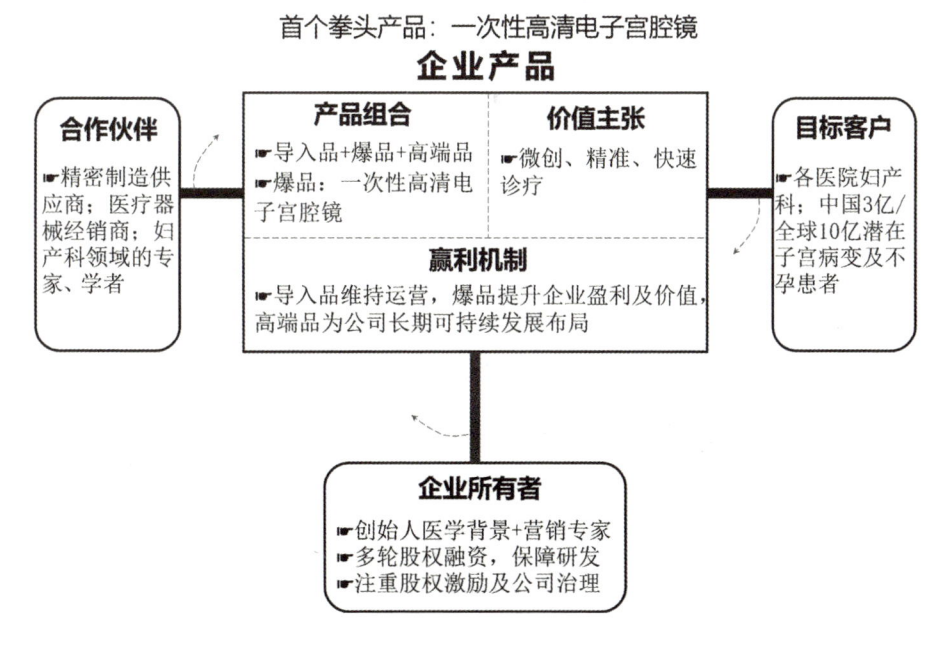

图3-8-3 宇度医学通过三端定位进行金字塔产品布局
图表来源：李庆丰，"战略定位"理论

见图3-8-3，基于客户需求提炼的价值主张，从产品组合及赢利机制查看，宇度医学构建了以"导入品+爆品+高端品"为特色的企业产品金字塔。其中的导入品是指可视一次性人流吸引系统及手术包。这个产品技术含量不高，需求量大且比较稳定，市场也非常成熟。宇度医学最早布局导入品，是为了熟悉市场、建立客户关系、锻炼营销队伍，为后续的爆品、高端品研发提供持续资金支持。其中的爆品就是DOHIS系列一次性高清电子宫腔镜，宇度医学在此领域处于国际领先及行业垄断地位。这个"弯道超车"产品类似快消品，年需求量特别大，有望在国内、国际市场形成比较高的市场占有率，迅速提升企业盈利水平和企业价值。其中的高端品是指单套售价几十万元乃至上百万元的全能妇科手术宫腔镜及影像系统。高端品属于"长期主义"盈利产品，在此方面的布局代表了宇度医学的技术厚度及未来可持续竞争力，也是宇度医学企业产品大树的根基，未来可以衍生出生机勃勃的妇产科医疗产品生态系统。

集合"目标客户、合作伙伴、企业所有者"利益于一体、力量于一体——三个人打造一个好产品！"内实坚，则莫当"，宇度医学在强手如林的医用宫腔镜领域"弯道超车"，以金字塔产品布局不断攻破海外光学宫腔镜巨头厂商建立的多重壁垒。

4.ofo小黄车："以快制胜"的价值主张存在哪些问题？

曾经遍布大街小巷的ofo小黄车，而今一辆难觅，ofo小黄车到哪里去了？

有金沙江创投、滴滴出行、阿里巴巴三家投资人背书，ofo小黄车曾经"豪横""任性"地扩张，还就是不缺钱！不到三年时间，ofo小黄车先后完成多轮融资，融资总额超过20亿美元。ofo小黄车创立900天便达到企业发展的巅峰，投放单车2 300多万辆，遍布中国200多个城市，拓展到英国、美国、澳大利亚、以色列等20多个国家，用户规模一度超过2亿人。

见图3-8-4，我们研究观察后认为ofo小黄车的价值主张是"以快制胜"。尽管它扩张快，单车投放多，注册用户多——为了获得更多融资，这就像不能停止的"红舞鞋"……但是"快"也带来一系列质量问题：小黄车不带智能定位锁，大量错放、丢失，找不到位置；单车质量差，掉链子、打不开、损坏及残缺零件的情况非常严重；运营跟不上，乱停乱放严重，到处是单车"坟场"，引起政府相关部门警告及利益相关方极大不满。

见图3-3-2，价值主张应该从目标客户的"应用场景、需求组合、价值盈余"中推导出来，不能来自企业所有者"以快制胜"迅速成为市场第一的"投机暴发户"心理。见图3-8-4，这种做法违背"三个人打造一个好产品"：企业产品的价值主张不对，产品组合就会出问题，就无法形成赢利机制，它们"三者合一"将永远不会实现。2017年，ofo小黄车疯狂扩张，就像一条极端陡峭的钟形曲线，迅速上升然后骤然转向，滑坡而下！2018年后，它被用户及市场毫不留情地抛弃了。

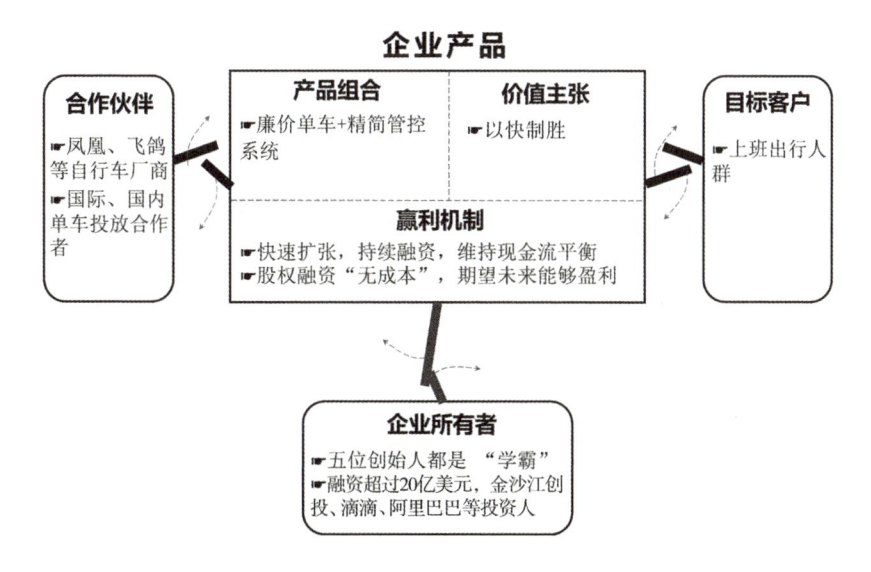

图 3-8-4 ofo 小黄车的三端定位出现了严重问题
图表来源：李庆丰，"战略定位"理论

以上四个案例中，像中档连锁酒店、高品质天然植物有效组分提取、高端医疗器械、共享单车等都属于很难做好的"硬骨头"行业，通过三端定位模型考察分析后一目了然：亚朵集团、晨光生物、宇度医学三家企业比较成功，而ofo小黄车的价值主张出现了大问题……

有的文章或课堂搞案例分析，动不动就几万字，好多成员参与，看起来非常热闹，也许会比较有趣……**本节依据三端定位模型，四个案例分析、四幅图、3 000多字，围绕"三个人打造一个好产品"展开**，看看"目标客户、合作伙伴、企业所有者"三大交易主体能否形成合力、利益是否统一，看看企业产品的"价值主张、产品组合、赢利机制"是否能够三者合一、是否有利于打造拳头产品。笔者提出竞争定位模型、三端定位模型，简单、有效才是硬道理。

下面我们再对三端定位模型的具体应用做四点补充：

（1）拨开企业产品周边形形色色的"彩虹圈"，显露出"英雄本色"。企业产品周边的"彩虹圈"不止品牌、商业模式两个，领导力、资本运作、企业文化、市场营销、技术创新等都可能是产品周边的"彩虹圈"，遮蔽我们的眼睛，让我们看不清三端定位模型中的企业产品、交易主体的本来面目。

（2）竞争定位更强调竞争，三端定位更强调合作。在创立初期，因为初创企业需要通过竞争"挤占"一个地盘，所以竞争定位模型、五力竞争模型都比较强调"竞争因素"。随着企业成长与发展阶段演进，企业需要的模型从竞争定位模型升级为三端定位模型，"合作因素"就完全占了上风，应该以"三个人打造一个好产品"、五力合作模型（详见《新竞争战略》第285页）作为打造拳头产品的战略指导思想，及时替换已经完成历史重任的五力竞争模型、竞争定位模型。

有一些学者在谈及五力竞争模型、价值网理论、利益相关方理论、定位理论时，不太区分或不注重企业的发展阶段、行业特色、应用场景，这往往导致跟随他们学习的实践者"一学就会、一用就错"。

（3）为什么开一家小吃店容易，而卖一瓶可口可乐很难？从三端定位模型看：像餐饮、酒店、娱乐等服务类企业产品，由于人与人、人与物、物与物之间的互动多、体验点多，创新点多，所以新进入企业可以实施差异化创新的空间非常大。像可口可乐这类"一饮而尽"的实物类企业产品，顾客体验能够很快完成，所以初创企业很难对类似的企业产品进行差异化创新。可口可乐公司已经有130多年历史了，沿时间维度"积分"的差异化创新已经建立起很强大的竞争壁垒或"护城河"，所以"开一家小吃店容易，而卖一瓶可口可乐很难"！

（4）三端定位模型的"自转"与"公转"。下一节将会具体阐述，三端定位模型外圈的交易主体围绕中央部分的企业产品旋转（简称"三端旋转"），产生不断递增的优选资本，这些优选资本从"输出"变为"输入"，从而持续加速三端旋转……这个复利增长过程就是战略增长，见图3-9-2。

除了上述三端定位模型的"自转"，它还在沿着战略定位而成的企业生命周期战略路径"公转"。"自转"与"公转"正向叠加，小企业便能够成长为巨无霸。

3.9 战略增长：让第二飞轮效应"永不停歇"

> **重点提示**
>
> ※ 战略增长与战略定位有什么关系？
>
> ※ 为什么说T型增长系统的核心内容是促成及保持第二飞轮效应？
>
> ※ 资本引擎、创造引擎、营销引擎三者有什么关系？

人们在开创一个新事业时应该先进行战略定位，这主要包括竞争定位和三端定位。企业界还有与此对立的说法，叫作"先开枪，后瞄准"。这样做的理由是：风口来了，机遇不等人，抢时间切入"赛道"，先干起来再说。该观点的支持者认为，如果按部就班、不慌不忙调研论证，创业项目或许将错过最佳入场时机，大大降低成功概率；或许夜长梦多，看到更多风险而让创业者裹足不前。

其实，通过竞争定位模型、三端定位模型进行战略定位，也花费不了多长时间，短则1~2天，长则1~2周，我们就会对创业项目有一个框架性的认知和初步结论。即便提倡"闯"的精神、"冒"的干劲，创业者在创业时要敢于"先开枪，后瞄准"，但终究还是要"瞄准"的，这一步不可或缺，也应该越快越好。战略定位就是导航系统——比瞄准更加符合长期主义的要求！在现实中，确实有很多创业项目未经战略定位，就拿到一轮又一轮融资。诸多独角兽"死亡"的案例证明，以资本烧钱补贴搞"纯营销"增长，企业看似进入成长期，实际上这属于随机试错、烟花式增长，最终将沦陷于"死亡之谷"。

在成长期，企业以三端定位打造拳头产品，成功与否最终在于能否实现战略增长。本书的重点是战略定位，而战略增长是笔者将来写作要涉及的内容。为了保持阐述战略定位理论的连贯性，本节对战略增长理论进行一些简要介绍。

战略增长与营销增长有所不同：简单来说，营销增长就是设法将产品卖出去，致力于完成当期的销售目标。一些急功近利的企业，"今朝有酒今朝醉，明日愁来明日愁"，什么营销方法流行，大家就一窝蜂相互模仿。像价格战、砸广告、拼补贴、搞关系、开直播等，虽然这些方法也能帮助企业实现营销增长，但是当经营者眼睛紧盯竞争对手、当期利益，每天忙于争取融资、拉拢客户时，很可能让企业失去成长的持久动力，导致经营状况波动幅度大，甚至让企业命悬一线。相对于营销增长，什么是战略增长呢？上一节讲到，三端定位模型"自转"或"三端旋转"，产生不断递增的优选资本，这些优选资本从"输出"变为"输入"，从而持续加速三端旋转……这个复利增长过程就是战略增长。以企业成长为中心，战略增长围绕企业成长。过去的企业成长成果，有利于企业现在实施战略增长措施；现在的战略增长成果，有利于企业实施未来的企业成长措施。

如何做到战略增长呢？当然需要一个战略增长计划（或规划），它属于企业战略规划的一部分。在战略增长计划中，笔者认为应该有六个步骤，可以称之为"战略增长六步骤"，具体包括：明确战略定位、把握环境机遇、确定北极星指标、打造增长引擎、促成第二飞轮效应、跨越成长阶梯。

1.明确战略定位

以驾车远行做比喻，战略定位如同"导航系统"，战略增长如同"前进系统"。战略定位为了战略增长，战略增长基于战略定位；先有战略定位，才有战略增长，两者构成一条因果链。

德鲁克在《管理的实践》中提出了"经典三问"：①我们的事业是什么？②我们的事业将是什么？③我们的事业应该是什么？"一千个读者眼中有一千个哈姆雷特"，不同的人对德鲁克"经典三问"有不同的解释。从战略定位的角度，我们可以这样进一步阐明经典三问。

我们的事业是什么？ 有人说，这一问题实际上体现了事业的原点思维，即第一性原理，就是经营者要回到原点，找到事业发展的底层逻辑，以底层逻辑为基点对事业进行推演。2 000多年前，亚里士多德提出，每个系统中都存在一个最基本的命题，它不能被省略或删除，也不能被违反。开创一个新事业的原点思维或第一性原理是什么？德鲁克只是解释说，要回答这个问题，我们只能从外向内看，从顾客和市场的角度来观察我们所经营的事业。

通过竞争定位模型发现事业"赛道"，定位一个潜优产品，一定程度上体现了以上原点思维，可以回答"我们的事业是什么"。根据公式"潜优产品=客户需求+行业趋势+优选资本−竞争阻力"，我们可从客户需求、行业趋势、优选资本、竞争阻力四个方面，具体地、多元地综合观察我们所要经营的事业。

我们的事业将是什么？ 这是终局思维，以终为始，制定共同愿景与使命，通过"一张蓝图绘到底"培育一眼看到底的能力，来决定我们今天的行动。德鲁克认为对公司愿景、使命的界定，都是阶段性的，维持10年是常态，很难维持30年，更遑论50年。

像战略、愿景、使命这些耳熟能详的名词，不能只是听起来"高大上"，而应用时内容特别空洞，缺乏对现实经营的指导意义。在目标管理、定位理论的引导下，好多公司都有类似"成为某领域全球领导者"的宏大愿景及使命。笔者认为在战略定位时，企业要将愿景与使命"落地"，与当下的事业建立紧密的联系。企业历经的生命周期各个阶段，都应该有自己的产品愿景：创立期，定位一个潜优产品；成长期，打造至少一个拳头产品；扩张期，努力拥有超级产品；转型期，定位潜优产品Ⅱ，进入下一个生命周期循环。企业通过不断追求与实现产品愿景，让愿景"看得见、摸得着"。

我们的事业应该是什么？ 由于宏观环境、竞争格局、企业自身的变化，以及新产业、新技术、新模式带来的颠覆，企业的事业也会波动起伏，甚至新旧更替，所以企业的经管团队还需要适时自问："我们是否在从事正确的事业？我们是否应该改变现有的事业？"德鲁克认为身处竞争激烈的行业，企业必须不断问自己："我们的事业应该是什么？"企业不能只在现有事业无法持续的时候再去思考这个问题，更应该在公司成功的时候，不断问自己这个问题，从而做到未雨绸缪。

将这个问题置于战略定位场景中，笔者认为在创立期、成长期、扩张期、转型期等企业生命周期各个阶段之间，也存在非连续阶梯，并可以看作在不同阶段都存在一个需要跨越的阶梯。因此，战略定位的重点及难点是如何"跨越阶梯"，并且需要跨越不止一个阶梯。当每一次"跨越阶梯"时，企业都要不断发问："我们的事业应该是什么？"

从创立期到成长期如何跨越阶梯？企业要勇抓环境机遇，不断增加优选资本，利用三端定位模型打造一个或多个拳头产品。此时，我们的事业应该是什么？就是打造拳头产品。承接竞争定位，以客户需求为引导，企业应用三端定位模型打造拳头产品：首先是对企业产品的三大构成要素"价值主张、产品组合、赢利机制"进行定位；其次是对企业范畴内的三大交易主体"目标客户、合作伙伴、企业所有者"进行定位；最后，利用企业产品的三大构成要素与企业范畴内的三大交易主体形成的对应关系，促成具有增强反馈循环的飞轮效应，不断打造拳头产品，带动企业产品持续成长与进化。

我们继续以驾车远行做比喻：过去，人们依靠太阳、星星、指南针导航；现在，人们依靠卫星定位、车载导航仪、高清地图导航。过去，企业在战略定位时有鞭辟入里、见仁见智的德鲁克"经典三问"等相关理论；现在，企业在战略定位时可以参考本书提出的"发展阶段、定位平台、产品愿景"战略定位三要件新理论。

就像导航系统为前行系统服务，战略定位为战略增长服务；就像前行系统离不开导航系统，战略增长离不开战略定位。

战略定位

2.把握环境机遇

战略教科书前面的章节几乎千篇一律，都是关于战略环境分析的内容，林林总总，不区分主次轻重。企业开创一项新事业，进行战略定位，也需要战略环境分析。在竞争定位模型中，我们将战略环境分析归为对"行业趋势"的研判过程，进一步聚焦到行业供需分析，以此协助企业选择和定位潜优产品。从创立期到成长期，企业的内外部战略环境经常会发生剧烈变化。当内部条件具备实施战略增长的可行性时，企业还需要进一步把握外部的环境机遇。根据唯物辩证法，在企业具备开启战略增长的可行性时，外因（环境机遇）是变化的条件，内因（战略定位及运营执行）是变化的根据，外因通过内因起作用，两者都是必要条件，缺一不可。

把握环境机遇，有一种说法叫作关注"10倍速"变化因素。1994年贝佐斯创立亚马逊，他发现互联网用户年增长率为2 300%，因此得出结论：在未来较长一段时间里，电子商务将是"10倍速"变化因素。为把握这个行业需求超速增长的环境机遇，亚马逊从创立之日起竟然连续20年主动不盈利！为了战略增长，实现"最低价格、最多选择、最快配送"的价值主张，亚马逊"疯狂"地大规模投资以驱动增长飞轮，不断与竞争对手拉开距离，建立起非常高的行业进入壁垒。

我们也可将"10倍速"变化因素称为增长红利。如何发现即将到来的增长红利，从而把握住促进战略增长的环境机遇呢？我们可以从宏观、中观、微观三个层面进行结构化分解、分析和挖掘。在宏观层面，我们可以从PEST分析[①]入手，发现政治、经济、社会、技术等方面可能出现的增长红利；在中观层面，我们可以借助五力竞争模型、行业研究模型（图2-3-2），从竞争对手、供应商、顾客及行业供需等方面挖掘可

---

① PEST 分析是对宏观环境因素进行分析，包括一切影响行业和企业的宏观因素。PEST 是 Political（政治）、Economic（经济）、Social（社会）和 Technological（技术）的首字母组合。

能出现的增长红利；在微观层面，我们可以从企业的产品创新、竞争优势、资本积累等方面入手，考察是否能够找到驱动战略增长的"10倍速"因素。

3.确定北极星指标

"北极星指标"的提出者是全球领先的增长黑客网络社区的创始人肖恩·埃利斯（Sean Ellis），他于2010年开始创建增长黑客理论。在《增长黑客》一书提出的理论方法"搭建增长团队→好产品是根本→确定北极星指标→快节奏试验"中，"确定北极星指标"也是一个重要环节和主要步骤。

在美国社交网络行业有这样一则特别有趣的案例。起初，由于MySpace（聚友网）的用户众多，有资本撑腰，具有先入为主、运营经验积累等优势，MySpace牢牢占据着美国社交网络的主导地位。但后来它匪夷所思地被几个辍学的大学生创立的Facebook轻易打败了。究其具体原因，有一点非常值得关注：在创立之初，Facebook就把"月活跃用户数"作为自己的北极星指标，而MySpace采用的则一直是"注册用户数"。相对于"月活跃用户数"而言，"注册用户数"就是一个明显的虚假繁荣指标，其中的"僵尸"用户、虚假用户，可能还会误导企业的投资与运营工作！"月活跃用户数"反映每个月真实活跃的用户数量，抓住这个指标才能客观反映社交网络公司的真实经营及成长现状，引导战略增长走向正确的方向。

上述"月活跃用户数"就是Facebook公司的北极星指标。**北极星指标也叫唯一关键指标，它是产品是否成功的关键衡量标准，通常也描述了客户需求与企业收入及智力资本积累之间的重要关系。为发挥引领指导作用，北极星指标必须可拆解、可量化、可执行、可监测、可分析。**

为实现战略增长，北极星指标可以发挥哪些作用呢？首先，引导企业发展方向。它一旦确立，就像北极星一样高高闪耀在天空中，指引企业全体员工朝着同一个方向迈进。其次，明确任务优先级。企业运营需要"抓重点"，能够促进与北极星指标相关度高的任务被优先安排，让与北极星指标相关度低的任务不被优先安排。最后，它与企业产品密切相关，能够持续促进企业产品对战略目标、愿景及使命负责。Facebook 的"月活跃用户数"可以反映目标客户是否获得了企业产品提供的核心价值，甚至可以直接或间接代表公司的战略目标、愿景与使命，还应该是一个赢得竞争优势的领先指标。

随着企业成长与发展，北极星指标是可以动态调整的。例如盒马鲜生新店创立的第一年，它的北极星指标是3千米内的业务渗透率。当周边很多居民已经是盒马鲜生的注册用户，业务渗透率目标实现后，盒马鲜生的门店就将北极星指标调整为老用户复购率。

北极星指标可以指导个人成长。在笔者的第一本书《T型商业模式》出版时，笔者的北极星指标是一年内该书的销量。为实现这个指标，笔者做了诸多准备和努力，也基本知晓了一本书从创作到出版的流程。其后，笔者将北极星指标调整为一个长期指标，即围绕T型商业模式及相关理论，15年出版不少于12本书。之所以这样调整北极星指标，是因为笔者撰写书稿的工作，主要是为本职工作风险投资服务的。重复就是力量，"用数量战胜质量"！作为一个年过半百才"半路出家"的商业研究者，每年写一本书，自己的工作能力和水平就会上一个台阶。如此循环往复，聚焦在一个领域，不断出版书籍，随着自己认知水平不断提高，这些知识作品最终将为目标客户创造巨大价值，也必然会获得应有的关注和销量。相反的做法是"写书为了畅销"，这样就可能为获得流量及销量而哗众取宠，专家逐渐沦为"砖家"，内容华而不实，长期看终将失去"赚来"的流量和口碑。

就像北极星"旁边"有北斗七星，北极星指标周边也可以有若干辅助战略增长指标。例如Facebook将"月活跃用户数"作为北极星指标，将转介绍率、用户日均使用时长、广告收入等作为辅助战略增长指标。

4. 打造增长引擎

笔者认为，企业经营管理应该以商业模式为中心，商业模式的核心内容是企业产品，因此企业应该从商业模式中构建增长引擎，围绕企业产品打造增长引擎。企业实施战略增长，打造增长引擎，可以从T型商业模式的三个构成部分展开，见图3-9-1。企业从创造模式打造创造增长引擎（简称"创造引擎"）；从营销模式打造营销增长引擎（简称"营销引擎"）；从资本模式打造资本增长引擎（简称"资本引擎"）。后文将会阐述，企业实现战略增长的主旨是将创造引擎、营销引擎、资本引擎三者构成一个增长飞轮。为方便读者更好地理解后文的内容，下面先对营销引擎、创造引擎、资本引擎三者进行简要解释、阐述。

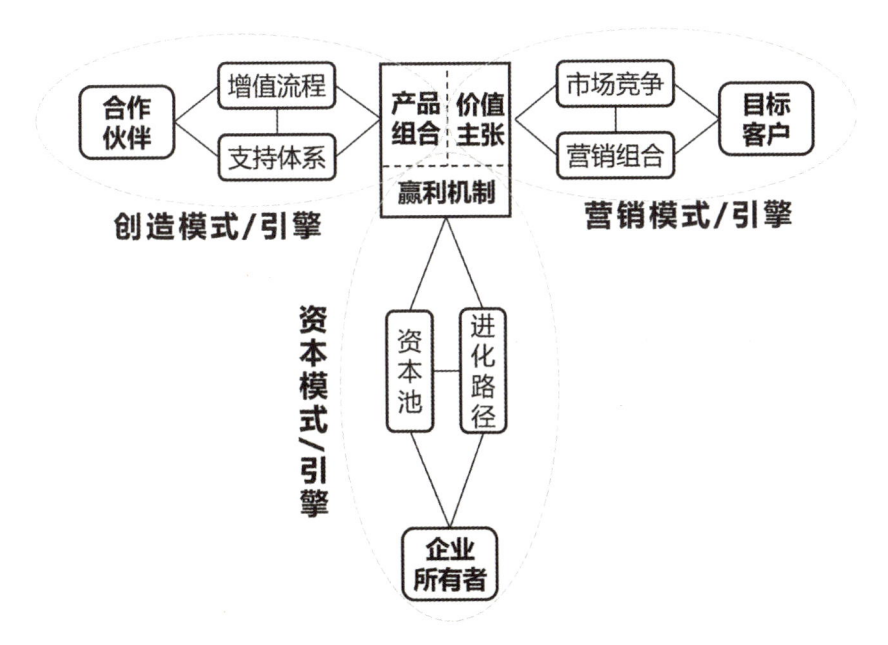

图 3-9-1　T型商业模式的创造引擎、营销引擎、资本引擎
图表来源：李庆丰，《T型商业模式》

（1）营销引擎主要包括哪些内容？图3-9-1右上侧椭圆形虚线标记

出的营销模式部分，企业可从价值主张、市场竞争、营销组合、目标客户四个要素出发，构建营销增长引擎。这四个要素的关系可以用公式表示为：目标客户=价值主张+营销组合−市场竞争，转换为文字表述为：企业根据企业产品中含有的价值主张，通过营销组合克服市场竞争，最终不断将企业产品销售给目标客户。利用这个公式构建营销引擎，企业可以找到将企业产品持续不断地销售给目标客户的可行路径。

在构成营销模式的四个要素中，章节3.3已经具体阐述了价值主张的相关内容。在开发企业产品时，企业需要从目标客户需求中提炼有效的价值主张；在销售企业产品时，企业需要将其中的价值主张有效地传递给目标客户，促进交易不断达成。价值主张是企业产品与目标客户之间沟通的主要媒介和桥梁，是决定企业产品是否能够畅销的关键要素之一。

贝佐斯认为，企业不用关心竞争对手做什么，因为他们不给企业钱。从市场竞争要素看，企业与竞争对手正面对抗，通过价格战等手段进行零和博弈，开展"硬球竞争"或超级竞争，这些可以是某个特定经营场景或发展阶段的权宜之计，但并不被大多数经营者推崇，因此不宜作为打造营销增长引擎的常规方法和长期手段。

企业通过营销组合因素打造增长引擎，可采用的经典营销组合理论有：4P[①]理论、4C[②]理论、4R[③]理论以及将它们整合在一起的整合营销理论。近些年受到推崇的营销方法，像直播带货、社群营销、网络营销、裂变推广、心智定位、饥饿营销、"种草""拔草"、会议营销等，绝大部分都属于经典营销组合理论的实践性变化形式，当然也可用以打造营销增长引擎。

从目标客户出发打造增长引擎，比较流行的是增长黑客理论。在增

[①] 4P 指 Product（产品）、Price（价格）、Promotion（促销）和 Place（渠道）。
[②] 4C 指 Customer（顾客）、Cost（成本）、Convenience（便利性）和 Communication（沟通）。
[③] 4R 指 Relevance（关联）、Reaction（反应）、Relationship（关系）和 Reward（回报）。

长黑客的理论方法中，AARRR漏斗模型是一个重点内容，因其"掠夺式"的增长方式，也被称为海盗模型。AARRR漏斗模型中的AARRR分别代表了五个单词，又分别对应用户生命周期管理中的五个阶段：

①Acquisition（获取）：用户从不同渠道进入企业的私域流量池；

②Activation（激活）：用户使用了企业的产品或服务，并获得良好体验；

③Retention（存留）：用户复购，继续使用企业的产品；

④Revenue（收益）：用户采用企业的产品和服务后，企业开始从中获得收益；

⑤Referral（推荐）：用户推荐、引导他人使用企业的产品及服务。

遵循"如果无法衡量就无法增长"的核心理念，AARRR漏斗模型依托于用户生命周期，将"用户增长"这个单一结果还原成一个AARRR流程，把那些众说纷纭的相关因素，结构化地拆解成可定性、可定量描述及衡量的因素。在好产品的基础上，增长黑客理论属于从目标客户入手，侧重采用营销组合手段，打造增长引擎的方法论。除此之外，还有诸多理论方法有助于我们打造增长引擎。例如对于一些渠道贸易及电商类企业来说，可以参考公式"销售额=流量×转化率×客单价×复购率"（此公式为影响因素公式，非计算公式），再结合营销模式的公式"目标客户=价值主张+营销组合-市场竞争"，协同打造营销增长引擎。

（2）创造引擎主要包括哪些内容？见图3-9-1左上侧椭圆形虚线标记出的创造模式部分，企业可从产品组合、增值流程、支持体系、合作伙伴四个要素出发，构建创造增长引擎。这四个要素的关系可以用公式表示为：产品组合=增值流程+支持体系+合作伙伴，用文字表述就是：增值流程、支持体系、合作伙伴三者互补，共同创造出目标客户需要的产品组合。

在构成创造模式的四个要素中，章节3.4已经具体阐述了产品组合的相关内容。产品组合包括同族组合、跨界组合、下沉组合三个层面，它们不断衍生、裂变、叠加或重组，促进企业产品构成越来越丰富，或通过吐故纳新，让企业产品越来越有竞争力。另外，产品组合中的第一飞轮效应，可以促进客户价值及企业收益持续增长，犹如在企业产品中植入一个不开工资却忠于职守的"销售总监"。

增值流程要素促进战略增长，常有轻资产模式和重资产模式之分。轻资产模式像"微笑曲线""虚拟经营"等经营形式，将企业产品的大部分生产流程外包，企业只掌控其中若干关键价值流程，这有利于企业迅速扩大规模。重资产模式像全产业链投资、重大装备投入等经营形式，有利于保障企业产品的交期、提升质量、降低交易成本，有利于企业积累综合竞争优势、建立防护壁垒等，它也属于战略增长的有效方式。如果有人问："轻资产模式好，还是重资产模式好？"这需要综合评判企业所在行业的成熟度及发展阶段、行业竞争结构、宏观环境状况、企业资源与能力等多方面影响因素。

支持体系要素主要包括技术创新、管理体系、企业文化、资源能力等对产品组合形成过程提供支持的诸多因素。合作伙伴主要是指对产品组合形成过程有贡献的相关组织或个体，即广义的企业供应商。T型商业模式理论将企业的员工归为合作伙伴。不言而喻，它们（支持体系、合作伙伴）都可以为构建创造引擎贡献力量。

（3）资本引擎主要包括哪些内容？营销引擎基于创造引擎发挥作用，两者都依赖资本引擎提供必要的能力和资源。见图3-9-1中下侧的资本模式部分，企业可从赢利机制、资本池、进化路径、企业所有者四个要素出发，构建资本增长引擎。这四个要素的关系可以用公式表示为：资本池=赢利机制+进化路径+企业所有者，用文字表述为：资本池需要赢利机制、进化路径、企业所有者协同贡献。

首先，资本池表示企业可以支配的资本总和，主要有资本存量和资本容量两个衡量指标。从资本存量的角度来看，资本池汇聚着企业内生及外部引进的各类资本。资本容量代表着企业未来的成长空间，一般以企业估值或企业市值来近似衡量。

通俗地讲，资本池通过"储能""赋能""借能"三者动态地构建资本引擎。

赢利机制主要发挥"储能"作用，是企业产品的三大构成要素之一。企业将企业产品持续售卖给目标客户，一方面可以不断获得货币资本，另一方面可以不断积累客户关系、品牌形象等智力资本。在企业产品研发及制成过程中，企业也会形成相关的物质资本和智力资本。这些货币资本、物质资本、智力资本进入资本池，可以被称为"储能"。

进化路径是指商业模式发展、进化的轨迹。由于企业产品是商业模式的核心内容，所以进化路径重点是指企业产品的发展、进化轨迹。在时间维度上，企业为持续赢利，保障企业产品持续发展、进化，就要不断投入货币资本、物质资本、智力资本，因此可以说进化路径主要发挥"赋能"作用。

企业所有者名义上是指全体股东，而实质上是日常发挥相关作用的企业创始人或经管团队。从对于资本池的贡献来讲，企业所有者主要发挥"借能"作用，主要包括：提供注册资本及投资；通过引进私募股权资本为企业增资；通过IPO增资及增发引进公众资本；通过保障安排向银行等金融机构借贷；通过股权激励等方式引进人才和培养人才；通过合资、合作、合伙等方式为企业引进需要的能力和资源。

5.促成第二飞轮效应

围绕企业产品打造增长引擎，最终要促成第二飞轮效应，形成一个动态增长系统，我们可以称之为T型增长系统，也可称之为商业模式增长系统。据系统动力学理论，构成一个系统有三个要件：要素、连接关系、功能和目标。据此，下面我们展开对T型增长系统的阐述。

首先，如上文所述及图3-9-2所示，T型增长系统的要素包括营销引擎、创造引擎、资本引擎，可以被统称为三大增长引擎。图3-9-2的三

战略定位

端定位模型源于图3-9-1，可看作T型商业模式的简化形式。

其次，三大增长引擎之间有什么连接关系呢？总体上说，一个动态系统的连接关系有四种：因果链、增强回路、调节回路、滞后效应。

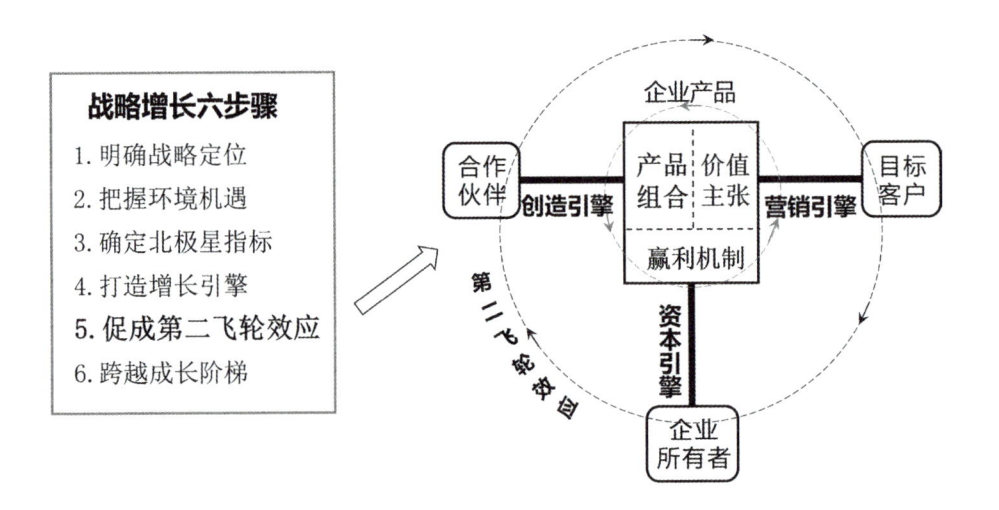

图 3-9-2 战略增长六步骤与第二飞轮效应
图表来源：李庆丰，"战略定位"理论

（1）因果链。如图3-9-2外圈虚线圆形及箭头所示，在资本引擎、创造引擎、营销引擎之间构成一个循环的因果链。围绕企业产品，资本引擎是排在第一位的，它能够带来资源与能力；紧随其后，在资源与能力的协助下，创造引擎打造一个好产品；接踵而至，营销引擎将这个好产品卖出去。在这个过程中增加及累积的各类资本再回流到资本引擎，基于可持续经营，然后进入下一个因果增长循环：资本引擎→创造引擎→营销引擎……与图3-3-2所示的企业产品开发模型的"价值主张→产品组合→赢利机制……"逆时针旋转有所不同，T型增长系统的循环因果链是"资本引擎→创造引擎→营销引擎……"的顺时针旋转的过程。这可以概括为"逆时针产品开发，顺时针战略增长"。

（2）增强回路。在因果链上的各要素之间，为实现预定目标，

第 3 章
三端定位：打造威名远扬的拳头产品

"因"增强"果"，"果"反过来又增强"因"，形成放大回路，一圈圈循环增强，就是一种增强回路，叫作正向增强回路（通常简称为"增强回路"）。随时间可持续的正向增强回路，就会促成飞轮效应。

在T型增长系统中，这个促进复利增长过程或战略增长过程的飞轮效应，被称为第二飞轮效应。由于经营演进及学习效应，交易活动形成的优选资本将不断增值，见图3-9-2。如果经过上一个因果增长循环（资本引擎→创造引擎→营销引擎……），回流到资本引擎的优选资本增加了，那么进入下一个增长循环时，这些优选资本从"输出"变为"输入"，就会形成放大回路，形成更强大的"资本引擎→创造引擎→营销引擎……"因果增长循环。这样一圈圈循环增强，就像现实中的"飞轮"类机械装置，启动时费点力气，旋转起来后就很省力，并且可以越转越快。

在T型增长系统中，为便于理解，我们也可以将参与驱动第二飞轮效应的优选资本拆分为"本金+利息"。上一个因果增长循环获得的资本增值就是利息，这个利息就会转变为下一个增长循环的本金，依次不断进行因果增长循环……因此，第二飞轮效应本质上就是优选资本的复利效应，它有助于将潜优产品打造为拳头产品，也揭示了企业成长与发展的"秘密"。

关于促成第二飞轮效应，以下问题值得我们重点关注：

①从资本引擎→创造引擎→营销引擎……形成一个串联因果链。三者缺一不可，当它们处于配称均衡状态时，增长效能最大。

②杠杆效应与第二飞轮效应的关系：杠杆效应"借力"，将增长引擎"做大做强"。例如通过融资杠杆将资本引擎"做大做强"；通过共享渠道和客户资源，将营销引擎"做大做强"。

③通常而言，第二飞轮效应启动时特别费力，因此企业应该"聚焦"。这包括企业产品聚焦、目标客户聚焦、区域市场聚焦。企业产品聚焦就是企业研发及推向市场的产品要少而精，"只放一只羊"；目标客

户聚焦就是通过有效细分，企业将企业产品定位在最可行的垂直市场，找到早期种子客户和早期使用者；区域市场聚焦是指早期不能"全面开花"，企业不能发散式进军全国市场或国际市场，而应该先在区域市场稳扎稳打，然后循序扩张、各个击破。

④不可忽略实验与调试的过程。例如企业在研发推出新产品时，通常要遵循"小试→中试→产业化"的基本过程。新产品营销应该先做样板市场，形成方法论后再进一步扩展与推广。新企业或新项目搞债权或股权融资，也应该是一个从少到多的过程。企业发展连锁加盟，也应先搞样板店，然后有步骤、有策略地扩张。

⑤J形曲线与击穿阈值。企业从创立期到成长期的发展曲线像一个倾斜的大写字母"J"，起初有较长时间的投入期，如果在此期间能够促成第二飞轮效应，当产品销量击穿（突破）某个阈值后，增长飞轮就会越转越快，逐步带动企业进入成长期。

⑥具有第二飞轮效应的T型增长系统属于企业赢利系统的"内核子系统"。由经管团队、商业模式、企业战略三者构成的企业赢利系统是T型增长系统的上级系统，T型增长系统属于其中商业模式的增长系统。T型增长系有助于培育企业竞争优势及核心竞争力，也有助于理解《基业长青》中提及的"保存核心、刺激进步"及美国战略学者马凯兹提出的"归核化"战略等理论。

还有一种增强回路，即在因果链上的各要素之间，当"因"减弱"果"，"果"反过来又减弱"因"的时候，这个回路也属于增强回路，只不过是"负向增强回路"。当出现负向增强回路时，企业将步入衰败循环，甚至趋于消亡。

（3）调节回路。什么是调节回路？在因果链上的各要素之间，当"因"增强"果"时，"果"反过来削弱"因"的回路，或当"因"削弱"果"时，"果"反过来增强"因"的回路。调节回路就像是汽车中制动系统的作用，当你觉得车速太快的时候，踩下制动踏板，汽车的速度就会降下来。调节回路主要用来解决战略增长中出现的不均衡问题,例如在T型增长系统中,当创造引擎开发的产品多而分散,以至于营销引擎跟随不上或产品出现质量问题时,我们就要追溯原因,进一步调整创造引擎。

(4)滞后效应。在因果链上的各要素之间,当"因"影响"果"或"果"反过来影响"因"时,往往要过一段时间才能起作用,这就叫作滞后效应。滞后效应通常有一定副作用,它会造成系统不均衡。在T型增长系统中,克服滞后效应的措施有:提前预测及尽早启动可能滞后的增长引擎;建立各类资本的安全储备或缓冲池;缩短因果链或进行数字化变革,降低滞后效应的影响。

根据系统三要件:要素、连接关系、功能和目标,前文阐述了T型增长系统的构成要素及它们之间的连接关系。最后,T型增长系统的功能和目标是什么呢?其功能就是实现战略增长,它的目标要与企业战略规划中的目标匹配。

6.跨越成长阶梯

从狭义上说,T型增长系统的核心内容是促成及保持第二飞轮效应。从广义看,T型增长系统应该包括前述战略增长六步骤:明确战略定位、把握环境机遇、确定北极星指标、打造增长引擎、促成第二飞轮效应、跨越成长阶梯。其中正确的战略定位是前提,包括正确的竞争定位和三端定位,否则很难促成第二飞轮效应及跨越成长阶梯,T型增长系统也很难可持续"运转"。

战略增长六步骤的最后一个步骤是跨越成长阶梯。我们知道,企业在成长期与扩张期之间存在一个需要跨越的阶梯。在成长期,企业产品比较聚焦,通过T型增长系统实现战略增长的核心内容是促成并保持第二飞轮效应,打造拳头产品及发挥拳头产品的引领作用。但是,拳头产品也会遭遇增长极限,届时将会出现销售增量递减的情况,并逐渐趋于

战略定位

零。这个问题的解决方案是启动分形定位，提升"增长维度"，通过对T型增长系统进行扩张与再造，打开"高维增长空间"及拥有超级产品。这是企业扩张期战略定位的主要目的及产品愿景。

什么是分形定位？在成长期与扩张期之间，企业如何跨越阶梯，从"低维销量增长"转变到"高维分形增长"？本书第4章将重点讨论这方面的内容。

3.10 估值7 000亿元的SHEIN的"不可能三角"是什么？

重点提示

※ 结合SHEIN的案例，为什么竞争定位、三端定位都要聚焦？

※ SHEIN的拳头产品是什么？可以跃迁为超级产品吗？

※ 为什么说第二飞轮效应涵盖着诸多增长飞轮？

2022年上半年，快时尚品牌SHEIN完成10多亿美元的F轮融资，估值达1 000亿美元，约合7 000亿元人民币，历经10多年就成长为名列前茅的超级独角兽。

SHEIN的创始人许仰天出身穷苦，小时候经常馒头就着酱油就算是一顿饭了，上大学亦是半工半读。大学毕业后，许仰天到一家外贸企业打工。有一次，他陪未婚妻去苏州虎丘婚纱城选购婚纱，发现苏州的婚纱与国外相比不但质量好而且价格非常便宜，便萌生创业搞跨境电商的想法。2008年，SHEIN正式创立。那一年，许仰天24岁。

SHEIN主打快时尚女装，特点是平价、款式多、品类全且上新快。目前，SHEIN通过自己的电商平台，面向全球220多个国家及地区提供超过60万种产品。创业这么多年来，许仰天几乎不接受媒体采访。SHEIN在海外火了很久，一直"闷声发大财"，近两年才有国内媒体关注及报道。知道不如学到，学到不如悟到。SHEIN有哪些制胜法宝？下面我们从竞争定位、三端定位两个层面对SHEIN的成功之道进行简要探讨。

1.SHEIN创立时的竞争定位与潜优产品

2008年SHEIN成立后，许仰天通过跨境电商卖婚纱攒下第一桶金。

战略定位

网上卖婚纱是一个小"赛道",天花板很低,始终像一个小生意。2012年,许仰天领导的SHEIN收购了一个域名为Sheinside.com的网站,放弃了原有的婚纱生意,面向海外消费者开创快时尚女装新事业。

本书提出战略定位三要件:发展阶段、定位平台、产品愿景。将实践上升到理论高度,在创立期(发展阶段),SHEIN如何通过竞争定位模型(定位平台)定位一个潜优产品(产品愿景)?

竞争定位模型的公式为"潜优产品=客户需求+行业趋势+优选资本-竞争阻力"。像解数学题那样,SHEIN主要通过客户需求、行业趋势、优选资本、竞争阻力四个要素,初步推导出一个潜优产品,见图3-10-1。

(1)客户需求。进入21世纪以来,女装行业商业模式的踊跃创新与女性消费能力崛起碰撞在一起,快时尚女装出现了像ZARA(飒拉)、H&M(海恩斯莫里斯)、GAP(盖璞)、UNIQLO(优衣库)等一批知名品牌,它们持续不断地在全世界范围内掀起越来越强的消费浪潮。2022年,全世界人口突破80亿,其中女性占比约50%。有句话说,"爱美是女人的天性,时尚与年龄无关"。快时尚"赛道"的客户需求正在不断释放,市场空间将越来越大。

(2)行业趋势。在创立SHEIN时,处于跨境电商营销前线的许仰天就感觉到2008年的金融危机正在影响中产阶级的消费趋势。厂商必须提供更便宜的衣服,这是走向成功的时代机会。从供给侧看,有利于快时尚女装升级发展的因素有:中国服装产业供应链成熟与"溢出"、工程师与设计师"红利"、数字化转型带来的价值链优势、国际物流与快递体系日益便捷。从需求侧看,有利于快时尚的营销环境因素有:智能手机逐渐普及、社交媒体日益活跃、人工智能及算法技术应用日趋成熟、"网红""达人"的消费引领能力等。

另外,根据中信建投专题研究报告,与SHEIN竞争定位相关的行业趋势还有:海外电商服装"赛道"需求规模大、增速快、渗透率偏低。年轻群体成为时尚消费主力,"消费降级"趋势创造低价偏好。在海外电商服装"赛道"中，女装品类是最值得关注的细分"赛道"之一，原因是：第一，女装品类份额较高，市场空间较大；第二，女装"赛道"竞争激烈程度较低。

（3）优选资本。在进入快时尚女装新事业之前，许仰天已经有多年的跨境电商工作及创业经历。三年多跨境电商卖婚纱的经历，让SHEIN积累了人才、运营能力、客户、供应商、资金等多方面的优选资本。SHEIN进入快时尚女装"赛道"一年后，就获得集富亚洲500万美元的首轮风险投资，促进企业加快定位及开发潜优产品的步伐。

（4）竞争阻力。要克服竞争阻力，为目标客户提供效用更大的差异化产品，先要找出现有快时尚企业在满足客户需求方面的主要问题，并重新定义自己的潜优产品。相较于ZARA、H&M、GAP、UNIQLO等，SHEIN如何让价格更便宜？例如对中国本土的服装供应链进行整合与升级，取消线下门店和各个中间环节等。如何让款式更多？如何让交付周期更短？如何将快时尚升级为"即时尚"？这些都是SHEIN团队要解决的关键问题。

我们从客户需求、行业趋势、优选资本、竞争阻力四个方面进行竞争定位，复盘SHEIN的案例。SHEIN选定快时尚女装"赛道"，最终基于客户需求定位潜优产品，其具有如下"多快好省"的差异化特色：让顾客购买更方便、价格更便宜、款式品类更多且上新快，从快时尚升级为"超快时尚"或"即时尚"，最终让"人人尽享时尚之美"，见图3-10-1。

战略定位

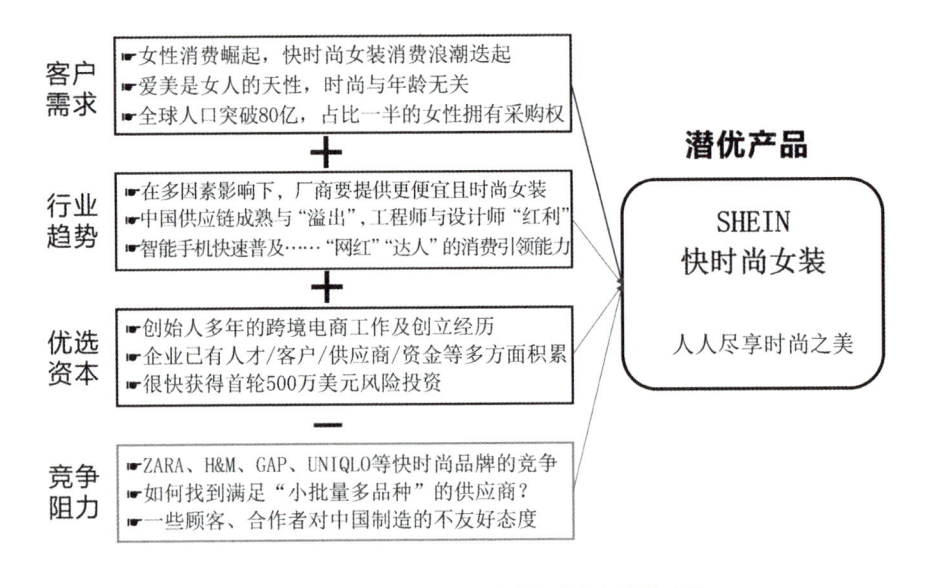

```
客户     ■女性消费崛起，快时尚女装消费浪潮迭起
需求     ■爱美是女人的天性，时尚与年龄无关
         ■全球人口突破80亿，占比一半的女性拥有采购权
             +                                          潜优产品
行业     ■在多因素影响下，厂商要提供更便宜且时尚女装
趋势     ■中国供应链成熟与"溢出"，工程师与设计师"红利"      SHEIN
         ■智能手机快速普及……"网红""达人"的消费引领能力     快时尚女装
             +
优选     ■创始人多年的跨境电商工作及创立经历              人人尽享时尚之美
资本     ■企业已有人才/客户/供应商/资金等多方面积累
         ■很快获得首轮500万美元风险投资
             -
竞争     ■ZARA、H&M、GAP、UNIQLO等快时尚品牌的竞争
阻力     ■如何找到满足"小批量多品种"的供应商？
         ■一些顾客、合作者对中国制造的不友好态度
```

图 3-10-1　SHEIN 创立时的竞争定位与潜优产品
图表来源：李庆丰，"战略定位"理论

2. SHEIN成长期的三端定位与拳头产品

根据战略定位三要件"发展阶段、产品愿景、定位平台"，从创立阶段进入成长阶段，企业的愿景是将潜优产品打造为拳头产品，相应采用的定位平台为三端定位，其主要内容有：三端定位模型、第一飞轮效应、企业产品开发模型、第二飞轮效应等。结合SHEIN的案例，本部分重点讨论三端定位模型，其中涵盖了第一飞轮效应、企业产品开发模型，后文简要阐述第二飞轮效应。

通过三端定位模型讨论SHEIN的案例，我们可以将其划分为两个部分，见图3-10-2：其一，为打造拳头产品，对中央的"价值主张、产品组合、赢利机制"三者合一进行企业产品定位；其二，为打造拳头产品，对外围的"目标客户、合作伙伴、企业所有者"三大交易主体进行定位。由于企业产品三个构成要素与三大交易主体之间具有紧密的、一一对应的关系，价值主张与目标客户紧密对应、产品组合与合作伙伴紧密对应、赢利机制与企业所有者紧密对应，因此下文就遵循这样的对应关系依次进行论述。

第 3 章
三端定位：打造威名远扬的拳头产品

首个拳头产品：快时尚裙装

企业产品

合作伙伴
- 番禺南部上千家服装工厂
- AB测试/大数据/AI算法/自动化/供应链等各领域的人才

产品组合
- 从裙装切入
- 上装、下装、泳装、大码女装等多种女性服饰

价值主张
- 上新快、价格低、品类多

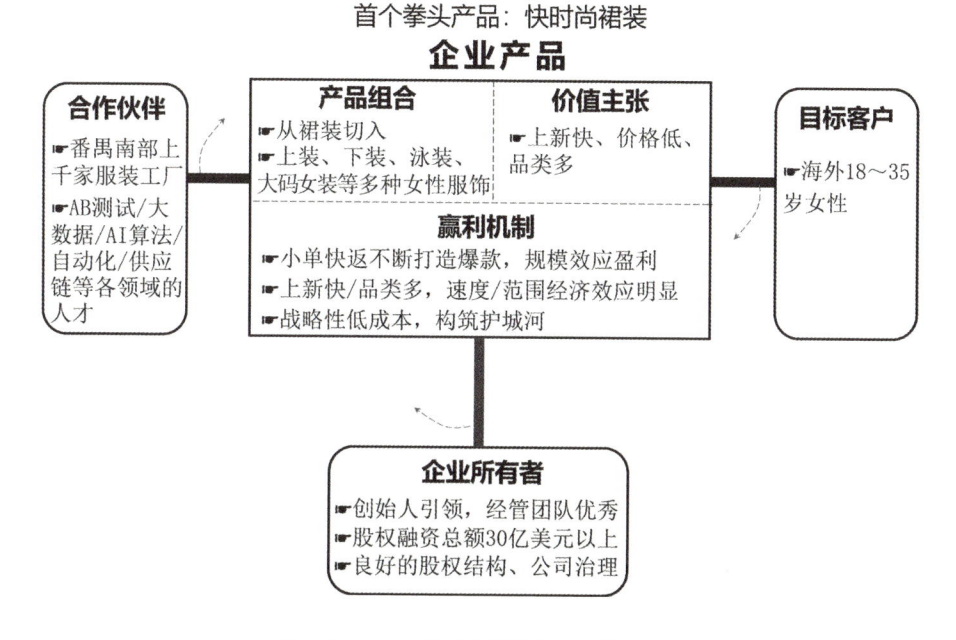

目标客户
- 海外18~35岁女性

赢利机制
- 小单快返不断打造爆款，规模效应盈利
- 上新快/品类多，速度/范围经济效应明显
- 战略性低成本，构筑护城河

企业所有者
- 创始人引领，经管团队优秀
- 股权融资总额30亿美元以上
- 良好的股权结构、公司治理

图 3-10-2　SHEIN 的三端定位及拳头产品
图表来源：李庆丰，"战略定位"理论

（1）对价值主张与目标客户的定位。要跨越创立期与成长期之间的非连续阶梯，企业要迈出的重要一步就是将竞争定位模型的四个要素归集为客户需求，初步形成概念性的潜优产品，并与"商业模式第一问"对接起来：企业的目标客户在哪里？如何满足目标客户的需求？

前文提到，SHEIN的潜优产品定位于购买更方便、价格更便宜、款式更多且上新快等差异化需求。谁是SHEIN的目标客户？国际市场上18~35岁女性。这一群体选购服装既要款式时尚，又要赶上潮流，还要性价比高，价格尽量优惠。如何满足目标客户的需求？通过图3-3-2所示的企业产品开发模型，企业可以将客户需求归纳为企业产品的价值主张，进一步开发出相应的产品组合。

从整个行业来看，快时尚女装的价值主张有：风格新潮、款式多样、性价比高、试穿挑选方便、限量款、显得高档、炫耀彰显、上新快、价格便宜、个性表达、配送速度、品质优良等。SHEIN结合客户需

求、竞争差异化、行业趋势及自身优势给出企业产品的关键价值主张为：上新快、价格低、品类多。

企业产品定位的下一步是立足于价值主张开发新产品，并形成产品组合。"上新快、价格低、品类多"在服装业内曾被认为是"不可能三角"。如果SHEIN能够坚守这样的价值主张，就会具有独特的竞争优势，从现有快时尚品牌中脱颖而出，取得成功。

（2）对产品组合与合作伙伴的定位。在战略定位时，我们给有潜力的拳头产品找到搭配，形成产品组合，让它们之间能够实现"1+1＞2"的协同效应，即第一飞轮效应。从公司发展历程看，SHEIN以快时尚女装为企业产品定位，先以裙装作为第一品类切入，站稳脚跟后开始拓展女装其他大品类，涵盖裙装、上装、下装、泳装、大码女装等多个品类。在成长期，SHEIN的企业产品形成女装多品类同族组合，共享目标客户，在营销、设计、制造、供应链等方面具有协同效应，即第一飞轮效应。

为实现"上新快、价格低、品类多"的价值主张，SHEIN结合企业产品的下沉组合，主要在产品设计、供应链、制造运营、数字化"赋能"等方面进行技术创新。

在产品设计方面，SHEIN打造数字化设计平台，依靠网络技术搜集时尚信息，实时掌握新兴趋势和竞品动态，并且为设计师建立了设计辅助系统，使得设计师可以在一定的标准和范围内进行模块化设计。这让产品设计从分布式个体作业升级为集中化、流程化、自动线式作业，不仅能够紧跟时尚潮流，而且极大地提高设计效率、降低相关成本。

在供应链方面，SHEIN建立强大的数字化供应链管理与信息系统。供应商等合作伙伴共享客户实时数据，并借此指导设计、管理生产过程，效率远超同行。在SHEIN发展早期，其合作的供应商主要是中小工厂而非大工厂。SHEIN通过自身的数字化管理系统为中小厂商"赋能"，为中小工厂提供了充足的订单、较短的结算周期以及相关扶持政策，甚至代表它们和原材料厂商谈判。SHEIN和供应商等合作伙伴之间不是简单的市场合作关系，而是半市场、半组织的关系。SHEIN不是仅凭自身与市场竞争，而是打造一个强大供应链与外部同业厂商展开竞争。由于快时尚行业要求工厂与品牌商之间能够极致高效地协同，因此供应商一般都处在品牌厂商的周围。在广东番禺南部，SHEIN围绕自身形成产业地带，该地区聚集了上千家与SHEIN紧密合作的服装工厂。

在制造生产方面，SHEIN采取"小单快返"的生产模式，每一款商品起始只生产约100件，随后立即投放到市场进行测试。若消费者评价好，订单量大，则开始大批量返单生产，通过后续加订单，单件成本就能大幅降低；若订单量较小，则返回设计环节修改版式，直到打磨为"爆款"为止。**SHEIN"小单快返"的经营逻辑就是通过每天上新品，与消费者对话、试错、迭代，即C2M（Customer-to-Manufacturer，顾客直连工厂）模式。**

在数字化"赋能"方面，SHEIN大量招聘来自AB测试、大数据、AI算法、计算机视觉、自动化、供应链、云系统等领域的人才。正是这些传统服装行业完全不存在的人才及岗位，最终组成了SHEIN与众不同的技术团队。在SHEIN看来，数据和不断被优化的算法才是它最宝贵的财富。例如在数据驱动的选品策略下，SHEIN的"爆款率"高达50%左右，并且准确地预估了2018年夏季美国流行蕾丝、印度流行全棉材质等需求趋势。在产品制造方面，SHEIN拥有一套与供应商整合一体的IT生产管理系统。在这套系统里，供应商可以清楚地看到每一笔订单的详细信息，包括SKU（Stock Keeping Unit，最小存货单位）数、订单量、面料、尺寸比例等。SHEIN也会安排专人收集与更新生产流程中的数字化信息，包括每一个款式进行到哪个生产环节、订单完成比例、面料消耗情况、工厂产能饱和度等。在物流配送方面，SHEIN利用数据分析优化物流路线，将物流信息在线化及数据化，为遍布全球220多个国家及地区的客户设计成本最优的配送方案。

（3）对赢利机制与企业所有者的定位。根据图3-3-2所示的企业产品开发模型，企业产品初始定位应遵循价值主张→产品组合→赢利机制这样一个逆时针旋转的过程，以指导企业产品开发和经营管理活动。从产品组合到赢利机制，是对赢利机制进行定位，实际上是考察产品组合如何赢利，以及结合可扩展的价值主张，面向未来对产品组合的增加、减少、创新、删除等"投资组合"活动指明方向。企业对赢利机制进行定位，主要从赢利效应、赢利模组、收入与支出结构、竞争优势四个方面进行探讨和研究。

从赢利效应方面看，基于"小单快返"柔性供应链生产模式，SHEIN通过AB测试、AI算法打造"爆款"属于规模经济，不断扩充款式及品类、"上新快"属于范围经济、速度经济，其中还包括品牌效应、客户锁定效应、轻资产效应等赢利效应。

在成长初期，SHEIN从裙装起步，可认为只有一个赢利模组；接续扩展到上装、下装、泳装等近十条产品线，这属于赢利模组的裂变——每条产品线就是一个赢利模组。进入扩张期后，SHEIN的产品组合又涵盖男装、童装、大码服装、美妆、家居、宠物用品等相关产品线，可看作赢利模组进一步扩充和丰富。

基于赢利模组，从形式上看，SHEIN的收入与支出结构似乎与其他快时尚品牌商并无显著不同：主要收入是产品销售收入，主要支出就是价值链上发生的固定成本和变动成本。但从具体经营实践上考察，我们可以发现，SHEIN的商业模式能够持续增加企业收入并降低支出，以提升各个赢利模组的赢利水平。例如基于"上新快、价格低、品类多"的价值主张，SHEIN的企业产品的订单数、购买频率稳步增长，老客户贡献比例逐年上升，GMV（Gross Merchandise Volume，商品交易总额）实现高速增长。基于数字化赋能和柔性供应链等技术创新优势，SHEIN的缺货率、滞销率显著低于同行，而存货周转率、产品交付周期显著优于同行。

竞争优势是指相对于竞争对手，企业的企业产品或赢利模组在可持续进化、繁衍方面所拥有的优选资本优势。企业建立起来的"护城河"是竞争优势的主要表现形式。从同业竞争考察，SHEIN有无竞争优势？SHEIN的成功吸引一批又一批企业挤入跨境电商"赛道"，但它们往往很快撤退或折戟而归，至今国内尚未出现第二家SHEIN。例如跨境电商独立站Dmonstudio背靠字节跳动，具备流量优势，试图模仿SHEIN的商业模式，但仅存活三个多月就宣告关停。

相对于竞争对手，SHEIN的主要竞争优势包括：①柔性供应链带来的低价优势；②面向顾客需求的快速"上新"优势；③持续扩充的款式及品类带来的流量优势。基于SHEIN的经营实践成果，上述三点分别代表着T型商业模式的创造模式、营销模式、资本模式的"杰出"成果。在以商业模式为中心的企业赢利系统中，这三大竞争优势不断迭代、优化、增强反馈，最终为SHEIN建立起"护城河"。

赢利机制与企业所有者紧密对应。企业所有者通过赢利机制参与构建企业产品，赢利机制代表着企业所有者的利益。企业所有者定位主要包括选定领军人物、搭建经管团队、设计股权结构、健全公司治理四个方面。对于SHEIN是否具有优秀的领军人物、经管团队及公司治理情况，我们可以从风险投资机构是否踊跃投资这个侧面进行评判。

从2013年到2022年，SHEIN共历经6轮融资，融资总额达30亿美元以上，最后一轮估值达1 000亿美元。在参与SHEIN历次融资的风险投资机构中，不乏IDG资本、红杉中国、景林资本、顺为资本等知名机构。例如2018年SHEIN不准备对外融资，但红杉资本凭借对整个电商业务的长期观察和深度理解，结合企业战略发展的相关需求，就融资、发展等相关问题与SHEIN经管团队真诚而频繁地沟通，最终打动了SHEIN创始人许仰天。当年，SHEIN完成红杉资本领投的C轮融资，首度披露企业估值为25亿美元。在这轮融资完成后，红杉资本合伙人戏称这是坚持不懈"跪了半年跪出来的一轮投资"。

对于发展中的企业来讲，设计合理的股权结构也非常重要，它关

乎能否激发出经管团队成员追求事业的巨大动力。在企业成长初期，SHEIN就有相对合理的股权结构：创始人许仰天持股约58%；其他主要经管团队成员持股约42%，持股人包括首席市场官苗苗、首席技术官许浩、供应链中心负责人任晓庆、商品中心负责人顾晓庆等。

从三端定位模型的六个构成要素出发，以上具体阐述了SHEIN的价值主张与目标客户定位、产品组合与合作伙伴定位、赢利机制与企业所有者定位。三端定位是为了打造拳头产品，拳头产品可能不止一个，贯穿于成长期或层出叠现，所以三端定位伴随企业成长，是一个持续定位的过程。从发展历程看，SHEIN以快时尚女装为潜优产品定位，最初以裙装作为第一个品类切入，初步打造拳头产品，然后涵盖上装、下装、泳衣、大码服装等多种女性服饰，逐步打造越来越多的拳头产品。

3.促进SHEIN快速成长的第二飞轮效应

先有战略定位，再有战略增长。两者如果倒过来，就像驾车前行很长时间，感觉不对劲，才想到需要导航系统，为时已晚！大部分创业项目或开创的新事业，却是这样"倒着"且豪情万丈地推进！因此，如今创业项目的失败率非常高。

在企业成长期，SHEIN取得了经营成功。除了战略定位正确，SHEIN是如何做增长的？这里的增长是指战略增长，它要通过T型增长系统落地实施。从广义上看，T型增长系统应该包括六个步骤：明确战略定位、把握环境机遇、确定北极星指标、打造增长引擎、促成第二飞轮效应、跨越成长阶梯。结合SHEIN的实际经营情况，下面对这六个步骤进行简要说明。有兴趣的读者可以查阅相关资料，结合上一节的战略增长理论进一步探讨。

（1）明确战略定位。前文已经分析了SHEIN的竞争定位和三端定位。竞争定位更像对创业项目进行前期调研，最终给出项目是否可行的研究报告，并发现及定位一个潜优产品。笔者对此的贡献是提出竞争定位模型，其中的四大要素及潜优产品应该是项目前提调研及可行性研究报告的重点内容。在成长期，企业通过三端定位打造拳头产品，是战略定位的重中之重。就像导航系统一样，开始定位及给出初步的路线图很重要，但过程中的调整及再定位环节也不可或缺。因此，三端定位打造拳头产品应该伴随企业的整个成长期乃至大部分生命周期阶段。

（2）把握环境机遇。把握环境机遇的要点是发现即将到来的增长"红利"，通俗来说就是关注"10倍速"变化因素。SHEIN切入快时尚女装赛道，看到了哪些"10倍速"变化因素呢？2012年之后，智能手机普及带来网络社交与传播的指数级增长是最主要的"10倍速"变化因素。SHEIN乘势而上，很好地抓住了这个"10倍速"因素。例如有媒体文章说：在Instagram（照片墙）、Youtube、Facebook等平台上，欧美一些大小"网红"经常在线展示SHEIN的裙装、泳装、小饰品、休闲装等，展示过后她们能无偿获得这些商品。对海外女性消费者来说，除了时尚外这些服饰最吸引人的还是价格，一件漂亮裙装的标价只有十几美元，往往只是ZARA等快时尚品牌同类商品的二分之一甚至更低。其他"10倍速"变化因素还有中国服装供应链的协同升级、设计师及工程师"红利"、风险投资机构对创新型企业的大力支持等。

（3）确定北极星指标。SHEIN选定的北极星指标是"日均上新数"。以2019年为例，ZARA日均上新80款，而SHEIN则做到了日均上新600款，年均上新20多万款。SHEIN的上新纪录还在不断被自身刷新，例如2022年3月，SHEIN日均上新已经提升到6 000款。为什么日均上新数如此重要？首先，只有SKU足够多，才能持续地吸引越来越多的用户来到自己的平台，并让更多的用户与产品匹配。其次，这也是SHEIN差异化竞争及建立"护城河"的需要。在服装业界，"上新快、价格低、品类多"被称为不可能三角，也就是说一家企业很难把"速度经济、规模经济、范围经济"集成于一身。SHEIN通过"日均上新数"这个北极星指标引领，倒逼企业践行价值主张"上新快、价格低、品类多"，从而建立起独特竞争优势及核心竞争力,履行企业使命"人人尽享时尚之美"。

(4)打造增长引擎。从T型商业模式的三个构成部分展开,有营销引擎、创造引擎、资本引擎。在打造营销引擎方面,SHEIN的主要做法有:善用SEO(Search Engine Optimization,搜索引擎优化)、KOL、Hashtag(话题标签)、PGC(Professional Generated Content,专业人士生成内容)、UGC(User Generated Content,用户生成内容)等联合营销,挖掘流量洼地,从网站迁移到APP,社群运营,试销与批量测品等。在打造创造引擎方面,SHEIN主要在产品设计、供应链、制造运营、数字化"赋能"等方面进行技术创新,以支持实现"上新快、价格低、品类多"的价值主张。在打造资本引擎方面,SHEIN具有股权结构合理、团队及人才激励到位、科学合理进行股权融资等特色,逐渐形成了低成本优势、快速响应优势、多品类低库存优势、品牌优势、客户关系与流量优势等。

(5)促成第二飞轮效应。企业实现战略增长的主旨是将创造引擎、营销引擎、资本引擎三者构成一个增长飞轮。在具体实施时,企业需要驱动"资本引擎→创造引擎→营销引擎……"形成正向增强循环,促成第二飞轮效应。在SHEIN的商业模式中,具体的增长飞轮见图3-10-3。

图3-10-3就是第二飞轮效应示意图(图3-9-2)的变体形式。结合前文SHEIN案例的具体内容,通过"看图说话",我们就可以理解这个增长飞轮的运行原理。另外,SHEIN具有的低成本优势、快速响应优势、多品类低库存优势、品牌优势、客户关系与流量优势、柔性供应链优势等,都是通过T型增长系统的第二飞轮效应随时间累积而成的。

图 3-10-3　SHEIN 的增长飞轮及第二飞轮效应
图表来源：李庆丰，"战略定位"理论

（6）跨越成长阶梯。在创立期及成长初期，SHEIN的产品组合比较聚焦，以女性裙装切入，逐步涵盖上装、下装、泳衣、大码服装等多种女性服饰，它们都属于快时尚女装的范畴，与竞争定位"推导"的潜优产品一致。从成长期到扩张期，SHEIN需要跨越成长阶梯，从集中化战略转向相关多元化战略。为此，原来的竞争定位、三端定位及T型增长系统需要做出改变，才能叠加上随之而来的分形增长。

事实上，随着市场占有率不断提升，企业从成长期进入到扩张期，SHEIN的品类不断扩充，覆盖女性、男性和儿童三大用户人群市场，衍生出美妆、家居、宠物用品等相关产品线，最终发展成为全品类、覆盖所有用户购物需求的一站式跨境电商平台。

参考资料：

[1]孙晓磊，于伯韬. SHEIN，数字化供应链，多样化线上营销手段[R/OL].（2021-07-05）[2023-07-04]. https://baijiahao.baidu.com/s?id=1704431236280695336&wfr=spider&for=pc.

[2]李云龙. 击败H&M，颠覆ZARA，千亿巨头SHEIN的底层逻辑[EB/OL].（2022-04-09）[2023-07-04]. https://www.163.com/dy/article/H4H0HRMI0536N1P3.html.

[3]孙文轩. SHEIN再传上市，揭秘最隐秘的跨境电商独角兽[N/OL]. 新京报，（2022-02-07）[2023-07-04]. https://baijiahao.baidu.com/s?id=1724090586871954837&wfr=spider&for=pc.

第 4 章

分形定位：以核心竞争力造就超级产品

本章导读

战略教科书源于第二次世界大战后欧美国家大型企业集团的多元化战略实践，至今在编排上仍然沿用知识堆砌结构：将一些经典的战略理论、分析模型（可被称为"战略原材料""战略零部件"）堆砌在一起……像横向一体化、纵向一体化、兼并与收购等公司层战略，它们与内外部环境分析一起，能占一本战略教科书70%的篇幅。战略教科书的改进方向是什么？战略教科书大部分篇幅叙述所谓的公司层战略，在内容上与本书阐述的企业扩张期的战略定位有诸多类似或重合之处……

分形定位的"分形"有什么特别含义？分形是一个几何学术语，是指一个整体可以分成若干部分，且每一部分都近似于整体缩小后的形状，即部分与整体之间具有自相似的性质。自然界中具有分形特征的事物有：海岸线、雪花、花椰菜、树枝等。在企业的扩张期，战略定位理论引入"分形"的概念，与企业产品同构地、近似地不断分化、衍生、裂变的经营场景有些类似。

什么是超级产品？超级产品通常由最优秀的拳头产品跃迁、升级而来，是指在市场上具有巨大影响力、有一定垄断地位，且能够通过不断裂变衍生而长期引领企业扩张的具有代表性的卓越产品。

4.1 如何将拳头产品转变为"企业产品宝塔"?

> **重点提示**
>
> ※ 分形定位理论与战略教科书中的"公司层战略"有何异同?
>
> ※ 参照遗传变异理论,企业实施分形定位六个层次时有无最优顺序?
>
> ※ 分形定位六层次对战略教科书的知识堆砌结构做出了哪些改进?

"呼机、手机、商务通,一个都不能少。"恒基伟业当年这句经典的广告词,让企业的商务通品牌知名度及产品销售量双双蹿升,一举打败诸多竞争对手。1999年,商务通的市场占有率超过60%,次年市场占有率一度飙升到90%。商务通的英文简称为PDA(Personal Digital Assistant,个人数字助手),另一种称呼为掌上电脑。可以说,它是平板电脑、智能手机的"老前辈"。

我们说战略定位主要是对企业产品定位。企业产品能够持续更新与兴旺,企业就会持续成长与发展。"呼机、手机、商务通,一个都不在了",如今恒基伟业岌岌可危,几乎销声匿迹。恒基伟业的商务通是那个时代心智定位、营销策划的成功案例,而不是产品本身能够提供卓越的客户价值,所以不具有可持续的生命力。从战略定位的观点看,2000年之后,在企业已有营销优势的基础上,叠加创造优势和资本优势,然后通过分形定位,恒基伟业应该对商务通产品深度升级、更新换代或开发周边产品,并向轻薄笔记本、平板电脑、智能手机等相关方向延伸、迭代,逐渐开辟出自己的第二曲线。但事实上,恒基伟业作为那个年代典型的"营销机会型"公司,既敢于冒险又喜欢追逐市场热点,缺乏战略定位时就只能继续随波逐流。2008年,恒基伟业大举转型进入薄膜太阳能产业,试图开辟第二曲线……2017年,恒基伟业被法院公示为失信被执行人，从此销声匿迹。

什么是分形定位？分形是一个几何学术语，是指一个整体可以分成若干部分，且每一部分都近似于整体缩小后的形状，即部分与整体之间具有自相似的性质。自然界中具有分形特征的事物有：海岸线、雪花、花椰菜、树枝等。

章节3.9最后说，企业从成长期进入扩张期，过渡阶段存在非连续阶梯，需要"跨越阶梯"，从"低维销量增长"转变到"高维分形增长"。笔者在战略定位理论中引入分形定位，有利于直观地表示出：从成长期进入扩张期，企业产品应该如何定位、如何跨越阶梯，实现从"低维销量增长"到"高维分形增长"。借鉴几何学的分形概念，战略定位中的分形定位更加宽泛，通常是指：基于已有的拳头产品，企业产品应该如何成长与扩张。结合传统战略理论及广泛的企业实践，根据扩张方式的不同，企业产品进行分形定位包括以下六个层次：

第一，复制式分形。这是基于已有的拳头产品，不做改变或仅做微小改变，通过异地布局，拓展市场区域，实现复制式分形扩张。在传统战略理论中，类似的表述有"直营或加盟连锁""横向一体化"等，即基于同一产品进行区域性、全国性布局，国际化发展。例如麦当劳在全球各地开连锁快餐店，可口可乐在全球布局灌装厂等。

第二，延伸式分形。这是基于已有的拳头产品，不断更新换代，形成产品线或产品金字塔等。通过延伸式分形而形成的企业产品族，通常具有较大程度的近似性。例如苹果手机从第一代iPhone延伸式分形到目前的iPhone 14；宝洁的潘婷、飘柔、海飞丝、沙宣等品牌形成洗发水产品族。

第三，上下游分形。这是基于已有的拳头产品，沿着产业链上下游分形扩张。在传统战略理论中，类似的表述有"全产业链发展""纵向一体化"等。像雅戈尔、桐昆股份、比亚迪、湘火炬等企业，都是上下游分形扩张的典型代表。

第四，胞族式分形。 这是基于已有的拳头产品，从技术创新、产品特性等方面一脉相承地分形扩张，增加或更新企业产品的相关品类。通过胞族式分形，企业将形成多个族群的企业产品，且各族群之间有一定类似性。在传统战略理论中，类似的表述是"同心多元化"。它是指企业利用原有技术、特长、经验等相关优势资本，创造出与已有拳头产品用途不同的新产品品类。例如本田公司以摩托车起家，后来也制造草坪机、发电机、船外机、乘用车等。

第五，围绕客户分形。 这是基于拳头产品的目标客户或潜在客户，以跨产业、跨领域的方式增加产品种类、发展新产品。在传统战略理论中，类似的表述是"水平多元化"。例如阿里巴巴围绕目标客户或潜在客户，通过流量共享，跨产业、跨领域增加产品种类，企业产品已经扩展进入到数字商业、金融科技、智慧物流、云计算、文化娱乐等领域。

第六，围绕资本分形。 这是除了以上五种分形之外，基于拳头产品积累的某种优选资本，增加或更新企业产品的品类。例如日本富士公司将做胶片的膜技术应用到其他场景，分形扩张到高端化妆品、制药等产业领域。再如，美国GE（通用电气）公司的起家拳头产品是照明电器，而后基于所积累的人才、资金、技术、经营管理等优势，企业产品不断拓展到飞机发动机、发电设备、水处理与安全技术、医疗成像、商业和消费金融、媒体等产业领域。像恩捷股份那样，基于卷烟隔膜设备与工艺技术，拓展开发出新能源电池用隔膜材料产品。当然，失败的案例也有很多，像海航集团、恒大集团、乐视集团、德隆集团、南德集团等，基于资本运作积累的资金，"疯狂"地对企业产品进行分形。

除此之外，战略教科书上还会讲到兼并收购战略、合资合作战略等，它们属于战略定位或分形定位的内容吗？我们说，战略定位主要是对企业产品的定位，而分形定位是企业在扩张期的主要战略定位思想。像兼并收购战略、合资合作战略等，它们只是实现战略定位或分形定位的手段。例如进行上下游分形时，企业既可以采取内部创新的方式，也

战略定位

可以采取兼并收购或合资合作的方式。

　　分形定位侧重在企业的扩张期应用，但并不是扩张期的独享战略定位。由于风险投资支持、行业存在超级竞争等原因，初创企业的成长期似乎越来越短。由此，诸多初创企业在形成拳头产品时，就要考虑如何分形扩张，以应对随时到来的激烈竞争，突破增长的极限，持续获得范围经济及规模经济的红利。笔者提出的分形定位理论如图4-1-1所示：从左侧一个"T"表示的三端定位模型打造的拳头产品，通过分形定位扩张，将形成右侧多个"T"叠加起来表示的"企业产品宝塔"。从进化论的角度看，这个企业产品宝塔是原有拳头产品的"遗传与变异"，是以原有拳头产品或以此累积的优选资本为根基逐渐成长与发展而形成的。为反映这个企业产品宝塔的主要特色，结合之前笔者几本书的名称沿革，我们继续称之为"T型同构进化模型"。实际上，在更多情况下，我们仍然形象地、通俗地称之为"企业产品宝塔"。

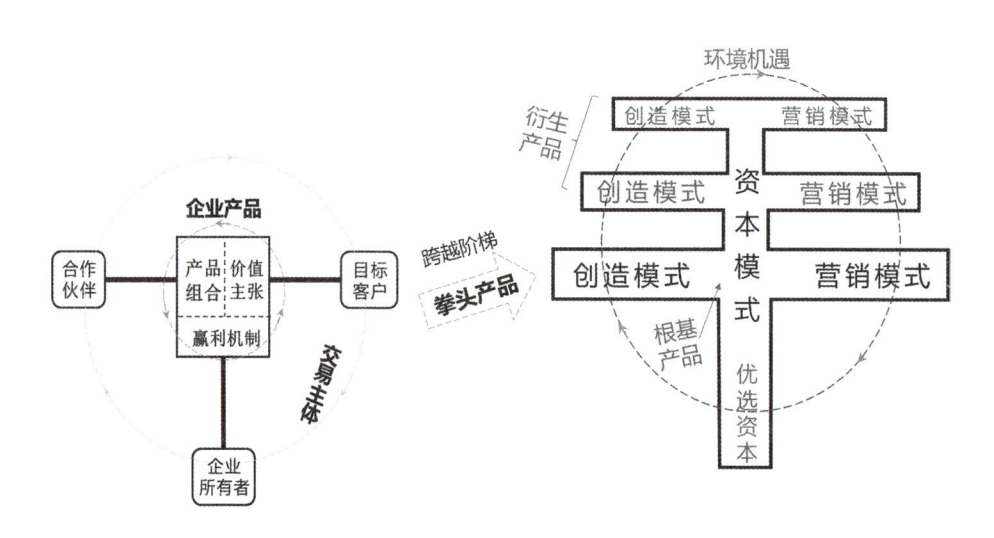

图 4-1-1　跨越阶梯：从三端定位模型（左）到T型同构进化模型（右）
图表来源：李庆丰，"战略定位"理论

　　从成长期跨越阶梯进入扩张期，如何从图4-1-1左侧的单一拳头产品进化为右侧的企业产品宝塔？如前文所讲，基于拳头产品进行分形定位扩张，可以采取复制式分形、延伸式分形、上下游分形、胞族式分形、围绕客户分形、围绕资本分形六个层次的扩张范式。复制式分形、延伸式分形、上下游分形更多继承（或遗传）了原有拳头产品的优选资本，比较容易分形扩张成功，持续为构建企业产品宝塔添砖加瓦。胞族式分形、围绕客户分形、围绕资本分形更多是在遗传（或继承）的基础上进行变异，虽然可能会面临艰难成长或分形失败的风险，但也会有更多另起炉灶的机会，能够在一个新领域重新构建企业产品宝塔。

如图4-1-1所示，右侧的企业产品宝塔以多个"T"叠加起来表示，最底层的"T"通常是指原有的拳头产品（也被称为根基产品），上面一个又一个叠加的"T"是指通过复制式分形、延伸式分形、上下游分形等增加的企业产品，可被称为衍生产品。根基产品与分形扩张增加的衍生产品共同构成企业产品宝塔，它们通过优选资本共享而相互连接、融合在一起。参照图4-1-1，我们可以近似地认为，它们共享资本模式，而各自的创造模式、营销模式有所不同。

优选资本来自物质资本、货币资本、智力资本，可以概括理解为企业的关键资源与能力，并且不同时期、不同行业、不同发展阶段的企业，优选资本的构成成分有所不同，甚至大相径庭。处于扩张期的企业，其优选资本主要可以从两个主要方向考察：其一，企业处于成长期，拳头产品累积各种竞争优势；其二，企业进入扩张期后，多种竞争优势与外部机遇、分形扩张的企业产品共同塑造而成的核心竞争力。

针对本节开头关于恒基伟业的案例来说，恒基伟业打造的"爆品"——商务通属于一个昙花一现的拳头产品。**从竞争优势方面分析，其成功的原因更多来自偶然抓住的环境机遇及经管团队具有的营销优势，而在创造优势、资本优势方面乏善可陈。**因此，由于优选资本不够充分或结构不甚合理，并且该企业依靠营销优势，试图继续捕获环境机会，未能进一步聚焦竞争优势及塑造核心竞争力，导致基于商务通更新、迭代及向语音复读机、智能手机、薄膜太阳能等领域分形扩展时，遭遇艰难成长的情况，分形失败的风险巨大。

　　本章阐述的分形定位是战略定位的一个重要构成部分。根据战略定位三要件"发展阶段、产品愿景、定位平台"，分形定位主要适用于处于扩张期的企业，产品愿景为追求拥有超级产品，依托的定位理论包括分形定位六层次、SPO核心竞争力模型、T型同构进化模型、庆丰大树理论、第三飞轮效应等重点内容。

4.2 开疆拓土与核心竞争力有什么关系？

> **重点提示**
>
> ※ 生物进化与企业进化有哪些相似之处？有哪些明显差异？
>
> ※ 普哈核心竞争力理论有哪些贡献与不足？
>
> ※ 分形定位六层次与核心竞争力理论有何关联？

战略定位，为小企业成长为巨无霸导航！战略定位理论主要讨论一个伟大的产品经理应该具备的可持续性"产品思维"。通俗而言，企业实现"0→1"的突破，定位及开发潜优产品，可谓竞争定位取得成功；企业实现"1→10"的增长，具有拳头产品，可谓三端定位取得成功；企业实现"10→100"的扩张，拥有超级产品，可谓分形定位取得成功。

假设A公司已经具备拳头产品，如何从复制式分形、延伸式分形、上下游分形、胞族式分形、围绕客户分形、围绕资本分形这分形定位六层次中进行选择，从而合理规划企业产品在扩张期的战略路径呢？

像连锁加盟类企业，如麦当劳、星巴克，通常从复制式分形开始，追求在全国或全球开出几千家甚至上万家加盟连锁店"不走样"；像专一型高科技企业，如英特尔，偏爱延伸式分形，几十年如一日，不断对CPU更新、迭代，建立起很高的技术壁垒；像产业拓荒型企业，如早期的福特、湘火炬等，喜欢搞上下游分形，掌控产业链；像创新多元型企业，如3M、本田，侧重技术复用的胞族式分形；像阿里巴巴、百度、腾讯、奇虎360等流量型互联网企业，有了拳头产品后，就会侧重围绕客户分形；像那些偏爱资本运作的企业，如联想、复星、乐视、海航等，更追求围绕资本分形快速扩张。

分形定位六层次的坐标系分布图的纵坐标为"继承+竞争"，横坐标为"变异+风险",见图4-2-1。看图说话则可以解释为:处于左上方的复制式分形、延伸式分形、上下游分形更多继承了根基产品的智力资本(包括人力资本、组织资本和关系资本等,它们不易在不同企业间相互模仿或转移),同时面临更激烈的市场竞争(分形定位的产品同质性强,差异化创新难度大);处于右下侧的围绕资本分形、围绕客户分形、胞族式分形,相较于根基产品,具有更大程度的变异性,扩展了企业产品的创新空间及市场空间,但需要重新构建智力资本,所以面临的经营风险较大。

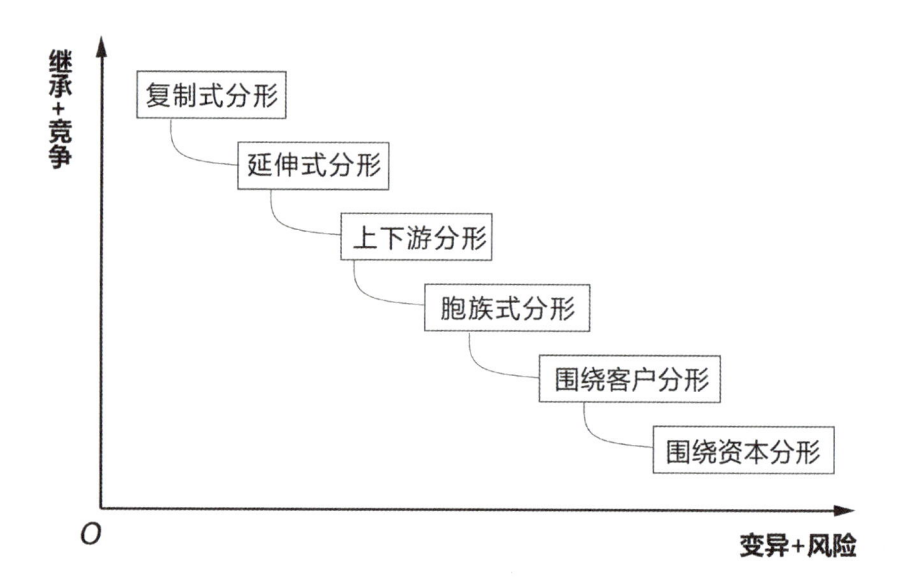

图 4-2-1 分形定位六层次的坐标系分布图
图表来源:李庆丰,"战略定位"理论

由于行业不同、时期不同、机遇不同等,各企业面临的经营场景有很大差异。笔者的建议可称为一般路径,A公司可以按照从"复制式分形→延伸式分形→上下游分形→胞族式分形→围绕客户分形→围绕资本分形"六个层次,逐级思考企业产品的分形定位。这就是说,企业基于根基产品,优先考虑复制式分形、延伸式分形,然后考虑上下游分形、胞族式分形，最后考虑围绕客户分形、围绕资本分形。但在管理学范畴内，战略定位既有科学性，也有艺术性，所以经营决策也会鼓励权变思维，允许例外情况发生。例如当面临诸如"百年未有之大变局"时，企业也可以突破常规顺序，优先选择围绕资本分形、围绕客户分形、胞族式分形，也许这才是战略定位及规划路径的良策。

上一节讲到，根基产品与分形扩张增加的衍生产品共同构成企业产品宝塔，它们通过优选资本共享而相互连接、融合在一起。优选资本主要从竞争优势和核心竞争力两个方向考察。如何理解根基产品的竞争优势呢？按照波特的理论，竞争优势主要包括"低成本优势、差异化优势、集中化优势"三大类别；按照巴菲特等人提出的"企业护城河"理论，竞争优势主要包括"供给侧规模经济、需求侧规模经济、品牌、专利或专有技术、政策独享或法定许可、客户转换成本"六个方面。处于扩张期的企业的根基产品来自成长期的拳头产品，根据三端定位模型，拳头产品的竞争优势主要包括"创造优势、营销优势、资本优势"。三者协同形成第二飞轮效应，当企业进入扩张期进行分形定位时，就可向核心竞争力方向跃迁。

什么是核心竞争力？1990年，普拉哈拉德和哈默尔在《哈佛商业评论》上发表了《公司的核心竞争力》一文，提出了关于核心竞争力的三个检验标准（简称"普哈核心竞争力"）：首先，核心竞争力是企业扩大经营的能力基础，有助于企业进入不同的市场；其次，核心竞争力通过企业产品能够为目标客户创造巨大的价值；最后，核心竞争力应当是竞争对手很难模仿的（详见《新竞争战略》第169页到第200页的具体阐述）。

罗马不是一天建成的，核心竞争力也不是企业创立时就有的！笔者认为，企业对竞争优势进行集成和跃迁，可以塑造核心竞争力，因此核心竞争力必然向下兼容竞争优势。如果我们将上述普哈核心竞争力的三个标准逐渐展开，就会发现它们兼容波特竞争优势理论、企业护城河理论、拳头产品竞争优势理论。核心竞争力必然为处于扩张期的企业的企业产品分形定位保驾护航，它应该成为企业实施"复制式分形→延伸式分形→上下游分形→胞族式分形→围绕客户分形→围绕资本分形"六个层次分形定位的主要理论依据。

在成长期，企业围绕拳头产品促进经营业绩增长，就要发挥诸多竞争优势的作用；在扩张期，企业通过塑造核心竞争力，实施企业产品的分形定位，从"低维销量增长"跨越阶梯到"高维分形增长"。

在扩张期，企业如何塑造核心竞争力？图4-2-2左侧图SPO核心竞争力模型从上一节图4-1-1所示的T型同构进化模型推导而来、抽象而成。我们将图4-2-2的右侧图称为庆丰大树，它与图4-1-1所示的T型同构进化模型近似，无本质不同。简而言之，SPO核心竞争力模型源于T型同构进化模型，两者具有异曲同工之妙。SPO核心竞争力模型侧重表述核心竞争力的塑造原理；T型同构进化模型或庆丰大树侧重表述核心竞争力的功能和目的，在企业扩张期，助力企业拥有企业产品宝塔，也可预防企业产品"灌木丛"化。

至此我们可以看到，企业产品宝塔有三种表现形式：第一种是代表从拳头产品"跨越阶梯"持续分形定位的T型同构进化模型；第二种是从生物进化角度表现企业扩张路径的庆丰大树；第三种是用于把控企业"归核"成长与发展的SPO核心竞争力模型。就像高等院校培养经营管理人才的相关二级学院，有些叫管理学院，有些叫商学院，还有些叫经营管理学院，实际上它们大同小异，只是表现形式、功能、目的略有差异。

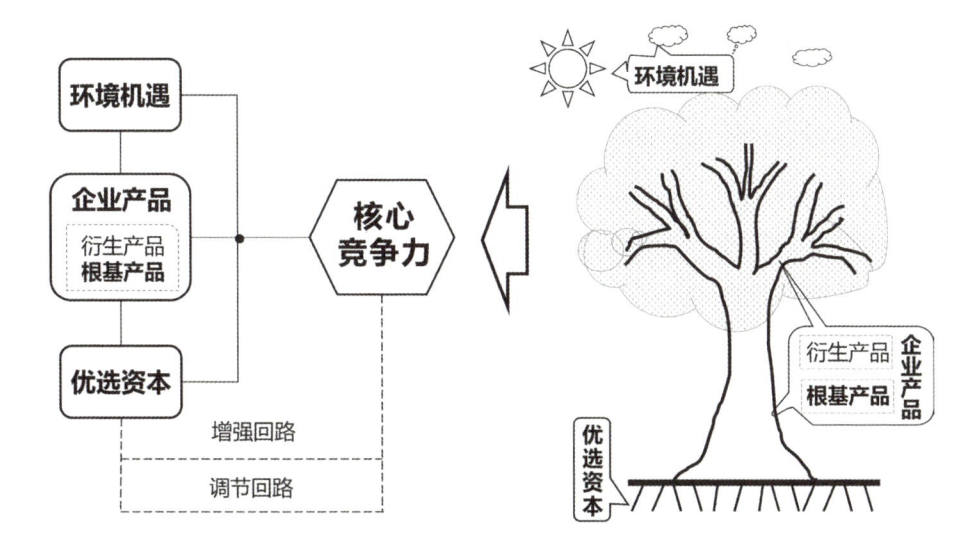

图 4-2-2　SPO 核心竞争力模型（左）与庆丰大树（右）示意图
图表来源：李庆丰，《新竞争战略》

如图4-2-2左图的SPO核心竞争力模型所示：企业在塑造核心竞争力时，可以从整体上考察优选资本（Strengths）、企业产品（Products）、环境机遇（Opportunities）三个要素。此处，企业产品包括根基产品和衍生产品；优选资本可以简单理解为企业的关键资源与能力；环境机遇主要指企业在扩张期面临的相关外部环境机遇。

根据SPO核心竞争力模型，我们可以这样表述企业塑造核心竞争力的方法：以根基产品为基础，企业产品扩张与进化需要评估外部的环境机遇及内部的优选资本。当三者能够统一起来时，企业产品就获得以分形定位实施扩张的机会，表现为基于根基产品不断增加衍生产品。每当企业产品扩张与进化成功一次，核心竞争力就累积一次。在不断分形定位及实施的过程中，如果企业产品扩张与进化成功的次数远大于失败的次数，核心竞争力多次累积，那么我们就可以说企业具有核心竞争力。

也就是说，核心竞争力是企业产品在扩张期的经营实践中形成的，依靠扩张与进化的成功次数和成功率来衡量，有一个较长的累积过程。

每一次累积的核心竞争力，又作为输入量进入优选资本，使优选资本持续增加。这也表明，核心竞争力永远是"过去时"，企业在之前经营实践中形成的所谓核心竞争力，只能看作当下及未来的优选资本。由于未来总会有各种不确定因素，所以企业在经营过程中，经管团队应该始终战战兢兢、如履薄冰。企业塑造核心竞争力"永远在路上"，没有哪家企业拥有绝对的核心竞争力。

根据系统构成三要件——要素、连接关系、功能和目的，图4-2-2所示的SPO核心竞争力模型实际上也说明，处于扩张期的企业是一个动态进化系统。该系统可简化为三个构成要素——优选资本、企业产品、环境机遇；功能和目的是塑造核心竞争力，助力企业拥有企业产品宝塔；连接关系通常有因果链、增强回路、调节回路等。

企业塑造核心竞争力，应该结合分形定位的六个层次"复制式分形、延伸式分形、上下游分形、胞族式分形、围绕客户分形、围绕资本分形"展开。企业具体选择其中哪些层次的分形定位范式，要重点考察此时此刻企业是否有核心竞争力支撑或这些分形定位是否有助于塑造企业核心竞争力。《道德经》中有句话："故有之以为利，无之以为用。"这说明在一个系统中，"实在"和"虚无"都非常必要。分形定位的六个层次可以看作是实在的行动，核心竞争力可以看作是虚无的概念，实在的行动围绕虚无的概念，虚无的概念支撑实在的行动，两者在企业进化系统中都非常必要。它们相互交融，结合为一个有机整体。

京东商城从成长期进入扩张期后，应该沿着"以供应链为核心，提高用户体验"继续提升竞争优势，塑造核心竞争力。但2014年上市后，为了力求尽快成为世界级零售企业，京东整合拍拍网，大搞农村电商"下沉"，涉足到家、O2O、跨境电商、在线旅游、无界零售、科技金融等诸多远离塑造核心竞争力的企业产品分形。如此这般的后果是，到2018年京东股价持续低迷，京东当时的市值比上市时还低。

企业进入扩张期，业务拓展方向由少变多，同时不确定性增加，为避免搞成一堆不高不矮的"灌木丛"式业务或产品，很有必要将企业产品族构建为庆丰大树。参考图4-2-2右图，优选资本等同于庆丰大树生存的根系及土壤；根基产品是大树的主干，衍生产品是主干分出的树杈，它们共同构成企业产品族；环境机遇是指大树生长的外部环境。

企业产品成长与扩展的过程，如同大树一样，根系（优选资本）越强大，树干（根基产品）也就越健壮，可以支撑更多树杈（衍生产品）繁殖生长、枝繁叶茂。枝繁叶茂的树杈（衍生产品）通过光合作用合成营养物质，也会"反哺"树干（根基产品）及根系（优选资本）。结合外部环境机遇，这就形成一个促进大树（企业产品）成长、扩张与发展的增强回路。当然，在捕捉或创造外部环境机遇方面，企业的经管团队需要具有极强的主观能动性，这也可以体现一家企业的创业精神和决策智慧。

就像在一片田园内，幼苗多如牛毛，数不胜数，而能够长成参天大树的却凤毛麟角。同理，在一个产业领域内，中小企业数以万计，而最终能够发展为巨无霸者，也必然寥若晨星。究其本质原因，可以用SPO核心竞争力模型进行解释，是否能够一贯地或大概率地实现优选资本、企业产品、环境机遇之间的相互配称与统一，构建一个促进企业产品成长、衍生与发展的动态进化系统……

我们常常听到一些流行的"说辞"：企业经营要信仰长期主义、追求可持续发展，将有限游戏转变为无限游戏，实现基业长青……上述SPO核心竞争力模型、T型同构进化模型及下一节阐述的庆丰大树理论、超级产品理论等，将为这些流行的说辞提供若干强有力的抓手！

战略定位

4.3 庆丰大树理论：从优秀到卓越的必由之路

> **重点提示**
>
> ※ 泛用或滥用核心竞争力将会造成哪些不良后果？
>
> ※ 为什么通过心智定位或广告轰炸很难造就超级产品？
>
> ※ 你所在企业是一棵"庆丰大树"，还是一片"灌木丛"？

回顾上一节的普哈核心竞争力理论：核心竞争力是企业扩大经营的能力基础，有助于企业进入不同的市场……根据上一节的SPO核心竞争力模型：当"优选资本、企业产品、环境机遇"三者能够协同统一起来，企业产品就有了以分形定位进行扩张的机会，表现为基于根基产品而不断增加衍生产品。

从成长期进入扩张期，通过塑造核心竞争力，企业似乎就拥有了降龙伏虎、开疆拓土的利器，就可以通过"复制式分形、延伸式分形、上下游分形、胞族式分形、围绕客户分形、围绕资本分形"等诸多分形层次扩张，进而所向披靡。遥想当年，成吉思汗及其子孙、猛将等率领蒙古大军远征，凭借"弯刀快马"，横扫欧亚大陆，建立蒙古帝国。实际上，作为统一体存在的蒙古帝国存续时间仅有50余年，与几代首领南征北战、开疆拓土的持续时间正好吻合。

在这里，我们借鉴一下英国人哈丁提出的"公地悲剧"理论：在一块草地上，每位牧羊人都希望增加羊群数量，这看似有利可图，但牧场最终被过度滥用，草地状况迅速恶化，最后每只羊都瘦骨嶙峋，导致羊群失去繁衍存续的能力。同理，企业在进入扩张期后，如果高管或历任领导人都热衷于频繁对企业产品多元化分形扩张——美其名曰"塑造核心竞争力"，以促进经营绩效和企业市值（估值）提升，那么"公地悲剧"就会上演，诸多企业产品将可能演化为一只只"瘦骨嶙峋的羊"，或一片惨不忍睹的"灌木丛"。

在普哈核心竞争力上递进一步！笔者提出，企业塑造或拥有核心竞争力，不仅可以用于开拓不同领域的市场，更应该用于为企业造就超级产品。从创立期到成长期，再到扩张期，企业分别追求潜优产品、拳头产品、超级产品，承前继后，企业成长与进化实质上表现为企业产品不断升级、超越。超级产品通常由最优秀的拳头产品跃迁、升级而来，是指在市场上具有巨大影响力、有一定垄断地位，且能够通过不断裂变出衍生产品而长期引领企业扩张的产品。

战略定位，助力小企业成长为巨无霸！优秀的大企业应该有超级产品，这应该成为一个准入标准。一些企业追求成为行业领导者，从战略定位讲更应该追求拥有超级产品。源飞宠物于2022年8月在深圳证券交易所上市，连续收获10个涨停板。源飞宠物的主要产品是遛狗绳，该产品一年营收将近6亿元人民币，可谓此领域全球市场领导者。但是，源飞宠物的遛狗绳只是一个拳头产品，它能否跃迁升级为超级产品？这还要看它能否通过持续裂变出衍生产品而长期引领企业扩张。

像脑白金、加多宝、全聚德、香飘飘奶茶等诸多通过广告"轰炸"，在一段时间内占领消费者心智的产品，它们是超级产品或能够成为超级产品吗？这要看它们的"起心动念"，是否在为顾客创造独特的、不可替代的价值；要看它们是"爽一把就死"，还是能够通过裂变衍生让企业产品生生不息、丰富多彩。像脑白金，通过"今年过节不收礼，收礼只收脑白金"这句广告词，有意将普通的褪黑素包装为高端礼品……有人算过，在中国一盒脑白金卖258元，折合12.9元人民币一粒，比欧美定义为保健品的褪黑素，价格提高了56倍。

一些独角兽或超级独角兽，是否拥有超级产品？独角兽的标准为成立不超过10年，估值达到10亿美元的未上市企业；如果企业的估值达到100亿美元，就被称为超级独角兽。虽然说估值在一定程度上可以反映企业产品的竞争力，但估值也常常沦为风险投资机构盲目跟风投资及创业者大胆试错的理由。例如每日优鲜IPO前估值为30亿美元，柔宇科技冲刺科创板前估值达到60亿美元，软银集团加持的共享办公巨头WeWork在鼎盛时估值达到470亿美元。但是，它们都没有超级产品，甚至都没能成功打造一个拳头产品。企业产品在，企业就存在；企业产品没有竞争力，企业距离衰退乃至消失就不远了。

企业从创立期到成长期，再到扩张期，逐渐拥有强大的发展动能和势能，累积的竞争优势或优选资本，应该有利于塑造企业的核心竞争力。我们给出分形定位六层次、普哈核心竞争力理论、SPO核心竞争力模型、T型同构进化模型等指导企业在扩张期分形定位及塑造核心竞争力。无论是塑造核心竞争力，还是考虑实施前述六个层次的分形定位，企业都应该将追求实现扩张期的产品愿景——造就超级产品，放在最重要的地位。

格力、比亚迪、喜茶、可口可乐、雀巢、麦当劳、微软、亚马逊、海底捞、百度、阿里巴巴、腾讯、本田、拼多多、京东、华为、苹果、三星、海尔等知名企业，以及成千上万拥有强大核心竞争力的企业，通常拥有自己的超级产品。超级产品对应着超级品牌、超级渠道，还能够应对超级竞争，具有繁衍更多企业产品的超级能力。超级产品往往"蕴含"高质量的货币资本、物质资本、智力资本等优选资本。这些优选资本又赋予超级产品回馈和反哺的能力：企业具有超级产品，有助于形成"枝繁叶茂"的庆丰大树，有利于塑造核心竞争力，还能够衍生出更多的潜优产品、拳头产品，促进企业成功转型，实现基业长青。

企业如何造就超级产品？通常在扩张期，企业可以参考庆丰大树理论，造就自己期望的超级产品。造就超级产品必然需要"超级本事"，按照"创新理论"鼻祖熊彼特所说，"现有元素新组合"也是一种创新形式。庆丰大树理论是由五个现有理论、模型组合而成的新理论，主要包括：①产品愿景递进、②分形定位六层次、③T型同构进化模型（庆丰大树）、④核心竞争力和⑤第三飞轮效应，见图4-3-1。

（1）产品愿景递进。从企业产品发展及产品愿景递进的历程看，"潜优产品→拳头产品→超级产品"一脉相传，同一个商业模式即同一个"T"构型（由创造模式、营销模式、资本模式构成），不断升级跃迁。例如海底捞于1994年在四川简阳市创立时主营火锅（潜优产品）；2011年，"海底捞"商标被国家工商行政管理总局商标局认定为"中国驰名商标"时，海底捞主营火锅（拳头产品）；2018年，海底捞在香港交易所上市后，市值一度超过2 000亿港元，并位居中国火锅品牌排行榜第一，主营业务依旧是火锅（超级产品）。按照企业赢利系统，以企业产品为核心，以商业模式为中心，处于周边的经管团队、企业战略、管理体系、企业文化等构成要素同样也随着企业产品和商业模式同构进化。

（2）分形定位六层次。结合图4-2-1及上下文阐述，复制式分形、延伸式分形、上下游分形等主要继承了根基产品的智力资本，在每个层次是同构的，各个层次之间是近似同构的。进入扩张期，企业基于拳头产品造就超级产品，应该优先选择其中一个层次实施分形扩张，要么选择复制式分形，要么选择延伸式分形，要么选择上下游分形。或者说，企业要明确它们三者哪个为主、哪个为辅。

见图4-3-1，分形定位的六个层次可以分成两组：①复制式分形、延伸式分形、上下游分形为一组，它们之间是近似同构的，有主有辅及三者协同，有助于拳头产品升级、跃迁为超级产品。②胞族式分形、围绕客户分形、围绕资本分形为另一组，由于存在较大的变异，它们之间同构性不强，甚至是"异构"的。它们对实现超级产品帮助不大，还常常会分散关键资源和能力。但在特定经营场景下，例如进行同构或近似同构进化面临非常激烈的竞争时、需要打造企业产品生态系统时、向第二曲线转型时、抓住不可多得的机遇时等，造就超级产品并非企业的首

战略定位

要战略，企业可进行一些符合当时经营场景的分形定位例外处理，可不必遵守同构或近似同构进化的原则。

① **产品愿景递进**
- 超级产品
- 拳头产品
- 潜优产品

② **分形定位六层次**
- 围绕资本分形
- 围绕客户分形
- 胞族式分形
- 上下游分形
- 延伸式分形
- 复制式分形

环境机遇　⑤ 第三飞轮效应

衍生产品　创造模式　营销模式

创造模式　资本模式　营销模式

创造模式　营销模式

根基产品　优选资本

④ 核心竞争力

③ T型同构进化模型（庆丰大树）

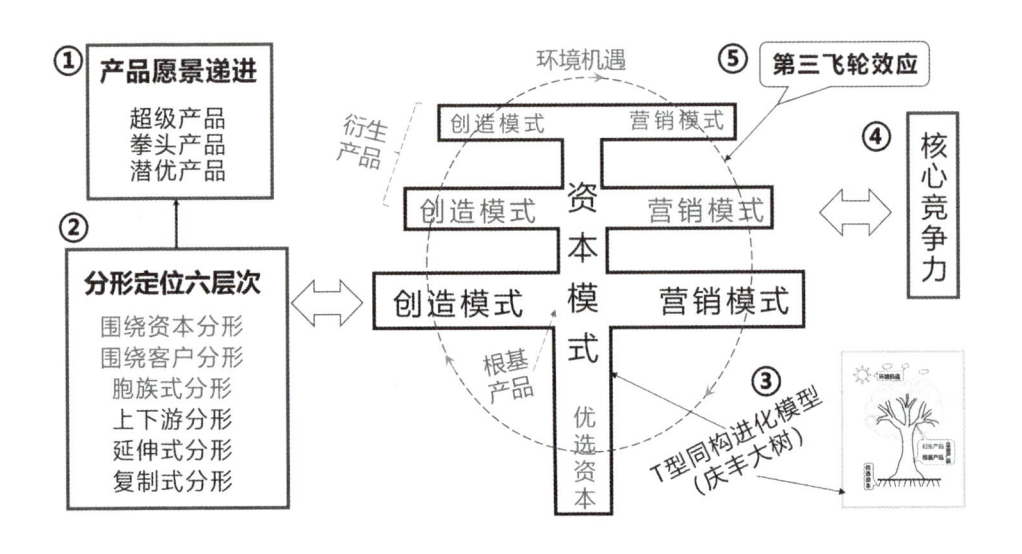

图 4-3-1　庆丰大树理论的五个部分
图表来源：李庆丰，"战略定位"理论

（3）T型同构进化模型。T型同构进化模型（庆丰大树）对产品愿景递进、分形定位六层次"给出"行动方向，也给予普哈核心竞争力、SPO核心竞争力模型的实践应用一定程度和范围的规定或约束。见图4-3-1，由于T型同构进化模型近似于庆丰大树，且后者上升为庆丰大树理论，所以要保持"低调"，被置于图示右下角的一隅。

这里有一个提示：庆丰大树与庆丰大树理论不是一回事，前者是将企业产品宝塔或T型同构进化模型形象化表现为一棵大树的形式，而后者是一个组合化、集成式理论，包括产品愿景递进、分形定位六层次、T型同构进化模型（庆丰大树）、核心竞争力、第三飞轮效应共五个部分。因此，庆丰大树只是庆丰大树理论的一个部分。

（4）核心竞争力。一个超级产品支撑一棵庆丰大树。我们可将庆丰大树看成一个产品族，它包括根基产品及诸多衍生产品。基于普哈核心竞争力理论及SPO核心竞争力模型，为造就超级产品，庆丰大树也应该实现同构进化：围绕优选资本的增强回路，根基产品繁衍出衍生产品，衍生产品也能够反哺根基产品。例如在腾讯的企业产品中，微信作为根基产品支撑着企业的庆丰大树。围绕微信有很多衍生产品，像微信支付、小程序、公众号、短视频等。腾讯的庆丰大树也自始至终保持同构进化，微信APP从创立至今，一直在进化、迭代，一直是企业产品族中的超级产品，行业领域中的超级"大腕"。又如20世纪80年代，春兰电器就是空调行业的"带头大哥"，并领先格力电器于1994年在A股上市，当年营收为53亿元、净利润达6亿元。携先行者优势，春兰空调有望成为行业的超级产品，但春兰电器在上市后，开始涉猎摩托车、汽车、酒店、新能源等几十个不相关的领域……"常记溪亭日暮，沉醉不知归路"，春兰电器逐渐走向没落，企业的庆丰大树沦为一小片矮矮的"灌木丛"。

（5）第三飞轮效应。处于扩张期的企业在进行T型同构进化的过程中，还会激发第三飞轮效应。在笔者提出的企业赢利系统、T型商业模式、新竞争战略等相关理论中，飞轮效应属于增长战略的重点内容。战略增长基于战略定位，所以本书对第一、第二、第三、第四飞轮效应，都有简要阐述。

第一飞轮效应主要应用于企业创立期，是指起步时的产品组合各构成部分之间能够实现"1+1>2"的协同效应，形成增强反馈循环，促进客户价值及企业收益持续增长。

第二飞轮效应主要应用于企业成长期，基于三端定位模型的T型增长系统发挥作用，资本引擎→创造引擎→营销引擎……形成因果增长循环，促成正向增强回路，助力企业打造拳头产品。

第三飞轮效应主要应用于企业扩张期，基于T型同构模型中根基产品与衍生产品之间、分形定位各个层次之间共享的优选资本，尤其发挥其中优选智力资本具有的边际报酬递增优势，从而在过去、现有、未来的各层次企业产品族中形成"1+1＞2"的协同效应，共同致力于造就超级产品，形成枝繁叶茂的庆丰大树。

第四飞轮效应主要应用于企业转型期，是第五章将要阐述的内容。

4.4 精神分形作祟，"灌木丛"式企业形成

> **重点提示**
>
> ※ 为什么像游博士那样的创业者常能赢得一些风险投资机构的青睐？
>
> ※ 领导者的精神分形如何影响中小企业的成长与发展？
>
> ※ 递归算法如何"填平"成功者与失败者之间的万丈沟壑？

游博士上学时从小到大都是"学霸"，现在创业又想成为"创霸"。他喜欢不断创业，不断开创新的事业。

游博士的公司"总部"位于上海张江的科技企业孵化器内，正在进行Pre-A轮（A轮之前）融资，当下估值8.8亿元，只能释放6%的股权。因为好友介绍而盛情难却，笔者作为风险投资工作者就要听一下游博士的"BP"汇报——为融资进行商业计划书路演及讲解。

为了防止创业者信马由缰，作为资深人士的笔者总会说："创业三大件，团队、产品与战略。你先从产品开始，然后围绕产品谈谈战略与团队！"游博士释怀一笑，似乎笔者的话，正好撞到他的"枪口"上。

游博士说，基于磁悬浮技术，他的公司主要开展磁悬浮电机的产业化应用。通过招商引资支持，公司首先将在江西落地一个磁悬浮材料及零部件基地，由当地政府提供招商支持政策及牵头，该项目总投资10亿元，已经进入洽谈筹备阶段。其次，公司也准备进入下游应用，开发磁悬浮吸尘器、磁悬浮吹风机、磁悬浮扫地机器人、磁悬浮破壁料理机，很快就会超越戴森、莱克、石头科技、美的等公司。他的公司拥有世界领先的磁悬浮技术，正在展开一系列产品落地研发，聚焦在磁悬浮电机替代传统电机方面，将对机床主轴、工业压缩机及鼓风机、医疗设备、氢能汽车、飞轮储能等30多个密切相关的产业领域实施"降维打击"。他

的公司会密切跟踪磁悬浮电机技术在太空开发、航空航天、海洋工程、军工装备等朝阳增长行业的落地应用,现在就有五个项目小组正在与这些领域的"大咖"进行需求对接,每个小组都有样品在测试中。他的公司具备核心竞争力,所以拿着望远镜也没有看到竞争对手……

游博士还说,他的公司近期战略目标主要是磁悬浮电机及相关材料、消费品及工业品应用的落地;中期战略目标是国际化发展,抓住"一带一路"的发展机会进行横向一体化、纵向一体化延伸,并向欧美等发达国家实施产品渗透战略;远期战略目标是5年IPO上市,初步实现1 000亿元市值,开出2 000家磁悬浮特色家电连锁店。他计划做直营不做加盟。在巨大需求的支撑下,他的公司会进行资本运作,通过兼并收购、合资合作、产业链投资,进一步打造并掌控生态系统。

游博士继续说:"我们有一个'钻石级'创业团队,成员多数来自硅谷、西门子、IBM、飞利浦等,几乎都有'国内名校+国际名校'的博士或硕士学位。在磁悬浮技术方面,我们已经有1 200多项国际、国内专利。我们还有世界最强大的顾问专家团队,其中有三位诺贝尔奖获得者……"

游博士"迷之自信",滔滔不绝说了很多,让人听了以后确实感觉很震撼。但是,我们这些搞风险投资的人要信奉庆丰大树理论——从小企业做起,逐步成为巨无霸!我们不希望再看到一个类似柔宇科技那样的企业,以所谓高新技术吸人眼球,但最终沦为一个"灌木丛"式企业。

基于企业产品,本章的重点内容是分形定位。一家企业要搞出潜优产品、拳头产品、超级产品,需要领导者具有"持续搞出好产品"的精神。如何定义创业精神?其是否类似企业家精神?曾有太多专家学者研究企业家精神,最终将其总结为创新精神、冒险精神、合作精神、敬业精神、学习精神、诚信精神等一连串精神。后来,他们中的一些人开始研究领导力,又最终将其总结为前瞻力、影响力、决断力、控制力、沟通力、关系力等一连串"外力"。

与上述的企业家精神或领导力有所不同，基于客观存在，我们简要谈谈创业者、经营者中存在的"精神分形"问题。它通常表现为以下六种情形：

（1）遵照战略教科书。战略教科书源于第二次世界大战后欧美国家大型企业集团的多元化战略实践，至今在编排上仍然沿用知识堆砌结构：将一些经典的战略理论、分析模型（"战略原材料""战略零部件"）堆砌在一起，再结合当下一些鲜活的案例，告诉广大老师、学生、企业经营者这就是战略！像前文的游博士，曾兼修知名商学院的EMBA……当战略教科书偶遇博学多才、慧心妙舌的讲授者，学员如果不是来"混圈子"、找资源的话，也许能够一听就懂，但常常一用就错！

（2）误用绝招式理论。像《原则》《赋能》《第二曲线》《阿米巴经营》《定位》《增长黑客》等畅销书都提出了一些经营管理方面的"绝招"，它们对于特定企业、特定经营场景，也许具有指导意义。但是，这些"绝招"不应该被泛用、误用或滥用。如果创业者在创业项目刚启动时就热衷于实践第二曲线、阿米巴经营、定位、原则等"绝招"式理论，可能会让企业经营状况恶化。

（3）沉迷于资源整合。微信群多了，总裁班多了，商会、老乡会多了，大家都希望在其中进行资源整合，发现有利可图的商机。一些擅于整合资源的创业者确实"人脉广、圈子多"，但是浪费了大量时间，维护这些资源需要成本。如果没有好产品，沉迷于资源整合，创业者终究干不成事业。

（4）拜求指点和际遇。一些创业者确实比较谦虚，非常敬仰和崇拜管理大师、战略专家，希望他们的金手指能给企业带来"点石成金"的效果。但一些"网红"或"自我包装"的管理大师、战略专家等，并不具有"金手指"，只不过懂一些心理学及营销伎俩，背后还有团队协助策划……他们设计套路不惜"碰瓷"知名企业，到处寻找"空手套白狼"的机会。

（5）追逐热点与风口。一些创业者尤其喜欢追逐一些热点话题、参与讨论宏观经济议题，并试图领先一步从中寻找"风口"、创业机会。在一个行业中，每家企业面临的宏观环境并无明显差异。巴菲特在致股东的信中说："建立宏观观点或是听其他人大谈宏观或市场预期，都纯属浪费时间。"

（6）崇拜资本运作术。有些创业者非常羡慕他人的资本运作手法，例如"左手实业，右手金融"；兼并收购，整合上市；资产重组，杠杆融资等，总想创造条件进行资本运作。初创企业或中小企业如果有了通过资本运作快速做大的念想，就很难再沉下心来做产品。

以上六种精神分形现象不仅在创业者群体中广泛存在，而且在一些中大型企业的领导者、经营者群体中也不鲜见。小企业成长为巨无霸，从创立期到成长期，发现潜优产品及打造拳头产品，进入扩张期后应该基于根基产品分形，追求进化为庆丰大树及拥有超级产品。但是，社会的进步总会伴生"公地悲剧"。如果创业者、经营者"遵照战略教科书、误用绝招式理论、沉迷于资源整合、拜求指点和际遇、追逐热点与风口、崇拜资本运作术"，他们经营的企业就可能会一直长不大或者大而不强，长期依靠贷款及融资支撑，还会不得不"勤奋"地寻找转型及摆脱现状的机会，最终只剩一堆长不大的"灌木丛"业务。"灌木丛"式企业就是这样形成的。

康荣平先生认为，企业多元化程度与市场发达程度成反比。中国各产业市场日趋成熟，正在成为全世界商业竞争最激烈的市场。因此，对于一家中小企业来说，创始人一定要认识到这个定律：企业专一化程度应该与产业环境的竞争程度成正比。产业内竞争越激烈，专一化企业就越容易生存，喜欢多元化、乱搞盲干的企业就会举步维艰。

如果中小企业试图多元化经营，不断开辟新业务、上马新项目，很可能就会变成"灌木丛"。实际上，每个新业务都需要一个"企业赢利系统"，即便是简化后的"嵌入式系统"，也需要相应的经管团队、商业模式、战略路径、管理体系、企业文化等。如果一家企业同时有多个新业务，或时间维度上不断转型，拥有参差不齐的多个新业务，那就会需要多个"嵌入式系统"，显然企业的关键资源和能力（优选资本）是不能支撑的，最后多个业务都长不大，必然沦为"灌木丛"。

有些创业者，号称"连续成功创业者"；有些创业者，连续失败而号称"屡败屡战"。成功与失败，看似一步之遥，实则隔着万丈深壑。我们可以借助计算机领域的递归算法，来缩短成功与失败之间的"差距"，寻找连续成功创业的"密钥"。所谓递归算法，就是将大问题逐级简化为更小的问题，直到最后的小问题能够被解决，然后从小问题逐级扩展到原来的大问题，从而找到整体解决方案。

依照递归算法，把企业看成一个赢利系统，我们先逐级下行，拨开市面上所谓商业模式的说辞及品牌理论等带来的迷雾，最终递进到T型商业模式的核心内容——企业产品。基于企业产品，企业首先通过战略定位三要件"发展阶段、产品愿景、定位平台"对企业产品进行定位，追求实现生命周期各发展阶段的产品愿景，潜优产品→拳头产品→超级产品；其次实现战略增长、塑造核心竞争力等；最后依照递归算法，再逐级上行，企业产品→T型商业模式→经营体系→企业赢利系统……章节7.4将专门讨论这个递归算法。

如今，知识付费及培训直播行业逐渐扛起了教育培训的一面旗帜。每年通过跨年演讲等形式，它们总能给出一些言简意赅的金句式理论。2019年曾流行一个金句式理论"成功=核心算法×大量重复动作的平方"。对于企业经营来说，创业成功及小企业成为巨无霸的核心算法是什么？笔者给出上述"递归算法"。将该递归算法展开，笔者已经创作了《企业赢利系统》《新竞争战略》《T型商业模式》《战略定位》等一系列书籍。

战略定位

4.5　肯德基、小米集团、桐昆股份、罗辑思维……分形定位怎么用？

> **重点提示**
>
> ※ 从小米手机到小米汽车，属于扩张分形，还是战略转型？
>
> ※ 桐昆股份为什么要进行上下游分形扩张？
>
> ※ 为什么罗辑思维至今还没有超级产品？

1.肯德基的复制式分形之路

　　地球上没有新鲜事，穷人的孩子早当家。美国小朋友山德士5岁时父亲去世，在母亲外出打工时，他就承担起为弟弟、妹妹做饭的任务，也许由此激发了他的烹调及创业天赋，最终让他成为世界知名跨国连锁餐厅肯德基的创始人。山德士12岁时就开始闯世界，为谋生干过各种各样的职业，其中最有价值的是，他在为一家加油站兼职做饭时，发明了深受当地食客欢迎的炸鸡食谱，然后自然而然地走上了经营餐馆的创业之路。

　　1955年，山德士65岁了，他的餐馆生意遭遇变故。他没有选择"吃低保"，而是有了一个更伟大的事业梦想。他把压力锅、炸鸡食谱配方需要的11种香料、食材放进旅行车里，与助理一起开启了穿越美国推广特许经营及加盟连锁的旅程。到1963年，在山德士及其助理的努力下，通过复制式分形的扩张方式，整个美国已经有600多家肯德基连锁店。此后，肯德基进入全球化发展时期。到1970年，肯德基已经在48个不同的国家和地区拥有3 000多家分店。如今，肯德基在全球近150个国家和地区拥有超过26 000家门店，长期位列全球品牌百强榜单。

像肯德基那样，连锁经营属于典型的复制式分形。这是基于已有的拳头产品，不做改变或仅做微小改变，通过异地布局，拓展市场区域，实现复制式分形扩张。除了连锁经营，像国内、国际异地建厂及设立公司、横向一体化收购兼并、线上线下协同扩张都属于复制式分形的范畴。像肯德基、优衣库、青岛啤酒、特斯拉、希尔顿等知名企业，基于拳头产品，通过复制式分形，就可以造就超级产品。

2.小米集团的延伸式分形之路

2010年10月，雷军带领六名合伙人从零开始创办小米公司，当时的智能手机市场格局是这样的：诺基亚与摩托罗拉等传统手机巨头陆续黯然退场，三星、苹果、HTC（宏达电子）等"巨无霸"垄断了中高端手机70%以上的市场，联想、华为、中兴等巨头正在大举进军智能手机行业，还有微软、谷歌、酷派、奇虎360、魅族等国内外诸多厂商正试图在这个新兴市场分一杯羹。

即便如此，通过竞争定位模型还是可以开辟一个有潜力的细分市场，根据公式"潜优产品=客户需求+行业趋势+优选资本−竞争阻力"分析与评估，雷军带领团队计划推出的小米手机就是一个潜优产品。根据三端定位模型，小米手机的价值主张为"高配置、低价格"，产品组合为"手机硬件+MIUI系统+米聊APP"三驾马车，赢利机制是通过高效供应链形成规模赢利效应……然后在资本引擎、创造引擎、营销引擎三者之间形成正向增强回路，激发第二飞轮效应。2011年12月，小米手机1代正式开始售卖，5分钟内销售30万部。至此，小米手机从潜优产品跃迁为拳头产品。

像手机、电脑、汽车等随着技术创新不断更新换代的企业产品，从拳头产品跃迁为超级产品，主要依靠延伸式分形。这是基于已有的拳头产品，不断更新换代或形成一个或多个系列产品线、高中低层次产品金字塔等。第一类延伸式分形，主要指随着时间维度更新换代。例如从初

战略定位

创时期的小米手机1代开始，与竞争对手你追我赶，一代接续一代，到笔者写这段文字时（2022年10月31日），小米手机13代即将上市。第二类延伸式分形，主要指同一代际中分形出系列型号。例如小米手机10代就有普通版、青春版、Pro版、S版、至尊版五个系列型号。第三类延伸式分形，是指高中低各层次产品组成产品金字塔。例如小米公司旗下有小米（高端品牌市场）手机、红米（中低端性价比市场）手机高低两个层次，折叠屏手机属于更高端的一个层次。

以延伸式分形为主，以复制式分形、上下游分形为辅，小米手机很快就从拳头产品跃迁为超级产品，见图4-5-1。

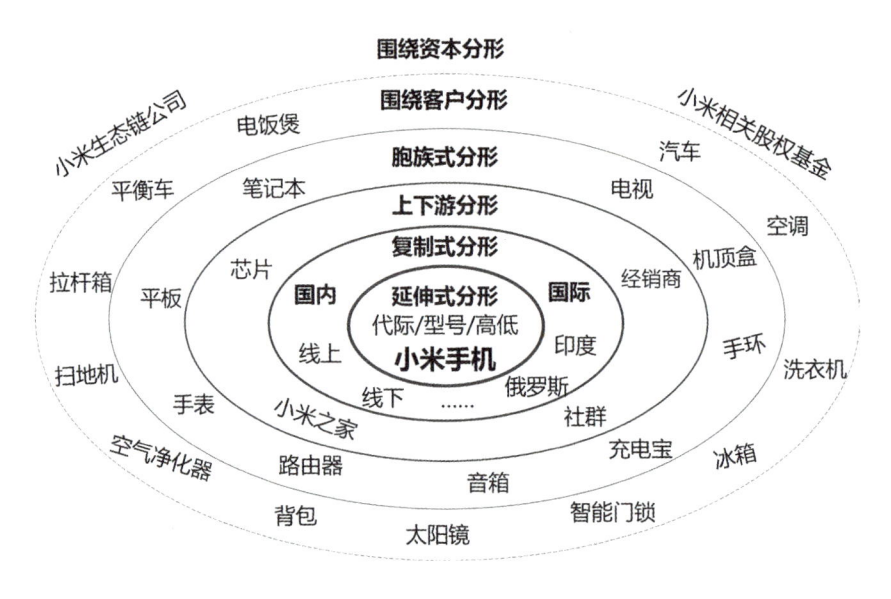

图 4-5-1　小米集团企业产品的分形定位六层次
图表来源：李庆丰，"战略定位"理论

成为超级产品后，携客户关系等智力资本优势，小米手机可以通过胞族式分形、围绕客户分形、围绕资本分形等繁衍诸多品类的衍生产品，它们共同构建企业的庆丰大树。那些有潜力的衍生产品再从潜优产品跃迁到拳头产品乃至超级产品，成长为企业的第二曲线，也可以再为企业构建一棵庆丰大树。例如小米汽车属于围绕客户分形的衍生产品，担负着企业转型的重任，未来有可能成为企业的另一个超级产品……

3.桐昆股份的上下游分形之路

桐昆股份是一家A股上市公司，历经30多年风雨成长为如今的聚酯纤维产业链一体化龙头。聚酯纤维俗称"涤纶"，世界年需求量约5 500万吨，在各类人造及天然纤维中（包括棉花、聚酯、粘胶、尼龙、聚烯烃、丙烯酸、丝绸、羊毛等）占比达到55%。

桐昆股份的主营产品是涤纶长丝，下游应用为纺织服装各细分行业。2021年，桐昆股份的涤纶长丝销量连续11年在国内市场位列第一，国内市场占有率提升至20%、国际市场占有率为13%，当年净利润达73亿元。从分形定位理论看，桐昆股份的企业产品形成了庆丰大树，涤纶长丝是它的根基产品，并成为行业内世界驰名的超级产品。

从分形定位角度看，企业造就超级产品，可以通过复制式分形、延伸式分形及上下游分形三条路径展开。与前述肯德基、小米集团的核心扩张路径有所不同，从桐昆股份的发展历程看，它主要通过上下游分形造就超级产品，成为名副其实的行业龙头。

涤纶长丝的产业链可以"简单粗暴"地归纳为"从一滴油到一匹布"，实际上它包括"石油→PX（对二甲苯）→PTA（精对苯二甲酸）→PET（涤纶树脂）→聚酯纤维（涤纶长丝）→织造坯布（纺织服装面料）"这些产业链环节。一般而言，产业链终端产品景气度好转会带动整个产业链的盈利能力提升，但利润多集中于产业链中的"卡脖子"环节。从涤纶长丝产业链演化历程看，处于上游的PX、PTA都曾是"卡脖子"的高利润环节，但随着下游企业（主要是涤纶长丝厂商）不断对上游产业链进行反攻，至今产业链各环节的利润分布已趋于均衡。

历时30多年，桐昆股份向上游的扩张战略为"步步为营，稳健前行"。能够做到这样的企业，才叫长期主义者。桐昆股份先深耕中下游，在某一区域甚至同一园区内集中打造PTA→PET生产基地，通过集约化扩张产能及高效协同，降低拳头产品的生产成本。在积累足够体量和实力后，桐昆股份再向上游的大炼化赛道（石油→PX）及下游的织造坯布领域双向扩张。在参股大炼化龙头企业浙石化20%股权基础上，桐昆股份的"十四五"战略是"延炼补炼"。例如桐昆股份控股主导的6 400万吨印尼炼化项目已经进入实质性审批流程，从产能规模等多项指标来看，该项目建成后有望在行业中排名世界第一。

涤纶长丝是庆丰大树造就的超级产品，将长期领跑桐昆股份涉足产业链其他环节的产品。预计到2025年，桐昆股份涤纶长丝的产能较2021年将增长约75%。通过不断布局PTA、PX、PET等上游中间品产能，逐步实现自给率100%，桐昆股份将全产业链利润收入囊中。

桐昆股份的领航人叫陈士良，出生于浙江桐乡的一个农村家庭，1978年高考落榜，后来接管一家濒临破产的工厂而发展成为今天的涤纶长丝全球龙头企业。

4.罗辑思维可否拥有超级产品？

创办于2012年的罗辑思维，最初起源于一个微信公众号，旗下的得到APP成立3年用户突破3 000万，而后快速成长为知名的知识付费平台。曾有公开资料显示，2017年7月罗辑思维Pre-IPO轮（IPO轮前）融资9.6亿元，估值70亿元，拟定于2019年创业板上市。

当时，搞个微信公众号就创业的人多如牛毛，知识付费平台如雨后春笋般兴起，其中绝大部分只能是赔本赚吆喝。凭什么罗辑思维的创始人罗振宇带领团队，很快将这个创业项目发展成为一个能够赚钱的好公司，并做成独角兽呢？笔者依据三端定位模型，曾在《新竞争战略》及《商业模式与战略共舞》中有过一些论述。

罗辑思维的创始人罗振宇先生——他喜欢自称"罗胖"——是一位知识脱口秀领域的"头牌"。笔者认为，文化娱乐企业要发展起来，要么有超级产品，要么有超级"头牌"。显然，"头牌"必须被产品化。例如樊登先生是樊登读书的"头牌"，樊登读书在创立期及成长期，几乎依靠一个"头牌"撑起一家企业。喜马拉雅不仅没有超级产品，也没有超级"头牌"。它把12轮融资烧光，2017至2021年间累计亏损（未调账前）超过130多亿元，但投资机构给出的估值一路上涨，从120亿元增长到300亿元。

从罗辑思维视频、每天60秒语音等潜优产品开始，现在得到平台上已经有很多拳头产品，像得到头条、罗胖精选、薛兆丰经济学课、吴军来信、万维钢精英日课、得到听书、得到高研院等。就像"三个臭皮匠，顶个诸葛亮"，这些拳头产品能否组合起来赛过一个超级产品呢？答案应该是否定的。超级产品属于根基产品与衍生产品相互促进、协同发展的显著成果。诸多拳头产品之间常常有一定的竞争关系，不进则退！拳头产品多而杂的话，企业可能演变为"灌木丛"。

罗辑思维可否拥有超级产品？大家可以综合应用SPO核心竞争力模型、T型同构进化模型、庆丰大树理论等对此进行分析和预测。

5.方大集团能够成功掌舵"新海航"吗？

2019年9月，被网友戏称为"铁憨憨"的辽宁方大集团（简称"方大集团"）出资410亿元，压倒同台竞标者复星集团、吉祥航空，成功并购航空服务界"一枝花"——海航控股。

海航控股曾是海航集团的优质资产。2008年的全球金融危机爆发后，海航集团创始人认为，应该主动出击、趁势抄底，迅速挺进"世界50强"。为此，海航集团确立了八大业务板块，涵盖航空、旅游、商业、物流、实业、机场、置业、酒店。为了维系扩张速度，海航集团融资手段层出不穷、五花八门……曾深度染指当时风靡的P2P（点对点）借贷平台，融资不择手段，投资时则是"花钱如流水"。据说，海航集团看中的几十亿美元的投资项目，尽职调查的时间都不超过一个月。在2015年的3个月里，海航集团接连在欧洲完成了5笔重磅交易，金额高达百亿元人民币，最长的尽职调查时间居然只有25天。

到2017年，海航集团总资产和总负债都创下历史新高，分别是1.23万亿元和7 365亿元，是2008年的39倍和34倍。尔后，企业陷入流动性危机，"十个锅七个盖"，拆了东墙补西墙……到2020年，海航集团崩盘的危机再也捂不住了：其真实资产不足7 000亿元，负债却超过9 000亿元。

被网友戏称为"铁憨憨"的方大集团，其实际控制人名叫方威，乡党们说他"吃百家饭长大"，通过倒卖废旧钢铁赚下第一桶金。方威最早在辽宁抚顺收购废铁，再转卖给当地的钢铁厂。由于钢铁厂拖欠货款，最终只能用一处铁矿抵债。随着铁矿石价格飙升，方威因此发家。若干年过去，通过一系列兼并收购、资本运作……包括海航控股在内，方大集团旗下已经有五家上市公司：方大炭素、方大特钢、东北制药、中兴商业、海航控股。

为了划清界限，我们将方大集团掌控后的海航控股称为"新海航"。重整完成后的新海航总资产为1 700亿元，总负债为1 380亿元，负债率为81%。由于种种原因，导致注资完成半年后的新海航，其资产负债率攀高到近95%。方大集团能够成功掌舵"新海航"吗？

在复制式分形、延伸式分形、上下游分形、胞族式分形、围绕客户分形、围绕资本分形六个分形层次中，前三者助力企业培育庆丰大树，造就超级产品，后三者通常能为企业寻找及定位后续的潜优产品，以便开创第二曲线。其中围绕资本分形常被等同为资本运作。按照大家通常的理解，资本运作就是一家企业特别有钱或特别能"搞钱"，像海航集团那样，把世界上的企业当成商品，先"买买买"，然后"卖卖卖"。

战略定位助力小企业成长为巨无霸。在扩张期，我们提倡通过分形定位培育庆丰大树，造就超级产品。有人说，一个好战略的对立面也必然是一个好战略。果真如此吗？那么，通过资本运作恣意扩张企业产品的族类，搞出一堆"灌木丛"产品，这是不是一个好战略呢？

像方大集团、复星集团、汉能集团、三九集团、海航集团、德隆集团那样，它们特别有钱或特别能"搞钱"，直接通过"买买买"，能否拥有多棵庆丰大树、造就多个超级产品呢？从理论上说，资本不仅包括货币资本、物质资本，还包括智力资本——包括人才资本、组织资本、关系资本，而智力资本才是重点。只要智力资本、货币资本、物质资本足够多，且智力资本能够掌控货币资本、物质资本，通过资本运作形成的多元化集团，也许就可以"拥有多棵庆丰大树、造就多个超级产品"。

但是，我们不得不提防多元化飞轮或多元化陷阱，其大致意思可以通俗表达为：一家企业通过并购整合、资本运作等方式捡到一个"金娃娃"（优质企业）后，就会侧重甚至孤注一掷搞并购整合、资本运作来获得更多"金娃娃"，最终常常出现智力资本不足、收购项目"踩雷"或"爆雷"、现金流断裂等状况。实践证明，能够躲过多元化陷阱的企业寥若晨星，绝大部分企业的下场是"靠运气赚到的钱，最后又会靠实力亏掉"。

方大集团能够成功掌舵新海航吗？道路是曲折的，但前途未必都是光明的。未来具有不确定性，对于诸多要素影响下的复杂问题，时间将会给出答案。

参考资料：

[1]李亦辉. 新海航付息困难，方大系掌舵人方威面临大考[EB/OL].（2022-06-09）[2023-07-04]. https://baijiahao.baidu.com/s?id=1736941515212142603&wfr=spider&for=pc.

[2]谢泽锋. 海航余晖：陈峰与方威的交错人生[EB/OL].（2022-06-22）[2023-07-04]. https://baijiahao.baidu.com/s?id=1736316224978317311&wfr=spider&for=pc.

第 5 章

联接定位：一桥飞架时空，让转型不再难

本章导读

可能是第一曲线不好做，因此第二曲线创新特别流行。基于生物进化论，一些专家认为企业进行第二曲线创新，应该遵照公式"变异+选择+隔离=第二曲线创新"。但是，生物进化的过程太漫长了，尚不知背后是否有"操盘手"。例如有研究表明，从第一条长有"上脚"的鱼从海洋爬上陆地，又过了3亿多年，这条鱼的后代中的一个分支才进化为今天的人类。由此，企业转型应该遵照生物进化论的思想吗？

基于联接定位进行第二曲线创新的思想，对上述生物进化公式进行修正，本章将重点阐述这样一个公式：继承+差异+优生=联接定位。也就是说，联接定位主要包括继承、差异、优生三个依次连贯的步骤。

联接定位是战略定位"四大金刚"的殿后者，企业转型也预示着下一个生命周期循环的开始。指出战略教科书的不足，是为了推动公司战略理论进步。如果不想只是吹毛求疵，我们就要给出具有系统性的改进方案。

5.1 第二曲线创新：哪些业务重要，但未被认知？

> **重点提示**
>
> ※ 泛用或滥用第二曲线理论，将会有哪些后果？
>
> ※ 时至今日，大多数企业转型以什么理论为指导？
>
> ※ 如何洞察第二曲线与第一曲线之间的非连续阶梯？

对于一家企业来说，第一曲线是指现有业务，第二曲线是指为转型而开启的创新业务。众所周知，第二曲线与第一曲线之间是不连续的，企业开启第二曲线很容易失败，所以我们要进行联接定位。如何进行联接定位呢？这是本章要阐述的重点。

企业如人一样有生命周期，创立期→成长期→扩张期→转型期……或中途遇到挫折或不断开始新的循环。企业生命周期的每一阶段都很重要，但只有成功转型，才能进入下一个生命周期循环。在本书中，企业转型就是开启第二曲线，开启第二曲线就是企业转型，两者是等同的。在哪些情况下，企业要转型或者开启第二曲线呢？这主要包括以下三种情况：

（1）行业巨变引致转型。由于技术进步或商业模式创新，行业发生巨变，相关企业就要主动或被动转型。例如2009年前后，手机行业发生巨变，功能手机升级为智能手机，那些传统手机巨头就要进行转型，像诺基亚公司慢了半拍，最后手机业务就被淘汰出局了。

（2）失去竞争优势引致转型。由于行业内五种竞争力量的作用或自身经营不善，总有一些企业没能在行业内建立竞争优势或逐渐失去原有的竞争优势，不得不考虑转型。像A股著名的"转型王"岩石股份，自2001年开始,其主营业务从建筑陶瓷转型为房屋租赁,后来转型为融资租赁,现在又转型为白酒销售。

(3)"再造大树"引致转型。还有一种转型,企业未雨绸缪或寻求多元化布局,在现有业务如日中天时,就开辟第二曲线,期望培育更多的庆丰大树及超级产品,这属于从专一化向多元化转型。例如美的从家电消费品起步,在做大做强后,不断向机电制造、楼宇科技、机器人等多个领域转型,并且期望它们都能成为超级产品,成为所在领域的巨无霸。

一方面,转型出奇迹,好的转型案例历历可数。比如李书福从流动"照相馆"→冰箱配件厂→装潢材料厂→摩托车制造厂→大型汽车集团,通过持续转型实现从走街串巷的个体户到巨无霸的巨变;任正非带领华为公司不断转型,通信设备贸易商→ICT[①]解决方案供应商→智能终端提供商,扩张业务版图;乔布斯引领苹果公司三次转型,从濒临破产到引领行业发展;IBM历经四次转型,续写百年辉煌,"谁说大象不能跳舞"!

另一方面,坏的转型案例比比皆是。目前A股市场有ST(Special Treatment,特别处理)股票142支(2022年8月,金融界),2019年之前10年有154家借壳上市的公司,其中涉及的上市公司或原上市公司大多历经多次转型失败。林子大了什么鸟都有,上市公司中总有一些"奇葩"的转型。例如从1998年开始,重庆啤酒历时17年,"矢志不移"地向乙肝疫苗领域转型;2015年中超控股宣布拟1亿元收购28把紫砂壶,向"壶联网"方向转型;2017年,皇台酒业曾在公告中披露,拟剥离白酒主业,全面向幼教行业转型……还有很多企业进行与主业之间风马牛不相及的转型,例如"露营鼻祖"探路者向芯片领域转型、姚记扑克向基因治疗和生物技术转型等。

---

① ICT指信息与通信技术。

第 5 章
联接定位：一桥飞架时空，让转型不再难

当一件事情很难时，我们就要聚精会神去面对。第4章曾提到，由于多种"外力"影响，创业者或经营者的大脑经常精神分形。转型难，难于上青天！因此，企业转型要提防如下"外力"，以免经营者的大脑再度精神分形！

（1）战略教科书相关理论。由于难度陡增，战略教科书专门讲述转型的理论并不多。像波士顿矩阵、行业吸引力矩阵、安索夫矩阵等，这些战略教科书经典理论主要用于指导企业如何多元化、跨领域扩张与转型。如果企业不顾自身发展阶段、行业特色及竞争结构，生搬硬套，应用错误，如前文列举的那些坏的转型案例，战略教科书中的经典理论就会误导现代企业的战略转型之路。

（2）千篇一律的商业案例分析与研讨。一些商科留学者说，他们之所以爱听某教授的课，是因为他擅长案例分析教学。一些公众号文章、"大咖"直播也都深谙此道，纷纷将"标题党+绘声绘色的案例分析"打造为吸引流量的利器。赫拉克利特说"人无法两次踏入同一条河流"，亦舒在《曼陀罗》中讲"甲之蜜糖，乙之砒霜"……况且，过犹不及！当满脑袋都是各路版本的转型案例分析时，创业者或经营者的大脑将深度精神分形。

（3）"基业长青"系列书籍给出的实证方法。柯林斯创作"基业长青"系列书籍中，其中《再造卓越》针对企业转型给出实证方法，包括：重新认识用户，挖掘用户的潜在需求；推动组织变革，激活组织活力；加强主业，进行品类创新；积极探索新的蓝海市场等概要性内容。这些方法都有一些道理，与企业经营、商学教育相关的各界人士也都是这么说的。但是，根据"黄金思维圈"（What-How-Why，什么—如何—为什么）及系统思维模型，这些表层道理常常让我们误入歧途。

（4）将生物进化论应用于企业经营。像"弱肉强食、优胜劣汰、物竞天择、适者生存""变异→选择→隔离""食物链、生态系统"等生物进化相关的理论，适当在经营场景或媒体文章中借用一下，未尝不

可。但是，生物进化与企业进化有显著不同：生物进化的方向由自然选择，族群及个体通常是被动的；企业进化的方向由经管团队主导，通过主动采取经营管理措施可以化险为夷。

（5）个别培训与咨询公司误导。培训与咨询是管理学教育的重要构成部分和互补力量。但是，一些培训、咨询机构通过包装一些企业转型及赚钱生财的"秘籍"与"绝招"，深度植入营销手法，满足一些创业者或经营者渴望速成的投机心理。例如"××商业"主讲人，号称抖音全网5 400万粉丝，传授36条转型之路、108招赚钱策略。知名咨询公司麦肯锡曾提出"麦肯锡三层面理论"，被企业界、培训界人士通俗解读为"吃着碗里的，看着锅里的，望着田里的"。类似通俗化理论常被"想当然"地应用，误导企业盲目向多元化拓展或转型。

（6）泛用第二曲线理论。由于混沌学园教师及学员持续研究及广泛传播，第二曲线理论可谓已经在学习者、经营者的心中普遍扎根发芽了。但是，相当一部分人已经把第二曲线理论泛化，恨不得把"复制式分形、延伸式分形、上下游分形、胞族式分形、围绕客户分形、围绕资本分形"六个层次的企业产品分形都认定为第二曲线。这样说来，小米集团是否已经开启了成百上千个第二曲线创新？事实上，小米汽车才属于真正开启第二曲线的创新业务，企业应该聚焦及关注此处的"非连续"创新及转型风险。

如前文所言"企业转型就是开启第二曲线，开启第二曲线就是企业转型"。这样看来，只有在"行业巨变引致转型、失去竞争优势引致转型、'再造大树'引致转型"三种情况下，企业才会开创第二曲线。

在现实中，大企业集团较少，中小企业很多。因此，本书阐述战略定位，90%的篇幅都在谈第一曲线，本章仅用四节内容简要谈一谈第二曲线。在实践中，中小企业只有把第一曲线做好了，成长起来了，才会涉及第二曲线。如果企业无心去做第一曲线或者做不好第一曲线，就向往第二曲线，以此散散心、壮壮胆，转移一下注意力，那么就是在戏弄或娱乐第二曲线，投入的时间和心力也会打水漂。

笔者认为，企业以第二曲线承接第一曲线，关键是如何解决"非连续阶梯"的转型风险。什么是非连续阶梯？从第一曲线跃迁到第二曲线，企业产品发生了本质改变。相对于第一曲线或基于第一曲线，大致有四条通道可以跃迁到第二曲线，见图5-1-1。

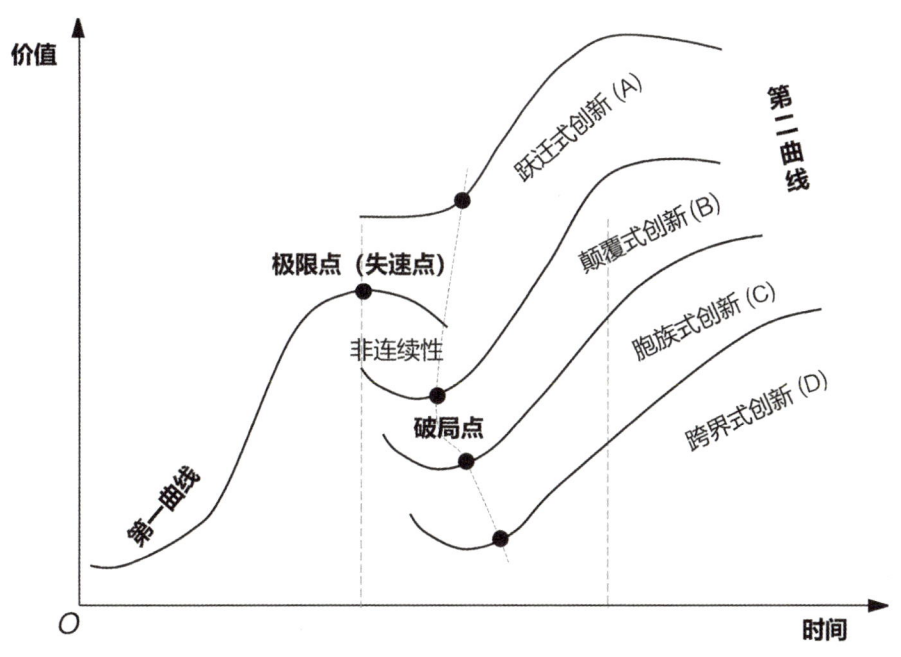

图5-1-1 第二曲线创新的四条通道
图表来源：李庆丰，"战略定位"理论

（1）跃迁式创新。企业通过技术创新、实施蓝海战略或者商业模式创新等，对企业产品进行较大幅度的跃迁升级，被称为跃迁式创新。例如某公司将原来的招待所升级为经济型连锁酒店就属于跃迁式创新；陕西鼓风机厂的企业产品从具体的产品升级为提供解决方案，也属于跃迁式创新。

（2）颠覆式创新。比跃迁式创新幅度大，企业产品发生了巨大改变，可被称为颠覆式创新。例如2009年左右，三星公司将旗下的功能手机全面升级为智能手机，就属于颠覆式创新；未来如果SpaceX（太空探索）公司将核动力火箭成功商业化应用，也属于颠覆式创新。

（3）胞族式创新。基于扩张期的胞族式分形，若某个企业产品脱颖而出，成为企业另一棵庆丰大树的根基产品，则被称为胞族式创新。例如本田以摩托车起家，通过胞族式创新，发展出乘用车、轻型飞机等多条第二曲线。

（4）跨界式创新。企业转型进入的业务领域，与原有企业产品相去甚远或风马牛不相及，被称为跨界式创新。例如探路者向芯片领域转型、姚记扑克向基因治疗和生物技术转型等，都属于跨界式创新。

战略定位依据生命周期阶段分段讨论企业产品定位。第二曲线创新"隶属"于转型期，大多数情形源于扩张期的分形定位六层次。例如跃迁式创新、颠覆式创新常常源于扩张期的复制式分形、延伸式分形、上下游分形的相关衍生产品。胞族式创新常常源于胞族式分形。跨界式创新属于例外情况，按理说应该源于围绕客户分形、围绕资本分形，但现实中常常源于企业领导者"拍脑袋"或因为偶发的外部机会被企业领导者"一举选中"。

如何察看第二曲线与第一曲线之间的非连续阶梯？基于三端定位模型及T型商业模式，首先看之后及之前的企业产品，找出它们之间的显著差异；其次看第二曲线与第一曲线交易主体之间有哪些显著差异，例如重庆啤酒向乙肝疫苗转型，显而易见，不仅企业产品有显著不同，而且交易主体也有特别大的差异；最后看前后两个T型商业模式之间的差异，重点是看刨除三端定位的企业产品及交易主体六个要素后的剩余要素，见图3-9-1。

至于图5-1-1中的极限点（失速点）、破局点等第二曲线相关内容，相关书籍及网络文章都有非常具体和详细的讨论，本章后续内容也将有所涉及。

5.2 联接定位三部曲：继承、差异、优生

> **重点提示**
>
> ※ 为什么说企业转型不应该盲目遵照生物进化论的思想？
>
> ※ 联接定位三部曲之间有什么内在联系？
>
> ※ "优生"的对立面有哪些表现？

从发展阶段、产品愿景、定位平台战略定位三要件的角度看，企业转型期的战略定位有什么特色？

创立期→成长期→扩张期→转型期……企业生命周期不断循环。从发展阶段看，上一循环的转型期将无缝对接下一循环的创立期。从扩张期到转型期，虽然两者之间客观上具有"非连续阶梯"，但我们还是要把它们"联接"在一起，以实现可持续经营，追求基业长青。

企业转型期的产品愿景是通过"转型雷达"识别或探测出潜优产品Ⅱ。我们之所以称其为潜优产品Ⅱ，有两方面原因：一方面，它与第2章阐述的创立期之潜优产品类似，可以共享创立期的战略定位三要件"发展阶段、产品愿景、定位平台"；另一方面，它属于潜优产品家族的第二代，必然会继承第一代的某些"基因"及烙印。从企业进化的观点看，转型期与创立期两代潜优产品之间又有诸多差异。由此，为了更好地定位潜优产品Ⅱ，有效联接第二曲线与第一曲线之间的"非连续阶梯"，与转型期定位平台密切相关的模型或理论主要包括：第二曲线创新（章节5.1）、联接定位三部曲"继承、差异、优生"（章节5.2）、双T联接模型（章节5.2）、增长极限点与转型机会点识别与探测（章节5.3）、V形转型与L形转型（章节5.4）、第四飞轮效应（章节5.4）等。

20世纪80年代，欧洲学者查尔斯·汉迪（Charles Handy）提出第二

曲线思想，后人广泛应用它来研究企业转型。上一节谈到，企业转型就是开启第二曲线，开启第二曲线就是企业转型。承接上一节对第二曲线创新的简要介绍，本节重点介绍联接定位三部曲：继承、差异、优生。可以说，这在某些方面将借鉴生物进化论的相关思想。基于达尔文的研究发现及理论学说，生物进化论的基本观点为：生物都有过度繁殖的倾向，而食物及生存空间是有限的，所以生物必须"为生存而斗争"，适应者生存，不适应者被淘汰，这是自然选择的过程……因此，遗传变异、自然选择和地理隔离促成了生物进化。

基于生物进化论，一些专家学者给出的建议为：传统的机械型组织过时了，企业需要成为一个可以自我进化的生物型组织。还有专家学者认为，生物型组织进行第二曲线创新，应该遵照"遗传变异、自然选择和地理隔离促成了生物进化"这个生物进化论核心思想，并给出一个简明扼要的参考公式：变异+选择+隔离=第二曲线创新。但是，生物进化的过程太漫长了，尚不知背后是否有"操盘手"。例如有研究表明，从第一条长有"上脚"的鱼从海洋爬上陆地，又过了3亿多年，这条鱼的后代中的一个分支才进化为今天的人类。由此，企业转型或战略定位应该遵照生物进化论的思想吗？

人类属于有智力的高等动物，且企业通常由出类拔萃的人才运营管理。企业进化与生物进化有显著不同：生物进化的方向是由自然选择的，族群及个体通常是被动的；企业进化的方向由经管团队主导，通过主动采取经营管理措施可以化险为夷。生物进化遵循"物竞天择，优胜劣汰"的原则，而企业进化主要是"客户至上，竞合统效"……因此，我们有必要对"变异+选择+隔离=第二曲线创新"这个公式进行修正或迭代。如前文所述，第二曲线与第一曲线之间具有非连续阶梯，如何跨越这个非连续阶梯？我们需要进行联接定位。下文我们将阐述这样一个公式：继承+差异+优生=联接定位。也就是说，联接定位主要包括继承、差异、优生三个依次连贯的步骤。

1.继承的原则及双T联接模型

第二曲线可以继承第一曲线的优选资本，但应该遵循"择其优者，按需选取；取其精华，去其糟粕"的原则。企业转型的本质是企业产品转型，例如1997年初，乔布斯回归苹果公司，领导苹果公司转型。他上任后的第一件事，就是砍掉亏损业务，将原来60个型号的苹果电脑精简到只有1个核心型号……后来，从iPod向iPhone转型时，苹果公司实际上继承了在iPod研发、生产等过程中积累的人才资本、组织资本、关系资本等优选资本。又如2010年左右，恒大集团就开始了多元化战略布局，先后进入了粮油、乳业、矿泉水、新能源车等多个产业。这些尝试却难见成功，有研究者认为一个主要原因就是恒大集团在房地产领域积累的某些智力资本及企业文化反而阻碍了这些产业的发展。

从普遍意义上说，第二曲线继承第一曲线，重点应该放在"择其优者，取其精华"，战略定位理论称其为"优选资本共享"。企业转型前后，从第一曲线跃迁到第二曲线，实际上是变更了商业模式，见图5-2-1上半部分的双T联接模型示意图。第一曲线的拳头产品或超级产品可以用一个T型商业模式概要图表示，第二曲线的潜优产品Ⅱ或拳头产品Ⅱ也可以用一个T型商业模式概要图表示。它们通过资本模式联接，以优选资本共享表示第二曲线继承第一曲线的优选资本。

优选资本是资本中的"佼佼者"，是指企业的关键资源与能力。资本是能够提升企业价值的各种资源或能力，包括物质资本、货币资本、智力资本三大类别，其中物质资本及货币资本增值依赖智力资本的水平。智力资本主要包括人力资本、组织资本和关系资本三个方面。

以人力资本为例，我们将会看到经管团队、企业家等优选资本常常事关企业转型成败。2012年，曾经的巨无霸柯达转型失败，正式宣布破产。柯达并不是因为技术落后而遭淘汰，柯达公司早在1975年就发明了世界上第一台数码相机。柯达转型失败的主要原因之一是管理层几乎都是传统行业出身，49名高层管理人员中很多人有化学专业背景，而只有3位有电子专业背景。团队没有及时更新，决策层迷恋既有优势，对传统胶片技术和产品太过眷恋……

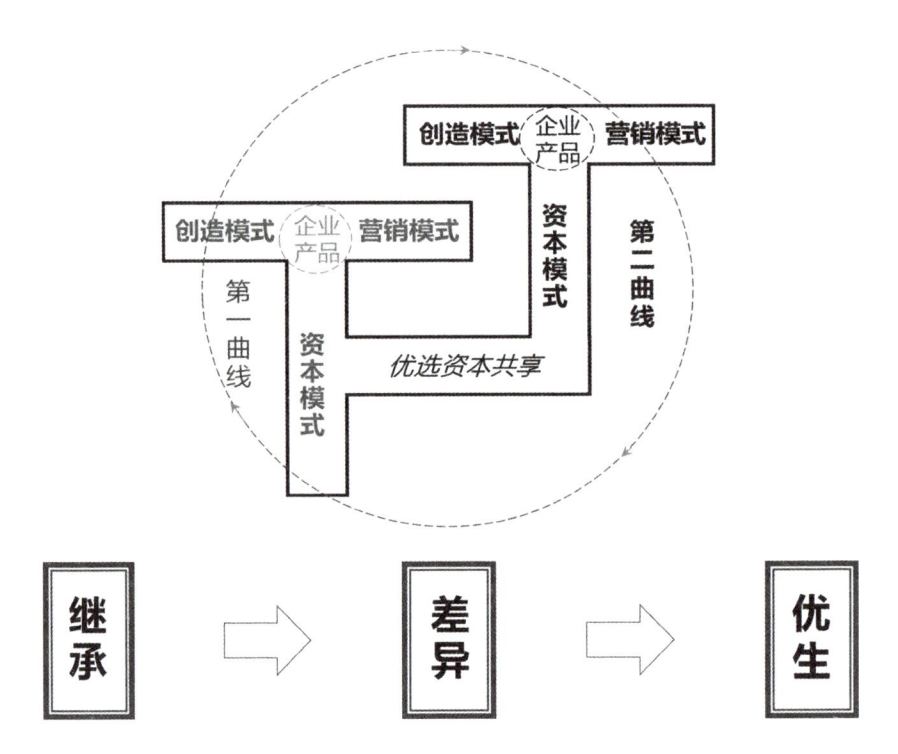

图 5-2-1　联接定位三部曲及双 T 联接模型
图表来源：李庆丰，"战略定位"理论

1985年的某一天，英特尔CEO摩尔问了总裁格鲁夫一个问题："如果咱俩被扫地出门，董事会选新的CEO过来，你觉得他会做什么决定？"格鲁夫沉思良久，最后回答说，新来的这家伙肯定会让英特尔远离存储器市场。沉默了一会儿后，格鲁夫再问摩尔："既然如此，我们为什么不自己来做这件事呢？"此后，英特尔毅然决然地砍掉已经赢得江湖龙头地位的存储器业务，全面转向微处理器芯片这个企业产品。到1992年，英特尔已经成长为全世界最大的半导体公司。

基于双T联接模型及围绕继承的相关原则，笔者认为转型期进行联接定位时，企业可重点关注以下六大联接：①极限点（失速点）与破局点之间如何联接；②新旧经管团队之间如何联接；③新旧产品及技术平台之间如何联接；④新旧价值网之间如何联接；⑤新旧企业文化之间如何联接；⑥外部机遇与企业优选资本之间如何联接。通过查阅相关资料，此六大联接并不难理解，限于篇幅此处不再展开论述。

2.差异与"差异化"有何异同？

在联接定位三部曲"继承、差异、优生"中，差异主要是指继承后的"差异"，即第二曲线与第一曲线有何不同。继承与差异是一对矛盾，涉及如何平衡及统一的问题。

如果企业转型以继承为主，差异化创新的空间就不够大。例如柯达于1991年推出专业级数码相机，但瞻前顾后、踟蹰不前，没能成为推动胶片相机向数码相机转型的引领者。从1994年开始，柯达从卖产品向建渠道、卖服务延伸式转型，以加盟连锁方式快速在中国市场布局8 000多家柯达快印店，企图延长胶片相机的生命周期……

如果企业转型以差异化为主，缺少来自第一曲线的优选资本，就会导致第二曲线创新面临很大的风险。上一节讲到，"露营鼻祖"探路者开始向芯片领域转型，姚记扑克多年以前就向基因治疗和生物技术转型。看起来，这两家上市公司第二曲线创新的差异化非常"给劲"，但没有继承第一曲线的优选资本，第二曲线创新的风险就会特别大！

对于第二曲线创新，波特的三大通用战略"成本领先、差异化、集中化（或聚焦化）"也同样适用。其实，"成本领先、差异化、集中化"三者归一，本质上都是基于客户需求，与竞争者比较如何实现差异化。基于竞争定位延伸来说，对于同一家企业，第二曲线比第一曲线更具有战略性低成本优势，这属于差异化；第二曲线比第一曲线更加集中或分散，这也属于差异化。它们都是以继承优选资本为前提的差异化。

第二曲线创新有四条通道：跃迁式创新（A）、颠覆式创新（B）、胞族式创新（C）、跨界式创新（D），见图5-1-1。A→B→C→D，继承的优选资本逐渐减少，而差异逐渐增加。在企业转型时，企业通过SWOT分析等战略工具，评估企业内部的优势及劣势、外部环境的机会和威胁等，同样有助于企业决策者从A、B、C、D中选择一条适合的创新路径。

上一循环的"转型期"无缝对接下一循环的"创立期"。相较于第一曲线，第二曲线创新的差异化之处，也必定是基于客户第一的差异化之处。因此，像竞争定位、三端定位、精益创业、产品与市场匹配等理论模型，同样适用于第二曲线创新。

3.如何实现"优生"？

由于第一曲线的存在及影响，相比于通常的创业孵化，第二曲线的"创业孵化"稍有不同。归属为联接定位三部曲之中，我们将其称为"优生"。其主要内容涉及以下五个方面。

（1）靠近产业集群。在第二曲线落地的选址方面，第二曲线相关部门不要为了便于沟通、管理或降低费用而长期驻扎在母体公司，而是应该尽快在相关产业聚集区建立据点。例如相比于功能手机，智能手机实际上是一部手持的移动电脑。"在美国西海岸，计算机行业的底蕴和操作系统专业技术非常丰富。"诺基亚前CEO奥利拉说。如果诺基亚的智能手机项目当初选在美国硅谷创立，也许今天这个行业的竞争格局就会有很大不同。

（2）选对领导者。在IBM历次转型的过程中，都是像小沃森、郭士纳那样的企业掌门人或CEO来承担企业转型重任。一般认为，如果不是老板从最高层打破原有利益格局，就根本不可能推动第二曲线创新！与之相反，当智能手机时代即将来临时，诺基亚却将第二曲线创新业务当成了一个新产品备选项目，归属于一个层级较低的部门负责，其结果可想而知。

（3）偏紧的预算。第二曲线承接第一曲线，后面可能有"大金主"支持。这一点与从零开始的创业公司有所不同。风险投资机构都知道，一个创业公司"钱多不是好事"。"穷则思变""急中生智"，因此偏紧的预算有利于发挥团队成员的智力资本及创业精神。

（4）定期复盘。第二曲线创新也是创业，允许试错，包容失败，甚至有企业认同及提倡"乱七八糟、生机勃勃"！第二曲线创新往往采取大资金、豪华团队协同创业的作战模式，一旦战略路径错误，损失难以估量。由此，我们提倡定期复盘，以便及时调整战略定位，防微杜渐，将错误消灭在萌芽之中。

（5）适合的文化氛围。第一曲线强调管理，第二曲线提倡创新，两者的文化氛围不太一样。创新学者史蒂芬·布兰克（Steve Blank）说："每增加一个（提高）执行力的流程，就等于增加了一条防止逃逸的绳索，于是企业的创新就死得快一点。"除有意塑造有利于创业创新的文化氛围外，将上述"靠近产业集群、选对领导者、偏紧的预算、定期复盘"等协同起来，对于企业的第二曲线创新也将大有裨益。

战略定位

5.3　转型雷达：识别极限点，也探测机会点

> **重点提示**
>
> ※ 在美团"团购→外卖"的转型过程中，有哪些优选资本相互联接和哪些非连续阶梯？
>
> ※ 战略转折点与极限点、破局点、机会点之间有什么关系？
>
> ※ 第二曲线理论还有哪些地方需要补充和完善？

上一节曾说到联接定位的六大联接，其中排在第一位的就是"极限点（失速点）与破局点之间如何联接"。联接定位的主要目的就是消除第二曲线与第一曲线之间非连续阶梯的影响，而注重极限点与破局点之间如何联接则是一个非常好的抓手。

布莱恩·阿瑟在《技术的本质》一书中指出："在发展的过程中，一项技术总会遭遇极限出现的那一刻。一项技术在遭遇极限点之后，只能就此停步。令人沮丧的是，极限点是不可避免的。"例如诺基亚发展得好好的，在2007年最辉煌的时候功能手机出货量达4亿部，全球市场占有率超过40%。后来，支撑智能手机的各项技术逐渐成熟，功能手机行业面临着消失的危险，这时企业应该怎么办？

解决"极限点（失速点）与破局点之间如何联接"非常重要，需要注意以下三点：①努力夯实第一曲线，以支撑第二曲线的探索过程。②在第一曲线的极限点出现之前，积极寻找并"击穿"第二曲线的破局点。③开启第二曲线后，逐渐加大资源投入力度，将"10倍速"变化的单一要素最大化。事实上，在联接定位方面，诺基亚并没有做好，原因何在？是联接定位三部曲"继承、差异、优生"没有走好，还是联接定位的六大联接没有搞好？这些原因都存在，根本原因可能出在高管团队

的战略观念上。知情人士给出这样一个段子：2007年1月，苹果发布智能手机iPhone时，诺基亚等传统厂商给出了嘲讽式的评价：一款没有键盘的手机能怎么样？拍照功能这么鸡肋，还敢叫作智能手机？大西洋对岸那些传统PC（个人计算机）厂商怎么会懂手机？

2013年左右，美团公司开启第二曲线承接第一曲线，即"到店（团购）→到家（外卖）"的转型过程，可谓是极限点与破局点之间完美联接的经典案例。2011年，团购行业的后来者——美团，鼓足干劲参与"千团之战"，市场占有率达到13%。美团趁势追击，在2012年成功登上行业第一名的宝座。团购是个可持续的好生意吗？暂时领先的美团该何去何从？创始人王兴认识到，O2O（线下商务机会与线上互联网结合）是一个万亿元规模的市场，而团购只是O2O的一种形式。美团必须在团购行业增长的极限点到来之前找到第二曲线并实现破局！事不宜迟，兵贵神速。同样是2012年，美团联合创始人王慧文带领10名精兵强将，通过破坏性创新开始探索包括外卖在内的多项O2O业务。

2014年，美团的团购业务市场占有率超过53%。同一年，由于消费升级及BAT等"大鳄"入侵团购行业造成"赢家通吃"的局面，团购行业的极限点到来了。极限点就是失速点，成千上万家团购企业似乎一夜消失，只有美团一家暂且存活下来。在此之前，美团外卖已经正式立项，并从2014年开始投入大量资源进军外卖市场，以平均1.5天开拓一个城市市场的速度进军二三线城市，与占据外卖绝对领导地位的饿了么公司进行厮杀。那时，美团管理层判断，用手机点外卖，是那个"10倍速"变化的单一要素。敢于押宝吗？美团很快关掉PC端的访问入口，迅速布局、开启手机端的访问入口……2016年，美团外卖实现对饿了么的"弯道超车"；2017年，美团关停团购业务，外卖第二曲线与团购第一曲线正式完成交接；2018年，美团外卖市场占有率达到59%，稳居行业龙头地位。

在以上诺基亚及美团两个案例中，能否把握好第一曲线的极限点（或失速点）及第二曲线的破局点，似乎决定着企业转型的成败。英特

战略定位

尔前CEO格鲁夫曾提出"战略转折点"的概念；笔者在战略定位理论中提出机会点的概念。极限点、破局点、机会点、战略转折点，它们之间有什么区别与联系？

极限点、破局点、机会点三者是针对一家具体企业而言的。极限点是指企业第一曲线增长的拐点，极限点之后企业主打产品的销量就开始下降——这也是极限点被称为失速点的缘由，如图5-3-1中的A点。本章重点阐述企业转型，所以这里的破局点、机会点主要是指第二曲线的破局点、机会点。破局点是指第二曲线的企业产品已经获得种子用户和早期用户的认可，即将引领企业迈入成长期阶段，如图5-3-1中的P点。机会点是指第二曲线的起点，即通过评估多个可能的转型突围方向，最后选定了其中一个，开始定位第二曲线的潜优产品Ⅱ，如图5-3-1中的B点。

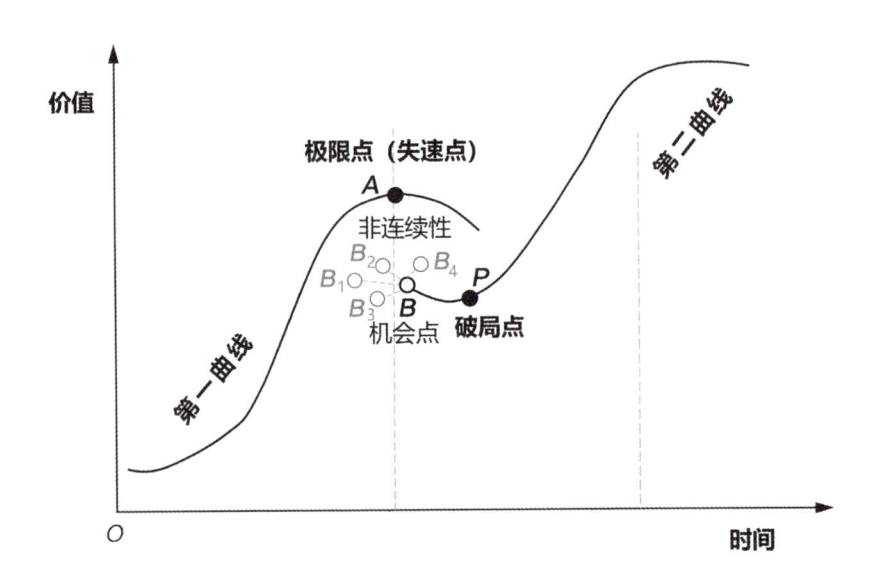

图 5-3-1 极限点、破局点、机会点三者之间的关系
图表来源：李庆丰，"战略定位"理论

战略转折点是针对产业环境中的所有相关企业而言的。按照格鲁夫的说法，产业中出现了"10倍速"变化因素，对于产业中的相关企业而

言，这就意味着战略转折点的到来。"10倍速"变化因素可能让某个行业竞争格局迅速恶化，也可能预示着一个欣欣向荣的新行业即将到来。例如2021年7月，国家"双减政策"落地，对于教培行业中的相关企业而言，这意味着战略转折点的到来。新东方、好未来等龙头企业股价暴跌，中小培训企业大量倒闭或者选择转行。另一个例子是，2011年，1 000元就可以买到智能手机了——这也是"10倍速"变化因素，8亿农民及小城镇居民都可以随时随地上网。这个战略转折点的到来，带动众多互联网企业的访问入口从PC端转向手机端，移动互联网行业迎来井喷式发展。

切问而近思！对于企业转型，我们应该重点关注企业第一曲线的极限点及第二曲线的机会点，而战略转折点实际上属于评估极限点或机会点的外部环境因素。影响极限点、机会点的因素很多，而产业中的"10倍速"变化因素或者说战略转折点因素，只是其中一个重要因素。另外，破局点实际上属于战略增长理论要重点讨论的内容，与战略定位讨论的企业转型关联度并不是特别大。

万维钢说："市场经济就是进化经济，它的核心精神是：想生就生，该死就死。"极限点事关企业第一曲线生死，机会点事关第二曲线能否诞生。如此重要的战略议题，我们如何对它们进行探测与感知呢？笔者的建议是，企业要拥有"转型雷达"，以及时探测和感知那些影响极限点、机会点的关键因素。

本章前面两节已经讨论过，企业转型的原因主要有三大类：行业巨变引致转型、失去竞争优势引致转型、"再造大树"引致转型。小企业成长为巨无霸，创立期→成长期→扩张期→转型期，通常是一个比较漫长的过程。因此，对于大多数企业而言，经历多年才能经历一次企业转型。很少有企业年年都在转型，如果一家企业年年都在转型，那就说明这家企业的竞争定位、三端定位、分形定位等一定没有做好。

如何让企业拥有"转型雷达"呢？在转型阶段，极限点、机会点应该是企业的战略管理部重点关注及研究的内容。从第一曲线到第二曲线，经过多年成长与发展，企业都进入转型期了，所以一般都有战略管理部或市场战略部。在转型阶段，极限点、机会点也应该是企业"战略规划与场景"中要重点讨论的内容。参见《新竞争战略》第6章"战略规划与场景：让好战略呈现，将坏战略遁退"的有关内容，通过年度计划、竞争对策、战略观念三大经营场景，分别获得一家企业经营需要的中长期战略规划、年度战略计划、竞争对策方案、战略观念体系。

具体而言，影响第一曲线极限点的关键因素从哪里发现呢？我们可以从宏观、中观、微观三个方面入手，其中的中观因素是重中之重。宏观方面如PEST分析所阐述的那些因素，对产业或行业中几乎所有企业都有影响。中观方面就是通过行业研究模型、五力竞争模型、价值网及利益相关方分析、SWOT分析等，结合宏观因素研究，共同推导出产业或行业的发展趋势，以此判断企业的第一曲线将何去何从。微观方面主要聚焦在对企业自身的关注，例如长期依靠矿山资源发展的企业，特定资源就快穷尽了，极限点很快到来；又如企业拳头产品严重侵犯竞争对手的知识产权，被法院判决"立即全面停产"，极限点就在眼前。

如何确认第二曲线的机会点呢？上一循环的"转型期"无缝对接下一循环的"创立期"。因此，我们可以回到本书第2章，采用竞争定位中的公式"潜优产品=客户需求+行业趋势+优选资本–竞争阻力"，确认第二曲线的机会点——实际上就是发现潜优产品Ⅱ。需要说明的是，此处的"优选资本"重点是指第一曲线拥有或遗留的资本。企业还应该注意第二曲线与第一曲线相互协同或排斥对潜优产品Ⅱ的影响。进一步而言，企业把发现的潜优产品Ⅱ假设为即将落地的企业产品，再用三端定位模型进行评估。"纸上得来终觉浅，绝知此事要躬行"。在图5-3-1中，B点附近有B_1、B_2、B_3等，这表示确认机会点是一个探索的过程，甚至不得不进行一定程度的探索及试错。另外，利用机会点与极限点之间的对立关系，企业将公式"潜优产品=客户需求+行业趋势+优选资本–竞争阻

"力"中的潜优产品替换为极限点产品，就能够以此公式协助判断第一曲线的极限点。

我们可以积极倡导、研讨第二曲线理论，但不能把企业转型简化为"两条曲线"（第一曲线、第二曲线）、"两个点"（极限点、破局点），也不能危言耸听、故弄玄虚！这将令企业经营者感到困惑并可能误导经营决策。现实中的企业转型之路是承前启后、因地制宜、形式多样的，也是具体实际且比较复杂的，需要弄清楚很多问题：

①如何发现和评估第二曲线？否则破局点就无从谈起。

②像诺基亚那样错过极限点——只能悔恨终生，再没有发展第二曲线的机会了吗？事实上，后来者小米、华为、OPPO、vivo等生产智能手机的企业发展得很好。

③像可口可乐、麦当劳等，第一曲线一直看不到极限点，就不可以开启第二曲线吗？

④像汉能集团从水电站经营转型到光伏发电设备制造，如何避免第二曲线为企业带来的毁灭性风险？

⑤第二曲线如何更好地继承第一曲线，同时兼顾自身差异化及"优生"？

⑥企业是否可以开启多条第二曲线呢？

⑦企业如何通过兼并收购的方式开启第二曲线？

⑧专一化企业向多元化转型，或多元化企业"归核化"发展、向专一化回归，如何用第二曲线理论解释？

············

乔布斯说过："Stay hungry, stay foolish.（求知若饥，虚心若愚。）"现实中的企业转型"风大浪大"，还有相当多的论题需要我们共同探索与研究。由于本书的重点内容是竞争定位及三端定位，所以本章对企业转型或第二曲线创新的一些概要性讨论，可用于抛砖引玉，最多算是"开始的结束"。

5.4 第四飞轮效应：要么葬身壕沟，要么一鸣惊人

重点提示

※ 为追求实现V形转型，领导人"与生俱来"的豪情万丈靠谱吗？

※ 如何用J形曲线协助解释第二曲线创新？

※ 在小企业成长为巨无霸的历程中，有多少"阶梯"需要跨越？

企业转型的过程就是在第一曲线的支持下，第二曲线从零起步，然后逐渐成长的过程。作为创新业务的第二曲线，等同于大企业再次从零起步开始创业，其从小到大的历程类似一家初创企业的创业成长过程，也近似一条"前低后高"的J形曲线，见图5-4-1右图。所谓"前低"是指企业在创立期需要持续投入，绝大部分企业连年不盈利或发生巨额亏损，呈现为J形曲线前端示意的"凹坑"部分；所谓"后高"是指进入成长期后，企业盈利将会逐年递增，呈现为J形曲线后面示意的"爬升"部分。

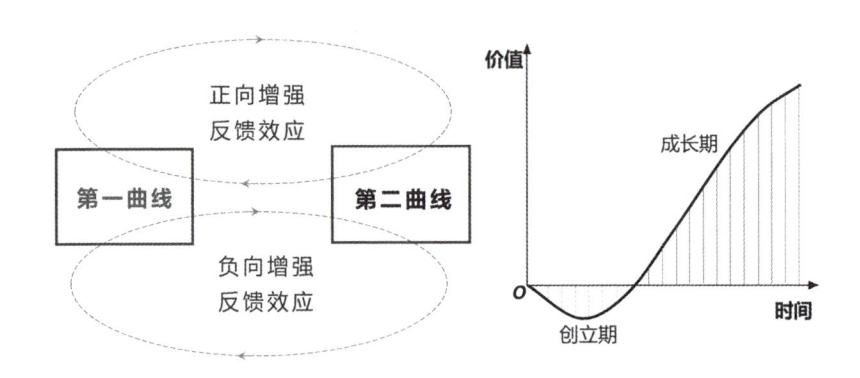

图5-4-1 第四飞轮效应（左）及J形曲线（右）
图表来源：李庆丰，"战略定位"理论

第 5 章
联接定位：一桥飞架时空，让转型不再难

例如A股科创板上市公司联影医疗是一家高科技医疗设备公司。由于长期需要巨额研发资金投入，所以它创立8年后仍然处于亏损状态。即使2017年A轮融资时估值达333亿元，联影医疗还是产生了巨额亏损。联影医疗的扭亏为盈转折点在2020年，相对于前一年"扣非"后亏损2.55亿元，2020年"扣非"后净利润高达8.78亿元。此后，联影医疗进入快速成长期，呈现出盈利逐年增加的趋势。

又如阿里巴巴的第一曲线是1688网站——为中小企业提供电商及信息服务，而成立于2003年的淘宝网属于阿里巴巴的第二曲线。依靠第一曲线的支持及淘宝网持续对外融资，淘宝开启"三年又三年"的免费战略，逐渐带动支付宝、阿里妈妈、天猫等产品组合实现可持续盈利。因此，我们可将阿里巴巴的第二曲线看成"免费+收费"的产品组合，其J形曲线的前端也似"凹坑"，连续多年巨额亏损，接续的J形曲线后端开始"爬升"，产品组合盈利逐年增加。

与第一曲线相比，第二曲线的企业产品发生了巨大转变，这是它们之间出现非连续阶梯的根源。除此之外，认识第二曲线与第一曲线之间的非连续阶梯，还可以从J形曲线获得启示，将"非连续阶梯"形象地看成这样一幅画面：由于经营历史累积的势能，第一曲线"高高在上"；第二曲线刚刚起步，还在一个很深的"壕沟"里挣扎。根据第二曲线能否从壕沟里爬出来，我们可将企业转型划分为成功与失败两种结果。我们用"V"来代表企业转型成功，或将转型成功称为V形转型；我们用"L"来代表企业转型失败，或将转型失败称为L形转型。

这里的V可以再分为两种情形：V_1和V_2。

其中V_1表示：不断"牺牲"第一曲线，逐渐成就第二曲线。例如从2012年开始，美团不断牺牲团购业务，坚持向外卖业务转型，直至2017年美团关停团购业务，外卖业务稳居行业龙头地位，正式完成第二曲线与第一曲线的转换过程。

其中V_2表示：起初第一曲线协助第二曲线发展，第二曲线逐渐壮大

甚至后来者居上后，两者相互补充，协同共赢。2011年初腾讯公司推出微信，直面的领先竞争者有小米的米聊APP及中国移动的飞信，跟随竞争者有阿里巴巴的来往、中国电信的易信，还有陌陌、探探等诸多打擦边球的社交APP。腾讯公司当时是如何选择，才最终让微信能够克服行业中的五种竞争力量，从"壕沟"里爬出来，一飞冲天、一骑绝尘，然后赢家通吃的呢？

腾讯经管团队做了一个伟大的决定，将第一曲线QQ相关的优选资本越来越多地注入第二曲线微信上。现在微信已经有10多亿月活跃用户，是腾讯公司庆丰大树的根基产品、超级产品以及行业中的顶级流量池。第一曲线QQ也未"鞠躬尽瘁"，继续有5亿左右的月活用户，重点服务于不被提倡使用微信的教育行业客户，成为学校、学生、家长之间交流沟通的工具。

这里的"V"形似转型成功，也是英文词Victor（胜利者）的缩写词。与V相对应，"L"形似转型失败，也是英文词Loser（失败者）的缩写词。这里的L也可以再分为两种情形L_1和L_2。

其中L_1表示：第一曲线逐渐"吃掉"第二曲线，出现"大哥吃小弟"效应，导致企业转型失败。柯达是L_1方面的一个例子，固守第一曲线胶卷，最终第二曲线数码相机没有发展起来。中国移动是另一个"痛失江山"的L_1案例。领先于微信四年，中国移动的飞信于2007年就面世了，注册用户超过5亿，月活跃用户也有近1亿。中国移动可能是舍不得短信、语音通话等这些第一曲线的"现金奶牛"，也可能是没学会IBM转型的方法论——谁说大象一定能跳舞？

其中L_2表示：第二曲线"拖垮"第一曲线，两者共同走向末路。L_2方面的案例就太多了，例如恒大集团的第一曲线为房地产开发，曾多次向新能源汽车、粮油、乳业、矿泉水等第二曲线方向突围转型，至今第二曲线未成，第一曲线也已经岌岌可危。另一个典型案例是新光集团，它的第一曲线为佩戴饰品，曾有望成为中国的施华洛世奇。当第一曲线正在强劲增长时，新光集团的创始人却"豪情万丈"地引领企业开始向房地产、金融、投资、制造、互联网、农业等诸多热门赛道开拓第二曲线……2019年3月，新光集团向金华市中级人民法院申请破产重整，并对外披露未清偿债务高达357亿元。最终，企业的第二曲线与第一曲线共同走向末路，无数债权人、投资者血本无归！以先入者优势及突飞猛进的勇者战略，华锐风电曾是陆上风电设备制造的霸主（第一曲线）。2011年1月，华锐风电登陆A股，以90元的每股发行价刷新沪市的历史纪录，市值近千亿元并被冠以"风电第一股"称号。华锐风电将IPO募集的资金绝大部分应用于海上风电产业链建设项目，企图再造一个海上风电霸主（第二曲线）。同样在2011年，行业寒冬不期而至，华锐风电的第二曲线从"先驱"变成"先烈"，第一曲线也因质量问题频发而归于沉寂。

结合以上阐述，对于第二曲线创新或企业转型，我们努力追求实现V形转型，而极力避免L形转型。如果把第二曲线与第一曲线组合起来看成一个系统，从系统论视角看，驱动第二曲线从"壕沟"里爬上来，顺利完成从第一曲线到第二曲线的企业转型过程，是难度极大的经营活动，是一次量变到质变的飞跃，也必定是一个增强反馈的过程。在特定的外部环境中，如果企业转型成功即实现V形转型，第二曲线与第一曲线之间通常发生正向增强反馈效应；如果企业转型失败即遭受L形转型，第二曲线与第一曲线之间通常发生负向增强反馈效应。我们把第二曲线与第一曲线之间发生的正向或负向增强反馈效应，统称为第四飞轮效应，见图5-4-1。与第一、第二、第三飞轮效应一样，如果没有特别指出，笔者提及第四飞轮效应时，通常是指它具有的正向增强反馈效应的一面。

追求第二曲线创新，致力于企业成功转型，这属于公司战略目标，但结果可能是V形转型，也可能是L形转型——想生就生、该死即死，此两者属于结果。按照系统论的相关原理，凡是重大结果的背后必然有系

战略定位

列原因构成的因果链,而增强回路和调节回路能够促进因果链及相关要素向期望的结果及方向进化或演化。受此启发,在暂且忽略外部环境不确定性的前提下,我们通过正确的战略定位、第二曲线创新等行动,追求实现V形转型而尽力回避L形转型,在一定程度上也是可行的。

笔者认为,在创立期、成长期、扩张期、转型期等企业生命周期各个阶段之间,也存在非连续阶梯,并可以看作各自存在一个需要跨越的"鸿沟"。本书提出的战略定位理论及初步提出的属于"增长战略"的第一、第二、第三、第四飞轮效应,致力于解决如何才能跨越上述各个"非连续阶梯"。它们作为整体理论中的一个构成部分,共同为"小企业成长为巨无霸"提供具有系统性的解决方案。小米集团在"小企业成长为巨无霸"战略路径上的四个飞轮效应示意图,见图5-4-2;亚马逊在"小企业成长为巨无霸"战略路径上的四个飞轮效应示意图,见图5-4-3。这两幅图可供大家在学习小米集团、亚马逊案例时,作为图形化、系统化思维的一个参考。

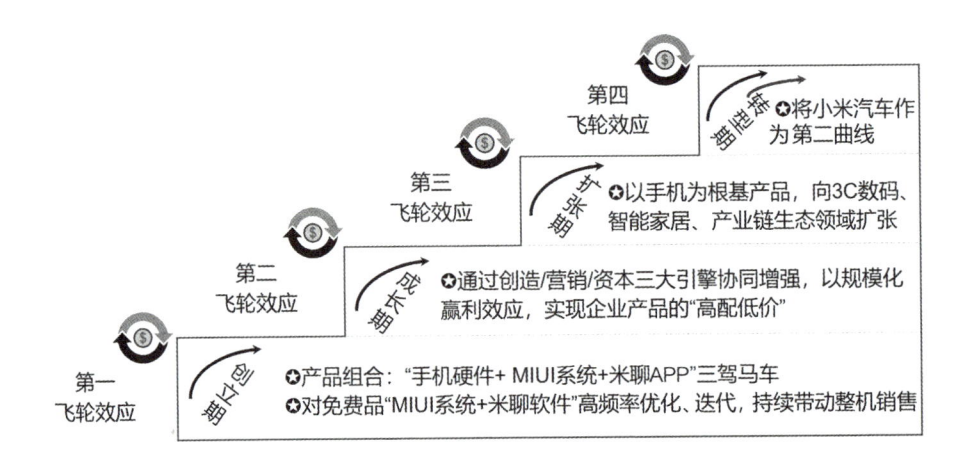

图 5-4-2 小米集团在"小企业成长为巨无霸"战略路径上的四个飞轮效应
图表来源:李庆丰,"战略定位"理论

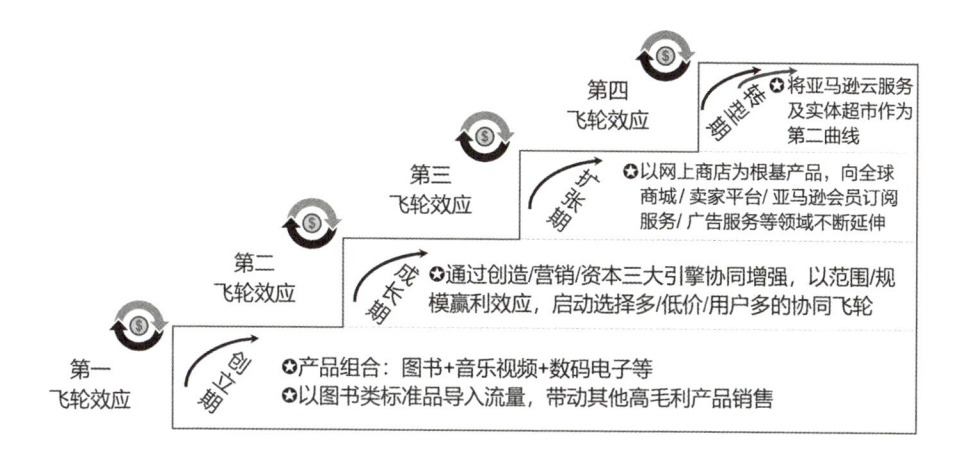

第 5 章
联接定位：一桥飞架时空，让转型不再难

第四飞轮效应
⊙将亚马逊云服务及实体超市作为第二曲线

第三飞轮效应
⊙以网上商店为根基产品，向全球商城/卖家平台/亚马逊会员订阅服务/广告服务等领域不断延伸

第二飞轮效应
⊙通过创造/营销/资本三大引擎协同增强，以范围/规模赢利效应，启动选择多/低价/用户多的协同飞轮

第一飞轮效应
⊙产品组合：图书+音乐视频+数码电子等
⊙以图书类标准品导入流量，带动其他高毛利产品销售

图 5-4-3　亚马逊在"小企业成长为巨无霸"战略路径上的四个飞轮效应
图表来源：李庆丰，"战略定位"理论

291

第 6 章

品牌定位：不做产品之上的空中楼阁

本章导读

　　企业产品是排在第一位的，品牌形象是排在第二位的，品牌形象是企业产品周边的一层"彩虹圈"。我们将消费品分为三类：空阁类消费品、量子类消费品、显明类消费品。挑选中间的那类提一个问题，为什么被称为量子类消费品呢？王志纲在给茅台做策划方案的时候说"口感一半是心感"。这有点类似市面上流行的"量子理论"，有点"说不清、道不明、看不见、摸不着"。这个品牌怎么样，那个品牌怎么样，主要取决于商家怎么宣传、定位咨询或广告创意机构如何包装……

　　品牌定位不直接隶属于战略定位，它是战略定位的附加和补充内容，因此笔者称其为"番外定位"。但是，战略定位三要件"发展阶段、产品愿景、定位平台"同样适用于品牌定位，例如从定位平台方面说，本章给出的相关模型及理论有：品牌形象与企业产品的关系，品牌定位与战略定位的关系，A、B、C三类品牌定位路径，品牌定位模型，品牌资产转换为品牌资本，品牌资本的功能、作用，"番外飞轮效应"等。

6.1 战略学家在盲人摸象，品牌学家勿隔山打牛

> **重点提示**
>
> ※ 哪一类消费品可以"品牌第一，产品第二"？
>
> ※ 空阁类消费品与量子类消费品之间的界限是什么？
>
> ※ 从战略定位的视角来看，为什么品牌定位被归为"番外定位"？

战略定位犹如哥德巴赫猜想，至今也没有人能够说明白；品牌定位就像马季创作的相声《五官争功》，各个门派或理论都倾向于自命不凡、居功自傲。

做产品有点难，一些人就直接做品牌。赵丽蓉、巩汉林、金珠表演的小品《打工奇遇》里有这样一段台词："宫廷玉液酒，一百八（十元）一杯。这酒怎么样？听我给你吹……其实就是那个二锅头，兑的那个白开水。"小品讽刺的是一些餐饮企业不好好琢磨饭菜品质，反倒热衷于品牌包装、形象贴金，将饭店改名叫"太后大酒楼"，打造所谓宫廷风、文化味儿。小品演到最后，赵丽蓉通过电话向物价局举报："宫廷玉液酒"，其实就是二锅头，兑的那个白开水！"群英荟萃"这道宫廷菜，就是一盘大萝卜！

2011年7月10日，中央电视台播出《天价家具达芬奇，"洋品牌"身份被指造假》，在社会上引起极大关注。据报道，达芬奇家具的品牌定位是意大利高端家具，且以价格昂贵著称。一张单人床卖10多万元，一套沙发卖30多万元。多数购买达芬奇家具的顾客，平均消费金额达100多万元。如此天价家具怎样品牌定位？如何搞市场营销呢？达芬奇家具销售人员说，他们所售的家具是100%意大利生产的"国际超级品牌"，使用的原料是没有污染的"天然的高品质原料"……但打假人员揭露

说，达芬奇家具是包装出来的国际高端品牌，品牌所属企业本身不生产任何产品，而是授权东莞某家具公司生产，制造完成后先由深圳海关出港，再从上海海关进港回到国内，通过"一日游"的方式，达芬奇家具就成了手续齐全的意大利"名牌家具"。例如达芬奇家具售价92 800元的床头柜，号称是实木，实际上内芯是密度板，外层贴三聚氰胺板。同样材质的床头柜，国内的家具厂通常售价仅200多元。

诸多伟大企业在创业起步时，没有条件亦不关注所谓品牌形象。迪士尼的创始人华特·迪斯尼在穷困潦倒时，租不起房子，在一间充满汽油味的破旧车库里吃住与工作。据回忆，他每日每夜不得不与车库里窜来窜去的老鼠"和睦"相处。后来，他以这个车库里的一个老鼠为原型，创造出一个动画形象，名叫米老鼠，还开了一家公司，名为迪士尼。像惠普、苹果、微软、哈雷、Adobe、亚马逊、谷歌、YouTube等世界知名公司，它们的创始人也都是从简陋的车库中开启创业之路的。中国的高科技公司稍好一些，阿里巴巴是在创始人马云的公寓成立的；雷军等七个合伙人喝了小米粥，向外界宣告"小米公司正式成立了"。华为在创立时，任正非和员工在一间仓库里办公和吃住；腾讯创业时的办公场所是一间与别人合用的舞蹈室；刘强东创办京东时，起步于中关村电脑城的一个柜台；联想集团创立于一间传达室；百度诞生于两间宾馆房……

这么多案例可以说明品牌形象不重要吗？总体而言，笔者认为，企业产品是排在第一位的，品牌形象是排在第二位的，品牌形象是企业产品周边的一层"彩虹圈"，见图6-1-1。首先，我们可以把企业产品分为三大类：原料、工业品、消费品。因为前两者都属于专业采购的范围，采购方与供应方多为长期合作，产品及交易信息相对透明，所以品牌定位或品牌形象不是特别重要，交易双方更关注产品质量、性价比、交货期等这些"硬指标"。对于消费品来说，大多数顾客并不具有专业采购水平，这给予某些商家、定位咨询者通过品牌来操控消费者心智的机会。

我们可以将消费品分为三类：空阁类消费品、量子类消费品、显明类消费品，见图6-1-1。所谓空阁类消费品是指品牌与产品严重脱节的消费品，品牌形象高高在上，犹如空中楼阁，但产品质量不尽如人意，与品牌宣传的情况大相径庭。例如上文中的达芬奇家具等。过去，我们遇到的空阁类消费品还真不少，像中华鳖精、蚁力神、三株口服液、秦池酒、权健火疗、神功元气袋、脑黄金等。现在，空阁类消费品都在向高科技概念靠拢，以继续"收割"消费者，收"智商税"，如直播带货或网上购物频频出现的"量子无痕内裤""防辐射手机套""石墨烯水壶""降糖电饭煲""太空材料床垫""干细胞化妆品"等。这类空阁类消费品，没有产品支撑，不良商家在"空阁"中定位品牌，依靠弄虚作假"割韭菜"。

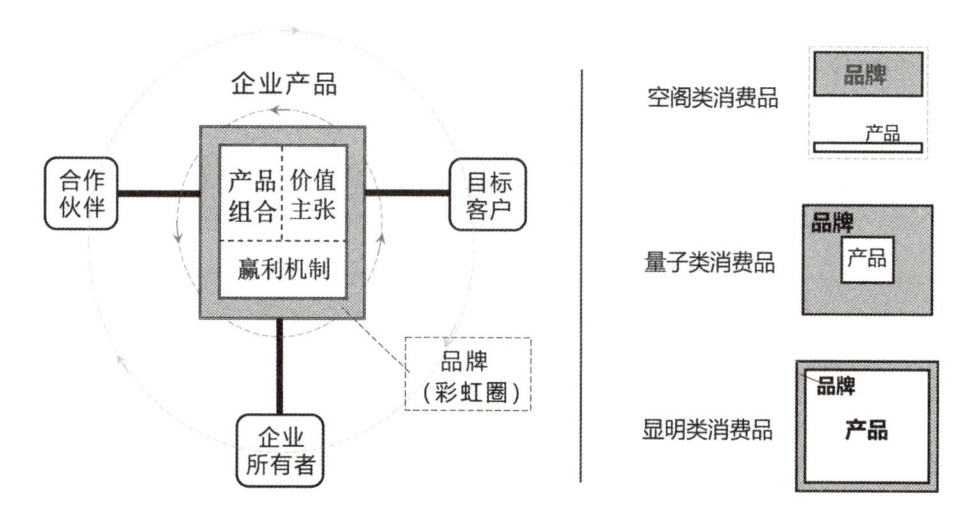

图6-1-1　品牌形象是企业产品周边的一层"彩虹圈"
图表来源：李庆丰，"战略定位"理论

量子类消费品主要是指一部分特定的"吃喝穿戴玩乐"类产品，也包括与这些"吃喝穿戴玩乐"密切相关的化妆品、保健品、治疗品等。如图6-1-1所示，相对于实际产品来说，量子类消费品的"彩虹圈"（品牌形象）占位较多（图中阴影部分的面积），这意味着它有比较大的品牌操作空间和创意发挥空间，所以也是特劳特与里斯、超级符号、奥美广告等诸多品牌定位流派的兵家必争之地。

  为什么笔者称之为量子类消费品呢？王志纲在给茅台做策划方案的时候说"口感一半是心感"。很多人没喝过茅台，不少人喝不惯茅台，但是没有人说茅台不好。"怕上火，喝王老吉！"依靠这句广告语，加多宝公司年销售额一度达到160亿元。但还是那个配方，换个品牌名字叫"加多宝"，销量骤降以至于企业险些破产。这几年，因为各种因素而"上火"的人有增无减了，但是王老吉的销量反而大幅下滑。到底王老吉、加多宝与"上火"或"不上火"有什么关系，没有人能够证明，依赖于消费者的主观感受——你信还是不信？这有点类似市面上流行的"量子理论"，有点"说不清、道不明、看不见、摸不着"。这个品牌怎么样，那个品牌怎么样，主要取决于商家怎么宣传、定位咨询或广告创意机构如何包装，以及能否在消费者中形成类似"羊群效应"的一种流行风尚。品牌形象可看作是企业产品周边的一层"彩虹圈"。对于量子类消费品来说，在商家希望快速抢占市场、定位专家人才辈出这样"天雷勾地火"的组合合力下，品牌形象这个"彩虹圈"的权重占比越来越大了。这些"丰硕成果"归功于他们的信条或他们推崇的第一性原理——"认知大于事实""品牌第一，产品第二"。

  显明类消费品是指那些产品的功能效用比较明确的、顾客能够对其进行比较准确的认知和判断的消费品。例如手机、汽车、房子、游戏、电商平台、金融理财、航空服务、餐饮茶点、家政服务等企业产品通常属于显明类消费品。如图6-1-1所示，由于品牌形象在显明类消费品中所占权重比较小，因此企业需要重点关注企业产品的功能效用、质量品质、配套服务，以便创造出更多超越目标客户期望的独特感知价值。特斯拉的创始人马斯克曾说："我们从不在广告上花钱。实际上我不喜欢营销这个概念，这听起来好像骗人买东西一样。很多企业混淆了焦点，花许多钱去做一些不会让产品变得更好的事情。每家公司都应该自问，所做的事情到底有没有让产品或服务更好；如果没有，就应该喊停。"像特斯拉、苹果那样，要成为一家伟大的公司，应该投入更多的精力去做出令人惊叹的产品。

综上，我们先将企业产品分为三大类"原料、工业品、消费品"，再将其中的消费品分为"空阁类消费品、量子类消费品、显明类消费品"三个子类。在认识一个复杂事物时，我们应该先对它进行合理分类，这样就可以使各个部分"井水不犯河水"，然后一些矛盾、争执及模糊认识就会不言自明。

为什么有些人信奉品牌定位必须遵循"认知大于事实""独占消费者心智"呢？因为他们将企业产品的范围限定在某些量子类消费品。当范围缩小时，该说法也许就有了一定意义的实用性。当他们批判"苹果、小米、百度、腾讯、华为、海尔、美的、微软、亚马逊等企业都错了，不符合定位理论"时，实际上他们越界了。怎么能够以"量子类消费品"的认知水平去批判及评价"显明类消费品"呢？

战略专家明茨伯格曾有点自嘲地说，我们对企业战略的认识就如同盲人摸象，一位又一位的战略大师都只是抓住了战略形成的某一方面……以此类推，品牌定位专家是否也应该自我批判一下呢？他们是否只是抓牢了诸如品牌塑造、心智定位、广告创意方法等某一个方面，就自认为有了"隔山打牛"的超级本事？

反之，像门派之争时出现的"定位理论是大忽悠""互联网时代最大一棵毒草就是定位"等评判，这些完全否定特劳特、里斯定位理论的说法也失之偏颇。毕竟，量子类消费品与空阁类消费品有所不同，一些特定的"吃喝穿戴玩乐"产品及与之密切相关的化妆品、保健品、治疗品等，也是国民经济及社会发展不可缺少的。

再者，品牌定位与战略定位之间是什么关系？我们不能坐井观天，应该从量子类消费品"升维"到整体及全局视角看问题。从普遍性企业产品的角度来说，品牌定位隶属于市场营销范畴，并不属于战略定位的"直系"内容。以会计语言来说，品牌定位不是战略定位的"一级科目"，只能算作"二级科目"；以文化创意语言来说，品牌定位属于战略定位的"番外"部分，也可称为"番外定位"——它与战略定位关联，是战略定位的衍生品，可以对其起到补充作用。

但是，战略定位三要件"发展阶段、产品愿景、定位平台"同样适用于品牌定位。从发展阶段来讲，品牌定位与企业生命周期各阶段都可以发生联系，不同的企业产品侧重或涵盖的阶段不一样，因此不同行业及企业的品牌发展阶段可能有显著不同；从产品愿景来看，品牌定位有益于塑造名优产品或知名品牌；从定位平台方面说，本章给出的相关模型及理论有：品牌形象与企业产品的关系，品牌定位与战略定位的关系，A、B、C三类品牌定位路径，品牌定位模型，品牌资产转换为品牌资本，品牌资本的功能、作用，"番外飞轮效应"等。

对一些企业产品来说，在竞争定位时应该适当考虑品牌定位；在三端定位时，品牌定位是营销模式的重要内容；在分形定位时，品牌定位有利于促进企业产品扩充、衍生及分形进化；在联接定位时，应该考虑第二曲线如何继承原有品牌资本，见图6-1-2。图中也有示意，心智定位属于品牌定位的一个"勇猛"分支，由于它"声量很大"，似有喧宾夺主之嫌。

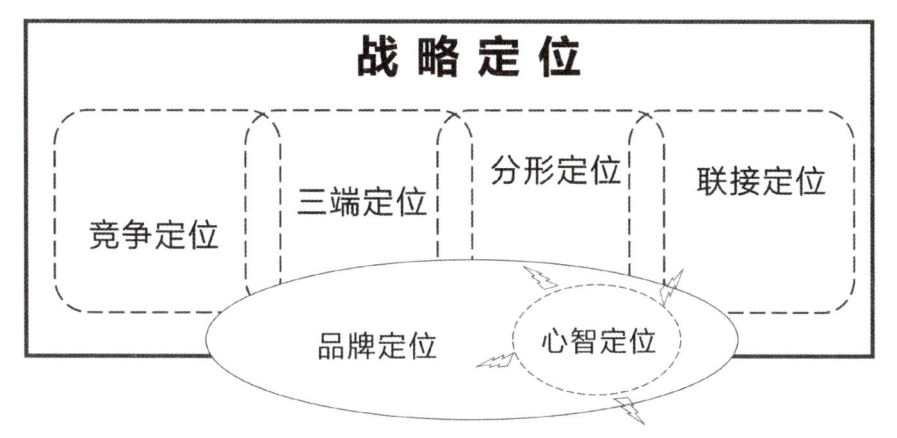

图 6-1-2　品牌定位与战略定位之间的关系
图表来源：李庆丰，"战略定位"理论

通过借用迈克尔·波特"竞争战略"中的关键词"聚焦、差异化、配称"等，为什么定位理论也在向战略定位延伸，并将心智定位、品牌定位与战略定位混为一谈呢？这个问题留给广大读者思考，结合上下文应该不难给出答案。盲目将心智定位等扩展到战略定位，可能给企业产品及企业发展带来极大伤害及严重副作用。例如在创立期，锤子手机"一不留神"就以心智定位和品牌定位代替企业产品的战略定位：它给出"视觉锤"——类似"苹果"的圆形中有一把锤子；给出"语言钉"——未来一定要成为苹果的"母公司"；给出信任状及形象代言人——创始人、"大网红"罗永浩；给出有画面感的故事——智能手机时代的一位"工匠"正在书桌前努力地工作；给出对立定位——那些"没良心"的手机厂商……为什么锤子手机很快就失败了呢？其中一个原因是，它太符合心智定位和品牌定位，而不符合竞争定位、三端定位等企业产品的战略定位！

6.2 塑造名优品牌，三条路径如何选？

> **重点提示**
>
> ※ 为什么品牌理论"内卷"严重、"顽疾"颇多？
>
> ※ 为什么定位理论"一学就会，一用就错"？
>
> ※ 加多宝、脑白金、东阿阿胶等属于"名优产品"吗？

在庆历四年（1044年）的春天，北宋杰出的政治家、文学家范仲淹写了千古名篇《岳阳楼记》。从那时起，位于湖南省岳阳市洞庭湖畔的岳阳楼，逐渐成为国内外知名的旅游景点。从品牌定位的角度讲，地理位置上的岳阳楼属于实物产品，《岳阳楼记》中的岳阳楼属于品牌形象。世人传诵的《岳阳楼记》属于语言符号，对"实物产品"岳阳楼进行品牌定位，形成人们心目中向往的"名优品牌"岳阳楼景区。

从建筑风格或周边景致而言，实物产品岳阳楼并非绝无仅有、天下无双的，但《岳阳楼记》借物喻理——"不以物喜，不以己悲""先天下之忧而忧，后天下之乐而乐"。岳阳楼最终成为这种崇高人生境界的"形象代言人"！2023年中秋国庆期间，岳阳市接待国内游客190.18万人次，接待国内游客实现旅游收入20.5亿元，毋庸置疑，其中相当部分应该归功于《岳阳楼记》对岳阳楼的品牌定位。这么看来，对于量子类消费品而言，品牌定位确实很重要。

首先，什么是品牌？品牌的英文单词Brand，最早的意思是"烙印"。想象一下，甲、乙、丙、丁都在古代的集市上卖牲畜，丙灵机一动，在自家的牲口身上烙下两个字"丙记"。这"丙记"二字，就代表着丙家牲口的品牌。关于品牌的定义很多，笔者认为品牌就是通过设计一套语言符号组合，促进目标客户优先识别本企业的企业产品，由此形成附加于企业产品之上并能够促进企业产品衍生、"归核"与进化的智力资本。简而言之，在战略定位理论中，品牌形象属于智力资本。构成品牌的语言符号及其组合多种多样，主要表现形式包括：品牌名称、LOGO、包装、宣传页、网站装潢、代言人形象、广告、企业形象识别系统，甚至企业创始人的一颦一笑、客户口碑、办公大楼等都能对品牌形象产生影响。

其次，什么是品牌定位？古今中外，"公说公有理，婆说婆有理"，关于品牌定位的碎片化概念及理论颇多，也没有哪位专家、学者认真、原创、系统性地写本书阐述一下。我们熟知的某个产品，比如汽车、手机、饮料或白酒，在有品牌与无品牌之间有一个阶梯。如何跨越这个阶梯呢？这就需要品牌定位——给出一个可行路径，对如何塑造品牌形象进行导航。简单地说，品牌定位就是让企业产品在目标客户心智中留下应有的印象。

产品千万种，创意无限多。从无品牌到有品牌，品牌定位或塑造品牌形象的可选路径应该不止一条。如图6-2-1所示，企业产品如何经过目标客户心智，塑造品牌形象呢？我们可以给出A、B、C三条路径。

C路径最简单，依靠"硬核"的企业产品直接"占领"目标客户心智——塑造品牌形象，只有一步之遥！真金不怕红炉火，酒香不怕巷子深。 2021年4月的某一天，永青仪电的董秘王琪请笔者及同事一起在贵阳吃特色早餐。我们三人早晨7点就出发了，穿过多条七拐八弯的小街巷，来到一个位置很偏僻且周边环境有点逼仄的小吃店，只见店内人满为患，店外还排着长长的队。工作人员衣着简便，少言寡语。打荷配菜、烧火做饭、洗刷碗筷、吃饭收银等全都在一个混杂的内外套间内。卫生条件不算好，有人坐着吃，也有人站着吃，还有人在街上吃。这家店卖的是牛肉粉、肠旺面之类小吃，也没有什么灯光招牌、LOGO，就是一块红布条上随便写个店名……这家小吃店生意如此红火，就靠"好吃"二字——企业产品支撑，顾客口碑相传，特定的品牌形象就建立

战略定位

起来了。通常原料、工业品及部分消费品，可以选择C路径进行品牌定位，塑造特定的品牌形象。

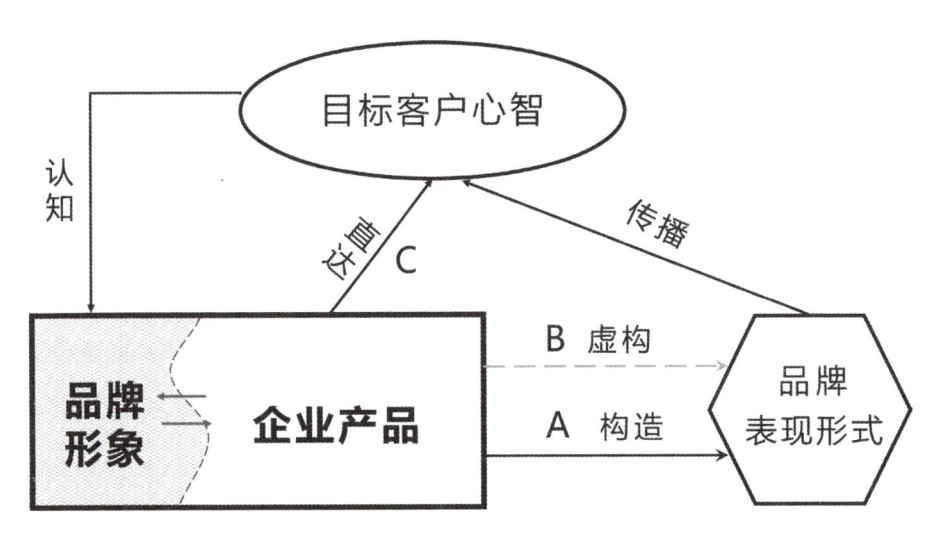

图6-2-1　A、B、C三条品牌定位路径
图表来源：李庆丰，"战略定位"理论

选择B路径的企业首先重点发力于品牌表现形式——像品牌名称、LOGO、广告语、产品包装、发布会等，其次非常重视广告传播与公关宣传。他们信奉"品牌第一、产品第二""认知大于事实"。甚至在大部分情况下，他们认为产品是什么不重要，如何虚构品牌表现形式，让品牌占领消费者心智才重要。通常量子类消费品、空阁类消费品喜欢选择B路径进行品牌定位。例如橄榄油属于农林产品，国际、国内生产厂家千千万万，实物产品之间的差异也非常小。如何进行差异化呢？通过一系列品牌表现形式的操作，甲企业说自己的产品是西班牙皇室专用橄榄油，广告铺天盖地……乙企业说自己致力于地中海膳食文化的推广和普及，引领世界橄榄油的品质创新，广告铺天盖地……

最后说A路径，它基于企业产品，构造企业产品需要的品牌表现形式，然后通过投放广告或公关宣传等传播形式触达目标客户心智，最终

第 6 章
品牌定位：不做产品之上的空中楼阁

广泛提升客户认知度进行品牌形象塑造。

可以说，A路径是企业进行品牌定位及塑造品牌形象的"金标准"，B路径是A路径的灵活变通形式，C路径是A路径的简略形式。

"一词占领心智"，这是对特劳特、里斯定位理论最简要的概括。该理论起源于美国，在中国开花结果裂变出很多分支门派，比较擅长采用B路径对企业产品进行品牌定位。为什么定位理论在中国发展得最好？灰洞定位机构的创始人认为："因为定位理论与中国人的文化心理结构天然契合，所以中国人对（心智）定位接受更快、领悟更深、运用更妙。"世界上的人类都是进化发展的，中国人原本就勤劳、智慧，近年来国潮风尚逐渐大放异彩！中国人的文化心理及消费倾向，已经在正本清源，展露出有理有据、求真务实的本色！

如今倾向于采用B路径的量子类消费品、空阁类消费品所处的行业竞品泛滥，违法欺诈案例不胜枚举。文化自信的部分源于产品自信。将"中国制造"升级为"中国创造"，从品牌定位的角度讲，我们应该积极推崇A路径，向国内、国际市场推出越来越多广受赞誉的显明类消费品。

范仲淹写"品牌定位名篇"《岳阳楼记》时，并没去过岳阳楼！但他不弄虚作假，遂选择避实就虚的创作路径。涉及具体描述岳阳楼时，文中仅有这样一句话"前人之述备矣"。这句话的意思是：前人描述岳阳楼的文章已经足够多了（我范仲淹就不再赘述了）。无独有偶，笔者从事风险投资工作，与品牌定位及塑造的研究教学或商务咨询业务相去甚远，至多算一个旁观者，所以也会避实就虚。但笔者以提纲挈领的负责态度，在本章简要谈一下如何进行品牌定位，必然也会捎带出一些各门派之间悬而未决的"顽疾"。

虽然品牌定位属于"番外范畴"，并不属于战略定位的"一级科目"，但战略定位三要件"发展阶段、产品愿景、定位平台"同样适用于品牌定位。关于发展阶段相关的论述，可参见图6-1-2及上下文内容；至于品牌定位的产品愿景，我们可以理解为塑造名优产品或知名品牌！

战略定位

至于定位平台，我们重点通过图6-2-2及其相关内容进行阐述。

结合前文所述的A路径，图6-2-2示意的内容可称之为品牌定位模型。此模型是传统品牌定位的升级版，主要包括"企业产品特色、品牌形象、品牌资产/资本"三个部分。

```
          企业产品特色                      1.要素
    ↓        ↓        ↓        ↓
  客户属性  核心主张  模型方法  资源投入     增
              ↓                            强    名
          品牌形象                         循    优
   (语言符号组合/包装/信任状/广告)  2.定位   环    产
          ↓                                     品
        目标客户心智
              ↓
         品牌资产/资本              3.资本
              ↓
         产品衍生与进化
```

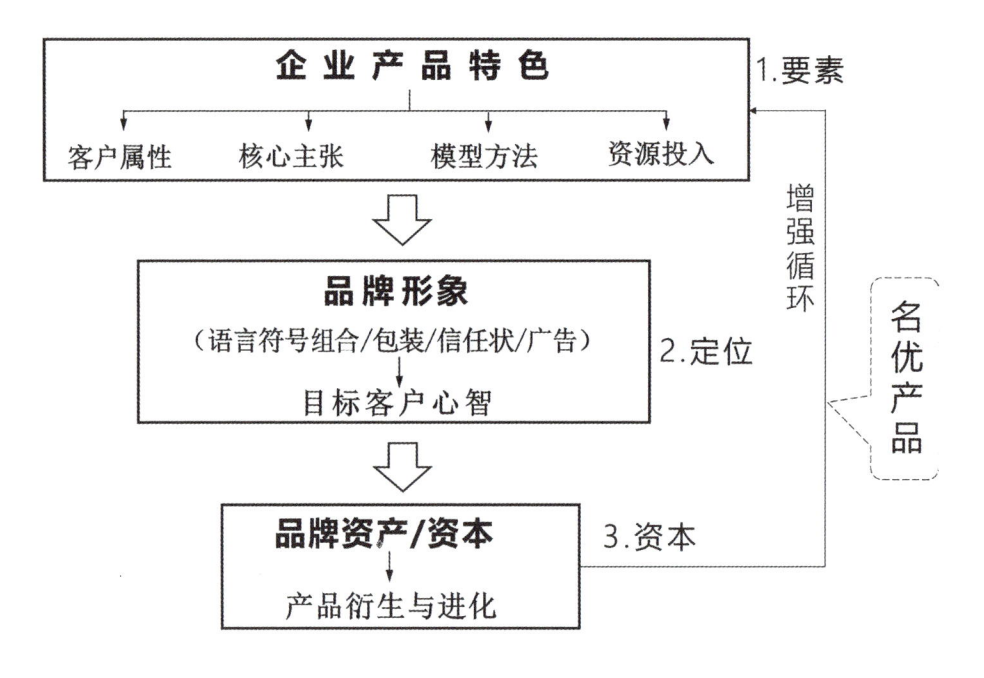

图6-2-2　品牌定位模型
图表来源：李庆丰，"战略定位"理论

首先，基于"企业产品特色"塑造品牌形象，需要依据哪些要素？这包括客户属性、核心主张、模型方法、资源投入等。其次，如何塑造"品牌形象"（传统品牌定位）？企业通过设计一套语言符号组合、包装、信任状、广告等塑造"品牌形象"。诸如此类，各种关于品牌的专著、相关教科书、市场营销理论等已经阐述很多了，甚至有些"内卷"，"前人之述备矣"！例如关于品牌定位方面的模型方法就有定位理论、超级符号理论、奥美三角模型、CBBE（Customer-Based Brand Equity，基于消费者的品牌价值）模型、动力金字塔模型、五星资产模型等几十种。最后,"品牌资产/资本"是指品牌资产如何才能升级为品牌资本。另外,这三部分构成一个循环增强过程,品牌资产/资本能够为企业产品赋能,促进企业产品衍生与进化。

从动态系统的角度看,我们依据企业产品特色,塑造品牌形象,形成品牌资产,再通过不断增强循环,逐渐积淀品牌资本。这是一个先打造品牌容器,然后逐渐往里面"存钱"的过程,其实就是通过品牌定位及品牌塑造形成品牌资产的过程。然后,这个品牌容器就可以为更多企业产品"赋能",协助企业打造拳头产品,并让企业拥有超级产品,通过分形定位促进企业产品衍生与进化。这是品牌资产转换升级为品牌资本的过程。

此处所说的品牌资产与品牌资本有何异同?品牌资产属于会计学记账及评估的内容。但凡涉及资本,就具有复利效应或俗称的"钱生钱"。品牌资本属于智力资本,智力资本通常优于货币资本,它的特点之一是边际报酬递增。从单一产品起步的小企业到成长为拥有诸多拳头产品及超级产品的巨无霸,从无品牌到有品牌,企业产品跨越阶梯升级为名优产品。自始至终附着于企业产品上的品牌形象,从品牌资产升级到品牌资本,其中蕴含着巨大的"赋能"价值!

投入巨资进行广告轰炸或公关宣传,是定位理论指导企业品牌定位、形成品牌资产不可或缺的关键一环。品牌资产有正资产,也有负资产,而将品牌资产跨越阶梯积淀为品牌资本,才能积极促进企业产品衍生与进化。天图投资创始人冯卫东曾说:"定位理论'一学就会,一用就错'!圈内某些'大咖'却自得于'运用之妙,存乎一心'……表明定位理论还不够完善,需要发展。"还有人会问:定位理论来到中国,应该向哪个方向进化与发展呢?"一词定位心智",如此简便易行的品牌定位路径,引来诸多企业尽折腰。摆事实讲道理,诸如香飘飘、好想你枣、加多宝、全聚德等,这些不都属于辉煌一时的品牌吗?从生物界看,就像与蜂王交尾后不久雄蜂将会死亡,为何雄蜂还争相与蜂王交尾呢？

我们探讨战略定位，依据递归算法，应该从系统整体推演到核心内容的各个部分，再将"各个部分"集成起来逐级回归到系统整体。一些广告营销者推崇的心智定位→品牌定位→所谓战略定位，看起来遵循"以终为始"，实质上属于从消费者心智这个原点出发、扩展到局部，再假借"战略"的概念去猜想系统整体的过程——这属于科学的方法论吗？从操控消费者心智出发能够推导出一家企业的战略吗？战略具有全局性、长期性、对抗性、预见性、谋略性等特征。我们能够从"一口水井"开始，先演绎出其所在田园，再进一步猜想出整个万千世界吗？

品牌定位属于依托于战略定位而存在的"番外定位"，且各类企业产品对品牌定位的适用程度及应用深度有较大不同。从哲学的范畴来讲，品牌形象是形式，企业产品是实质。品牌形象是企业产品周边的"彩虹圈"，它不能单独存在。如果脱离企业产品，品牌形象就会归于"虚无"。

企业产品为品牌形象提供有效支撑。从实质与形式的关系方面讲，战略定位的四大金刚"竞争定位、三端定位、分形定位、联接定位"支撑着品牌定位；产品愿景"潜优产品、拳头产品、超级产品、潜优产品Ⅱ"支撑着名优产品。包括心智定位理论在内的各类广告公关传播方法、品牌定位及形象塑造理论，也应该回溯到企业产品，从战略定位理论中寻找定位之本、品牌之源。那些从战略理论中"断章取义"并被品牌定位各门派据为已有的聚焦、差异化、配称、竞争等概念或理论，其实更应该归入本书阐释的战略定位框架下，以获得对企业产品成长、衍生、进化乃至品牌定位及形象塑造的系统性认知。

6.3 "番外飞轮效应"：是追求品牌资本，还是生意蚀本？

> **重点提示**
>
> ※ 为什么"一词占领心智"的背后需要"广告增值游戏"支撑？
>
> ※ 可口可乐饮料是属于量子类消费品，还是属于显明类消费品？
>
> ※ 为什么说互联网、大数据等正在重构消费者主权？

雷曼兄弟曾是国际知名投资银行，自1850年创立后，在全球范围内建立了创造新颖金融产品、探索最新投融资方式、提供优质金融服务的品牌声誉。雷曼兄弟的客户包括阿尔卡特、戴尔、富士、IBM、英特尔、强生、默沙东、摩托罗拉、百事、壳牌、沃尔玛等在内的众多世界知名公司。

天下没有不散的筵席，"黑天鹅"常常降临。2008年9月15日，在美国银行、英国巴克莱银行等相继放弃收购谈判后，负债高达6 130亿美元的雷曼兄弟申请破产保护，此时距离它成功晋级全美第四大投资银行还不足9个月。

一年之内，雷曼兄弟先"上天堂"后"下地狱"，从知名品牌到负债累累，这剧情也反转得太快了！企业的品牌价值源于目标客户对企业产品的认可。遭遇2008年全球性金融危机，雷曼兄弟在次级贷款、杠杆收购等多个所谓创新性金融产品上栽了大跟头。雷曼兄弟本身早就预埋了多枚随时会爆炸的"地雷"，所以不能把破产的原因全归结于"压死骆驼的最后一根稻草"。

诞生于1886年的可口可乐饮料，由美国一家小药店的老板偶然之间发明出来。历经130多年，可口可乐公司自始至终聚焦在饮料行业，仍然还是"全世界最不多元化的公司"。为了专注于企业产品"初心"，可口可乐公司一直以来主要负责研发可口可乐等饮料的原浆配方及原浆生产，而将瓶罐生产、饮料灌装全部外包出去，后来甚至干脆连糖浆都不生产了，只向瓶装厂提供具有保密配方的无糖浓缩液。这样做，可口可乐公司就无惧五种竞争力量（同业竞争者、潜在进入者、替代品、顾客、供应商），持续坐稳"可乐一哥"的位置。

是"一词占领心智"，还是优异产品招徕顾客？第二次世界大战期间，美军一共消耗了大约10亿瓶可口可乐；因为美国参战后，对德国贸易禁运，可口可乐饮料原浆断供，可口可乐德国分公司自行开发替代品——芬达汽水。2021年，可口可乐公司的营收超过了2019年；2022年，可口可乐继续保持了强劲增长势头。为什么可口可乐公司能历经岁月洗礼而经久不衰呢？

品牌价值可以度量，可以被看作企业的一项无形资产，也被称为品牌资产。被誉为"现代品牌营销之父"的戴维·阿克说，品牌作为一种抽象和虚拟的资产，为顾客和组织双方创造了不可替代的价值。法国巴黎高等商学院教授卡普费雷尔认为品牌是一种条件性资产，是以产品的存在为前提的，是产品加上产品之外的附加值。**笔者认为，品牌是附加于企业产品之上并能够促进企业产品衍生、"归核"与进化的智力资本，简称为"品牌资本"。**

品牌资产的范围更宽泛一些，它应该包括品牌资本，也可以通俗理解为品牌资本是品牌资产中的"精英分子"。品牌资产可以为企业带来经济利益，但有正向资产也有负向资产。品牌资本优于品牌资产之处，在于它能够促进企业产品衍生、"归核"与进化。

品牌资产是如何形成的？戴维·阿克给出了五星资产模型，主要包括"品牌知名度、品牌认知度、品牌联想度、品牌忠诚度和专有资产"。在不胜枚举的方法中，其中有一个简单粗暴的做法：大量广告轰炸就能形成品牌资产。例如香飘飘、加多宝等经典案例，"一词占领心智"的背后是"广告增值游戏"。加多宝曾经一年投入40亿元做广告，销售收入达100多亿元。因为饮料毛利率高，所以企业还有不少剩余利润。玩这个"游戏"的鼻祖是秦池酒业——曾经的中央电视台广告"标王"。秦池酒业的经营厂长姬长孔曾说："1995年，我们每天向'央视'开进一辆桑塔纳，开出一辆豪华奥迪；今年（1996年），我们每天开进一辆豪华奔驰，争取开出一辆加长林肯！"但是，品牌资产还可能沦为负资产！雷曼兄弟负债高达6 130亿美元，可以说已经是品牌负资产。金融危机之前，它凭借品牌知名度，以高回报、高收益为诱饵，招揽目标客户。

如何将品牌资产积淀形成品牌资本？参见图6-3-1所示的"番外飞轮效应"。此处的"番外"有附加、补充的含义，因此"番外飞轮效应"是本书战略定位第一、第二、第三、第四飞轮效应之外的附加及补充内容。"番外飞轮效应"有正向与反向之分。如图6-3-1中内圈所示，

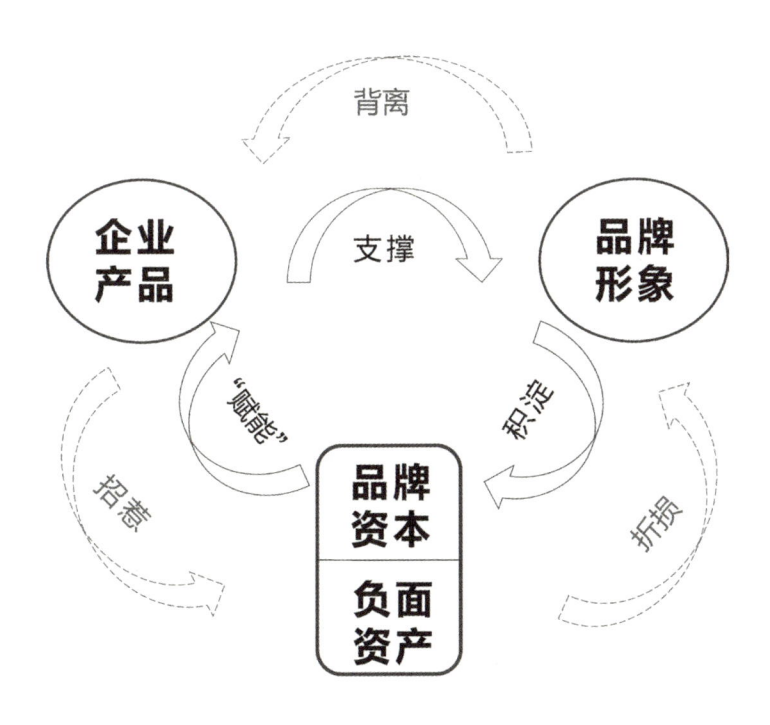

图6-3-1 "番外飞轮效应"
图表来源：李庆丰，"战略定位"理论

战略定位

由企业产品支撑品牌形象，品牌形象不断积淀形成品牌资本，品牌资本可以为企业产品衍生及进化"赋能"……这个正向增强促进品牌资本形成的持续循环过程，属于正向的"番外飞轮效应"，简称"品牌正向飞轮"或"正向飞轮"。结合上一节讲到的A、B、C三条品牌定位路径（见图6-2-1），正向飞轮与A路径基本一致，也符合如图6-2-2所示的品牌定位模型。

企业产品支撑品牌形象，品牌正向飞轮基于企业产品才能开始旋转，因此企业产品的研发和创新工作是品牌正向飞轮的第一驱动力。图6-3-2是由本章的图6-1-1及第3章的图3-3-2组合而成的。根据商业模式第一问"企业的目标客户在哪里？如何满足目标客户的需求？"，企业产品是商业模式的核心内容，它根植于目标客户需求，如图6-3-2右侧图所示的应用场景→需求组合→价值盈余的循环（详见图3-3-2及上下文）。由此可见，品牌形象依托于企业产品而存在，紧密连接目标客户需求。

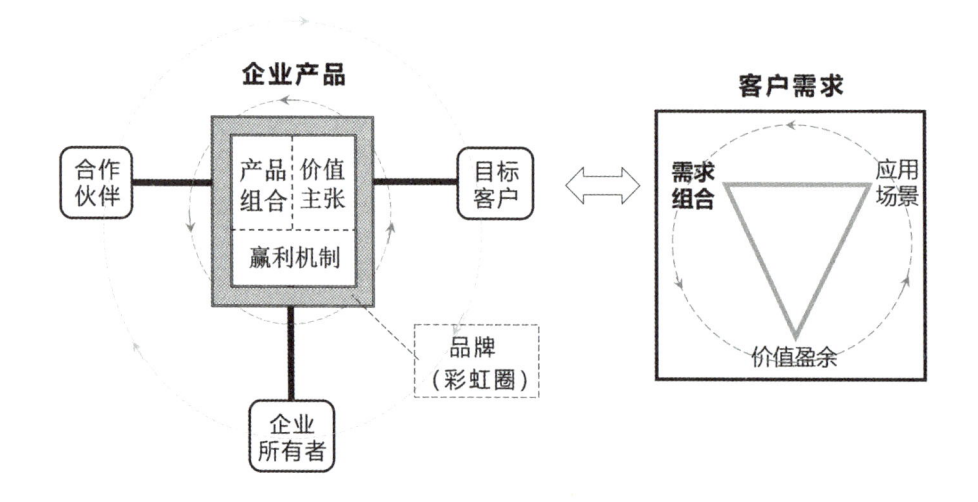

图6-3-2　企业产品与品牌形象共同根植于目标客户需求
图表来源：李庆丰，"战略定位"理论

例如可口可乐的品牌价值为644亿美元（福布斯"2020全球品牌价值100强"排行榜），依托于可口可乐饮料是一种便宜、好喝、优质、可信赖、广受欢迎并具有特定功效的国际化饮品，企业产品支撑品牌形象，它们共同根植于目标客户需求。当然，可口可乐饮料既属于量子类消费品，也属于显明类消费品——似乎两者兼而有之。

品牌形象是企业产品周边的一层"彩虹圈"，作为一种抽象和虚拟的资产/资本，为目标客户、合作伙伴、企业所有者三大交易主体创造不可替代的价值。 参照上文戴维·阿克之言，相似的说法——品牌形象为目标客户、企业所有者创造不可替代的价值。这比较好理解，但品牌形象与合作伙伴有什么关联呢？合作伙伴重点参与了企业产品的塑造工作，企业产品支撑品牌形象，品牌资本促进了企业产品衍生与进化，所以也必然为合作伙伴创造了不可替代的价值。还以可口可乐公司为例，各地瓶装商、经销商乃至企业员工都是可口可乐公司的合作伙伴，他们参与了可口可乐品牌的塑造工作，也受益于可口可乐品牌资本的复利效应。

企业产品的研发和创新工作是品牌正向飞轮的第一驱动力，结合图6-3-1内圈所示，品牌资本中也蕴含着促进企业产品衍生、"归核"与进化的有生力量。事实上，战略定位的主要功能是为小企业成长为巨无霸导航，这必定是企业产品从无到有、从少到多、从弱到强的衍生与进化过程。参考图6-1-2，品牌定位作为补充战略定位的"番外定位"，品牌资本作为企业智力资本的主要构成成分之一，发挥着如下功能和作用：①通过增加企业产品的溢价或附加值，不断为企业累积发展资本；②成为企业产品的竞争优势及护城河，增加企业产品的销量及生命力；③通过品牌共享、品牌延伸及母子品牌等策略，发挥范围经济赢利效应；④通过品牌知名度、认知度、忠诚度等提升新的企业产品的销量；⑤通过知行合一、表里如一的自我约束，助力形成以塑造名优产品为核心追求的企业文化。综上简析，品牌资本必定具有促进企业产品衍生、"归核"与进化的功能和作用。

可口可乐前董事长伍德鲁夫有一句名言："假如我的工厂被大火毁灭……但只要有可口可乐品牌，第二天我又将重新站起。"可口可乐的品牌价值如此之高，归因于它从创立时的单一产品逐渐繁衍，至今拥有碳酸饮料系列、果汁系列、茶系列、奶系列、水系列、咖啡系列、运动与功能饮料系列等众多拳头产品。由此可见，可口可乐公司已将品牌资产完美地转换为品牌资本。

在福布斯发布的"2020全球品牌价值100强"排行榜上，中国企业仅华为入榜。从中挑选一些人们耳熟能详的公司，像苹果、微软、谷歌、迪士尼、三星、麦当劳、耐克、欧莱雅、星巴克、西门子等，无一不是企业产品生命力极强的公司，无一不是依靠积淀的品牌资本促进企业产品不断衍生、"归核"与进化的公司。

定位理论从2002年导入中国，被追随者"设想"为正在引发"第三次生产力革命"的理论。像香飘飘、好想你枣、加多宝、全聚德、东阿阿胶等几十个定位经典案例——它们的产品是量子类消费品的典型代表，先设法扭转它们的颓势或谋求业务转型后，是否其中有一些品牌能够进入类似以上"全球品牌价值100强"的榜单？实事求是地说，定位理论尚未成功，相关专家及其同道仍须努力！

"一词占领心智"及巨额广告费用"砸"下去，能够为企业形成一些中短期的品牌资产。如果信奉"不改变产品，认知大于事实"，那么消费者心智被操控，经营者就会忽视产品研发，品牌也就不易被共享及延伸。品牌资产不能转换为品牌资本，导致企业产品抱残守缺、青黄不接……长期来看，这种做法将会葬送那些老字号、"明星"产品的前途。对于某些消费品，定位理论也许是中短期进行品牌定位的利器、促进销量提升的绝招，但是经管团队经营企业要坚持长期主义，更要懂点战略定位。

如图6-3-1外圈所示，如果品牌形象与企业产品背离，那么企业产品逐渐就不再能够吸引目标客户购买，企业产品由此滞销、积压，以至于让企业拥有负面资产，而负面资产又会进一步侵蚀及折损品牌形象……这种负向增强的方式促进品牌资产归零乃至变负的持续循环过程，属于反向的"番外飞轮效应"，简称"品牌反向飞轮"或"反向飞轮"。结合上一节讲到的A、B、C三条品牌定位路径（见图6-2-1），品牌反向飞轮更多源于企业采用B路径进行品牌定位。

由于企业产品中预埋了"作恶地雷"，一些空阁类消费品必然会出现品牌反向飞轮。 1995年，"中华鳖精"保健品横空出世，高价请来电影明星及当红长跑教练代言。该产品号称以野生鳖提取物为原料，女长跑队队员就是靠喝中华鳖精才成为世界冠军。随着广告轮番轰炸，产品销售火爆，供不应求。但好景不长，相关监管部门进入中华鳖精厂检查：全厂没有发现一只鳖，卫生程度堪比垃圾场，中华鳖精的成分除了糖和水，再无他物……

一些量子类消费品常常受到专家、媒体及大众质疑，这也会阶段性导致品牌反向飞轮出现。例如有人质疑脑白金售价虚高，它的主要成分就是普通的褪黑素。有官方微博发布消息说，阿胶只是"水煮驴皮"。驴皮的主要成分是胶原蛋白，而这种蛋白质缺乏人体必需的色氨酸，并不是一种好的蛋白质来源。有人评论说，虽然"全聚德"一词占领消费者心智，在消费者心智中代表着"北京烤鸭"，但一味追求高利润，放弃质量与口碑，品牌理念老化、脱离时代，无异于拒顾客于千里之外。

企业的经营者应时刻战战兢兢、如履薄冰。一些显明类消费品"稍有不慎"也会导致品牌反向飞轮出现。例如上文中雷曼兄弟的投资银行业务应该都属于显明类消费品，但是雷曼兄弟把它们包装成量子类消费品。"不作死就不会死"，品牌反向飞轮促使雷曼兄弟快速走向灭亡。2015年，美国监管部门指出，德国大众的部分汽车安装了专门应对尾气排放检测的"失效保护器"。这样一来，大众生产的汽车在车检时能以"高环保标准"过关，而在平时使用过程中却排放大量污染物。因造假触发品牌反向飞轮后，大众汽车付出了沉重代价：销售受到严重影响、巨额罚款、CEO被迫引咎辞职、公司市值大幅缩水……

有专家说，互联网、大数据等正在重构消费者主权，留给量子类消费品、空阁类消费品的操作空间将越来越少。定位理论等广告创意及品牌定位方法更需要与时俱进，跟上时代发展的步伐。品牌定位只是战略定位的"番外"部分。经营者首先要正确认知战略定位，其次要为企业找到科学合理的战略定位，最后要坚决贯彻执行既定的战略定位，这样"三管齐下"才能真正为企业成长进化、发展壮大导航。

第 7 章

战略定位依存的"基础设施"是什么?

本章导读

就像早年在街上闯江湖的耍猴人，敲着锣打着鼓，圈一片场地，搭起一个简易舞台，把未来的演出及收场顺序安排好……节目就要一个接一个登场了！这样说来，基于《企业赢利系统》等笔者创作的系列图书建立的"基础设施"，《战略定位》是笔者献给各位读者的一个新节目。它的任务很简单：为小企业成长为巨无霸导航！

以公式化思维看：企业赢利系统=经营体系+管理体系。在非正式场合，我们将经营体系称为"水库体系"，将管理体系称为"灌溉体系"。如果水库体系的众多水源常年断流，那么灌溉体系的干渠就可能干涸。巧妇难为无米之炊！公司业绩不好，现金流紧张，不应过度追责管理体系，经营体系才是幕后的"真凶"！讲到这里，大家应该就明白经营与管理的区别了。

基于经营体系三个模块"经管团队、商业模式、企业战略"，笔者提出集成团队、T型商业模式、新竞争战略的相关理论。连同企业赢利系统理论，它们有机集合在一起，共同构成现代商学"四大发明"。

以商业模式为中心，经管团队最重要，企业战略决定成败！战略定位依存在企业赢利系统这个"基础设施"上！传统商学推崇的课程为：财务管理、人力资源管理、营销管理、采购管理……这些都属于管理体系的后端内容，只懂这些的经营者是否已经落伍了呢？

7.1 将组织看成生命体，打通经营与管理的"任督二脉"

> **重点提示**
>
> ※ 经营体系与管理体系有什么区别和联系？
>
> ※ 集成团队理论的"四组集成"是什么？
>
> ※ 企业持续成功与什么因素相关？

1.如何区分经营与管理？

中外各个商学院，有的名为管理学院，有的名为经营管理学院，如何区分经营与管理呢？知名商学院教授陈春花说，在一家企业中，经营是选择对的事情做；管理是要把事情做对。管理始终为经营服务，主要体现为以下两点：第一，管理要做什么，由经营决定，不是由管理决定；第二，管理水平不能超过经营水平。如果一家企业的管理水平超过了经营水平，这家企业一定会出现亏损。

叫作管理学院也好，称为经营管理学院也罢，经营与管理到底有什么不同？除了陈春花上述发言之外，笔者还真没有看到其他学者的高见。偶然看到知乎上一位兼职炒股、网名叫"赢向量"的人写道：经营追求的是效益，抓住机会，如何"赚钱"，胆子要大；管理追求的是效率，要防范风险、控制成本。经营是"以用户为中心"；管理是"以员工为中心"。经营更关注未来和变化，力求提高盈利水平；管理更注重现状和当下，力求将当下的工作做得合理高效。

上述陈春花、赢向量的说法都有一定道理。经营与管理，"你中有我，我中有你"，还真的不好严格区分，见图7-1-1左图。经营似乎就是如何卖产品、搞交易、做生意；管理包括计划、组织、领导、控制等若干职能。两者结合就有营销管理、采购管理、战略管理、研发管理、财务管理、人力资源管理等。诸如此类的"某某管理"，常常属于商学院开设的经典课程。在企业实践中，它们都归属于广义上的运营管理。

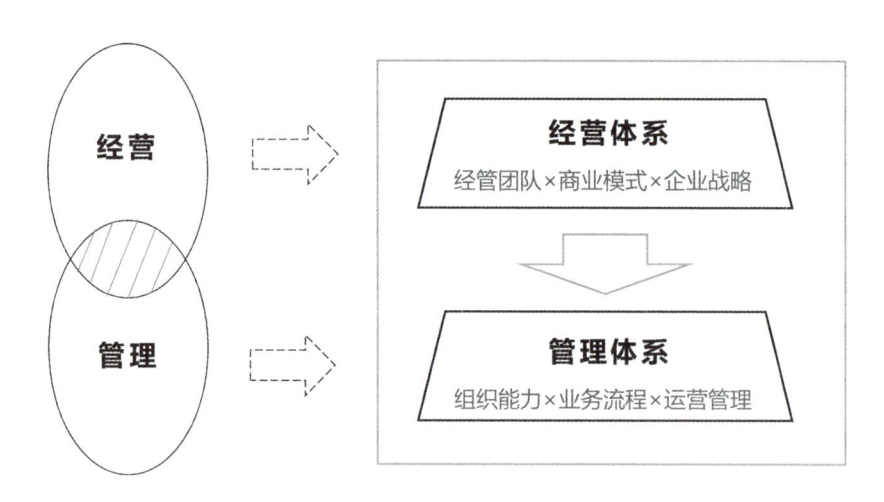

图7-1-1　从经营到经营体系，从管理到管理体系
图表来源：李庆丰，"企业赢利系统"理论

2.组织能力杨三角的优点及不足

一些企业界人士推崇中国台湾学者杨国安提出的组织能力杨三角理论（简称"杨三角"）。它先给出"企业持续成功=战略×组织能力"这样一个公式，然后重点阐述其中的组织能力。杨三角的组织能力包括"员工能力、员工治理、员工思维模式"三个方面。它们构成一个三角形，所以被称为组织能力杨三角。

从优点方面说，杨三角既简单又适用。假设老板能够把战略抓好，剩余的重点工作就是提升组织能力。从全球范围看，各个战略学派都在盲人摸象，所以没有人能说清楚战略究竟是什么。术业有专攻，杨国安是人力资源专家，所以他少谈战略，重点阐述组织能力。如何提升组织能力？就是在"员工能力、员工治理、员工思维模式"这个杨三角上下功夫——很多人将它理解为"老板如何管人"！谈及此，如果老板真能把组织能力建设好，也非常有成就感！相比于五花八门的"领导力"，杨三角不仅具有独创性，也有较大的实用价值，所以能够被一些企业界人士认同和推崇。

从缺点方面说，杨三角的重点在"老板如何管人"。它属于人力资源管理范畴，也只是企业管理的一个细分领域。因此，"企业持续成功=战略×组织能力"就是一个虚晃一枪的公式，如果"战略"说不清道不明，那么就有"企业持续成功≈组织能力"，或者"企业持续成功≈老板如何管人"等认知。

3.企业持续成功与企业赢利系统相关

企业持续成功与什么因素相关？笔者认为，企业持续成功是与企业赢利系统相关的。"企业赢利系统"把企业或组织看成一个系统，它主要包括两部分：经营体系、管理体系。见图7-1-1右图，经营体系有三个要素，它们之间的关系可以用公式表示为：经营体系=经管团队×商业模式×企业战略，转化为文字描述为：经管团队驱动商业模式，沿着企业战略规划的路径成长与发展，持续实现各阶段经营目标并最终达成企业愿景。打个比方说，它们三者就像一个"人-车-路"系统，经管团队好比是司机，商业模式好比是车辆，企业战略好比是规划好的行驶路径、外部环境及目的地。为了勾勒便于理解的动态画面，这里把商业模式比喻为车辆，当然也可以比喻为赢利机器，并且是不断成长、进化的车辆或赢利机器，用以说明小企业逐渐成长为巨无霸。

图7-1-1右图中的管理体系也有三个要素，它们之间的关系可以用公式表示为：管理体系=组织能力×业务流程×运营管理，转换为文字描述为：以组织能力执行业务流程，推动日常运营管理，周而复始，达

成绩效成果。管理体系的三要素与经营体系三要素一一对应：组织能力可以看作是经管团队的功能放大器及能力扩张器，通过组织结构等将企业全体人员凝聚成一个有机整体。另外，此处的组织能力还包括智力资本、物质资本、货币资本等企业资本的多个方面，是T型商业模式中"资本池"要素在管理体系的具体落实及应用。业务流程承接商业模式逐级展开，代表增值流程（或价值链）各级业务的具体执行步骤。打个比方说，商业模式与业务流程的关系，犹如树干与枝叶的关系。运营管理将企业战略规划转变为日常运营、现场改进及绩效成果。这样具体展开，"管理为经营服务"就"看得见，摸得着"了。

企业持续成功=经营体系×管理体系，见图7-1-1。以接地气的话说就是：企业持续成功的结果七分是经营体系定出来的，三分是管理体系干出来的。经营体系的重点在生意筹划；管理体系的重点在生意实现，两者各司其职，相互协同，构成一个有机整体。华夏基石咨询公司的苗兆光博士说："先思考生意，再思考组织，思考组织怎么实现生意，别颠倒了顺序。"同理，在运用企业赢利系统时，先思考经营体系，再思考管理体系，千万别颠倒了顺序！进一步说，经营体系负责做好生意，管理体系负责将生意做好！类比而言，经营体系与管理体系之间的关系类似山间水库与灌溉水系之间的关系。如果山间水库的众多水源常年断流，那么灌溉水系的干渠就可能干涸。鉴于这个比喻很生动，在非正式场合，我们不妨将经营体系称为"水库体系"，将管理体系称为"灌溉体系"。巧妇难为无米之炊！企业业绩不好，现金流紧张，不应过度追责"管理"，经营才是幕后的"真凶"！讲到这里，大家应该就明白经管与管理的区别了。

依据企业赢利系统理论，如果我们能够对经营体系、管理体系的相关内容融会贯通，并驾轻就熟地使用这些内容，就能够打通企业经营与管理的"任督二脉"！

如上文所述，中外商学院开设的诸如"营销管理""采购管理""行政

第 7 章
战略定位依存的"基础设施"是什么？

管理""研发管理""财务管理""人力资源管理"等经典课程，都可归为图7-1-1中"运营管理"的构成内容。运营管理只是企业赢利系统中处于从属地位的管理体系的最后一个构成要素。从系统的连接关系看，排在因果链前面的像经营体系的"经管团队、商业模式、企业战略"及管理体系的"组织能力、业务流程"这些构成要素最终决定着运营管理的绩效成果。

如上文所述，我们把经营体系比作山间水库，把管理体系比作灌溉水系。运营管理又处在管理体系的后端，直接面对着"万顷农田"。如果处于高位的山间水库蓄水不多，并且处于低位的灌溉水系的上游也不通畅，那么位于山下的良田就难以丰收。

一些企业发展不起来，反映在运营管理（例如销售、制造、财务）上出现具体问题，又往往归责于领导力不够或执行力不强。皮之不存，毛将焉附！实际上，这些企业的企业赢利系统没有构建起来，经营体系及管理体系或多或少都出现了一些严重问题。

笔者从事风险投资工作，在评估一家企业是否值得投资时，首先将它看成一个生命系统——企业赢利系统，然后重点考察经营体系三要素——经管团队、商业模式、企业战略，并为此提出现代商学"四大发明"：集成团队与企业家（简称"集成团队"）、T型商业模式、新竞争战略、企业赢利系统——后面三者的同名书籍都已经出版了。对应来看，集成团队是经管团队的代表性理论；T型商业模式是商业模式的代表性理论；新竞争战略是企业战略的代表性理论；企业赢利系统是将经营体系、管理体系两者构建为有机整体的代表性理论。

现代商学"四大发明"是对传统商学理论的一个跃迁式升级，旨在通过企业赢利系统指导企业系统思考，补好经营体系的"短板"。"上善若水，水善利万物而不争"，在前文中，我们把经营体系比作山间水库，从某种意义上说，企业的利润及现金流如生命之水一样，不能断流也不能短缺。在经营体系中，T型商业模式旨在为企业"打造"一部不断进化的赢利机器，以便持续产出"生命之水"；新竞争战略旨在持续为这部机器规划出拥有丰厚"宝藏"的行进路径，保障这部机器实现可持续赢利；集成团队旨在"培养"志同道合的人一起操控、革新这部赢利机器，并让它在那条拥有丰厚"宝藏"的战略路径上顺利前行。

与杨三角重点倡导的"老板如何管人"互补或形成差异化，集成团队理论重点倡导经管团队及企业领军人物要自我觉察、自我批判；如何自我修炼？如何团队协同？……一以贯之，"行有不得，反求诸己"！

4.集成团队"集成"了哪些要素？

从时间顺序上看，集成团队属于笔者提出的现代商学"四大发明"中的最后一个发明。有人会问：一直以来，企业家理论、领导力理论、团队修炼理论"满天飞"，为什么还要再提出一个集成团队理论？笔者提出集成团队的主要原因是之前的那些企业家理论、领导力理论、团队修炼理论等与企业赢利系统关联度不高，不能成为经营体系的一个有机组成部分。一些闭门造车的商学类"跟班式"研究效果不好，不能与企业实践有效对接。社会上又奉行简单粗暴的"无脑拿来主义"，例如一些咨询机构、知识付费平台都在指导中小企业照搬华为、阿里巴巴、谷歌、IBM等巨无霸的实践经验及理论总结。

在2023亚布力中国企业家论坛第23届年会上，新东方创始人俞敏洪说："我认识的老朋友、企业家，没有一个有着真正的高质量的生活。如果自己再选择，我会希望当个旅行者，宁愿当个没钱的流浪汉，也比当个有钱的企业家符合自己的性格。"从经管团队的现状来看，很多企业的掌门人身上好像都压着"三座大山"：干最多事、握太多权、担更多责，每时每刻在惶恐中前行（图7-1-2的左图）。华夏基石咨询公司董事长彭剑锋说："企业一把手存在'八个一'的坏毛病：开会一言堂，决策一人拍；权力一手揽，巨细一把抓；花钱一支笔，用人一句话；有过一把推，名利一锅端。"

"忙碌型掌门人"如何改变被"三座大山"重压的状态呢？这就需要"集成团队与企业家"的"四组集成"（图7-1-2的右图），即"团队协同集成""系统思考集成""自我修炼集成""成长进化集成"。

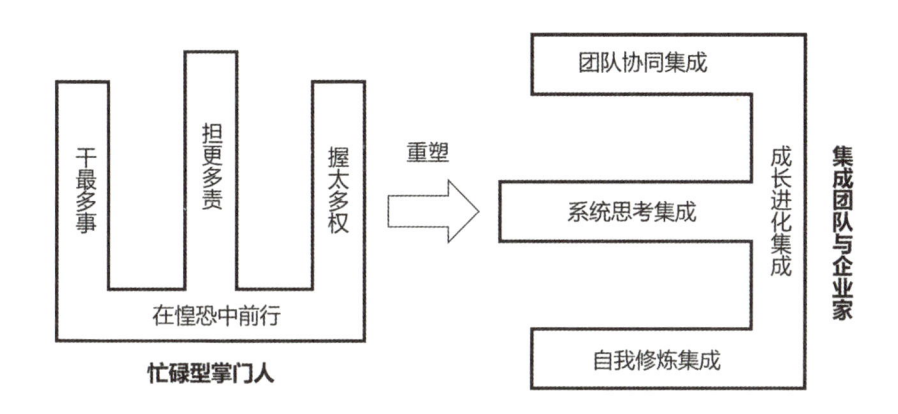

图 7-1-2　忙碌型掌门人的"三座大山"（左图）与集成团队的"四组集成"（右图）
图表来源：李庆丰，"集成团队"理论

（1）团队协同集成。首先，经管团队应该参照下述内容构建：①由合适的人员组合而成，分工明确，能力互补；②相互信任，开放式沟通，默契合作；③具有"中心–四周"式的团队结构，处于中心的领军人物要靠谱、能够服众，通过共享价值观，让大家能够凝聚在一起，并形成一致的目标。

其次，随着企业规模扩大，必然会出现创始人或领军人物"算力不够""鸡蛋放在一个篮子里"的风险。因此，领军人物要加强建设团队和依靠团队，经营管理方面的重大决策要"从中心计算向分布式计算、边缘计算"逐渐过渡，注重通过各种形式的沟通研讨、团队学习在整体层面达成一定程度的决策共识。

再次，经管团队要因地制宜、循序渐进地学习、借鉴优秀企业的团队协同经验，例如汇川技术推崇的"人权民主，事权集中"、华为的EMT（经管团队）轮值体系及宣誓仪式等。

最后，经管团队要坚持贯彻责权利对等原则，并逐渐升级到"培养、授权、担责、分利、监管、优化"六方面统一。

（2）系统思考集成。系统思考属于一个老生常谈的话题，但经管团队的领军人物及成员如何进行系统思考？第五项修炼理论曾经给出一些指导性建议，但具体修炼内容没有与企业的经营体系及管理体系联系起来。另外，像EMBA课程、私董会等培训活动及长期主义、底层逻辑等碎片化思想，也在试图提升经管团队的系统思考能力及对企业系统的认知水平，但是它们本身并不是一个系统思考的产物，所以长期以来实际收效甚微，未能创造出应有的价值。

犹如格物致知之前应该先有一个适合的"物"，系统思考之前应该先有一个适合的企业系统。麦肯锡7S模型、系统屋模型（侧重运营管理、目标与愿景的企业运作模型）、基业长青理论等曾经对企业系统进行探讨和阐释，但它们要么过于简化、以偏概全，要么过于庞杂琐碎、失之偏颇，要么属于经验概括、远离系统思考。

在《企业赢利系统》中，笔者给出了适合经管团队进行系统思考的企业赢利系统理论。在该版本的理论模型中，企业赢利系统包括经营体系、管理体系、杠杆要素三个层次共十个要素。后续笔者将推出企业赢利系统2.0版本（简称为企业赢利系统Ⅱ）。从形式上说，企业赢利系统Ⅱ只有经营体系、管理体系两个层次，共六个模块，原来属于杠杆要素的"企业文化、资源平台、技术厚度、创新变革"等内容将统一归属到经管团队模块中，见图7-1-3。从实质上说，更新后的企业赢利系统Ⅱ将会进行一次内容升级，例如经管团队模块将由团队集成理论支撑，商业模式模块将包括升级后的T型商业模式Ⅱ理论，企业战略模块将包括升级后的新竞争战略Ⅱ理论……

依托于企业赢利系统，经管团队可以通过创建学习型组织、开展"五项修炼"实施系统思考，可以通过战略规划会、战略"解码会"、经营分析会、管理提升会等特色会议进行系统思考，可以通过构建、完善及优化经营体系（经管团队、商业模式、企业战略）及管理体系（组织能力、业务流程、运营管理）实施系统思考，也可以通过EMBA课程、私董会、咨询顾问活动进行系统思考。

（3）自我修炼集成。经管团队成员及领军人物不断进行自我修炼，以追求实现熊彼特提出的"企业家三乐"：成功的快乐、创造的快乐、建立一个理想国的快乐。像邵逸夫、李嘉诚、洛克菲勒、松下幸之助、稻盛和夫、巴菲特等企业家或投资家，他们在创业之初可能都吃过不少苦，甚至身体不好，但是通过自我修炼，通过创建一个伟大的企业或一项卓越的事业，最终实现自身健康长寿与企业"基业长青"之间相互成全与协同。

社会上诸多经营者都在学习华为、宣传华为、模仿华为，甚至有不少人依赖此项业务求生存、办企业，但是任正非具有的独特的自我修炼成果——集谦卑和强悍于一体、兼具危机意识与高瞻远瞩、自我批判与奋斗精神、善于学习和团队协同、自律与创新等企业家品质，又有多少人能够成功模仿并内化成日常自我修炼呢？

经管团队自我修炼是在组织中修炼，所以应当处理好个体与组织的关系。个体与组织应该相互依赖、相互成就、相互贡献。"人人都是CEO"这个口号不仅没有推广价值，也没有现实意义。经管团队是企业赢利系统各个模块的建设者、管控者，也是企业发展的最大受益者。经管团队自我修炼是一项严肃的"责任"，关乎企业得失成败。领导成员不能只对别人提要求，大谈特谈责任、奉献……而忽略自我修炼的"责任"。

（4）成长进化集成。我们将图7-1-2左图的"三座大山"推倒，以集成团队与企业家理论（图7-1-2右图）对"忙碌型掌门人"进行重塑，追求实现经管团队及领军人物的迭代、升级。在该理论的"四组集成"中，"团队协同集成""系统思考集成""自我修炼集成"三者被看作空间维度方面的"三组集成"，"成长进化集成"被看作时间维度方面的集成。打造团队及修炼企业家都需要时间磨炼，沿着时间维度展开，成长进化集成包括团队成长进化、企业成长进化、自我成长进化三个方面。

简单来说，参照塔克曼的团队发展阶段模型，团队成长进化包括组建期、激荡期、规范期、执行期和增效期五个阶段；参照企业生命周期理论，企业成长进化即企业赢利系统成长进化包括创立期、成长期、扩张期、转型期等若干阶段；参照拉姆·查兰的领导梯队模型，从领导技能、时间管理、工作理念三个方面入手，可将团队成员的自我成长进化划分为如下六个阶段：管理自我、管理他人、部门总监、事业部总经理、集团高管及首席执行官。

俗话说："一个篱笆三个桩，一个好汉三个帮。"人在事上练，刀在石上磨！每一位值得追随的领导，都是从"泥坑里爬出来的圣人"。如若进一步探讨，"团队协同集成""系统思考集成""自我修炼集成""成长进化集成"之间和各组内部还具有相互取长补短、相互增强协同的乘数效应，集成团队中最终能够产生真正的企业家……

面向未来，集成团队应该具有"集成大脑"。所谓"集成大脑"是指领军人物、团队成员的集体智能与人工智能有机融合，从人机协作到脑机协同，促进企业生命体具备优化算法和超级算力，具备优异的决策、创新及经营管理能力。

综上内容仅是集成团队理论的思想雏形。这只能算作一个开题简介，距离成为现代商学"四大发明"其中之一还有千里之遥。探索之路似乎漫长，却又短暂；探索之路似乎短暂，却又漫长！

根据图7-1-3的企业赢利系统模块图，经管团队可以说是组织能力的"上级"。对照前文的杨三角，不言自明，不仅经过"阉割"后的组织能力≠企业持续成功，而且经管团队≠企业持续成功、经营体系≠企业持续成功！"众里寻他千百度，蓦然回首，那人却在，灯火阑珊处。"我们认可的是，企业赢利系统（经营体系×管理体系）=企业持续成功。

5.战略定位依存的"基础设施"

企业属于经济组织，像人一样，具有生命周期，所以企业也类似一个生命体，可被称为"企业生命体"。从系统论的角度描述企业生命体，笔者提出企业赢利系统理论，将企业生命体看作一个系统，以"企业赢利系统"描述企业生命体。因此，在通常语境下我们可以认为：企业赢利系统≈企业生命体≈组织，这些名称之间可以相互替代。

结合本书前六章的内容，战略定位与企业持续成功密切相关，它依存在企业赢利系统这个"基础设施"上。战略定位属于企业赢利系统六大模块之一企业战略（或新竞争战略）的重点内容之一，见图7-1-3。战略定位与战略增长、核心竞争力、第二曲线创新为战略路径上的四个首要战略主题。本书的战略定位重点阐述了企业产品在企业生命周期各阶段的定位，而企业产品是商业模式的核心内容，所以战略定位基于商业模式成长与进化的过程展开。章节7.2、7.3分别简要阐述T型商业模式

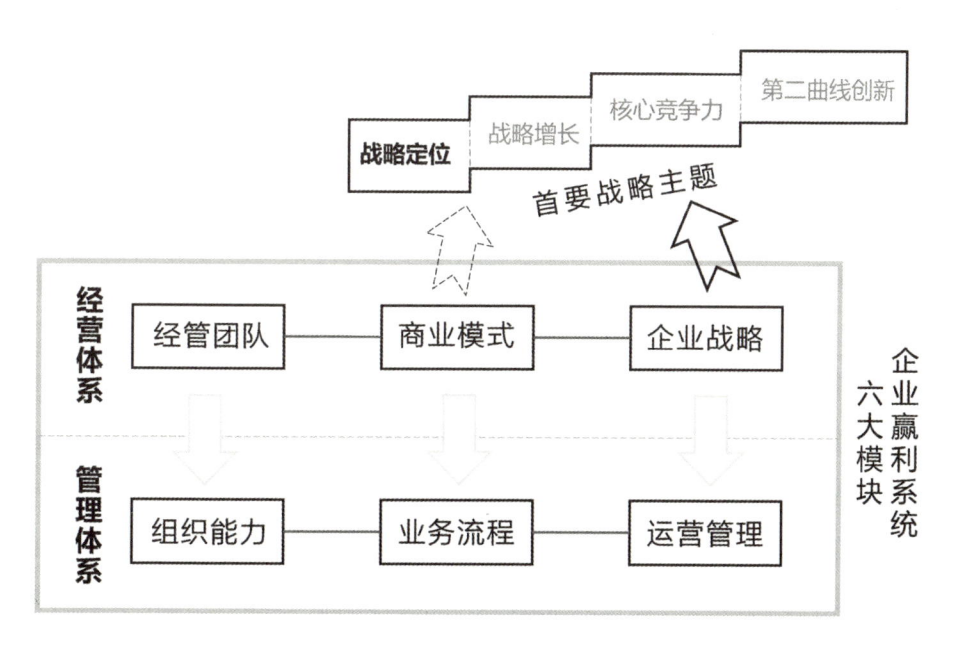

图 7-1-3 企业赢利系统模块图
图表来源：李庆丰，"企业赢利系统"理论

及新竞争战略理论，这有助于读者进一步理解战略定位与商业模式、企业战略的相互依存关系。对照图7-1-3，我们可以把企业赢利系统比喻为一部由六大模块构成的机器，商业模式、企业战略分别是这部机器的两个重点模块，而本书重点讨论的企业产品及战略定位又分别是商业模式、企业战略的核心零部件。

长期以来，尽管中外学界、企业界对企业战略的认识尚处于"搞不清楚"的混沌状态，但是对于战略的重要性——决定企业成败，大家是能够达成共识的。未来学家阿尔文·托夫勒说："没有战略的企业就像是在恶劣的天气中飞行的飞机，始终受到气流影响而颠簸，在暴雨中穿行，最后很可能迷失方向。"从企业战略升级到企业赢利系统，笔者进一步认识到：以商业模式为中心，经管团队最重要，企业战略决定成败！

7.2　万物生长靠太阳，企业以商业模式为中心

> **重点提示**
>
> ※ 为什么说原始社会就有"商业模式"了呢？
>
> ※ "中心-四周"结构对理解一个复杂动态系统有什么价值？
>
> ※ 从系统论的角度看，T型商业模式如何与企业赢利系统连接？

商业的本质是什么？有人说，商业的本质是卖和买，拿我的东西，换你的东西；有人说，商业的本质是交易，生产者将产品售卖给顾客，从而获取利润；有人说，商业的本质是利他价值交换，表现为交易各方创造价值、传递价值和获取价值的整个过程。这些说法都有道理，从原始社会的"以物易物"，到产品时代的"卖东西换钱"，再到商业模式时代的"利他价值交换"，人们对于商业本质的认识一直在升级。

大约从2005年初开始，相当于现在所说的追"风口"，国内外有段时间流行搞"以物易物"网站创业，并号称这是伟大的商业模式创新，一些中外风险投资机构对此类创业项目还投入不少资金。当时网上流传过这样一个"财富"故事：加拿大男青年麦克唐纳是一个送货工，从2005年7月起，他利用互联网，用一枚红色大号曲别针开始与他人搞物物交换，首次就换回一支鱼形笔，再把鱼形笔换成小件艺术品……发电机、雪橇摩托、货车……就这样，随着以物易物商品的变化，麦克唐纳最终没花一分钱，换回一栋漂亮的双层别墅！麦克唐纳的故事只是一个特例，并且网上流传以讹传讹，实际上他换回的只是这栋别墅一年的使用权。另外，我们也不能排除某个以物易物网站有意炒作这个故事的可能性。

不论怎样，麦克唐纳还是个很机灵的"有志青年"，虽然他买不起房子，但他有更富创意的办法：效仿我们的祖先，搞以物易物（物物交

换）。以物易物是个伟大的商业模式吗？其实，在原始社会，我们的祖先就懂这种"商业模式"了。见图7-2-1的Ⅰ部分，我们想象一下：我们的祖先甲与祖先乙分属不同的部落。一个部落日常以打猎为生，另一个部落擅长采摘野果。祖先甲及祖先乙分别代表各自的部落来到一个小溪边进行以物易物，"一只山羊换一筐苹果"……最终双方对蛋白质与维生素的需求都被满足了。

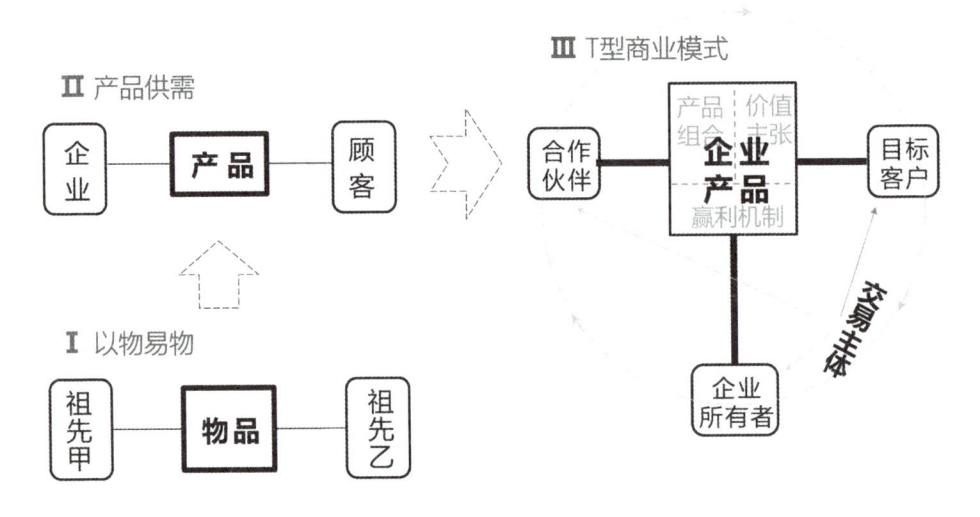

图 7-2-1　从以物易物到 T 型商业模式
图表来源：李庆丰，"T 型商业模式"理论

因此，商业模式的历史很悠久，超过战略、品牌、领导力这些后来者。见图7-2-1，从Ⅰ部分示意的原始社会的以物易物，到Ⅱ部分示意的20世纪产品时代的产品供需，再到Ⅲ部分示意的21世纪才出现的T型商业模式，它们始终都离不开交易主体及（企业）产品。

为什么商业模式时代有目标客户、合作伙伴、企业所有者三个交易主体呢？其实，原始社会后期就有三个交易主体。接续前文，祖先甲与祖先乙经常在小溪边交换货物……由于信任度加深，部落人口增长，打猎、摘果效率提高等，祖先甲与祖先乙每次交换的货物越来越多，出现了清洗、包装、物流等很多烦心事。后来，祖先丙出现了，他所在的部落没有什么自然资源可以用于交换，但他们可以提供清洗、包装、物流等第三方服务。

参见图7-2-1的Ⅲ部分，为什么商业模式时代的企业产品由价值主张、产品组合、赢利机制三者合一构成？如果我们不搞"内卷化"及"跟班式"研究，就要与时俱进，将一个理论或事物迭代、"升维"到一个新的层次。例如李书福早年说："汽车不就是四个轮子加沙发吗？"实际上，现在的吉利汽车已经迭代、"升维"多次了，旗下极氪009电动车售价49.90万元起步，高端、大气、上档次，智能化程度高，科技感十足。在Ⅲ部分中，位于外围的交易主体与位于中央的企业产品之间有这样的关系：交易主体共同促成及构建企业产品，企业产品实现交易主体的利益诉求。交易主体及企业产品的三个要素的具体含义及它们之间的相互关系等，可参见第3章的相关内容。

章节1.2讲到三端定位模型时笔者曾说：2018年4月的一天，笔者在一张纸上画了一幅图，这幅图就是T型商业模式全要素构成图（见图7-2-2）。就像一粒种子长成一棵大树，这绝非一蹴而就的，T型商业模式理论的形成也有一个酝酿、构建及迭代的过程。

T型商业模式主要有三个表现形式：定位图、概要图、全要素图。其中定位图、概要图常用于描述企业战略（详见图1-5-2及上下文），而全要素图主要用于商业模式创新。搞创新犹如登高望远，要一步一步来。《T型商业模式》是笔者的处女作，重点讨论T型商业模式的全要素图。对照图3-2-1及图7-2-2可知，定位图有6个要素，全要素图共有12个要素。在定位图的三端与中央部分各增加2个连接要素（合称为"支撑构架"），就构成如图7-2-2所示的全要素图。为便于对商业模式创新进行理解，这里对全要素图的12个要素分别进行编号，然后列出相关创新内容或案例（详见图7-2-2的两侧虚线方框）。

战略定位

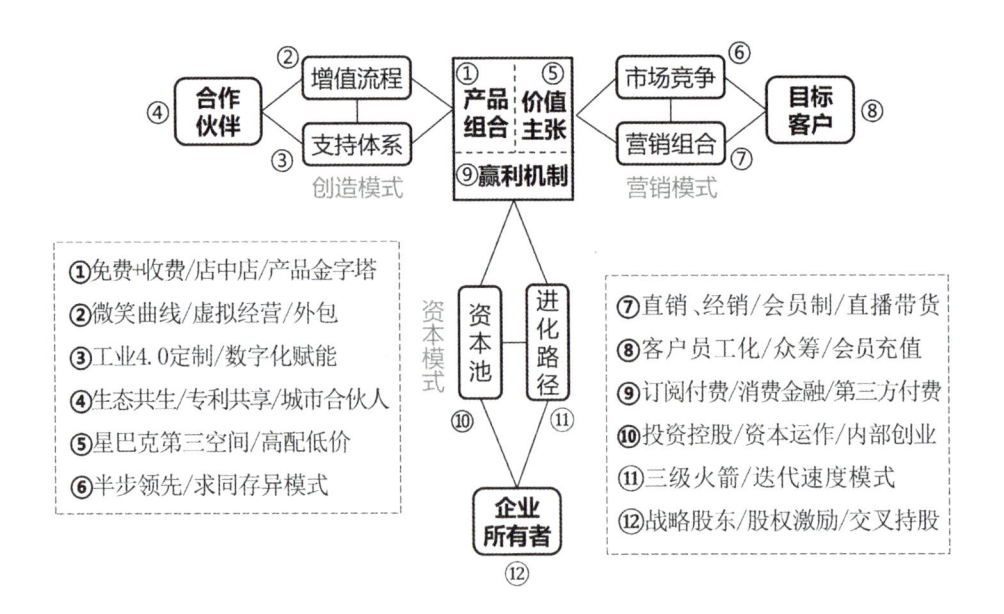

图 7-2-2　T型商业模式全要素图及相关创新内容
图表来源：李庆丰，"T型商业模式"理论

结合图7-2-2，为了更全面地理解T型商业模式理论，下面列出五个重点事项：

（1）商业模式创新的顺序，通常遵循企业产品→交易主体→支撑构架的顺序，有时也会依照营销模式→创造模式→资本模式的顺序。

（2）13个要素的T型商业模式。见图7-2-3，再一次更新迭代的T型商业模式通用结构有13个构成要素，与图7-2-2的主要区别有两点：第一，"进化路径"改为"风险治理"；第二，"企业所有者"上面多了"资本机制"。

（3）T型商业模式Ⅱ。《T型商业模式》是笔者的处女作，给出的T型商业模式理论只能算作一个雏形，后续将升级到T型商业模式理论2.0版本（简称"T型商业模式Ⅱ"）。T型商业模式Ⅱ更多表现出理论整合特色：首先，它将对产品理论（企业产品）、利益相关者/价值网/生态系统（交易主体）、价值链（创造模式、营销模式）、公司金融或资本"赋能"（资本模式）进行全面整合。其次，T型商业模式Ⅱ更注重自身具有

334

的通用结构特色，可以解释市场经济环境下99%以上企业的商业模式，也可以兼容迄今为止的绝大部分商业模式模型或理论，更可以统领市面上各式各样的商业模式现象或说辞（例如订阅模式、免费模式、产品金字塔模式、平台模式等）。最后，T型商业模式Ⅱ将给出若干商业模式原理，与企业战略持续"共舞"，更多展现它在促进企业赢利系统构建、成长与进化方面的中心作用。

当然，T型商业模式Ⅱ重中之重的内容是如何进行商业模式创新，以及如何对商业模式设计及优化、迭代提供支持，这对于企业筹办、创业投资、业务拓展甚至职业规划都具有现实意义。T型商业模式创新画布就有助于头脑风暴时集思广益、填写创新创意，助力大家进行商业模式设计、创新及优化、迭代，见图7-2-3。

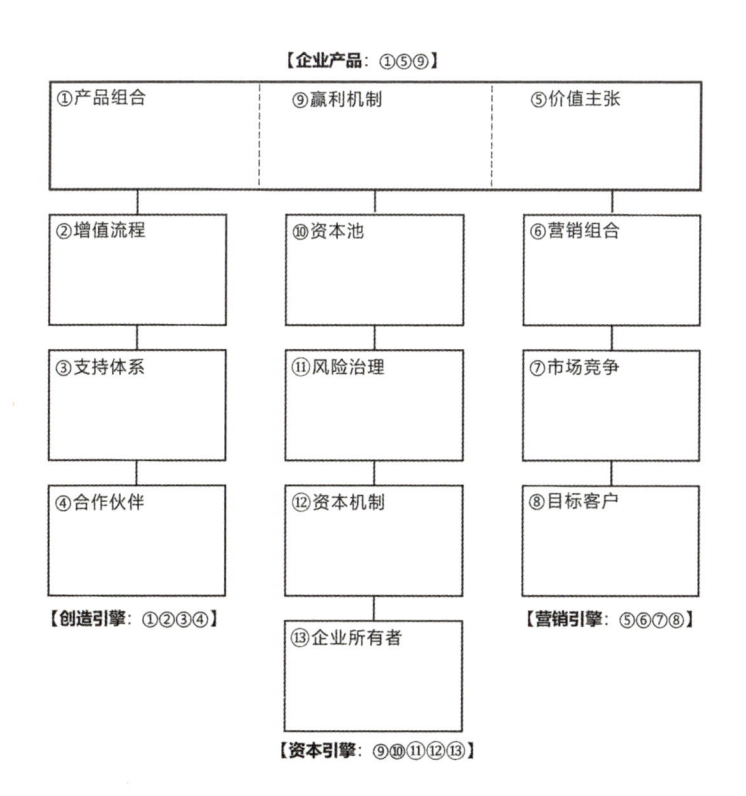

图 7-2-3　T型商业模式创新画布
图表来源：李庆丰，"T型商业模式"理论

（4）以商业模式为中心。大部分动态复杂系统、类生命系统都具有"中心-四周"式结构特征。企业赢利系统的中心是什么？那就是商业模式。进一步讲，企业组织都可以被称为商业模式中心型组织。从经营体系决定管理体系的角度讲，企业赢利系统的中心必然在经营体系的"经管团队、商业模式、企业战略"三者之间进行选择。在实践中，企业通常以商业模式为中心配置经管团队、开展企业战略工作。由此简要推导可知，商业模式是企业赢利系统的中心。

对照图7-2-2及图7-1-3来看，T型商业模式的相关要素与企业赢利系统的相关模块之间存在对应关系，见图7-2-4。这也有力地说明了商业模式是企业赢利系统的中心。

有人说，社会上普遍认可的说法是"以客户为中心"，这如何解释？这是一种方便或通俗的说法。如果不能谨慎地斟酌采纳，将会带来一系列副作用。例如有些企业通过做好客户关系或通过违法手段高价推销品质参差不齐的产品，甚至假冒伪劣产品。**T型商业模式强调客户导向，把客户需求放在首要位置。例如它有商业模式第一问：企业的目标客户在哪里？如何满足目标客户的需求？**T型商业模式强调以企业产品为核心，而企业产品是"价值主张、产品组合、赢利机制"三者合一的体现。其中排在首位的价值主张就直接呼应目标客户需求，旨在为目标客户创造超越期望的价值。

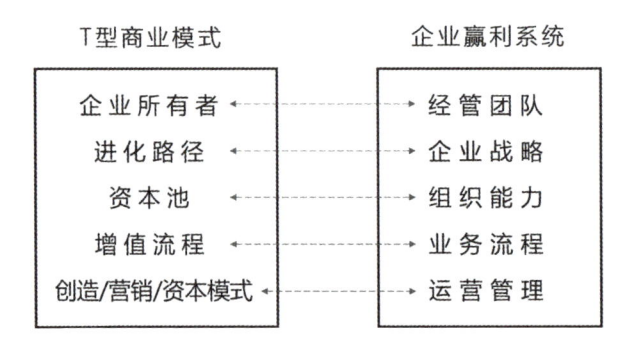

T型商业模式	企业赢利系统
企业所有者	经管团队
进化路径	企业战略
资本池	组织能力
增值流程	业务流程
创造/营销/资本模式	运营管理

图7-2-4　T型商业模式要素与企业赢利系统模块之间的对应关系
图表来源：李庆丰，"T型商业模式"理论

以经管团队或领头人为中心可以吗？风险投资圈有一句行话叫作"投资就是投人"，严谨而言，其正确度及准确度能有多高？如何判断一个经管团队是否靠谱呢？总不能依靠面相吧！还是要从他们过去做过的事、当下正在做的事、未来打算要做的事出发，进行综合判断——这些"事"，大多属于商业模式的范畴。像柔宇科技、每日优鲜、ofo小黄车、熊猫直播等创业项目，从职业履历或学历看，经管团队都是比较优秀的！如果它们不断融资，但始终没有稳定赢利的商业模式，就说明在创业办企业这件事上，经管团队一定存在某些短板或问题。

以企业战略为中心可以吗？根据公式"战略=路径+目标"，战略路径随时间流逝及外部环境变化将持续做出调整。"其实地上本没有路，走的人多了，也便成了路。"企业家、创业者都在开辟一条不确定性很大的路。贝佐斯说："要把战略建立在不变的事物上。"这个不变的事物就是商业模式。具体而言，亚马逊要为目标客户带来"无限选择、最低价格和快速配送"。这些是相对稳定、不变的事物，属于亚马逊商业模式中的价值主张。

（5）现代商学"四大发明"的提出顺序。遵照以商业模式为中心，笔者先提出T型商业模式理论，接续提出企业赢利系统、新竞争战略和集成团队理论，它们共同构成现代商学"四大发明"。

战略定位

7.3 新竞争战略：企业生命体的成长之旅

> **重点提示**
>
> ※ 前面的路千万条，贵公司的战略路径属于哪一条？
>
> ※ 新竞争战略是否更像那头战略"大象"？
>
> ※ 为什么说新竞争战略属于"整合战略"，近似于一个动态开放系统？

情商高的人称呼每一位创业者、经营者为企业家。企业家经常会"手搭凉棚，四面观瞧"，想弄明白"前面的路千万条，到底该走哪一条"。

1.前面的路千万条，到底该走哪一条

案例A：在一次军事行动中，因为遭遇暴风雪，一个侦查小组在阿尔卑斯山的崇山峻岭中迷路了。连续两天饥寒交迫、跋涉劳累，大家的生存信心丧失殆尽。挨到第三天早晨时，突然有个士兵从口袋里摸出了一张地图。这张地图让侦查小组的所有人冷静下来，他们重新开始判断自己所处的方位，积极行动起来，有惊无险，最终安全返回了营地。到了驻地后，他们才惊讶地发现：这张地图其实并不是阿尔卑斯山的地图，而是比利牛斯山的地图！

案例B：2010年4月10日，受邀赴俄罗斯参加"卡廷惨案"70周年纪念活动的波兰总统的专机在俄罗斯的斯摩棱斯克机场附近坠毁，包括波兰总统夫妇、政府高官在内的96人在这次事故中遇难。当时的新闻报道称，飞机上的两个"黑匣子"都已被找到……俄罗斯调查小组给出的最终调查报告认定，由于大雾天气及该机场缺少

必要的导航设备，机场的空中交通管制员曾建议这架飞机飞往位于明斯克的备降机场，但专机上的飞行员迫于波兰某高官的压力，并没有听从空中交通管制员的建议，不顾恶劣天气强行降落……

案例C：1980年，成绩优异的刘汉青16岁考上了当时录取率极低的哈尔滨工业大学，被当地人称为"天才"。谁知他上大学以后，偶然看到了报刊上撰写的关于数学家陈景润的励志故事，一发不可收拾地迷上了数学，废寝忘食地钻研哥德巴赫猜想，导致自己多门课程"挂科"，最后被学校劝退了。刘汉青回家以后，既不求学，也不工作，一直以"钻研"数学难题为借口，待在家中"啃老"，到50岁时，还吃上了政府的"低保"……

案例D：美国小朋友山德士5岁时父亲去世，在母亲外出打工时，他就承担起为弟弟、妹妹做饭的任务，12岁时就开始闯世界，为谋生干过各种各样的职业。据说，山德士一生经历了1 009次随机试错。到65岁时，他经营的餐馆又遭遇变故……他没有选择"吃低保"，而是把压力锅、炸鸡食谱配方需要的11种香料、食材放进旅行车里，与助理一起开启了穿越美国推广特许经营及加盟连锁的旅程……如今，山德士创立的肯德基在135个国家拥有23 000多家门店，长期位列全球品牌百强榜单。

世界上没有新鲜事，因果轮回几度秋。以上案例A、B、C、D分别可以说明一些企业的战略路径。像案例A那样，一些企业凭借勇气、经验及运气，最终从险象丛生的壕沟中爬上来。像案例B那样，一些企业偏好"富贵险中求"，但"一着不慎，满盘皆输"！像案例C那样，一些企业屡败屡战，屡战屡败，依旧看不到成功的影子。像案例D那样，一些企业不断随机试错，"故天将降大任于是人也，必先苦其心志，劳其筋骨……"，忽然有一天，苦尽甘来，找到了那条成功的路！

前面的路千万条，到底该走哪一条？有人高喊长期主义，有人学习稻盛和夫的"干法"，有人模仿华为的"狼性文化"，有人"死磕"、聚焦品类创新，有人四处听演讲、见"大咖"，还有人到商学院"撞一下运气"……

2.战略大象图，让大家懂战略

战略路径千万条，应该选择哪一条？本书开始的部分就提到"战略=路径+目标"，通过等量代换，它可转化为"战略=定位+目标"。战略定位就是规划战略路径，找对战略方向！本书前6章已经翔实地阐述了战略定位的三大要件、"四大金刚"和"番外名媛"等。

通过战略定位找到战略路径，如同驱车前行找到方向、有了导航系统，这只是万里长征第一步。对于完整意义上的战略路径而言，后续还有如何战略增长、如何累积竞争优势、如何塑造核心竞争力、如何进行第二曲线创新、如何制定战略规划及实施战略过程闭环等问题。

要想回答好这些问题，就要求助于战略定位的"母公司"——新竞争战略理论。在《新竞争战略》中，笔者初步提出新竞争战略理论，这是笔者的一个产品，后续还需要不断修补漏洞并迭代、升级。本节简要介绍新竞争战略理论的2.0版本（简称"新竞争战略Ⅱ"）。新竞争战略Ⅱ的大象图（简称"战略大象图"），见图7-3-1。

对于"战略"，近100年来众说纷纭，各个战略学派一直在盲人摸象。战略这头"大象"究竟是什么？图7-3-1的形状就像一头大象，笔者希望它能代表战略这头大象。图中从O点到Z点——大象的后腿、尾部→躯干→头部，包括企业生命体、战略路径、目标与愿景三个部分，用文字描述就是：企业生命体沿着战略路径四个阶段"行进"，实现相关的首要战略主题，最后达成企业目标和愿景。图中A、B点所示的部分如同大象的前腿，代表着这样一个战略规划过程：一方面，从企业生命体、战略路径、目标与愿景等部分归纳出企业的战略指导方案（也被称为战略规划报告等）；另一方面，战略指导方案应用于经营场景，通过战略执行与实施，指导企业生命体成长，战略路径优化、迭代，目标及愿景达成。

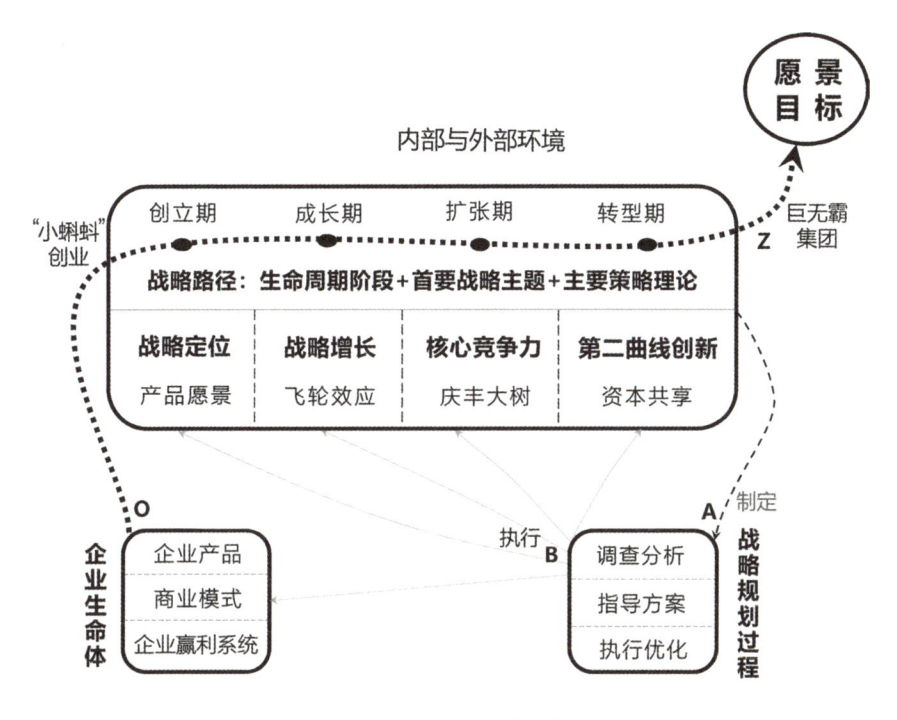

第 7 章
战略定位依存的"基础设施"是什么？

图 7-3-1　新竞争战略大象图
图表来源：李庆丰，"新竞争战略"理论

　　我们在应用"战略=路径+目标"这个公式时，还要找到行进在战略路径上代表企业生命体的"战略推进物"。如何理解此处出现的企业生命体？通常而言，企业生命体可以被看作一个系统，因此根据企业赢利系统理论，企业生命体等同于企业赢利系统。为表达方便，此处的企业生命体也可以理解为"企业产品→商业模式→企业赢利系统"这样一组可供选择的"战略推进物"。也就是说，企业产品、商业模式、企业赢利系统三者本来就是"一家人"，由简到繁，都可以代表企业生命体，成为战略路径上担当重任的"战略推进物"。

　　例如在战略定位中，通常这样说：商业模式或企业产品在经过战略定位导航的道路上"跑啊跑"，从零开始创业的小企业逐渐成长为巨无霸。但在新竞争战略理论中，表述风格却是这样的：企业生命体在战略路径上不断成长与进化，小企业逐渐发展为巨无霸。

然后，如何理解图7-3-1中"大象躯干"的相关内容？战略路径包括三方面内容：生命周期阶段、首要战略主题、主要策略理论。兼顾一般情况和特殊情况，生命周期阶段的四个阶段"创立期、成长期、扩张期、转型期"分别与四个首要战略主题"战略定位、战略增长、核心竞争力、第二曲线创新"逐一对应或交叉对应，见图7-3-2。从逐一对应的角度讲，处于创立期的企业的首要战略主题是战略定位，处于成长期的企业的首要战略主题是战略增长，处于扩张期的企业的首要战略主题是塑造核心竞争力，处于转型期的企业的首要战略主题是第二曲线创新。从交叉对应的角度讲，处于生命周期各阶段的企业可能都需要战略定位、战略增长，也可能需要塑造核心竞争力、第二曲线创新。例如本书的战略定位理论就涉及生命周期四个阶段。再如，有些企业在创立期或成长期就要进行第二曲线创新。从哲学层面上说，上述逐一对应、交叉对应的关系是主要矛盾和次要矛盾的关系、一般和特殊的关系。从管理学层面上说，由于企业资源多寡、企业家风格迥异、外部环境突变等因素交互作用，当理论应用于实践时，通常需要考虑权变和例外情况。

每一个首要战略主题都有一个主要策略理论提供支撑。见图7-3-1和图7-3-2，战略定位、战略增长、核心竞争力、第二曲线创新的主要策略理论分别是产品愿景理论、飞轮效应理论、庆丰大树理论、资本共享理论。本书重点讨论了战略定位及其产品愿景理论，笔者还计划创作有关战略增长、核心竞争力、第二曲线创新及其主要策略理论的书籍。

图 7-3-2 生命周期阶段与首要战略主题对应关系示意图
图表来源：李庆丰，"新竞争战略"理论

图7-3-1中"大象前腿"的战略规划过程包括三项内容：调查分析、指导方案、执行优化。在《新竞争战略》中，战略规划过程（DPO[①]）模型专门论述三者之间的关系及战略规划过程各阶段的具体操作方法。为了与战略教科书中的相关内容区隔，此处称为"战略规划过程"，而不称为"战略管理过程"，更强调经营层面，较少涉及管理层面。从国外引进的主流战略教科书，即所谓战略管理理论，更多属于战略知识、前人的战略经典理论或战略"原材料""零部件"有序堆砌而成的产物，既不适合企业赢利系统的经营体系及管理体系使用，也不适合指导企业的战略规划过程。

梭罗在《瓦尔登湖》中说："我的人生犹如一场多幕的戏剧，场景变换不断，且永不落幕。"从这个视角看如图7-3-1所示的战略大象图，也许能体会到新竞争战略所表达的独特意味。图中的"大象躯干"犹如演戏的舞台，分为创立期、成长期、扩张期、转型期四幕戏，也可以分为战略定位、战略增长、核心竞争力、第二曲线创新若干场景。哪些"演员"要登场呢？企业产品、商业模式、企业赢利系统都可以代表企业生命体登场！它们在四幕戏及若干场景中穿插：企业产品怎么成长与进化、商业模式怎么成长与进化、企业赢利系统怎么成长与进化；如何进行战略定位、战略增长、塑造核心竞争力、第二曲线创新；如何才能实现各阶段的战略目标和愿景……它们共同演绎出有声有色、光怪陆离的新竞争战略图景！

企业产品、商业模式、企业赢利系统这些陆续登上舞台的"演员"之所以被称为战略推进物，是因为经管团队在幕后担任总导演，负责规划、组织、管控等工作……在整个过程中，经管团队自身也不断成长与进化。企业赢利系统包含企业战略模块，还要在战略路径上成长与进化。企业生命体属于智能生命体，像人类的超级个体一样，心中有战

[①] DPO 是 Diagnosis（调查分析）、Plans（指导方案）、Optimizing（执行优化）的首字母组合。

略，也会行进在预先规划的战略路径上，持续促进自身成长与进化。

中外商学教育欣欣向荣，大家对战略越来越重视。不太对劲的是，据调查，95%的企业没有战略，而剩余5%的企业较难形成一个好战略。图7-3-1的战略大象图不仅能够勾勒出企业战略的整体图景，有助于培养经管团队的战略观念，让大家懂战略，而且致力于发挥出企业战略的功能和作用，协助企业制定一个好战略！

3.战略蓄水池图，将"战略"整合，让企业有战略

通过一些微调，将图7-3-1的战略大象图等量转换为如图7-3-3所示的新竞争战略"蓄水池图"（简称"战略蓄水池图"）。战略蓄水池图内含的战略思想及逻辑原理，有助于解决"碎片化""知识堆砌"等战略的系统性整合问题，最终有助于解决绝大部分企业没有战略的问题，下面从五个方面进行说明。

（1）为什么叫战略蓄水池图？图7-3-3的左侧是战略参照框架，右侧为战略规划过程模型。左侧相当于一个蓄水池，右侧好比一个用水的机器。只有左侧蓄水池的水品质优良、水量充足，右侧的机器才能运转良好。只有当左侧战略参照框架的内容丰富、逻辑清晰，才能促进、保障右侧的战略规划过程言之有物、有的放矢，从而让企业有战略，有好战略。

左侧的战略参照框架由四个部分构成：战略情景、企业生命体、战略路径、目标愿景。它们之间的连接逻辑为：基于战略情景，企业生命体沿着战略路径成长与进化，实现各阶段的战略目标和企业愿景。与战略大象图有所不同，此处的战略情景包括生命周期阶段、外部环境、内部环境三项，并且生命周期阶段多了一个"特定期"。所谓特定期，是指不属于创立期、成长期、扩张期、转型期的例外阶段。例如一些企业可能存在官僚期、巨婴期、衰退期、收缩期、打压期、复兴期等。

右侧的战略规划过程可理解为"调查分析→指导方案→执行优化"

且具有PDCA①特征的闭环反馈循环。其中的指导方案指企业的中长期战略规划、年度经营计划、竞争对策方案、部门（例如营销、研发、人力资源等）战略计划等各类用途的战略方案报告。

战略参照框架的英文简称为"EPO"，EPO是企业生命体（Enterprise Organism）、战略路径（Strategic Path）、目标和愿景（Objectives & Vision）的英文代表字母的组合。战略规划过程的英文简称为"DPO"。为了加深印象及方便记忆，可以默记这样一个顺口溜：从左侧EPO，到右侧DPO，有利于企业IPO。

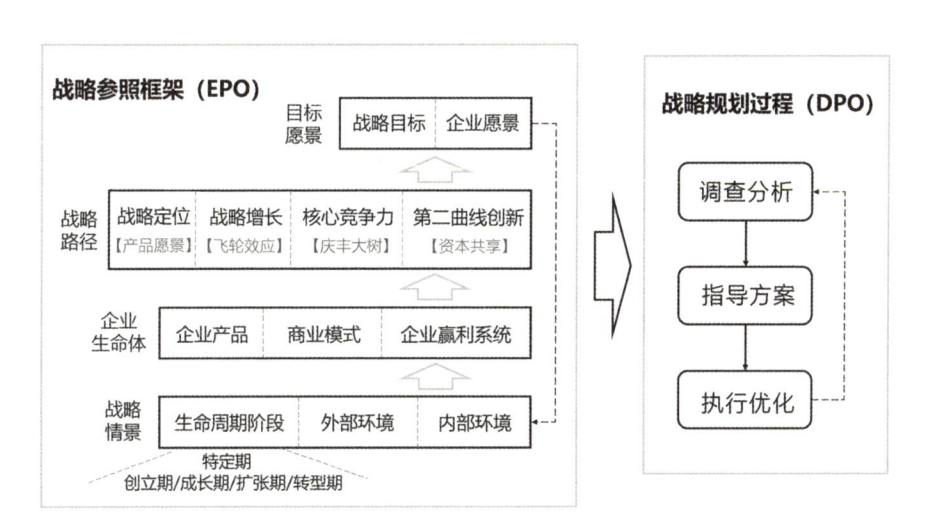

图 7-3-3　新竞争战略蓄水池图
图表来源：李庆丰，"新竞争战略"理论

（2）企业在使用战略参照框架（EPO）时，需要注意以下三个方面。

首先，我们将EPO理解为一个战略内容蓄水池或一个战略兵器库（见第349页的表7-3-1和表7-3-2），供各类企业组织制定战略及管控战略时按需采用。

其次，EPO具有五组连接逻辑：①总体运作逻辑：基于战略情景，

---

① PDCA 是 Plan（计划）、Do（实施）、Check（检查）、Act（处理）的首字母组合。

企业生命体沿着战略路径成长与进化,实现战略目标及愿景。②战略情景分析逻辑:确定企业所处的具体生命周期阶段,从创立期、成长期、扩张期、转型期或某个特定期中选取一个,然后有针对性地进行外部环境及内部环境分析。③企业生命体的推进逻辑:企业产品→商业模式→企业赢利系统,由简到繁,不断扩展行进在战略路径上的战略推进物。这三类战略推进物在战略路径上行进,既是拓展市场和产出成果的过程,也是它们自身成长与进化的过程。④战略路径上首要战略主题的递进逻辑:战略定位→战略增长→核心竞争力→第二曲线创新,促进企业生命体从小到大,从小企业成长为巨无霸,绝大多数企业应该遵循这样一个递进逻辑。⑤战略目标与愿景实现逻辑:其一,以终为始,从目标与愿景出发,回到战略情景、企业生命体等起点部分思考企业战略;其二,按照目标一致原理,沿空间、时间依序展开及确定战略目标,并"众志成城"指向企业愿景。

最后,经管团队或战略人员要不断构建、完善及掌握上述EPO的各部分内容、五组连接逻辑,并能够在具体的DPO中按需采用、创新定制。

(3)企业在使用战略规划过程(DPO)模型时,需要注意以下三个方面。

首先,DPO的特点是简要、可扩展,重视前馈控制,详见《新竞争战略》章节6.3—6.6(此部分也将随着新竞争战略Ⅱ升级)。对于中小企业或95%没有战略规划基础的企业来说,战略规划的重点是预防"拍脑袋"做决策及主观臆断定战略,所以将DPO的第一步"调查分析"做扎实很重要。

其次,企业以DPO为基础从简单起步,逐步迭代、升级,提升自身战略水平,适当参考其他战略规划方法论。例如企业在初期可以制定5页纸的中长期战略规划、10页纸的年度经营计划,实现从无战略到有战略"0→1"的突破。笔者不建议中小企业照搬华为或IBM等大企业采用的DSTE、VDBD（Value Driven Business Design，价值驱动业务设计模型）、BLM（Business Leadership Model，业务领先模型）、BEM（Business Excellence Model，业务执行模型）等战略实践相关模型。事实也证明，那些直接照搬或模仿大企业的中小企业，几乎没有一家成功的。众所周知，从1998年开始，华为历时10年先后花费40亿元引进管理咨询、协助企业创新变革。这也许是其他企业无法完全照搬华为管理方法的主要原因。

再者，制定战略是科学，也是手艺，还是艺术。基于战略蓄水池图左侧EPO的五个逻辑，能否因地制宜、干净利落地输出右侧的DPO成果？这确实能够检验企业制定战略的人员的科学素养、手艺高下及艺术水平。从战略大象图、战略蓄水池图等，我们可以体会到新竞争战略科学性的一面。战略是一门手艺，熟能生巧，需要时间积累，知行合一，才能具有战略"体感"及掌握能落地的方法与经验。由于影响战略的因素较多，且环境变幻莫测，企业需要从各种具有不确定性的因素中发现相对明确的战略路径，所以制定战略也是一门艺术，需要制定战略的人员见多识广，具有适合的禀赋、特长。

（4）重点解决战略理论与应用实践之间存在"两张皮"的问题。图7-3-3左侧EPO的相关部分，之前各种战略内容倾向于自说自话、条块切割，然后以知识堆砌的形式杂糅在一起。基于传统上的战略"跟班式"研究、战略课程与培训，叠加现今兴起的知识直播、抖音短视频，"肉眼可见"涌现出越来越多的战略"知识点卖弄者"。图7-3-3右侧的DPO的相关部分，盛行"无脑拿来主义"，像华为、IBM、华润等采用的适合大型集团企业的战略方法论充斥网络，被利益关联者四处兜售，将其应用于广大中小企业。

适用的就是最好的，实事求是有利于持续进步。笔者希望新竞争战略及其战略大象图、战略蓄水池图等，能够在一定程度上解决战略理论与应用实践之间长期存在"两张皮"的问题。

（5）"整合战略"呼之欲出。参照上述战略大象图及蓄水池图，新竞争战略开创"整合战略"理论先河，所属五个部分"战略情景、企业生命体、战略路径、目标与愿景、战略规划过程"，可以完全兼容或包含战略教科书、应用实践及其他来源的战略理论、各类战略、战略模型及工具等，见表7-3-1和表7-3-2。

由于篇幅所限，这两个表中没有包括笔者提出的企业赢利系统、集成团队、T型商业模式、新竞争战略等相关理论、模型和工具。新竞争战略代表企业战略，重点讨论企业赢利系统（企业生命体）的成长与进化路径，必然涵盖商业模式、经管团队、组织能力等各个模块的成长与进化路径——这就像一个生命系统的各个部分你中有我、我中有你，筋骨相连、皮肉难分，也进一步说明新竞争战略代表着一种整合战略。

新竞争战略代表企业战略，涵盖了公司层战略、业务层战略、职能层战略。参照战略教科书的讲法，公司层战略近似于新竞争战略的扩张期战略，只不过新竞争战略更强调归核扩张、基于核心竞争力扩张，而不提倡传统意义上多抓机遇、做大规模的扩张方式。还有一类侧重资本运作的公司层战略或叫作集团公司战略，它把标的或下属公司的股权看成自己的"企业产品"，因此也兼容并被包含在新竞争战略范畴之内。业务层战略对应于新竞争战略的战略定位、战略增长这两部分，但新竞争战略把这两部分进一步系统化升级了。对于职能层战略而言，时代不同了，现在提倡把职能工作产品化，将公司内部的财务、人力资源、营销等职能部门看作独立核算的内部"小企业"。这些产品化的"职能"都在为内外部客户创造价值，必然要对外输出自己的"企业产品"，因此职能层战略也兼容并被包含在新竞争战略范畴之内。

新竞争战略属于整合战略，同时也符合系统论及系统动力学相关的思想及原理。我们可将新竞争战略看作一个系统，它的上级母系统是企业赢利系统，同层级系统有T型商业模式、集成团队、组织能力、业务流程、运营管理等，下属子系统有战略定位、战略增长、核心竞争力、第二曲线创新、战略规划过程等。新竞争战略也将是一个开放的系统，能够兼容并包含过去的战略、现在的战略及未来的战略！

表 7-3-1 与战略情景、企业生命体等相关的理论及工具、模型

项目	战略情景	企业生命体	目标与愿景	战略规划过程
相关理论及工具、模型	环境分析 五力竞争模型 PEST 模型 SWOT 分析 生命周期理论 ……	产品理论 商业模式 利益相关者 生态系统 价值网 价值链 技术创新 顶层设计 公司治理 ……	目标理论 KSF 理论 企业愿景 企业使命 价值观 ……	战略设计 战略选择 战略规划 战略控制 战略评价 DSTE 模型 VDBD 模型 BLM 模型 BEM 模型

表 7-3-2 与战略路径相关的理论及工具、模型

项目	战略路径			
^	战略定位 （创立期）	战略增长 （成长期）	核心竞争力 （扩张期）	第二曲线创新 （转型期）
相关理论及工具、模型	低成本 差异化 集中化 蓝海战略 平台战略 爆品战略 品牌战略 市场定位 精益创业 ……	飞轮效应 黑客增长 安索夫矩阵 硬球竞争 增长思维 跨越鸿沟 营销组合 整合营销 平衡计分卡 ……	核心能力 一体化战略 多元化战略 国际化战略 合作合作战略 兼并收购 资源能力理论 波士顿矩阵 回归核心 ……	蓝海转型 第二曲线 颠覆式创新 转型进化论 数字化转型 工业 4.0 转型 跨界转型 ……

7.4　战略定位：为小企业成长为巨无霸导航

> **重点提示**
>
> ※ 贵公司有类似"半步崩拳"的拳头产品或超级产品吗？
>
> ※ 从三级递归创新角度，如何理解"Zoom in，Zoom out"？
>
> ※ 战略定位要"对抗"哪五个陷阱？

郭云深出生于清朝末年，身材矮小，相貌平平，但练习功夫十分用功，形意拳技艺超群。为了除暴安良，郭云深误杀了一个地方恶霸，被判入狱三年半。狱中条件艰苦，没有足够的条件练习形意拳，脚上戴了镣铐只能走半步，他就自己发明了"半步崩拳"，每日练拳不止。

出狱后，郭云深曾向恩师演示在狱中自创的半步崩拳，只见他一拳发出，半截土墙轰然倒塌。而后几年，通过不断切磋，郭云深的名气越来越大，各路武林高手张树德、洪四把、焦洛夫等纷纷找郭云深较量，却都架不住半步崩拳的威力。郭云深从此赢得"半步崩拳打天下"的美称，名扬四海。

盛名之下，郭云深进入京城，要与八卦掌开创者董海川一比高低。两人交战三天三夜，难分胜负，干脆握手言和，最终成为"战略合作伙伴"，这便是"形意八卦是一家"的由来。

上述案例给了我们两点启示：其一，企业不要玩花架子，只有打造出类似"半步崩拳"那样的拳头产品或超级产品，才能让顾客心悦诚服，让竞争者暗暗佩服；其二，我们在认识事物时，要"透过现象看本质，穿过外围找核心"。钻石美幻且昂贵，递归到其核心构成单元察看一番，只不过是由五个碳原子组成的"中心-四周"结构。形意拳包括"三体式站桩、五行拳、十二形拳"等诸多内容，郭云深把这些递归简化为"半步崩拳"，认定它就是形意拳的核心……

1.战略定位的递归算法

参见图7-1-3，战略定位属于新竞争战略的一个子系统，所依托的"基础设施"——企业赢利系统上还有商业模式、经管团队及其他构成模块。战略定位主要为企业生命体的成长与进化找到方向，并进一步确认关键坐标点及勾勒战略路径。企业生命体的成长与进化涉及诸多因素，且复杂多变，还具有较多的不确定性。类比于郭云深的"半步崩拳"，企业在战略定位时如何"透过现象看本质，穿过外围找核心"？我们可以借鉴计算机领域的递归算法。

递归算法包括递进和回归两个子过程，或可分别被称为"下行""上行"过程。具体而言，先将大问题逐级"下行"简化为更小的问题，直到最后的小问题能够被解决——这是递进过程；然后"上行"，从小问题逐级扩展到原来的大问题，从而找到整体解决方案——这是回归过程。递进算法和回归算法合起来被称为递归算法。这有点像从地面逐级深入地下探寻宝藏，路径正确，找到了埋在地下深处的宝藏，再从宝藏所在的位置出发，携带越来越多的宝藏逐步回到地面。

图7-4-1就是战略定位的递归算法的示意图。企业赢利系统→商业模式→企业产品，逐级收敛探索战略定位，这属于"下行"递进过程，最后找到"宝藏"企业产品，聚焦于此，探究战略定位，形成方法论。然后企业产品定位→商业模式定位→企业赢利系统定位，这是"上行"回归的过程，也是企业产品不断附加更多内容，让战略定位越来越完善的过程。

战略定位

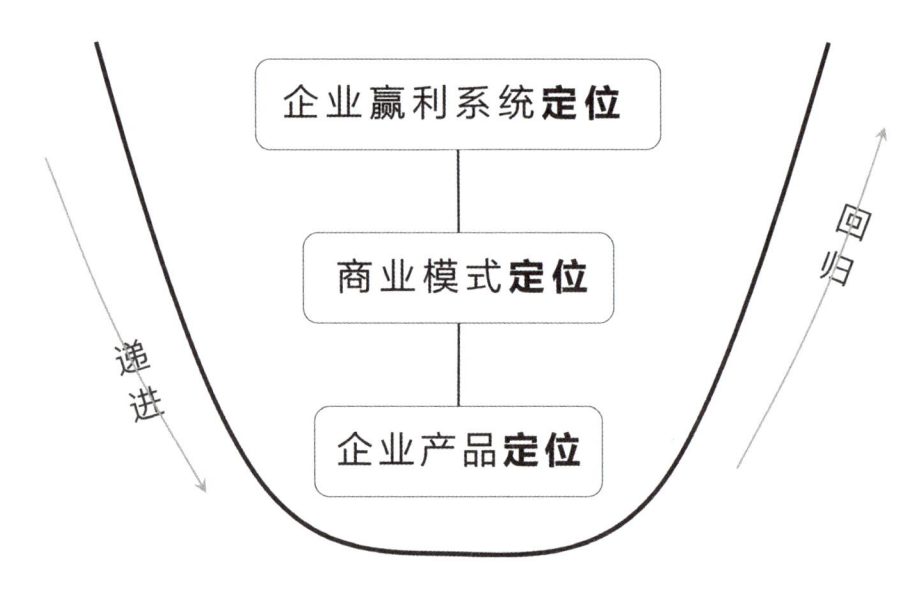

图 7-4-1 战略定位借鉴递归算法示意图
图表来源：李庆丰，"战略定位"理论

根据递归算法，"下行"或递进过程类似剥洋葱，越来越简约，直至找到本质；"上行"或回归过程类似穿铠甲，越来越厚重，直到全副武装。在讨论一家企业的战略定位时，我们之所以最终递归到企业产品，主要原因在于企业产品是商业模式的核心，而商业模式又是企业赢利系统的中心。参照80/20法则，本书重点讨论企业产品的战略定位（简称"企业产品定位"），它在企业战略定位中的重要性占近80%的权重，能够代表企业整体的战略定位。从实践应用层面看，如果把企业产品的战略定位说清楚，企业战略规划或年度经营计划就比较容易言之有物、有的放矢，甚至能够超群出众。

本书重点讨论的企业产品战略定位，不仅包括对价值主张、产品组合、赢利机制三者合一要素定位，也包括对目标客户、合作伙伴、企业所有者三个交易主体要素定位，这些也都属于商业模式定位的核心内容。除此之外，回归到完整的商业模式定位，还有哪些内容呢？对照图7-2-2、图7-2-3，还包括增值流程（价值链）、支持体系、营销组合、市场竞争、进化路径等要素定位。见图7-4-1，进一步回归到企业赢利系统定位，还有经管团队、组织能力、业务流程、运营管理等模块的定位。

本书第2章的重点内容是竞争定位。基于行业趋势、客户需求、竞争阻力、优选资本竞争定位模型四个方面综合评判，就必然要涉及行业及市场、客户需求、竞争策略、企业资源能力等相关内容初步定位。通过竞争定位，一旦找到了让企业立足、发展的"风水宝地"，位置也就基本固定下来，并逐步转化升级为企业产品、商业模式、企业赢利系统等相关定位。在后续发展过程中，如果没有出现撼动企业生存的相关因素及"黑天鹅"，那么企业立足的"风水宝地"就会相对保持稳定，也就是说创立期的竞争定位在持续发挥作用。由此，我们应该认识到，企业产品、商业模式、企业赢利系统等相关定位都是基于竞争定位奠定的"风水宝地"的。

2.三级递归创新

战略定位是对企业产品、商业模式和企业赢利系统定位，它们都可以代表企业生命体成为战略路径上的战略推进物。战略定位既要与众不同，又要促进战略推进物成长、进化，这些都离不开创新。将上述战略定位的递归算法进一步扩展应用，笔者给出有助于战略定位的三级递归创新示意图，见图7-4-2。在图7-4-2中，商业模式创新为中心，向上衔接企业赢利系统创新，向下对接与企业产品密切相关的技术创新。

技术创新主要是指对企业产品的各级下沉组合进行创新。参照章节3.4的相关内容，下沉组合包括"构件组合、零部件组合、材料组合"三个层级。网上到处可见华为创始人任正非的名言，像"公司要像长江水一样聚焦在主航道，（才可以）发出巨大的电（能）来""一米宽，一万米深；没有大小，只有深浅"等。把华为当榜样，很多公司常谈聚焦，但不知道聚焦在哪里。笔者在此处给出参考答案：通过战略定位聚焦于有竞争力的企业产品，然后再聚焦于企业产品的各级下沉组合进行技术创新！技术创新能够累积具有较高复利效应的优选资本、能够建立技术壁垒，它们是商业模式创新及企业赢利系统创新的基础性支撑。

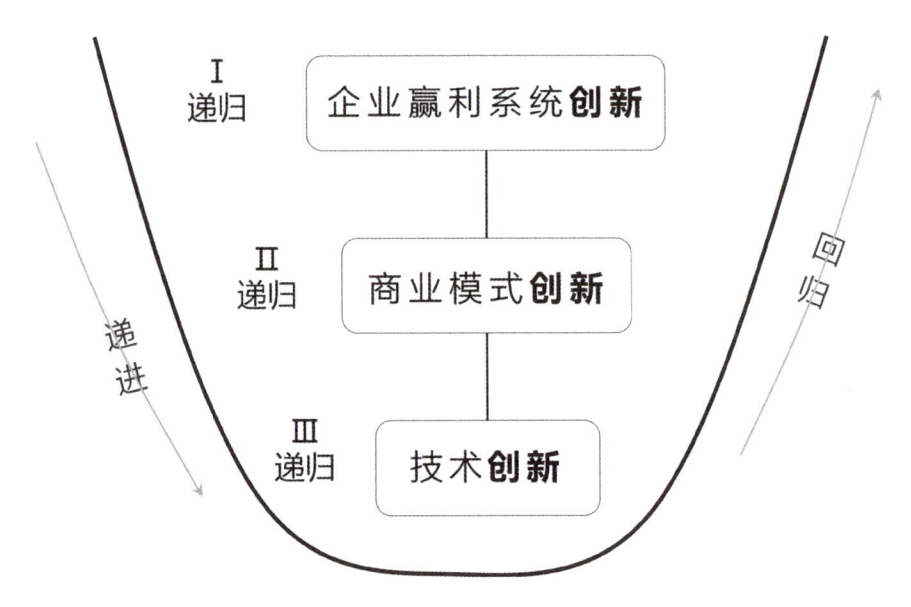

图 7-4-2　全面提升企业创新水平的三级递归创新
图表来源：李庆丰，"战略定位"理论

　　商业模式创新主要是对T型商业模式的构成要素及其组合进行创新，它包括三个依序递进的层次：企业产品创新（3个要素）、简要商业模式创新（6个要素）、全要素商业模式创新（13个要素）。前两者属于战略定位的重点内容，例如前面章节阐述的三端定位模型、企业产品开发模型、T型同构进化模型、SPO核心竞争力模型、双T联接模型等。全要素商业模式创新在章节7.2有所谈及（详见图7-2-2），今后也将有专门书籍论述。相较于高投入的技术创新，商业模式创新追求低投入、高产出，同时它也是企业赢利系统创新的一个重要支撑。

　　企业赢利系统创新主要是指对经营体系及管理体系各个构成模块创新。例如在经管团队模块，华为的EMT轮值制度就是一种创新；在企业战略模块，蓝海战略就是一种常用的战略创新手段；在组织能力模块，诸如矩阵式组织、"大中台、小前台"等组织结构方面的创新层出不穷；在业务流程模块，IPD产品开发流程、EBPM（Element-Based Process Management，全要素流程管理方法论）流程操作系统等都是具有应用价值的创新；在运营管理模块，像丰田精益生产、EOS（Entrepreneurial Operating System，企业运营系统）、OKR工作法都是结合实践的优秀创新。

参见图7-4-2，三级递归创新就是以商业模式创新为中心，向上延伸到企业赢利系统创新，向下深入到企业产品的技术创新，三者结合、上下贯通，突破创新盲点和瓶颈，不断补足短板并让长板更长，促成正向增强反馈循环，激发技术创新→商业模式创新→企业赢利系统创新的逐级放大效应，最终全面提升企业的创新水平。

如何达到高水平、高产出创新？Zoom in，Zoom out！通过三级递归创新，整体提升创新水平，逐级放大创新带来的价值。懂摄影的人都明白，"Zoom in，Zoom out"就是"小尺度进去，大尺度出来"。例如特斯拉首先聚焦于企业产品的下沉组合进行技术创新，将新能源车的BMS（Battery Management System，电池管理系统）、一体化车身压铸做到行业领先，这叫作"Zoom in"。从技术创新扩展到商业模式创新、延伸到企业赢利系统创新，特斯拉打造智能制造产业链、建设超级工厂；推出有竞争力的新能源车，运营快速充电网络，提供超大型商用储能电站；坚持国际化扩张，陆续在全球建立六座超级工厂……这叫作"Zoom out"。

三级递归创新的对立面是"跟随模仿创新"，例如今天学华为的"以客户为中心"，明天学稻盛和夫的"阿米巴经营"，后天学很多互联网企业使用的"OKR工作法"……最终什么都没学会，公司成了"四不像"，出现战略定位失误，失去竞争力。类似前文的战略定位"递归算法"，三级递归创新首先是递进的过程、聚焦问题本质的过程，讲求从企业赢利系统"下行"递进到商业模式，再"下行"递进到企业产品的各级下沉组合进行技术创新；其次是一个回归的过程，将技术创新的成果逐级扩展放大，"上行"回归到商业模式创新，再"上行"回归到企业赢利系统创新，见图7-4-2。假设技术创新的成果为"1"，商业模式创新、企业赢利系统创新就相当于在"1"后添加一些"0"。概括而言，三级递归创新能够为企业带来超常的非线性正向收益。

3.以战略定位"对抗"五个陷阱

哲学上的对立统一规律告诉我们：矛盾双方的统一与斗争，推动着事物的运动、变化和发展。战略定位的矛盾对立面是什么？有人说是教科书战略。尽管从开始到结尾，笔者多次批判教科书战略的不足，但是没有批判，企业战略理论怎么进步？其实，教科书战略是战略定位的盟友，它们属于互补关系。战略定位的矛盾对立面是如图7-4-3所示的五个陷阱，下面分别对它们进行解释与说明。

（1）风口陷阱。风口陷阱属于①号陷阱，是竞争定位的对立面。因为"有钱有资源""有情怀有激情""抓住宏观机遇""争相成为'风口上的猪'"等五花八门的原因，有些创业者组成一个团队后就马不停蹄地开启创业项目……最终，他们绝大部分被"卷入"风口陷阱。探究风口陷阱的成因，我们会发现，这与创业者过度自信有关。从思维模型方面讲，这是过度自信导致的"偏见"。

为了远离风口陷阱，我们可根据竞争定位模型公式"潜优产品=客户需求+行业趋势+优选资本−竞争阻力"，推导一下创业项目中有没有潜优产品。市面流行的"绝招类"创业理论大多从单一维度判断创业项目的可行性，而竞争定位模型是将四个维度集成在一起判断，这能让创业项目的评估结果更靠谱。

（2）匍匐陷阱。匍匐陷阱属于②号陷阱，是三端定位的对立面。匍匐陷阱的主要表现是什么？例如看到直播带货能够卖东西，很多企业纷纷开展直播带货；看到挖人可以直接带来销售业绩，就从竞争对手那里挖人；看到同行新产品上市，就马上搞模仿研发……总是跟随热点、模仿别人，但丢失定位、不懂创新就站不起来，所以我们称之为匍匐陷阱。探究匍匐陷阱的成因，我们会发现，经管团队在企业经营的过程中，常希望药到病除、立竿见影，这属于偏好短期利益的思维模式作祟。

如何从匍匐陷阱中站起来？三端定位模型讲求从企业产品三者合一、交易主体利益统一"双管齐下"协同定位，打造拳头产品。

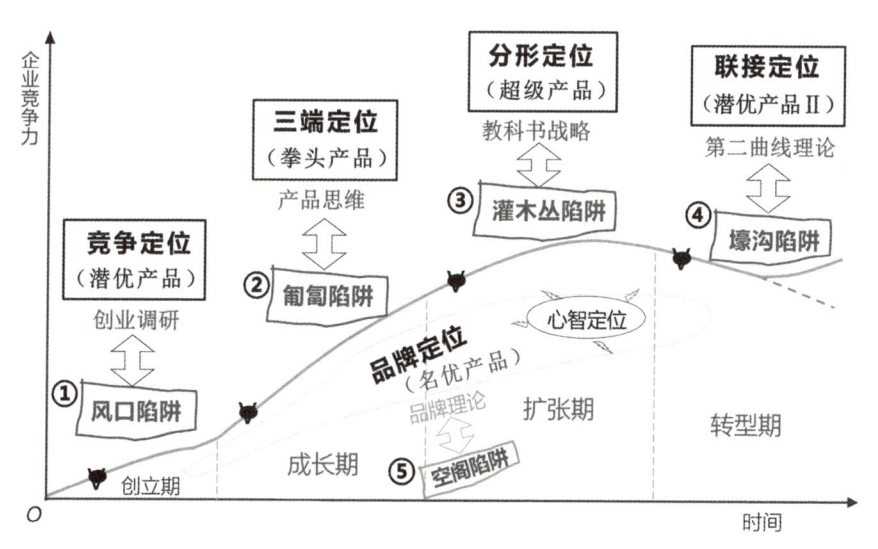

图 7-4-3　与战略定位"对抗"的五个陷阱
图表来源：李庆丰，"战略定位"理论

（3）灌木丛陷阱。灌木丛陷阱属于③号陷阱，是分形定位的对立面。那些大而不强的公司，不断开辟新业务、上马新项目，最后多项业务都长不大，最终掉进灌木丛陷阱。这个话题在章节4.4有具体论述。探索它的成因，我们通常会发现，这与经管团队贪多求全、好高骛远的思维模式有关。

灌木丛陷阱的规避方案是什么？分形定位讲求通过SPO核心竞争力模型、T型同构进化模型、第三飞轮效应、庆丰大树理论等塑造企业核心竞争力，造就超级产品。

（4）壕沟陷阱。壕沟陷阱属于④号陷阱，是联接定位的对立面。企业转型犹如从壕沟中顽强地爬出来，但如果经营者的精神被分形（详见章节5.1）、企业转型不当及经营失策，企业就会被困在壕沟中，后果很严重！探索它的成因，我们通常会发现，这与经管团队害怕丧失既得利益、担忧沉没成本、习惯于路径依赖的思维模式有关。还有另一种常见情况，就是经管团队对大幅度跨界进行第二曲线创新"迷之自信"，这与竞争定位的风口陷阱又有几分相似之处。

企业在转型时如何通过联接定位避免困于壕沟陷阱中？联接定位重在通过"联接"抹平第二曲线与第一曲线之间的非连续阶梯，通过双T联接模型、联接定位三部曲"继承、差异、优生"等，再定位潜优产品Ⅱ，大概率实现V形转型，尽量降低出现L形转型的概率。

（5）空阁陷阱。空阁陷阱的全称是空中楼阁陷阱，它属于⑤号陷阱，是品牌定位的对立面。很多人看到"加多宝公司凭借一句广告语，年销售额达到160亿元"，就认定这事不难，似乎一本万利的机会就在眼前。实际上，品牌定位或心智定位知易行难，犹如投机炒股，不到万分之一的人能赚钱，其余都是赔本赚吆喝。后来，有媒体人写文章探讨"只懂营销的加多宝，如今欠债130亿元，昙花一现的原因"。这说明，擅长定位理论的加多宝，已经困在空阁陷阱很长时间了。

企业是一个不断进化的复杂生命体，经营管理是长期主义者的系统工程。如果企业追捧一些绝招式定位理论、品牌手段，就会掉进空阁陷阱。探索它的成因，我们通常会发现，这与经管团队希望一本万利或总想投机取巧的思维模式有关。如何避开空阁陷阱？只有基于优异的企业产品，企业才能塑造有生命力的品牌。

为什么创业容易失败？为什么小企业难长大？为什么大企业不强壮？为什么企业转型太难？为什么品牌昙花一现？主要原因可归咎于上述五个陷阱。次要原因是什么？图7-4-3的五个陷阱之上分别列出的有创业调研、产品思维、教科书战略、第二曲线理论、品牌营销理论。它们本来是传统意义上对抗陷阱的手段，也是战略定位建立统一战线的五个"盟友"，但形式主义、碎片化创新、知识堆砌、"内卷"及"跟班式"研究等无孔不入，深深扎根于其中。由此，它们常常也会导致上述五个陷阱的形成。

4.总结：为小企业成长为巨无霸导航的"155"工程

战略定位的主旨是"为小企业成长为巨无霸导航"。这类似从奴隶到将军的难度，有具体的工程化指导方案吗？用流行的数字代号概括而言，本书给出的工程化指导方案可简称为"155"工程：

首位的"1"是指战略第一性原理，即公式"战略=路径+目标"，它统领全局，纲举目张。

接续的"55"要展开为"5个5"，旨在对本书重点内容进行概括。将"5个5"逐个展开，对照图7-4-3就可以"秒懂"：①小企业成长为巨无霸要勇闯"五道关"，即创立关、成长关、扩张关、转型关、品牌关。换句话说，"不经历风雨，怎能见彩虹"。"五道关"也是指跨过创立期、成长期、扩张期、转型期及品牌塑造期的五个非连续阶梯。②小企业成长为巨无霸要用好五个定位平台，即竞争定位、三端定位、分形定位、连接定位、品牌定位。③小企业成长为巨无霸要依次实现五个产品愿景，即潜优产品、拳头产品、超级产品、潜优产品Ⅱ、名优产品。④小企业成长为巨无霸要避开五个陷阱，即风口陷阱、匍匐陷阱、灌木丛陷阱、壕沟陷阱、空阁陷阱。⑤小企业成长为巨无霸也需要五个"盟友"协助，建立起统一战线，这五个盟友是：创业调研、产品思维、教科书战略、第二曲线理论、品牌理论。

回到章节1.1开头的问题：格灵深瞳这个小企业能够成为巨无霸吗？19 000亿元市值的战略目标能够实现吗？格灵深瞳有比较优秀的创业团队，还有诸多知名投资人加持，又在2022年登陆科创板，应该说希望总是有的。机遇垂青那些有准备的企业，从战略定位的角度来看，企业应如何准备？

首先，基于本书阐述的战略定位，搞懂以上"155"工程后，像如何降低创业失败概率、如何实现战略增长、如何塑造核心竞争力、如何成功转型及突破困境、塑造品牌的正确路径是什么等问题，企业都可以从中获得启示，寻找解决方案。

其次，战略定位依存在经管团队、商业模式、企业战略等企业赢利系统各模块构建的"基础设施"上……

最后，以"点线面体"打比方，竞争战略、蓝海战略、新定位理论、STP理论、产品经理理论、孙子兵法等谈及的"定位"，属于战略定位的"点和线"；本书给出的竞争定位、三端定位、分形定位、联接定位、品牌定位及其集成的"定位平台与系统"，属于战略定位的"面和体"。

战略定位属于指导战略的"战略"，时间维度一定不能缺席。本书重点阐述小企业成长为巨无霸的战略定位，从企业创立到企业愿景实现的战略定位，整个企业生命周期的战略定位。据此，本书可以在一定程度上解决战略应用与研究中存在的"盲人摸象"问题。

后　记

有延误，也有"早产"

　　序言写得有点长，后记想写得短一些。我理解，后记是让作者释放"彩蛋"、说些花絮的地方，但是又得让这些内容尽量符合"形散神不散"的要求，多少都与正文内容有点儿关系。

　　（1）交稿有些拖延。我原计划于2022年4月底将《战略定位》的书稿交给北京时代华文书局，但那段时间各种各样的事太多，以至于2022年4月10日才动笔。在动笔前两天与责任编辑周磊老师微信沟通时，我还信誓旦旦地说"6月底应该可以交稿……"。但实际情况是，我一拖再拖、率尔成章、推倒重写、弃笔暂停、革旧图新、修修补补，最终于2023年1月12日才正式完成书稿。

　　（2）写得"快与慢"。动笔后的两个多月，我写了5万多字（包括第1章全部及第2章部分内容），后来判定它们为不合格品，需要全部推倒重写。我在写第3章时"卡壳"了，不知道怎么开头、怎么写下去，然后停止写作两个月，重新找感觉。在不得不继续写第3章时，我又花费近两个月时间才写好初稿；但后面的几章及序言、后记，写得就比较顺利。

　　（3）杀一个"回马枪"。从2023年4月4日开始，我用了约10天的时间，又重写了本书的第7章。这次重写更新了其中70%以上的内容，主要包括：增加了集成团队理论，提出企业赢利系统Ⅱ、T型商业模式Ⅱ、新竞争战略Ⅱ等迭代、更新的理论思想。杀一个"回马枪"，将这四个理论放在一起，现代商学"四大发明"就"早产"了。

（4）基石理论变了。见下图左图，中外主流商学院的学者侃侃而谈的（企业）管理学的基石理论为价值链。有些专家提出，自1995年起，近30年来，中外企业界的经营实践如火如荼地进行着，但中外管理学界没有什么重大创新。本书提出现代商学"四大发明"，是抛砖引玉，还是"关公面前耍大刀"？周磊老师说，当代社会鼓励创新、包容失败，这至少是投石问路或为后人铺路……

见下图右图，本书中已经有所阐述，现代商学的基石理论为商业模式——以商业模式为中心，构建经营体系和管理体系……商业模式的极简构成或第一性原理为"企业产品+交易主体"，两者不能缺省，也不能违反。这也能够体现经营管理要"以人为本"。此处说明一下，下图借鉴了混沌学园创始人李善友提出的"基石假设"等相关理论。

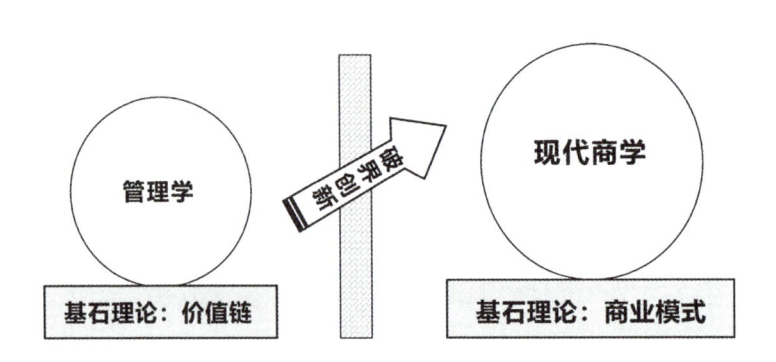

现代商学与管理学的基石理论对比示意图
图表来源：李庆丰，"战略定位"理论

李庆丰